KB271263

학교도서관, 희망을 꿈꾸다

학교도서관, 희망을 꿈꾸다
– 학교도서관 운영의 모든 것

2007년 4월 10일 처음 펴냄
2015년 7월 20일 1판 8쇄

지은이 · 전국학교도서관담당교사모임
펴낸곳 · (주)우리교육
펴낸이 · 신명철
등록 · 제313-2001-52호
주소 · (121-841) 서울시 마포구 월드컵북로 43
전화 · 02-3142-6770
팩스 · 02-3142-6772
홈페이지 · www.uriedu.co.kr

ⓒ 전국학교도서관담당교사모임, 2007
ISBN 978-89-8040-633-3 13370

이 책의 국립중앙도서관 출판시도서목록(CIP)은 e-CIP 홈페이지(http://www.nl.go.kr/cip.php)에서 이용하실 수 있습니다. (CIP제어번호 : 2007001072)

학 교 도 서 관 운 영 의 모 든 것

학교도서관

희망을 꿈꾸다

| 전국학교도서관담당교사모임 지음 |

우리교육

학교도서관, 사람, 그리고 책 

여행객들 사이에 전해지는 얘기가 있습니다. 그 나라의 과거를 보고자 하면 박물관에, 현재를 보고자 하면 시장에, 미래를 보고자 하면 도서관에 가 보라는 것입니다. 이 말이 의미하는 것처럼, 도서관은 한 나라의 미래를 예측할 수 있는 바로미터입니다. 학교도서관은 아이들을 어려서부터 책과 가깝게 해 주고, 다양한 책들을 만나게 해 줍니다. 친구와 선생님의 권유로, 혹은 과제해결을 위해 도서관을 드나들다 보면 처음에는 책에 관심이 없었다가도 책을 손에 들게 되고, 그러다 책 읽는 재미를 느끼며 자연스레 책과 가까워지게 되는 것입니다. 학교도서관은 이처럼 소중한 책 읽기의 공간입니다.

하지만 오랜 세월 동안 우리 학교도서관은 이렇듯 소중한 역할을 제대로 해 내지 못했습니다. '19세기의 교실에서 20세기의 교사들이 21세기의 아이들을 가르친다.'는 말이 있듯, 도서관 공간 역시 아이들의 변화를 따라가지 못한 채 낡고 허름한, 주목받지 않는 공간으로 존재해 왔습니다. 많은 학교에서 도서관이 아닌 독서실 역할만을 할 만큼 학교도서관에 대한 인식도 변화의 노력도 없던 시절이었습니다.

그러나 지금 학교도서관은 분명 변화하고 있습니다. 늦은 감이 없지 않지만 책 읽기에 대한 국민들의 높은 관심과 학교도서관의 필요성에 대한 사회적 공감대에 힘입어, 2003년 정부에서는 학교도서관 활성화 5개년 사업을 시작하게 되었습니다. 지난 4년 동안 전국 곳곳에 학교도서관이 새로이 만들어지고 장서가 확충되었으며, 적은 숫자이지만 사서교사가 학교 현장에 배치되는 등 소중한 결실을 맺어 왔습니다.

이렇듯 학교도서관의 변화와 발전은 정부 주도의 정책에 힘입은 바 크지만, 그 이면에는 학교도서관에서 우리 교육의 희망을 발견하고 함께 힘써 온 교사들의 노력이 있었습니다. 학교도서관의 중요성을 이야기하고 변화를 주장하며 각자의 자리에서 노력해 온 우리들은, 2001년 1월 소박한 마음을 모아 '전국학교도서관담당교사모임'을 만들었습니다. 처음 모임을 꾸릴 때 함께한 분들은 열 명이 채 넘지 않았습니다. 정말 작은 물방울이었지요. 하지만 지금은 3,500명에 이르는 회원이 함께 모여 도서관을 통해 더욱 커다란 희망을 꿈꾸고 있습니다. 이제 학교도서관을 변화시키고자 하는 우리의 움직임은 결코 작은 물방울이 아닙니다. 거대한 물결이 되어 우리 교육의 희망을 위해 오늘도 열심히 달리고 있습니다. 이 책《학교도서관, 희망을 꿈꾸다》는 이러한 전국학교도서관담당교사모임 6년 활동의 작지만 알찬 결실입니다.

학교도서관에 대한, 학교 현장에서의 실제적인 경험을 모아 낸 이 책은 크게 네 장으로 구성되어 있습니다. 1장 '학교도서관 만들기'에서는 새롭게 도서관을 꾸미는 학교에 도움이 될 만한 자료와 정보들을 보여 드립니다. 2장 '학교도서관 운영하기'는 운영계획을 짜는 것부터 자료관리, 학부모 명예사서 · 도서부 운영에 이르기까지 학교도서관 운영의 매뉴얼을 알차게 담고 있습니다. 3장 '학교도서관 활용하기'는 도서관 이용교육, 활용수업, 그리고 더 나아가 학교도서관을 중심으로 이루어지는 독서교육의 내용을 소개합니다. 4장 '학교도서관에서 즐기기'는 도서관 문화제, 문학기행, 저자와의 대화 등 학교도서관을 문화공간으로 만들어 가는 다양한 방법들을 실제 사례 중심으로 정리했습니다.

아이들의 아름다운 미래를 가꾸는 일만큼 우리의 가슴을 뛰게 하는 것은 없습니다. 전국학교도서관담당교사모임은 학교도서관을 통해 아름다운 세상을 만들어 가는 사람들의 선한 연대입니다. 혼자서 꾸는 꿈은 한갓 꿈에 지나지 않지만 여럿이 함께 꾸는 꿈은 현실이 된다 합니다. 교육을 바꾸는 작은 대안인 학교도서관, 많은 사람들이 학교도서관에서 함께 꿈을 꾸었으면 합니다. 그 꿈이 현실이 되는 순간 우리 교육의 '오래된 미래'는 더욱 가까워지리라 믿습니다.

책을 위해 자신의 생명을 내어 준 나무들에게 그나마 덜 미안할 수 있도록, 투박한 원고를 잘 다듬어 주신 김희진 님을 비롯한 우리교육 편집부 식구들에게 감사드립니다. 무엇보다도 좋은 책을 만들기 위해 마음고생 많았던 염보영 선생님을 비롯한 아홉 분의 집필진과 사례원고를 보내 주신 여러 선생님들에 대한 감사의 마음을 빼놓을 수 없습니다. 또한 하나의 책을 만들고 독자의 손에 전해지기까지 수많은 과정에서 수고를 더해 주시는 출판노동자 분들께도 감사를 드립니다. 그리고 전국학교도서관담당교사모임의 이름으로 학교도서관에서 우리 교육의 희망을 함께 만들어 가는 모든 분들에게 다시금 감사의 마음을 전합니다.

2007년 4월
전국학교도서관담당교사모임 대표
이 성 희

절망의 밭을 일구는
희망의 길라잡이

김 종 성(계명대 문헌정보학과 교수, 학교도서관문화운동네트워크 공동대표)

1990년대 중반 필자가 학교도서관에 관심을 가지고 공부의 과제로 삼을 때만 해도 학교도서관에는 절망이 깊었다. 대부분의 학교도서관은 굳게 잠긴 채 빛바랜 간판으로 존재하거나 기껏해야 입시공부를 위한 자습실로 이용될 뿐이었다. 학교의 일상적 교육활동 속에서 학교도서관은 철저히 소외되었고 아이들도 학부모도 도서관 없는 학교를 당연하게 받아들였다. 중앙 교육당국의 정책 안에서도 학교도서관은 사라진 지 오래였으며 책 읽히지 않는 교육과 책 읽지 않는 공부가 당연한 세상이 되어 있었다. 희망은 보이지 않았다.

그런데 절망 속에서도 희망은 움터 나왔다. 여기저기서 책을 이야기하고 도서관을 이야기하기 시작했다. 교사들이, 어머니들이, 언론에서 아이들에게 꿈과 희망을 이야기하는 교육을 해야 한다고 소리 높였다. 이제 더 이상 교실과 교과서 속에 아이들을 가둬 두어서는 안 된다고 모두들 이야기하기 시작했다. 그래야 우리에게 희망이 있고 미래가 있다고 했다.

이들은 말하는 것에만 그치지 않았다. 어떤 이는 소매를 걷고 켜켜이 쌓인 도서관의 먼지를 털어 냈다. 어떤 이는 밤을 새워 가며 쓰러진 책들을 일으켜 세웠다. 어떤 이는 서점과 도서관을 뒤져 아이들에게 줄 책을 고르고 모았다. 어떤 이는 돈을 모으고 사람을 모아 도서관을 만들어 내기도 했다. 그들의 열정과 헌신은 중앙의 교육당국을 움직이고 학교를 움직여 정책으로, 사업으로 만들어 냈다. 이제 학교도서관의 간판은 파릇하게 생기를 되찾고 있다. 도서관에서 책 읽고, 쉬고, 이야기하고, 즐기고, 꿈꾸고, 공부하는 것이 아이들의 일상 속으로 들어오기 시작한 것이다. 이렇게 책 읽는 학교, 책 읽히는 교육을 위해 뛰고, 땀 흘리고, 외친 수많은 사람들 때문에 희망은 우리 곁으로 다가오기 시작했다.

　절망 속에서 희망을 만든 사람들의 이야기가 여기 있다. 더 많은 희망을 만들기 위해 그 이야기를 책으로 묶었다. 이 책에는 현장에서 직접 학교도서관을 만들고 운영하고 활용한 경험이 풍부하게 들어 있다. 학교도서관을 만드는 과정에서 만나는 다양한 어려움과 그것들을 극복한 경험을 적나라하게 펼쳐 보였다. 그리고 학교도서관을 운영하기 위해 필요한 제반 영역에 대해 자세히 안내하고 있다. 학교도서관을 기반으로 하는 다양한 교육활동의 방법과 내용을 제시하고 학교도서관을 매개로 하는 다채로운 교육문화 활동을 제안한다. 학교도서관의 모든 국면을 아우르고 있다고 해도 과언이 아닐 것이다. 뿐만 아니라 이 책에는 학교도서관을 통해 아이들을 건강하게 인도하고 학교를 아름답게 만들어 가는 열정과 희망이 담겨 있다. 그래서 이 책은 우리가 절망 속에서 희망을 찾아낸 과정에 관한 보고서이며 동시에 앞으로 걸어가야 할 기나긴 여정의 길라잡이 같은 것이다.

　필자는 일반 교사들이나 자원봉사자로 참여하는 학부모 사서들에게 학교도서관에 관한 강의를 하거나 대화를 나눌 때 늘 부족하고 아쉬운 마음을 가지게 된다. 짧은 시간 안에 그들이 원하는 도서관 운영의 원리와 방법을 충분하게 전달해 줄 수 없기 때문이다. 학교도서관의 교육적 원리와 가치를 이야기하고 나면 정해진 강의 시간이 끝나 버리기 일쑤이다. 부랴부랴 몇몇 관련 문헌을 소개하고 자료를 활용할 수 있는 인터넷 사이트를 소개해 주지만 아쉽기는 마찬가지이다. 학교도서관 운영과 활용에 관한 모든 과정을 실제적으로 안내해 주는 충실한 자료가 없기 때문이다. 학부생들에게 학교도서관 관련 교과목을 강의할 때도 마찬가지이다. 몇몇 책과 논문들을 읽게 하고 관련 사이트를 안내하여 실제적인 자료들을 참고하도록 하지만 체계적이고 포괄적이지 못하여 늘 아쉬움이 남는다.

이런 마당에 이 책이 나오게 되어 여간 반갑지 않다. 이 책을 통해 학교도서관 운영에 관한 지식과 경험이 부족한 학교도서관 담당교사들이나 학부모 사서들이 학교도서관 운영의 기본 전략과 방향뿐만 아니라 구체적인 방법까지 알 수 있을 것이다. 그리고 예비 사서교사인 문헌정보학과 학생들에게도 이 책은 우리 학교도서관의 현실적 상황과 실천적인 운영방법을 제시해 줄 수 있어 학습교재로서 손색이 없을 것이라 생각한다.

또한 학교도서관을 공부하는 한 사람의 연구자 입장에서 볼 때 이 책은 우리 학교도서관학의 토착화에 기여할 수 있을 것이라 생각한다. 우리나라의 학교도서관 담론은 기본적으로 미국의 학교도서관 이론에 근거한 것이었다. 50여 년 전 학교도서관이란 시스템이 처음 도입된 이후부터 미국의 학교도서관 이론은 우리 학교도서관이 도달해야 하는 최고의 수준으로 여겨져 왔다. 학교도서관 운영과 교육활동의 이론적 기반은 전적으로 미국의 경험과 현실에 근거한 것이었고, 우리는 그것을 수입하여 적용하고 따라가기에 바빴다. 그러나 우리 교육 현실과 사회적 상황은 미국의 그것과는 크게 다른 것이었기 때문에 현실적으로 그러한 노력은 많은 한계를 드러낼 수밖에 없었다.

미국식 학교도서관 이론으로는 문제를 해결할 수 없을 뿐만 아니라 문제의 원인을 진단하기에도 한계가 있을 수밖에 없었다. 우리 현장의 특징과 다층적인 구조 속에서 문제를 진단하고 해결할 수 있는 우리만의 학교도서관 이론이 절실히 필요했던 것이다. 이런 맥락에서 볼 때 이 책은 우리 학교도서관 현장이 처한 문제의 다양한 측면을 보여 주면서 그에 대한 대안들을 실제적으로 제시하고 있어 우리 학교도서관학의 정립에 많은 자양분을 제공할 수 있다. 우리의 교육관과 교육열, 우리의 입시제도와 교육방법, 우리의 역사적 경험과 사회구조적 특질 속에서 공교육의 건강성을 회복하는 구심점으로서 학교도서관을 정착시키고 발전시킬 수 있는 우리 학교도서관학의 가능성을 풍부하게 보여 주는 책이라 생각된다.

이 책은 강단 연구자들에 의한 이론과 관념의 재구성이 아니라 현장에서 열정과 헌신으로 실천해 온 노력의 산물이다. 요컨대 이 책은 머리로 쓴 책이 아니라 몸으로 쓴 책이다. 그리고 삶으로 쓴 책이다. 수많은 사람들의 뜨거운 삶의 과정이 담겨 있는 책이다. 그래서 세련된 체제와 정교한 문장으로 단장하지는 못했지만, 새로운 발전의 계기를 맞고 있는 학교도서관을 안내하는 유능한 안내자가 될 수 있을 것이다. 이런 책을 계기로 현장의 사례가 더욱더 풍부하게 축적되고 공유되어 학교도서관 현상이 보편화되기를 바란다. 그래서 학교가 변하고 아이들이 변하고 교사가 변하고 학부모가 변하고 지역사회가 변화되기를 바란다. 이 책이 미래의 희망을 찾는 많은 사람들에게 넉넉한 길라잡이가 되리라 믿어 의심치 않는다.

1_장 학교도서관 만들기

2_장 학교도서관 운영하기

3_장 학교도서관 활용하기

4_장 학교도서관에서 즐기기

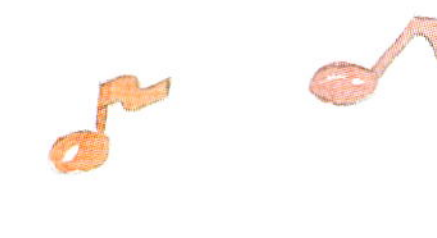

학교도서관에 오신 것을
환영합니다!

이 책에 담겨 있는 이야기들은 전문가들이 학교도서관에 대해 연구하고 실험한 이야기가 아니라, 학교도서관을 처음 만나 아이들과 함께 울고 웃으며 그곳에서 희망의 씨앗을 발견하고 싹을 틔워 낸 흔적들입니다. 학교도서관을 새로 꾸미는 일부터 시작하여 운영계획을 세우는 일, 책을 고르고 채우는 일, 그리고 도서관을 활용해 독서지도를 하고 아이들과 함께 어우러지는 다양한 도서관 행사를 진행하는 일까지, 오랜 동안 학교도서관을 위해 흘린 땀방울들이 모여 이루어 낸 '노력의 산물' 입니다.

선생님, 학교도서관의 관장이 되신 것을 축하드립니다. 어떠한 도서관이든 도서관장은 그 사회에서 존경받는 학식과 인품, 그리고 문화적 소양을 가진 분이 맡는 것이니, 학교도서관장이 되신 선생님도 충분한 능력과 소양을 인정받으신 분이라 생각합니다. 물론 그만큼 부담도 많으시겠지요. 실제로 도서관을 맡게 되면서 많은 감정들이 교차했을 것입니다. 만약 올해 처음으로 도서관장이 되신 분이라면 더더욱 그렇겠지요. 밀려오는 걱정과 고민으로 밤잠을 이루지 못한 날들도 있었으리라는 것, 충분히 짐작이 된답니다.

사람들이 기피하는 일들을 흔히 3D 업무라 부르는데 학교에서는 학생부, 청소계와 더불어 학교도서관 담당업무를 3D 업무로 여기곤 합니다. 학생부는 아이들에게 싫은 소리를 해야 하는 악역이고 청소계는 온갖 냄새와 씨름하는 업무라 그렇겠지만, 학교도서관은 왜 3D라는 불명예를 안게 되었을까요? 학교도서관은 겉보기에는 그럴듯하지만 각종 잡무와 책임질 일(도서분실 등)이 무척 많은 공간입니다. 교실 두세 칸에 달하는 규모와 그곳에 가득 찬 책, 거기에 각종 기자재와 비품들을 관리하고 운영한다는 것이 사실 그리 만만한 일은 아니거든요.

그래서인지 아이러니하게도 학교도서관 업무는 학교에 첫발을 딛는 새내기 선생님이나 다른 학교에서 전보발령을 받아 그 학교에 갓 부임한 선생님이 맡게 되는 경우가 많은 것 같습니다. 많은 선생님들이 울며 겨자 먹기로 학교도서관을 맡고는 한숨과 고민을 거듭하곤 하지요. '내년에는 꼭 후배교사나 신규교사에게 도서관을 넘겨주리라.' 다짐하면서 업무를 시작하는 모습을 볼 수 있습니다. 그러다 보니 학교도서관 담당교사는 매해 바뀌게 되어 도서관이 제대로 운영되기 어려운 경우가 많습니다.

하지만 이런 선생님들 가운데에는 '올해만 해야지.' 다짐하고 도서관 업무를 시작했다가도, 어느새 도서관의 매력에 빠져 올해도 도서관, 내년에도 도서관, 학교를 옮겨서도 또 도서관을 고집하는 분들도 많이 있답니다. 대체 학교도서관에 어떤 매력이 있기에 그분들은 언제나 굳건하게 도서관을 지키고 계신 걸까요. 도서관을 맡은 지 1년도 안 되어 도서관의 매력에 푹 빠진 한 선생님의 자랑을 들어 볼까 합니다.

저는 전교생의 얼굴을 다 알 수 있습니다. 제가 들어가는 반이 아닌 다른 학년의 아이들도 저를 알기 때문에 인사도 많이 받지요. 늘 책과 함께 있기 때문에 독서량도 많아졌답니다. 책을 많이 읽다 보니 지적 능력도 열 배쯤은 성장한 것 같아요. 저는 아이들이 책 읽고 있는 모습을 보면 밥을 안 먹어도 배가 부릅니다. 교실에서 아이들과 씨름하다가도 도서관에 와서 책 읽는 아이들 모습을 보면 기분도 무척 좋아지고요. 담임을 하고 있어서 반 아이들이 쉬는 시간마다 도서관에 오니까 적적하지도 않고, 반 아이들이 경쟁하며 책을 빌려 가기 때문에 반 전체가 책을 보는 분위기가 되었어요. 그동안 해 왔던 다른 업무들은 각종 공문서 등 서류와 씨름하는 게 일이었는데, 도서관에서는 아이들과 직접 만나며 교류할 수 있기 때문에 더욱 보람찬 것 같아요.

(ㅇㅇ중 도서관 담당 1년차 교사)

어때요? 조금은 공감이 되시나요? 아직은 그다지 마음이 끌리지 않으신다 해도 조금만 더 제 얘기에 귀를 기울여 주세요. 학교도서관이 어떤 공간인지, 어떻게 활용할 수 있는지, 어떻게 운영하면 되는지 알게 되는 그 순간, 학교도서관과의 새로운 인연이 시작될 것입니다.

 ## 학교도서관에서는 아이들의 아름다운 모습을 발견할 수 있습니다.

  학교도서관은 운동장, 매점과 더불어 학교 안에서 아이들이 자유와 해방 감을 느낄 수 있는 몇 안 되는 공간입니다. 계속되는 수업과 과제, 그리고 학 원공부에 치여 제대로 쉬거나 뛰어놀 여유가 없는 아이들도, 학교도서관에 서만큼은 자기가 읽고 싶은 책을 마음껏 읽고 관심 분야를 살펴보며 ‘해야 할 것’ 이 아닌 ‘하고 싶은 것’ 에 대해 상상의 나래를 펼치곤 합니다. 학교도 서관은 아이들에게 쉼터와 놀이터가 되기도 하고 꿈을 찾아가는 꿈자람터가 되기도 하지요. 책을 뒤적이며 평소에 궁금했던 것을 해결하고 때론 새로운 분야에 관심을 갖기 시작하며, 이런 경험들을 통해서 조금씩 자신의 미래에 대한 밑그림을 그려 갑니다. 학교도서관을 이용하는 아이들의 표정을 살펴 보세요. 수업시간에 따분해하고 까불기만 하던 녀석들이 진지하게 책을 읽 고 때론 심각한 표정으로 친구들과 토론을 벌이기도 한답니다. 아이들이 읽 는 책이 교사들에겐 하찮아 보이는 만화책일지라도, 진지한 얼굴로 자기가 읽고 싶은 책을 읽고, 하고 싶은 일을 하는 아이들의 모습은 아름답기 그지 없습니다.

 ## 학교도서관은 학생과 교사 사이에 새로운 관계를 맺어 주는 소통의 장입니다.

  학교도서관이 자유로운 공간인 만큼 그 안에서 이루어지는 책 읽기도 자 유로워야 합니다. 실제로 읽고 싶은 책에 푹 빠져 있는 아이들을 보면 어떠

한 이유에서든 책 읽기를 방해하지도, 강요하지도 말아야겠다는 생각을 하게 됩니다. 대신에 아이들이 좀더 즐겁게 다양한 책을 읽을 수 있도록 너른 마당을 만들어 줄 필요를 느끼게 되지요. 작가와의 만남이나 도서관 문화제, 독서축제 같은 여러 가지 행사들이 바로 그런 목적을 가지고 열립니다. 몇 날 며칠을 고민하며 준비한 행사를 통해서 아이들은 책 읽기와 도서관의 즐거움을 알고 좀더 깊은 관심과 흥미를 느끼게 됩니다. 또한 여기에 그치지 않고 아이들이 즐겁게 읽을 수 있는 책들을 지속적으로 권해 주면 즐거움과 호기심으로 들뜬 아이들의 눈빛은 더욱 빛나기 시작합니다.

　이러한 교사의 노력이 아이들의 마음을 움직입니다. 교실에서의 수동적이고 무기력한 모습이 아니라 활기차게 살아 숨쉬는 아이들, 다양한 가능성이 담뿍 담긴, 빛나는 존재감을 지닌 모습으로 거듭나게 됩니다. 또한 통제하고 명령하는 존재가 아닌 함께 즐겁게 웃으며 행복해하는 친구이자 즐거운 책 읽기를 도와주는 조력자로서 교사를 받아들이게 됩니다. 아이들과 교사 사이에 새로운 관계가 맺어지고 이를 통한 소통이 시작되는 것이지요. 이것은 책을 매개로 학생들과 끊임없이 마음을 나누어 왔기에 가능한 일이며, 자유로움과 즐거움이 있는 학교도서관이기에 가능한 일입니다.

학교도서관에서는 살아 있는 수업을 할 수 있습니다.

　학교도서관에서의 자유로움과 즐거움은 곧 수업으로 연결될 수 있습니다. 바로, 학교도서관 안에 있는 다양한 자료를 이용하는 것이지요. 교과서에 있는 내용들을 선생님이 전달하는 것이 아니라 관련된 자료들을 아이들이 직접 찾아보고 읽고 정리하면서 자신의 것으로 만드는 것입니다. 때로는 개인별로 때로는 모둠이 함께 자료를 찾아보고 탐구하는 수업은 흔히 말하는 '자기주도적 학습능력'을 갖게 하고, 이 능력은 곧 아이들이 개인적으로 느끼는 호기심이나 문제상황을 스스로 해결할 수 있게 하는 '문제해결력'으로 이어집니다. '교과서 중심의 강의식 수업'이 아이들에게 물고기를 낚아 주는 일이라면, 도서관에서 이루어지는 '자료를 활용한 수업'은 아이들이 물고기를 직접 잡을 수 있도록 방법을 알려 주는 것과 같습니다. 꼭 도서관에서 수업을 진행하지 않더라도 학교도서관 자료를 활용하여 수행평가 과제를 해결하도록 하거나 수업 중에 학교도서관에 있는 관련 자료들을 언급해 주는 것만으로도 기존의 '교과서 중심 강의식 교육'에서 벗어날 수 있는 좋은 방법이 됩니다.

교과수업뿐 아니라 독서교육도 마찬가지입니다. 대출과 반납을 하면서 아이들을 만나다 보면 아이들이 어떤 분야의 책을 주로 읽는지, 어떤 수준의 책이 적합한지 알게 되고, 이를 바탕으로 관련된 분야의 책을 권하거나 새로운 분야의 책을 소개해 줄 수 있습니다. 때때로 책에 대한 느낌을 간단히 묻고 이야기를 나눠 볼 수도 있겠지요. 이것이 바로 '개인의 수준과 흥미를 고려한 수준별 일대일 독서교육'입니다.

스스로 탐구하는 수업, 다양한 자료를 읽고 정리하며 생각하고 자신의 것으로 만들어 나가는 수업, 아이들 하나하나의 흥미와 수준을 고려한 독서교육……. 이 모든 교육활동은 우리가 언제나 꿈꿔 왔던 이상적인 교육활동이지요. 이 또한 학교도서관에서 가능한 일입니다.

선생님께 하고 싶은 이야기는 아직 많이 남아 있지만, 아쉽게나마 학교도서관이 가진 매력을 살짝 보여 드렸습니다. 글쎄요, 이제 조금씩 느껴지시나요? 자유로움과 다양성, 학생 중심의 교육활동, 교사와 학생 사이의 소통, 개개인의 수준과 흥미에 맞는 교육……. 예, 맞습니다. 이 모든 내용들을 조합해 보면 우리가 꿈꾸던 교육의 가장 이상적인 모습이 됩니다. 그리고 그 중심에 있는 학교도서관이야말로 학교교육을 다시 일으킬 '희망' 입니다. 물론 이 희망이 그냥 얻어지는 것은 아닙니다. 학교도서관이 진정한 공교육의 희망으로 거듭나기 위해서는 우선 학교도서관을 맡게 되신 선생님들의 마음이 열려야 합니다. 도서관장인 선생님의 의지에 따라서 학교도서관은 퀴퀴한 책 창고가 될 수도 있고 아이들의 행복이 스며드는 문화 사랑방이 될 수도 있습니다. 또한 아이들을 교육이란 이름으로 억압하는 장소에 머물 수도 있고, 아이들이 행복한 추억을 만드는 꿈의 공간이 될 수도 있습니다.

  학교도서관을 제대로 운영하는 것은 전문가만 할 수 있는 일은 아닙니다. 아무리 대학에서 도서관학을 전공하고 학교도서관을 전담하고 있는 사서선생님이라도 학교도서관에 대한 애정과 경험이 없다면 불가능한 일입니다. 반면 도서관에 대한 전문지식이 없더라도 학교도서관에 대한 애정과 의지가 있다면 전문가보다 학교도서관을 훨씬 더 잘 운영하고 활성화시킬 수 있습니다. 실제로 이 책에 담겨 있는 이야기들은 전문가들이 학교도서관에 대해 연구하고 실험한 이야기가 아니라, 학교도서관을 처음 만나 아이들과 함께 울고 웃으며 그곳에서 희망의 씨앗을 발견하고 싹을 틔워 낸 흔적들입니다. 학교도서관을 새로 꾸미는 일부터 시작하여 운영계획을 세우는 일, 책을 고르고 채우는 일, 그리고 도서관을 활용해 독서지도를 하고 아이들과 함께 어우러지는 다양한 도서관 행사를 진행하는 일까지, 오랜 동안 학교도서관을 위해 흘린 땀방울들이 모여 이루어 낸 '노력의 산물' 입니다.
  학교도서관을 운영하는 것은 무척 힘든 일이지만 열린 마음으로 학교도서관을 꾸려 가다 보면 분명 힘겨움을 넘어서는 기쁨이 기다리고 있을 것입니다. 학교도서관은 그 안에 있는 수많은 자료만큼, 그리고 그것을 이용하는 학생과 교사의 수만큼 무한한 가능성을 가진 공간입니다. 그 가능성을 경험하기 위해서는 시간이 필요합니다. 그런 의미에서 도서관 업무를 적어도 3년 정도만 꾸준히 맡아 보시길 권하고 싶습니다. 3년이라는 시간은 많은 시행착오를 겪고 경험을 쌓는 과정에서 비로소 학교도서관을 통해 우리 교육의 새로운 희망을 발견할 수 있는 소중한 시간이 될 것입니다. 날이 갈수록 눈빛을 빛내는 아이들, 어려워하던 책도 거뜬히 읽어 내는 모습, 그리고 그 아이들과의 새로운 관계 맺음을 통해 교사로서의 기쁨을 만끽하게 되는 날. 그 순간 학교도서관은 더없이 즐겁고(Delight) 유쾌하며(Delicious) 소중한(Dear), 누구나 맡고 싶어하는 '3D 업무'로 탈바꿈할 것입니다.

　내가 바로 학교에 하나밖에 없는 도서관장이라는 생각으로 열린 마음을 갖고 한 걸음 다가선다면, 분명 학교도서관이 가진 뿌리칠 수 없는 매력을 맛볼 수 있을 거라 믿습니다. 이 책에 담긴 이야기들이 바로 그렇게 만들어진 이야기들이니까요.
　자, 이제부터 힘들고 어렵게만 느껴지는 학교도서관에서, 우리 교육의 희망을 발견하는 짜릿한 모험을 시작해 볼까요?

1장

학교도서관 만들기

도 서 관

꿈과 미래가 가득한 학교도서관

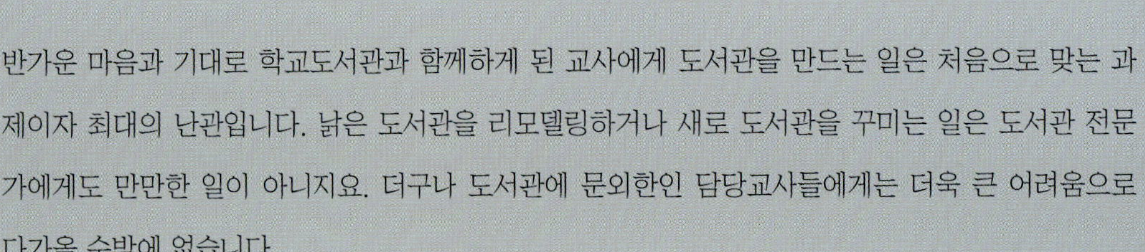

반가운 마음과 기대로 학교도서관과 함께하게 된 교사에게 도서관을 만드는 일은 처음으로 맞는 과제이자 최대의 난관입니다. 낡은 도서관을 리모델링하거나 새로 도서관을 꾸미는 일은 도서관 전문가에게도 만만한 일이 아니지요. 더구나 도서관에 문외한인 담당교사들에게는 더욱 큰 어려움으로 다가올 수밖에 없습니다.

그 어려움을 조금이나마 극복하기 위해 여러 사람의 경험과 지혜를 모아 한 단계씩 차근차근 진행해 봅시다. 조금씩 앞으로 나아가다 보면 어느새 학교 안에서 가장 아름다운 공간으로 바뀌어 있는 도서관을 만날 수 있을 것입니다.

학교도서관 밑그림 그리기

모든 일에는 첫걸음이 가장 중요하듯, 학교도서관을 새로이 만드는 일 역시 꼼꼼하고 철저하게 밑그림을 그려 준비하면 실제 구축과정이 훨씬 쉽게 진행될 수 있다. 다양한 사례를 검토하고 정보를 수집하는 동시에 각 학교의 실정에 맞는 계획을 탄탄하게 세워, 더욱 멋진 학교도서관을 만들어 보자.

 ## 학교도서관 구축위원회 만들기

한국교육학술정보원에서는 학교도서관을 만들기 위한 절차(리모델링 포함)로 '요구 분석 → 명세서 작성 → 개략도 작성 → 디자인 및 설치' 의 네 단계를 제시한다. 하지만 실제 학교현장에서는 담당자의 역량이나 예산부족 때문에 이 과정을 모두 밟아 진행하기가 쉽지 않다. 더구나 사서교사 혹은 담당교사 한 사람이 이 모든 과정을 책임지고 진행한다는 것은 거의 불가능한 일이다. 그러므로 도서관을 만들기 위해서는 가장 먼저 '학교도서관 구축위원회' 를 꾸려야 한다.

'학교도서관 구축위원회' 는 대체로 교감을 위원장으로 하고, 행정실장, 연구부장, 도서관 담당교사, 사서, 기타 관련 부서의 인원이 포함된다. 여기에 컴퓨터를 잘 다루는 교육정보부 교사, 색채감각이 있는 미술교사, 설계도와 평면도 등을 잘 검토할 수 있는 기술과 교사 등의 전문가가 함께하면 도서관을 만드는 일이 훨씬 더 수월해진다.

보통은 기존에 있던 학교도서관을 새로이 단장한다는 의미에서 '리모델링' 이라는 말을 많이 쓴다. 구축과 리모델링을 엄격히 구분할 필요는 없지만, 여기서는 학교도서관을 단장하는 것과 새로 만드는 경우를 모두 아우르기 위해 '구축' 이라는 용어를 쓰도록 하겠다.

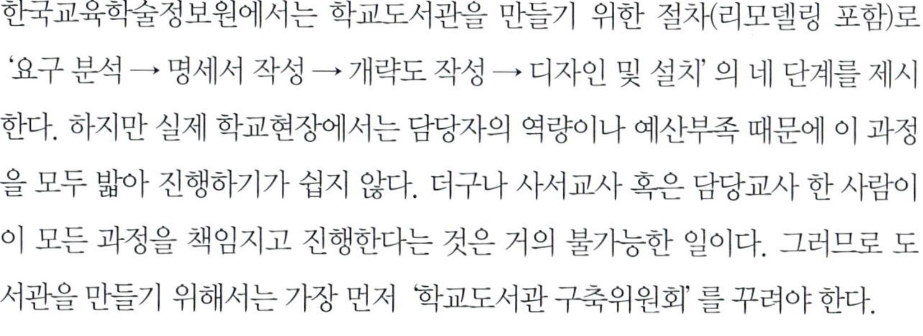

위원회가 구성되면 학교도서관의 개념과 일반적인 공간구성에 대한 연수를 하고, 학교도서관이 잘 갖추어져 있는 곳을 함께 견학하면서 학교상황에 맞는 도서관을 구상해 본다. 견학을 할 때는 행정실장 및 교장과 함께하는 것이 좋으며, 도서부가 활발히 운영되고 있는 중고등학교의 경우에는 도서부원들과 함께 견학을 하는 것도 여러모로 도움이 된다. 또 학교 급이나 규모가 다른 학교를 견학해 보는 것도 좋다. 견학 후에는 구축위원회의를 열어, 찍어 온 사진을 보면서 우리 학교는 어떻게 할 것인지 방향을 논의하고 구체적인 청사진을 그려본다. 이때 모든 회의 내용은 기록으로 남겨 두어야 한다.

> **일반적인 학교도서관 만들기 절차**
>
> 학교도서관 구축위원회 구성 → 구축위원 연수 → 모범학교 견학 → 도서관의 위치, 규모, 공간 구성 결정(예산 및 학교상황 고려) → 견적서 의뢰, 업체선정(비품선정) → 도서관 이름 정하기 → 공사 → 검수 및 평가회 → 개관식

 위치와 규모 결정하기

● 위치

학교도서관의 위치를 결정할 때는 다음 세 가지 사항을 고려해야 한다.

첫째, 이용자인 학생과 교사가 쉽게 찾아올 수 있도록 학교 건물의 중심에 있는 것이 좋다. 5층 건물일 때는 2층이나 3층 정도가 적당하며, 건물의 구석 자리는 피한다. 독립된 건물인 경우에는 학생들이 생활하는 교실과 떨어져 있어 활용도가 낮아질 수 있으므로 신중히 검토하고 결정해야 하며, 학교 건물과 최대한 가까이 설치해야 한다.

둘째, 소음을 피할 수 있고 채광과 통풍이 좋은 쾌적한 곳을 선택한다. 아이들이 많이 지나다닌다고 해서 급식실이나 매점으로 가는 길목, 1층의 현관 근처에 도서관을 만들기도 하는데, 이 경우 운동장이나 급식실의 소음이 도서관의 쾌

적한 환경을 방해하기 쉬우므로 유의해야 한다. 마찬가지 이유로 음악실, 강당 등의 특별실 옆도 적당하지 않다.

셋째, 앞으로 도서관 공간을 더 늘릴 수 있는 곳을 선택한다. 계속 늘어나는 책을 수용해야 할 뿐 아니라 학교도서관의 기능이 점차 다양해질 것도 대비해야 하므로, 나중에라도 확장할 수 있는 곳에 자리 잡는 것이 좋다.

● 규모

학교도서관의 면적기준은 보통 단위 학교당 전체 학생 수의 일정 비율을 수용한다는 전제 아래, 수용학생 1인당 면적을 바탕으로 산출하고 있다. 그러나 일반 교실을 개보수하여 학교도서관으로 사용하는 상황에서 현실적으로 확보할 수 있는 공간은 대개 교실 1칸에서 4칸 정도이다.

일반 교실을 이용할 경우의 학교도서관 최소 규모(교육인적자원부, 2003)

구 분	모형-1 (1실)	모형-2 (1.5실)	모형-3 (2실)	모형-4 (2.5실)	모형-5 (3실)	모형-6 (3.5실)
학급 수	6	6~12	12~18	18~24	24~30	30~48
학생 수	210	420	630	840	1,050	1,260
수용학생 수	24	36	41	57	84	90
실 면적(㎡)	63	94.5	126	157.5	189	220.5

효율적인 도서관 활용수업과 각종 공간운영을 위해서는 학교 규모와 관계없이 교실 2칸 반에서 3칸 이상의 공간을 확보해야 한다. 문헌자료 공간의 경우 앞으로 책이 더 늘어날 것을 대비해야 하고, 모둠학습 공간은 한 학급을 충분히 수용할 수 있어야 하므로, 이 공간만도 이미 2칸 정도가 필요하다. 여기에 학부모 도우미나 도서부를 위한 회의공간, 사서교사나 담당교사의 작업공간도 만들어야 하므로 적어도 2칸 반에서 3칸 정도의 공간은 반드시 있어야 한다.

● 공간구성 계획

도서관 공간구성은 책을 두는 문헌자료 공간, 모둠학습을 위한 공간, 자료이용을 위한 열람공간을 기본으로 하고, 학교의 상황과 여건을 고려해 필요한 공간을 더할 수 있다.

공간구성을 계획할 때 가장 중요한 것은 이용자의 동선이다. 이용자가 도서관에 들어와서 자료를 검색하고 서가에 와서 원하는 자료를 찾아 열람하거나 대출하는 과정이 원활히 이루어지고, 이용자들 사이에 방해가 되지 않도록 해야 한다. 또한 담당교사 한 사람이 관리·감독해야 하는 상황을 고려해 한 위치에서 보이지 않는 공간을 최소화해야 한다. 하지만 도서관을 이용하는 학생들(특히 중고등학생)은 서가 사이나 창가 등 구석진 곳에서 자기만의 공간을 확보하고 편안하게 책을 읽고 싶어하는 경우가 많으므로 이 점 역시 고려할 필요가 있다. 공간을 배치할 때 눈높이를 가리지 않을 정도로 공간 사이를 구분하거나, 벽을 바라보고 앉을 수 있는 자리를 만들어 두면 두 가지 조건 모두를 어느 정도 충족할 수 있을 것이다.

그리고 공간을 배치할 때는 사서교사나 학교도서관 담당교사가 업무를 할 수 있는 관리공간을 반드시 확보해야 한다. 관리공간이 있어야 입수자료 보관, 입력, 라벨부착 작업을 할 수 있고, 도서부와 학부모 도우미들의 활동공간으로 사용할 수 있기 때문이다.

학교도서관에 필요한 공간

공간 이름	공간의 기능	고려할 점
문헌자료 공간	도서, 신문, 잡지 등을 보관하고 열람하는 공간이다.	서가를 배열할 때는 도서관의 공간현실에 맞게 하되 대출대에 있을 때 안 보이는 곳이 없도록 한다. 이 공간 안에 열람용 책상과 의자를 따로 비치하는데, 실제 많은 도서관에서 문헌자료 공간에는 약간의 열람석만 만들어 두고 모둠학습 공간이나 브라우징 코너를 문헌자료 열람공간으로 활용하고 있다.
영상·전자 자료 공간	CD, 비디오테이프, DVD 등 영상자료를 보관하고 열람하거나, 인터넷과 컴퓨터를 이용하는 공간을 말한다.	영상·전자자료 공간을 마련하는 경우에는 칸막이나 개별부스, 음향분배 시스템 등을 설치해야 한다.
모둠학습 공간	도서 및 인터넷자료 등을 이용해 도서관 활용수업을 할 때 필요한 공간이다. 학기 초에는 도서관 이용지도가 이루어지기도 한다. 대부분 도서관 공간이 좁기 때문에 문헌자료 열람공간으로 함께 쓰는 경우가 많다. 또 학교에 시청각실이 없다면 시청각실 역할도 해야 하는 공간이므로 학교 현실에 맞게 설계해야 한다.	모둠별 학습을 할 수 있도록 책상을 배치하고, 모둠별 책상에 컴퓨터를 놓을 때는 별도의 컴퓨터 책상(반원탁 등)을 마련하는 것이 좋다. 교사용 컴퓨터는 최고 사양으로 설치하고 수업을 하지 않는 방과 후에는 영화상영을 할 수 있도록 홈씨어터를 구축하는 것도 좋다.
문화쉼터	잡지나 신문 등 가벼운 독서자료를 열람할 수 있는 편안한 공간을 말하며 '브라우징(browsing) 코너'라고도 한다. 잠깐 책을 읽거나 몇 권의 후보 책들 가운데 읽어야 할 책을 고를 때 이용하도록, 개가서가의 안쪽이나 그 가까이에 마련된 일시적인 독서공간을 가리키기도 한다.	가능하면 연속간행물 코너나 문헌자료 열람공간 근처에 설치하도록 한다. 그래야 문헌자료를 열람하는 사람에게 방해가 되지 않는다. 도서관 공간이 좁다면 별도 공간을 마련하지 않고 문헌자료 공간에 편안하게 책을 볼 수 있는 소파 등을 마련해 놓는 것도 좋은 방법이다.

대출 · 반납 공간	자료의 대출 및 반납, 이용자와의 상담, 게시 및 전시가 이루어지는 공간이다.	전체 관리가 가능하도록 출입구 근처에 두며, 학교도서관의 첫인상을 좌우하기 때문에 호감을 가질 수 있도록 분위기를 연출해야 한다.
사무공간	사서교사나 도서관 담당교사가 업무를 보고, 도서부 학생들과 학부모 도우미들이 회의를 하거나 작업을 하는 곳이다. 또 도서관 운영에 필요한 물품이나 비품을 보관하기도 하고 정리 중인 신착도서를 보관하거나 멀티미디어 교수–학습자료를 제작할 때 이용할 수도 있다.	도서관 공간에 여유가 있다면 교사열람실을 따로 만들고 그 옆에 교수–학습자료 공간을 만들면 좋다. 잡음이나 소음을 고려하여 별도의 공간을 마련하고 유리벽으로 구분하는 것이 좋지만, 여건이 되지 않을 때는 파티션으로 구분한다. 도서관 공간이 좁아 별도의 공간을 마련하기 어려울 때는 대출대 옆에 개방형 공간으로 만들어 둔다.

설계

위치가 선정되고 공간구성의 밑그림이 그려졌으면, 실제 공사진행을 위한 설계단계로 들어갈 차례이다. 우선 학교도서관 구축위원회의 협의를 거쳐 예산상황과 요구사항, 기본계획을 담은 사업계획서를 작성하고 이를 바탕으로 시공업체의 설계도면과 견적서를 받는다.

도서관을 만드는 과정은 크게 세 부분으로 나눌 수 있다. ①기본적인 바닥 · 벽체와 인테리어 공사, ②전기와 네트워크 공사, ③도서관 가구와 컴퓨터 등의 기기 구입이 그것인데, 이 가운데 ①과 ②의 과정이 설계에 포함되는 부분이다. 경우에 따라 한 업체에서 모든 공사를 전담하기도 하지만 대체로 바닥 · 벽체 공사와 전기 공사가 함께 이루어지고, 인테리어 공사가 나중에 이루어진다. 각 부분별로 3개 이상의 업체에서 설계도와 견적서를 받아 보고 시공업체를 선정하는 것이 바람직하며, 설계단계에서는 방음처리, 조명 및 채광, 네트워크 시스템, 냉난방 등의 문제를 자세하게 살펴보아야 한다.

● 벽과 바닥, 천장

도서관의 모든 벽은 시각적 효과를 살릴 수 있는 자연스러운 컬러를 쓰는 것이 좋고, 잡음을 흡수할 수 있고 방염처리가 된 자재를 사용해야 한다. 영상자료 공간 등 이용 공간별로 방음이 필요하거나 각 공간의 구분이 필요한 경우에는 이

학교도서관을 만들 때는 인테리어 비중을 높여서 공사하는 것이 좋다. 도서관 분위기를 좌우하는 중요한 요소이기도 하고, 다른 비품들은 나중에 구매해도 되지만 인테리어는 한번 하면 바꾸기 어렵기 때문이다.

동식 칸막이나 낮은 서가, 유리벽을 설치할 수 있다. 유리벽을 설치할 때는 안전사고의 위험을 생각하여 유리의 하중이나 강도 등에 유의해야 한다.

바닥은 미적 감각을 고려하는 동시에 내구성·방염성이 있고 관리하기 좋은 재료를 써야 하는데, 도서관 한쪽에 온돌방(혹은 신을 벗고 올라가는 곳)을 설치해 쉼터로 활용할 수도 있다. 천장은 방음·방화 효과가 있는 자재를 쓰고, 밝은 색으로 처리하여 간접채광에 문제가 없도록 한다.

● **냉난방설비**

상황에 따라서 차이가 있지만 쾌적한 도서관 환경을 위해서는 실내온도를 18~28도(표준온도 22도) 정도로 지켜 주어야 한다. 대부분의 학교에는 중앙 냉난방장치가 설치되어 있지만 학교 전체를 감당하기 어려우므로, 중앙장치와는 별도로 냉난방설비를 해야 한다. 천장매립형으로 설치하면 공간을 넓게 확보할 수 있다.

● **조명과 채광**

도서관은 다양한 기능을 가진 곳이어서 각각의 공간에 필요한 조명 조건이 다르기 때문에 설비하기가 쉽지 않다. 도서관 업무를 하거나 자료를 이용하는 데 지장이 없을 정도의 밝기를 확보하고, 건물 내부형태와도 조화가 잘되도록 하는 것이 중요하다. 문헌자료 공간에 조명을 설치할 때는 서가 사이의 통로에 조명을 두어 충분한 밝기를 확보하되, 전자자료실과 영상자료실에는 밝기 조절 스위치나 개별 스위치를 설치해 필요에 따라서 조정할 수 있어야 한다.

공간을 넓게 쓰기 위해 서가로 창문을 가리는 경우가 많은데, 자연스러운 채광과 통풍을 위해서라도 창문은 가리지 않는 것이 좋으므로 창문 쪽에는 낮은 서가와 비품을 배치한다. 소음을 방지하거나 영상기기를 활용하기 위해 설치하는 커튼이나 블라인드는 암막 기능이 가능한 것이 좋다.

● **전기배선과 네트워크 케이블**

천장과 내부 벽 공사를 하기 전에 전기배선과 네트워크 케이블 공사를 하게 된다. 때문에 미리 전자제품의 위치를 생각하여 콘센트나 네트워크 케이블을 배치하고, 일반 교실을 도서관으로 사용하는 경우에는 조명기구를 증설해야 하므로 그 위치도 꼼꼼히 정해 둔다.

모든 컴퓨터는 네트워크로 연결하되, 가능하면 전원이나 네트워크 케이블이 노출되지 않도록 벽면과 천장, 가구배치 등을 이용한다. 컴퓨터를 놓을 곳뿐 아니라 도서관 내 여러 공간에 전원 콘센트나 예비용 네트워크 케이블을 넉넉하게 설치해 두는 것이 좋다.

이 과정에서는 공간구성을 고려하여 조명기구의 배선을 나누는 것이 특히 중요하다. 전체적인 조명 조절장치는 대출대 근처에 두고, 공간요소별로 필요에 따라 밝기를 조절할 수 있는 스위치를 설치하는 것이 좋다. 조명 스위치와 함께 냉난방 스위치 또한 대출대 옆에 설치한다. 단 모둠학습 공간의 조명 스위치, 빔프로젝터나 전동스크린 스위치 등은 도서관 활용수업 때 교사가 쓰는 책상 옆에 두어야 한다.

● **색채**

조화로운 색채로 꾸며진 도서관은 안정된 열람 분위기를 만들어 이용자의 자료 이용 의욕을 높여 주므로, 도서관의 색채를 어떻게 구성하느냐 하는 문제는 다른 환경요소 못지않게 중요하다.

바닥은 어두운 색, 벽은 그보다 밝은 색, 천장은 더욱 밝은 색으로 하는 것이 안정감을 줄 수 있다. 반면 책상, 의자, 서가 등의 비품은 색상이 너무 밝거나 어두우면 눈이 쉽게 피로해지므로 중간 명도의 색인 황갈색, 진한 베이지색, 황토색 등으로 고르는 것이 좋다.

색채를 선택하면서 도서관 안에 게시할 사인물의 대략적인 위치와 디자인을 결정해 두도록 한다. 사인물은 인테리어 업체에 한꺼번에 맡기기도 하고 사인물 전문업체에 맡길 수도 있는데, 어느 경우든 도서관 전체의 색채와 잘 조화되게 꾸며야 한다. 이 과정에서 미술과 교사의 도움을 받으면 일을 수월하게 진행할 수 있다.

업체선정

설계도면과 견적서를 꼼꼼히 살펴본 다음에는, 학교의 요구를 제대로 반영하면서 예산상황에도 적합한 시공업체를 선정한다. 업체를 선정하는 것은 도서관을 만드는 과정에서 가장 중요하고, 또 그만큼 가장 어려운 부분이기도 하다. 실제로 업체만 잘 선정하면 공간구성부터 인테리어까지 맞춤으로 해결되기도 한다.

업체선정 과정

업체선정 제안공고 ➡ 견적서 확인 ➡ 제안설명회 및 내용 평가 ➡ 선정대상 업체 시공 도서관 방문

➡ 최종 업체선정 ➡ 선정업체와 도서관 설계 논의 및 수정 ➡ 계약

업체를 선정하고 계약하는 방법에는 공개입찰(전자입찰)과 수의계약이 있다. 공개입찰의 경우 최저가를 제시하는 업체를 선택해야 하므로 인테리어 시공이나 설계, 가구의 품질이 마음에 들지 않는 등 문제가 생길 수 있다. 제안설명에 의한 수의계약의 경우 이런 단점을 해소할 수 있는데, 학교도서관 공사의 총공사비가 수의계약을 할 수 있는 3천만 원의 범위를 넘어선다 하더라도(인테리어는 7천만 원) 인테리어, 전기, 가구, 시스템으로 나누어 계약을 하면 제안설명에 의한 수의계약이 가능하다. 공개입찰인 경우에도 전문업체가 시공할 수 있도록 시공자격에는 제한을 두는 것이 좋다. 간혹 지역사회 경제발전을 이유로 지역제한을 두는 경우가

국가를 당사자로 하는 계약에 관한 법률시행령

제 26조(수의계약에 의할 수 있는 경우)
5항 추정가격이 1억 원(건설산업기본법에 의한 전문공사의 경우에는 7천만 원, 전기공사사업법에 의한 전기공사, 전기통신공사사업법에 의한 전기통신공사 또는 소방법에 의한 소방공사의 경우에는 5천만 원) 이하인 공사 또는 추정가격(임차 또는 임대인 경우에는 연액 또는 총액기준)이 3천만 원 이하인 물품의 제조·구매·용역 기타 계약의 경우.

있는데 잘못하면 지역업체 간 담합의 빌미가 되기도 하므로 주의해야 한다.

그런데 도서관 공사를 바닥과 벽체·인테리어 공사와 전기·네트워크 공사로 나누고 각각의 업체를 따로 선정하면 업체 간에 공사 일정이 맞지 않거나 커뮤니케이션이 되지 않아 공사에 차질이 생기기도 한다. 이때는 가장 규모가 큰 인테리어 업체를 선정하고 나머지 공사는 인테리어 업체에서 하청을 주는 방식으로 업체들과 협의를 하면 좋다.

그리고 최종적으로 업체가 선정되면 선정대상이 된 업체의 시공현장을 직접 방문하여 문제점이 없는지, 개선할 점이 무엇인지 조사해 보고, 제안설명회에서 얻은 아이디어를 종합하여 기존의 설계계획을 수정하거나 발전시키는 과정도 필요하다.

업체에 견적서를 요구할 때는 미리 사양이나 규격을 정확히 알려 줘야, 똑같은 조건에서 견적서를 비교할 수 있다. 또 같은 품목이라도 회사에 따라 가격이 다르기 때문에 견적서에는 어떤 회사 제품을 사용하는지 밝히도록 하는 것이 좋으며, 물가정보는 한국물가정보 홈페이지(www.kpi.or.kr)를 이용한다. 이 모든 과정을 행정실에만 맡기지 말고 구축위원회에서 직접 업체선정부터 함께 참여해야 한다.

학교도서관 공간 채우기

도서관에는 여러 종류의 다양한 비품이 필요하다. 하지만 가격이 만만치 않으므로 도서관의 사정과 예산상황에 맞추어 적절한 것을 선택해야 한다. 비품을 구입할 때는 도서관용품 전문업체를 이용하는 것이 좋고, 특히 값이 비싼 도서관 가구는 가능하면 조달청 등록가구로 구비하도록 한다. (일반가구로 구입하면 가격이 올라간다.) 이는 컴퓨터 등의 설비를 구입할 때도 마찬가지이다. 가구와 컴퓨터 등 선택한 비품과 설비가 들어오면 계약한 내용과 동일한지 꼼꼼하게 검수해야 한다. 경우에 따라서는 계약과 다른 물건(사양)이 들어오는 경우가 있기 때문이다.

 ## 공간에 따른 비품구입

● 대출 · 반납 공간

대출 · 반납 공간에 필요한 비품은 대출 · 반납대, 사무용 의자, 대출용 컴퓨터, 바코드 스캐너, CD · 비디오테이프 · DVD 보관장 등이다. 사서교사의 사무공간이 따로 없는 경우에는 복합기, 캐비닛 등도 여기에 둔다.

| 대출 · 반납대(안내 카운터) |

도서관의 주출입구 근처에 설치하며 밝고 깔끔한 분위기를 줄 수 있도록 한다. 일반적인 형태는 사진과 같지만 도서관 여건에 맞춰 주문제작할 수 있다. 최근에는 인테리어 개념을 도입하여 예쁘게 주문제작하는 경우가 많다.

도서관용품 전문업체의 대출대들은 대부분 마우스대가 따로 없어서 마우스를 책상에 놓고 작업을 해야 하는데, 그럴 경우 마우스의 위치가 높아 대출대에서 작업을 오래 하면 어깨가 많이 아프다. 이런 점을 고려해서 대출대를 주문제작할 때는 대출대보다 낮은 위치에 마우스대를 만들어 달라고 요구한다.

최근에는 도서의 대출·반납 화면을 이용자도 함께 볼 수 있도록 모니터 분배기를 이용해 모니터를 양면으로 설치하기도 하는데, 생각보다 값이 비싸지 않으므로 설치해 두면 편리하게 사용할 수 있을 것이다.

▲ 인천 예일고 도서관

| 컴퓨터 |

이 공간에는 컴퓨터를 대출용, 반납용으로 2대 이상 갖추는 것이 좋다.

| 레이저 프린터 |

전산화 라벨, 바코드 인쇄가 된 대출증 등을 출력하기 위해 반드시 레이저 프린터가 있어야 한다. 잉크젯 프린터는 바코드가 인쇄되기는 하지만 잉크가 번져 바코드를 스캐너가 제대로 읽지 못하므로 사용할 수가 없다.

| 바코드 스캐너 |

대출·반납 업무를 신속하고 정확하게 처리하기 위해서는 바코드 스캐너가 있어야 한다. 바코드에서 거리가 떨어지더라도 잘 읽을 수 있고 읽히는 속도가 빠른 것을 고른다.

| 대출·반납 일력표 |

대출·반납 일력표는 이용자들이 대출·반납일을 쉽게 확인할 수 있도록 도와주는 것이다. 예산상 구입하기 어려울 때는 하드보드와 아크릴판 등으로 직접 만들 수도 있다.

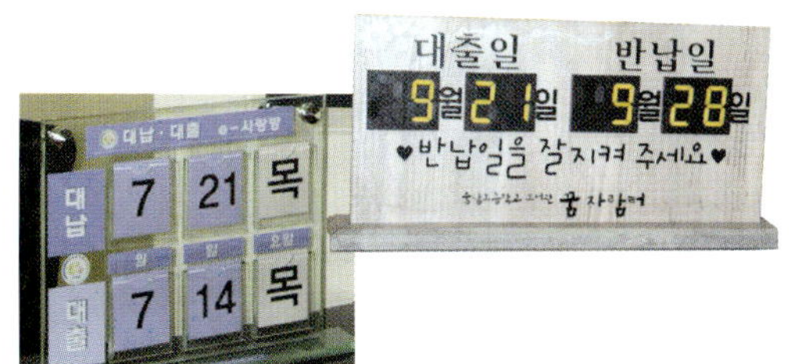

CD와 비디오테이프, DVD 자료는 제품의 성격상 파손되거나 분실되기 쉬우므로 관리의 편의를 위해 대출 · 반납대 근처에 둔다. 그러나 수업에 활용해야 하는 자료들을 넣은 보관장은 모둠학습 공간에 둘 수도 있다.

▲ 대출 · 반납대 뒤에 있는 보관장(성호고)

▲ 모둠학습 공간에 있는 보관장(안남중)

● **문헌자료 공간**

문헌자료 공간은 도서관에서 핵심이 되는 곳으로, 여기에 필요한 비품들은 서가, 열람책상, 의자 등이 있다.

| 서가 |

서가의 재료는 목재, 철재, 플라스틱재 등이 있으며 철재와 목재가 함께 쓰인 것도 있다. 이 가운데 철재서가가 제일 튼튼하지만, 열람실 분위기를 온화하게 만들려면 목재서가를 설치하는 것이 더 좋다. 단 목재서가를 선택할 때는 휘거나 틀어지지 않도록 원목으로 된 것을 골라야 한다.

서가 이름에서 '연'이란 좌우로 칸이 나누어져 있는 것, '단'이란 위아래로 칸이 나누어져 있는 것을 말한다. 단식서가는 벽 쪽에 붙여 놓고 한 면만 사용할 수 있는 것이고, 복식서가는 서가의 양쪽 면에 모두 책을 꽂을 수 있는 서가이다. 사면서가(경사서가)란 맨 아래의 두 단을 경사지게 만들어, 서 있는 상태에서도 책등의 책 제목을 볼 수 있게 한 것이다. 단식서가는 공간이 좁아 벽면에도 서가를 배치할 때 사용한다. 복식서가는 책을 꽂을 수 있는 양이 단식서가의 2배이지만, 양면을 다 활용하기 위해서는 서가 주위의 공간도 2배가 필요하다. 서가의 높이는 이용자의 특성에 따라 달라지는데 초등학교에서는 1~4단 서가를, 중고등학교에서는 3~6단 서가를 사용하는 것이 일반적이다. 서가는 보통 키의 이용자가 서가 맨 위의 책을 자연스럽게 빼낼 수 있는 높이가 가장 좋으며, 너무 높아서 발판을 놓고 사용하는 일은 없어야 한다. 또 크기가 큰 책을 꽂기 위해 서가의 높낮이를 쉽게 조절할 수 있는지, 높낮이를 조절하기 위해 사용하는 구멍의 위치나 넓이가 다르지는 않은지 등도 꼼꼼히 확인하도록 한다. 복식서가는 중간에 칸막이가 있어야 책이 반대편으로 넘어가지 않는데, 칸막이가 너무 낮으면 쓸모가 없고 전체가 다 막혀 있으면 답답한 느낌을 주기 때문에 책 높이의 절반 정도가 적당하다. 적어도 책 높이의 1/3 정도는 되어야 한다. 일반서가 높이의 절반 정도 되는 3단서가는 무거운 사전이나 크기가 큰 그림책 등을 꽂기에 좋으며 공간 사이를 구분해 주는 역할도 한다. 곡선서가는 보기에는 좋지만 공간을 많이 차지하고 책을 조금밖에 꽂을 수 없으므로 신중히 결정해야 하며, 북엔드가 부착되어 있는 서가는 편리하긴 하지만 튼튼하지 못한 것이 많기 때문에 잘 살핀 후 구입해야 한다. 서가는 일반 가구업체보다는 도서관용품 전문업체에서 구입하는 것이 좋다. 여러 재질과 규격의 서가를 잘 살펴보고 이용자나 관리자 모두가 편리하게 사용할 수 있는 알맞은 제품을 선택하도록 한다.

서가를 구입할 때는 현재 도서관에 있는 장서량과 앞으로 늘어나게 될 장서량을 고려하여 서가의 개수를 정하는 것이 좋다. 서가에 꽂을 수 있는 책의 양은, 서가의 규격과 책의 두께에 따라 다르지만 대체로 한 칸에 40~45권을 꽂을 수 있다. 단 책을 꺼내기 쉽게 하고 새로 들어오는 책을 꽂기 위해서는 칸의 80% 정도만 채우는 것이 좋은데, 이를 바탕으로 계산해 보면 단식 6단2연 서가에는 400권 정도를, 복식서가인 경우엔 이의 두 배인 800권 정도를 꽂을 수 있다고 보면 된다.

▲ 단식 7단2연 서가

▲ 복식 6단3연 서가

▲ 그림책용 서가

열람책상은 모양에 따라 사각형과 원형, 타원형이 있고, 크기에 따라 1인용, 2인용, 4인용, 6인용, 8인용, 10인용 등 다양한 종류가 있다. 도서관에서 일반적으로 사용하는 것은 6인용이며, 학교 급별로 적절한 높이와 넓이의 책상을 구입하면 된다. 꼭 직사각형 책상을 고집할 필요는 없다. 사다리꼴이나 정사각형 모양으로 된 1인용 책상은 필요에 따라 1인, 2인, 4인, 6인, 8인용 등으로 구성할 수 있고, 6인용으로 정해진 직사각형 책상보다 공간을 절약할 수 있어 편리하다. 단, 모둠학습용 책상으로도 사용하는 경우 모둠별로 컴퓨터를 설치하거나 할 수는 없으므로 이를 잘 고려한 뒤 선택한다.

▲ 6인용 책상(사각)

▲ 사다리꼴 책상

의자는 재료에 따라 목재, 철재, 하이팩 의자 등이 있다. 도서관용품 전문업체에서 구입하는 것이 무난하지만 재질, 구조, 색조 면에서 다른 비품과 잘 조화되고 도서관 전체 분위기에 어울리도록 주문제작할 수도 있다. 또 성장기에 있는 학생들의 신체발달을 고려하여 인체공학적 설계를 한 의자를 선택하는 것도 좋다. 열람책상과 의자는 이동할 때 소리가 나지 않게 다리 밑에 고무수지(gum)를 씌우거나 바닥 소재가 소리 나지 않는 것으로 되어 있는 제품을 사용한다. 의자 높이가 학생들에게 맞는지도 살펴보아야 한다.

목재 의자는 따뜻한 느낌이 있으나 견고하지 못한 단점이 있다. 하이팩 의자의 경우 밑의 철 받침 너비가 지나치게 넓으면 책상에 넣을 때 다 들어가지 않을 수도 있으니 유의해야 한다.

서가와 열람석의 배치형태는 학교도서관의 규모, 책의 양, 주요 활동공간 등을 고려하여 결정한다. 대부분의 학교도서관에서는 서가를 한쪽으로 모으고 열람석은 다른 쪽으로 모아 모둠학습 공간으로 함께 사용하는데, 학생들이 편하게 책을 읽을 수 있도록 서가 가까운 곳에 작은 테이블이나 소파 등을 마련하기도 한다. 대표적인 서가배치 형태는 다음과 같다.

- 주변식 : 서가를 벽면에 붙여 배치하고 그 안쪽에 열람석 마련
- 중앙식 : 서가를 열람실 중앙에 배치하고 그 주변에 열람석 마련
- 방사선식 : 방사선 형태로 서가를 배치하고 다른 한쪽에 열람석 마련
- 혼합식 : 서가를 중간중간에 적절히 배치하여 일정한 공간을 확보하고, 이 공간에 교과실, 참고열람실 등을 마련
- 1면식 : 서가를 한쪽 벽면에 집중하여 배치하고 나머지 3면은 열람석 마련

▲ 신대초 도서관

▲ 연수중 도서관

● 문화쉼터

문화쉼터에는 푹신한 소파를 두거나 아예 신발을 벗고 들어갈 수 있는 온돌방, 마루방으로 꾸미기도 한다. 이곳에는 가볍게 읽을 만한 신문이나 잡지, 혹은 만화나 그림책 등을 둔다. 필요한 비품은 잡지가, 신문가, 낮은 의자, 소파 등이다.

▲ 노원구 어린이도서관

▲ 부평 기적의도서관

잡지가는 잡지의 표지를 전부 볼 수 있어 이용자에게 선택의 기회를 줄 수 있고, 과월분 잡지를 보관하고 관리하기 쉬운 전시식 잡지가가 가장 일반적이며, 실제 학교도서관에서 구독하는 정기간행물의 수를 감안할 때 12칸 정도가 적당하다. 경사식 잡지가는 좁은 공간에 많은 종류의 잡지를 꽂을 수 있지만, 과월호 잡지를 꽂기가 어려워 다른 서가에 보관해야 하므로 불편하고 보기에도 단정하지 않다. 그러나 공간이 좁고 구독하는 잡지가 몇 종 되지 않을 때는 경사식 잡지가가 더 유용할 것이다.

신문을 보관하기 위해 신문걸이를 따로 사용하기도 하지만 신문이 올 때마다 철해 두어야 하는 번거로움이 있어 마련해 놓아도 잘 쓰지 않게 된다. 오히려 잡지가에 한꺼번에 보관하는 것이 관리와 이용에 더 편리할 수도 있다.

▲ 전시식 잡지가(철재)　　　　　　　▲ 경사식 잡지가

서가, 잡지가, 신문가 옆에 편안한 소파나 의자를 두면 도서관 분위기가 부드러워지고, 책을 보거나 휴식을 취하는 쉼터로 활용할 수도 있다. 도서관 안에 기둥이 있는 경우에는 기둥 주변에, 또는 그 밖의 틈새 공간에 소파를 배치하는 등 좁은 공간을 활용하고, 마주 보는 형태보다는 등을 맞대는 형태로 하여 다른 사람을 의식하지 않고 편하게 책을 읽을 수 있도록 한다. 열람석과 별개로, 움직일 수 있는 작은 1인용 소파 등을 마련해 두면 학생들이 자유롭게 자신이 원하는 공간에서 책을 볼 수 있어 인기가 높다. 소파를 고를 때는 쉽게 더러워지거나 찢어지지 않는 재질의 제품을 선택한다.

1, 2 자투리 공간 활용(송곡여정고)
3 공간활용이 돋보이는 형태(작전여고)
4 등을 맞댄 형태(횡성중)

● 모둠학습 공간

모둠학습 공간에 필요한 비품은 빔프로젝터, 스크린(혹은 사이버 컴퓨터보드)
이나 프로젝션 TV(혹은 PDP, LCD TV), 화이트보드, 실물화상기, 모둠학습용
책상, 의자, 교사용 책상 등이다. CD, 비디오테이프, DVD 자료가 많다면 전용
보관장도 필요하다.

▲ 모둠학습 공간(중남초)

▲ 컴퓨터가 있는 모둠학습 테이블(계산여중)

| 빔프로젝터와 스크린 |

빔프로젝터는 모델과 성능에 따라 가격이 천차만별이므로 도서관의 예산과 이

용 정도에 따라 적당한 것을 고른다. 스크린은 천장에 매립형 전동스크린으로 설치하면 보기에도 깔끔하고 이용하기에도 편해 일반적으로 많이 사용된다.

때로는 빔프로젝터와 스크린 대신 프로젝션 TV를 사용하기도 한다. 프로젝션 TV는 화질이 선명하고 전자파 방출이 거의 없으며, 무게가 화면 크기에 비해 가볍고 이동과 설치가 간편하다. 또한 교수-학습에 필요한 다른 외부기기와의 접속이 쉽고 밝은 곳에서도 선명한 화질을 유지하는 등의 장점이 있다. 하지만 공간을 많이 차지하고, 학생들에게 늘 노출되어 있으므로 고장이나 안전사고의 위험이 있는 것이 단점이다.

| 화이트보드, 전자칠판 |

화이트보드는 스크린 옆이나 프로젝션 TV 옆에 설치한다. 이동식보다는 고정식이 좋고, 화이트보드 대신에 전자칠판을 설치할 수도 있다. 전자칠판은 프로젝터와 스크린, 프로젝션 TV를 대신할 수 있으나 조금 비싼 것이 흠이다. (2005년 설치한 학교의 경우 990만 원)

▲ 전동스크린과 화이트보드(방산중)

▲ 전자칠판(평촌고)

모둠학습용 책상과 의자는 일반적으로 열람공간의 것을 사용하게 되며, 모둠별 책상에 모니터가 있다면 교사용 컴퓨터에 프로그램을 설치하여 프로젝터 화면이나 전자칠판 화면을 모니터에 보여 줄 수 있어 수업에 도움이 된다. 단, 모둠용 책상에 있는 컴퓨터는 교사용 컴퓨터에서 사용을 제한할 수 있어야 한다.

● 영상 · 전자자료 공간

이 공간에 필요한 비품으로는 컴퓨터, 컴퓨터 책상, 의자, 레이저 프린터, 시청각기기용 책상, VTR, DVD 플레이어, 오디오, TV 등이 있다. 영상자료 공간을 설치할 경우 옆자리 이용자나 도서관 내 다른 이용자에게 방해가 되지 않도록 개별부스와 간이 칸막이를 설치하는 것이 좋다. 특히 단체로 영상자료나 전자자료를 열람하는 공간에서는 음향분배기를 설치하여 헤드셋을 이용하면 다른 이용자에게 피해를 주지 않을 수 있다.

1 음악감상 공간(인천 예일고)
2 영상자료 열람공간의 칸막이(연수중)
3 단체 영상자료 열람공간(인일여고)

● 종합관리 공간

필요한 비품은 업무용 컴퓨터, 스캐너(혹은 복합기), 캠코더, 디지털카메라, 레이저 프린터, 잉크젯(컬러) 프린터, DVD-CD RW, 작업용 책상, 사무용 책상, 캐비닛 등이다. 캠코더나 디지털 카메라 등은 학교 공용품을 사용하더라도 레이저 프린터와 컬러 프린터는 자주 쓰게 되므로 도서관에 마련해 두는 것이 좋다. 최근에는 복합기를 많이 이용하기도 한다.

▲ 경신고 도서관

그 밖의 비품

● 기타 비품

| 북트럭과 반납함 |

책과 기타 자료를 운반하는 데 쓰는 북트럭의 종류는 재료에 따라 목재와 철재, 크기에 따라 대 · 중 · 소, 방식에 따라 평면 · 사면 등이 있다. 북트럭은 너무 무겁거나 크면 이동하기가 어려우므로 도서관의 공간 여유를 생각하여 구입하는데, 서가를 배치할 때 북트럭과 함께 한 사람 정도가 들어갈 수 있는 공간을 확보해 두도록 한다. 또 바퀴에 브레이크가 있어야 북트럭을 한곳에 고정시켜 둘 수 있으니 이 부분도 꼼꼼히 확인해야 한다.

반납함은 도서관 외부에 설치하는데, 방학이나 사서교사의 출장, 쉬는 시간에 도서관에서 수업이 이루어질 경우 등에 필요하다. 반납함은 안쪽에 스프링과 받침대가 있어 책이 손상되지 않는 것으로 선택한다.

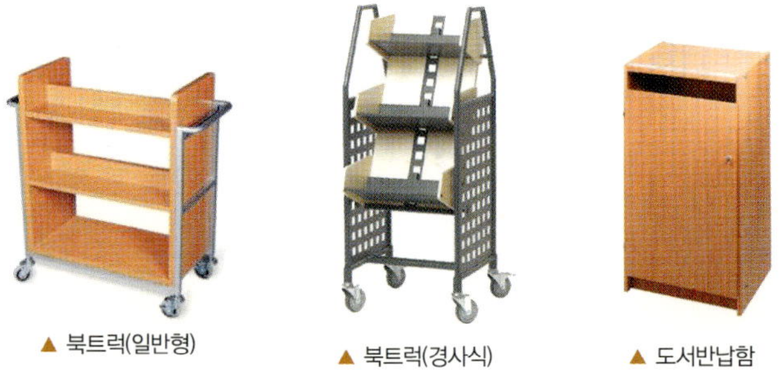

▲ 북트럭(일반형)　　　▲ 북트럭(경사식)　　　▲ 도서반납함

| 북엔드 |

서가에 진열된 책들이 옆의 빈 공간으로 쓰러지지 않도록 밀착시켜 세워 주는 도구로, 주로 철재가 쓰이며 모양에 따라 T자형과 L자형 북엔드가 있다. 규격은 일반적으로 7인치와 10인치가 있으며, 26cm 이상 되는 대형도서에는 10인치를 사용하는 것이 좋고 L자형 북엔드보다 T자형 북엔드가 책을 더 든든히 받쳐 준다. 최근에는 북엔드가 서가에 미리 설치되어 나오는 경우도 있다.

▲ 서가 고정형 북엔드

▲ L자형 북엔드

▲ T자형 북엔드

| 사물함 |

이용자의 소지품이나 옷, 가방 등을 보관하기 위한 것으로 보통 출입구 근처에 설치한다. 학생들의 책가방과 실내화 가방이 들어가는 정도의 크기가 적당하며 전체 높이는 각 급 학교에 따라 달라진다. 사물함을 도서관 바깥에 놓을 경우에는 각 단위함마다 잠금장치를 하여 분실을 방지해야 한다. 그러나 실제로 학교 도서관에서 사물함이 그리 자주 쓰이는 편은 아니므로 반드시 설치해야 하는 것은 아니다.

| 복사기 |

대출이 안 되는 참고도서나 정기간행물의 자료를 활용할 때 복사기가 필요하다. 복사기는 출입구 근처에 설치하는 것이 좋고 이용은 유료로 해야 한다. 초중등학교에는 복사기가 많이 필요하지 않지만 고등학교에서는 자주 쓰게 되므로 설치해 두는 것이 좋다.

복사기를 구입하는 것보다는 복사기 임대업체에서 프린터와 함께 임대하는 것이 관리하기에 편하다. 그럴 경우 복사기 이용카드는 임대업체에서 제공하며 이용자에게 판매하게 되는데, 복사카드를 판매하거나 실제적으로 관리하는 일은 도서관 담당자가 해야 하므로 업무량이 많아질 수 있다. 업무용으로 필요한 경우라면 복합기 정도로도 충분할 것이다.

도서관 자료를 정리할 때는 등록번호 라벨, 청구기호 라벨, 띠 라벨, 라벨 키퍼 등이 필요하다. 최근에는 대부분의 학교도서관에서 도서를 구입할 때 등록과 라벨작업까지 마쳐서 납품을 받으므로 다량을 구매할 필요는 없지만, 간혹 떨어진 라벨을 떼어 내고 새로 보수해야 할 경우가 있다. 등록 및 라벨작업을 대행해 주는 업체에 같은 제품을 부탁하여 여분을 가지고 있으면 된다.

넘버링은 장서 등록번호를 책에 표시하는 데 쓴다. 대부분 넘버링을 찍는 대신 정리하는 과정에서 수기로 등록번호를 적는 방법을 사용하곤 한다. 장서인은 소장처를 나타내기 위해 책에 날인하는 것으로 최근에는 고무인을 많이 쓴다.

책을 보수할 때는 흔히 쓰는 셀로판테이프 대신 보수용 테이프를 권한다. 보수용 권총(글루건)을 사용하는 경우도 많은데 실제로 써 보면 책의 두께가 두꺼워지고 보수를 해도 금방 떨어지기 때문에 효율적이지 못하다. 차라리 문구점에서 쉽게 구할 수 있는 목공용 본드를 이용하는 것이 편하다. 인기가 있을 것 같은 도서는 아예 비닐로 포장해 두거나, 책등이나 모서리에 보수용 테이프를 미리 붙여 두는 것이 좋다.

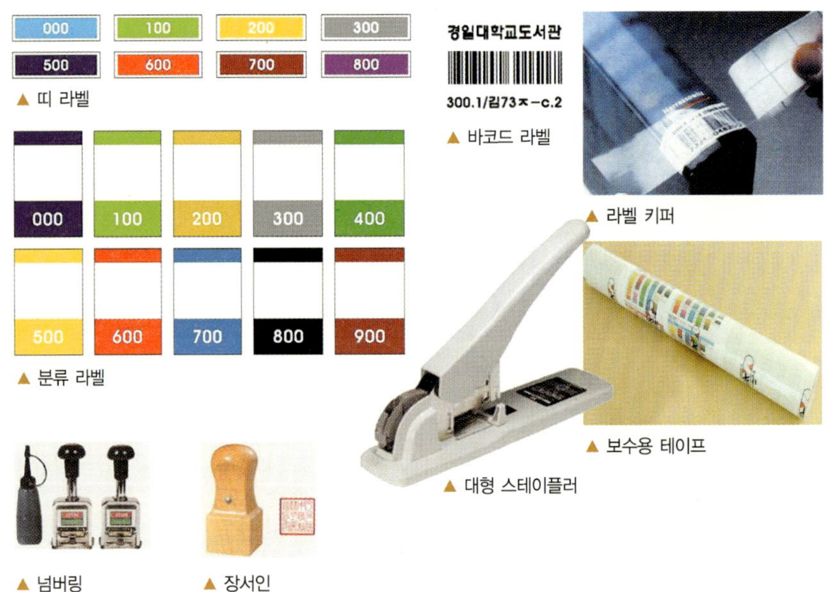

▲ 띠 라벨

▲ 바코드 라벨

▲ 라벨 키퍼

▲ 분류 라벨

▲ 보수용 테이프

▲ 대형 스테이플러

▲ 넘버링

▲ 장서인

● 각종 사인물

학교도서관에는 사용방법이나 이용규정, 새로운 소식 등을 안내하기 위한 다양
한 사인물이 필요하다. 한국십진분류표와 각 서가의 대분류 사인물을 부착하여
자료의 주제와 소장위치를 알 수 있도록 하고, 각 코너별 안내판을 설치하여 이
용자들이 자료를 찾는 데 도움을 준다.
사인물 제작 및 부착은 공사가 완료될 즈음에 하게 되는데, 앞서 이야기한 것처

1, 2 도서관 입구(인천 예일고)
3 도서관 복도 게시물(인천 예일고)
4 도서관 로고(인천 예일고)
5 도서관 이용안내(인천 효성고)
6 한국십진분류표(인천 예일고)
7 분류번호 표시(인천 효성고)
8 분류번호 표시(인천 예일고)

9 공간 사인물(인천 효성고)
10 공간 사인물(인천 예일고)
11 기둥을 장식한 벽화(인천 효성고)
12 벽면을 장식한 벽화(인천 예일고)

럼 인테리어 업체에 한꺼번에 맡기기도 하고 사인물 전문업체에 맡길 수도 있다. 내용을 작성할 때는 도서관 전문용어를 피하고 이용자가 쉽게 파악할 수 있게 써야 한다. 또한 사인물의 전반적인 모양, 크기, 글꼴, 색감 등에 일관성을 부여하여 조화를 이루도록 하는 것이 중요하다.

이상과 같이 각 공간별로 꼼꼼하게 살펴 비품을 주문한 뒤 납품 받은 비품은 상태나 색상, 규격 등에 있어 주문 시의 조건을 충족하고 있는지 검수한 후 최종 구입여부를 결정한다. 하자가 있는 비품은 즉시 반품조치하고, 사용 중에 문제가 발생한 경우에도 적절한 보수나 교체가 이루어질 수 있도록 구입단계에서부터 A/S 여부를 잘 확인해야 한다.

학교도서관 완성하기

이제 학교도서관을 만들기 위한 대부분의 준비과정이 끝나고 본격적인 공사와 마무리만 남았다. 준비를 철저히 한 만큼 공사과정은 좀더 수월하게 진행되겠지만, 이때에도 긴장의 끈을 놓지 않고 세세히 살펴야 더욱 멋진 학교도서관을 만들 수 있다.

 ## 본격적인 공사진행

도서관 구축공사는 대체로 방학 때 이루어지므로, 담당교사는 수시로 학교에 나와 공사의 진행상황과 인테리어 등을 살펴봐야 한다. 또한 설계단계에서 약속했던 자재를 제대로 사용하고 있는지, 가구나 비품이 들어올 때 제품에 하자가 없는지를 검수해야 한다. 공정에 따라 사진을 찍어 두어 공사가 어떻게 진행

▲ 천장 석고보드 부착 공정

▲ 방열기 매립 공정

되는지 체크하는 것도 좋은 방법이다. 특히 친환경소재의 제품을 사용하는지도 꼼꼼히 확인해야 한다. 이러한 점들을 좀더 면밀히 살펴보기 위해서는 작업 단위 공정표나 자재내역서를 담당자가 확보하고 수시로 실제상황과 비교하여 문제점을 체크해 보는 것이 좋다.

공사 중간에 문제가 생겼을 때는 문제상황과 그에 따른 업체 측의 약속을 기록으로 남기고 확인해 둘 필요가 있다. 실제로 문제를 지적하고 시정을 요구해도 무시하고 공사를 그냥 진행시켜 버려 이후에는 되돌릴 수 없는 경우가 많이 생기므로, 이러한 일을 미리 막기 위해서라도 공사 진행과정을 꼼꼼히 기록하고 살펴보아야 한다

 ## 검수 및 평가회

공사가 완료되고 자료정리가 끝나면 구축위원들을 대상으로 한 검수 및 평가회를 갖는다. 업체대표 및 현장책임자가 참석하여 어떻게 공사했는지를 설명한 후 궁금한 점을 질문하여 구축위원들이 도서관을 꼼꼼히 살펴보게 한다. 이를 통해 담당자가 미처 발견하지 못한 하자가 있는지, 혹은 진행과정에서 생각하지 못했던 문제점이 있는지 살펴보고 이에 대한 개선방법을 논의하여 시정하거나 보완하도록 한다. 대금지불은 공사가 다 끝난 다음 하자가 없는지 살펴본 후에 한다.

 ## 개관식

여기까지의 과정으로 도서관 만들기가 일단락되었다. 이제 새롭게 꾸며진 도서관을 열고 학생들에게 적극적으로 홍보하는 일이 남았는데, 이 과정에서 가장 먼저 치르게 되는 행사가 개관식이다. 개관식은 학교장 및 관계자들에게

경과보고를 하는 자리이기도 하지만, 학생들에게는 새로운 도서관을 만나는 즐거운 날이다. 따라서 개관식이 어른들만의 보고회 자리가 아닌 학교도서관과 관련한 모든 구성원들의 축제 자리가 될 수 있도록 해야 한다.

학생들을 대상으로 학교도서관 이름을 공모해 수상작을 발표하고 시상식과 현판식을 하는 것은 가장 일반적인 개관식 행사 가운데 하나이다. 도서관에 바라는 한마디를 적거나 영상으로 찍어 상영하기, 추천도서 및 인기도서 전시 등도 개관식을 재미있게 만들어 줄 수 있다. 또 도서관을 방문하는 모든 학생들에게 자기만의 대출증을 만들어 주거나 사탕 혹은 행운권을 나눠 주는 행사, 작가와의 만남 등 학생들이 함께 즐거워할 수 있는 다양한 프로그램으로 개관식 행사를 구성해 볼 수 있다. 도서관 이름 공모전은 공사와 함께 진행해야 개관식에 맞춰 시상과 현판식을 할 수 있으므로 미리 서두르는 것이 좋다.

아름다운 학교도서관 이름

- **글마루** : 글(책)과 만나면 마루(으뜸)가 되는 공간
- **나누리** : 책을 펼쳐 빛으로 나눔
- **꿈터** : 꿈을 현실로 만드는 터전
- **지혜의 샘터** : 사물의 이치를 깨닫는 힘의 원천
- **창조의 샘** : 끊임없이 새로움을 만드는 발원지
- **꿈샘학습관** : 꿈을 펼치고 지식이 흘러넘치는 곳
- **다솜누리** : 온 세상 사랑하는 인재 키우기
- **물 댄 동산** : 마르지 않는 풍요로운 동산
- **글벗나래** : 글과 벗 되어 날아오르다.
- **가온누리** : 세상의 중심에 서다.
- **글빛누리** : 책으로 펼쳐 빛나는 세상
- **책사랑방** : 미래를 여는 창인 책을 사랑하는 장소

도서관 개관주간 행사
- 글 숲에서 만나는 행복, 그리고 나눔 -

1. 일시 : ○○년 10월 25일(월) – 10월 31일(일)

2. 주제 : 도서관 개관 기념주간 행사 – 글 숲에서 만나는 행복, 그리고 나눔

3. 장소 : 학교도서관 및 2층 복도

4. 행사내용

 1) 전시마당 : 원판, 점자책, 도서 포스터 등

 2) 참여마당 : ① 교내 경진대회 : 독서공책, 독서감상문   ② 저자와의 대화

5. 홍보방안

 1) 책갈피   2) 도서관 신문   3) 리플릿 제작   4) 초대장 및 가정통신문(저자와의 대화 초대)

6. 초대대상

 1) 인근 중학교 및 고등학교 교장, 도서관 담당교사   2) 교육감   3) 학부모 및 학생회 임원, 교직원

7. 개관식 식순

 1) 개회사   2) 국민의례   3) 내빈소개   4) 도서관 설립 경과보고   5) 감사패 전달

 6) 학교장 기념사   7) 교육감 격려사   8) 내빈축사   9) 폐회사

8. 저자와의 대화

 1) 일시 : ○○년 10월 29일(금) 늦은 4시 – 5시 30분

 2) 대상 : 본교 교직원 및 학생, 학부모(총 60명)

 3) 주제 : 청소년들과 함께 하는 책 읽기

 4) 강사 : ○○○ 선생님

9. 도서관 개관식 업무분장

 1) 업무총괄 : 변○○   2) 초대장 작성 및 교육감 축사 : 김○○

 3) 초대장 발송 : 행정실   4) 강당 청소 및 정리 : 오○○

 5) 방송시설 : 전○○   6) 단상배치 : 김○○

 7) 꽃, 현수막 게시 : 행정실   8) 주차관리 : 황○○

 9) 방명부 기록 및 내빈안내 : 박○○, 홍○○   10) 복도게시물 부착 및 환경개선 : 심○○, 김○○

 11) 도서관 행사 및 저자와의 대화, 문학기행 : 이○○   12) 행사 사회 : 김○○

여기에 제시된 학교도서관 구축과정은 하나의 안에 불과하며 각 학교의 현황과 사정에 따라 달라질 수 있다. 진행과정에서 많은 시행착오가 생기기도 하고, 그로 인해 여러 가지를 배우기도 할 것이다. 이런 시행착오를 줄이기 위해서는 사전견학을 철저히 하고, 담당자와 관련 인력들이 충분히 논의하고 협의해야 한다. 또한 좀더 체계적인 학교도서관 구축을 위해서는 교육청의 관심과 지원이 절실히 필요하다. 현재 대부분의 교육청에서는 학교도서관 구축예산만을 지원하고 있을 뿐 실제 업무진행과 관련해 도움을 주는 사례는 찾아보기 힘들다. 교육청에서는 예산지원을 하는 데 그치지 말고, 도서관 구축에 대한 구체적인 연수와 도서관 견학 프로그램 등을 해당 학교도서관 담당교사나 사서교사를 대상으로 진행해야 한다. 이러한 지원이 이루어진다면, 각 학교에서 불필요하게 반복되는 시행착오와 예산낭비를 줄일 수 있을 뿐 아니라, 좀더 선진적인 학교도서관 문화를 만들어 내는 데도 큰 힘이 될 것이다.

또한 이러한 경험과 역량을 축적하고 이어 가기 위해서는 해당 분야에 전문성을 지닌 사서교사가 각 학교에 배치되어야 하는 것 또한 중요한 과제이다.

● 초등학교 ●

어린이들이 편안하게
꿈을 키울 수 있는 학교도서관

백 미 영 _ 대전 가수원초 도서관 담당교사

선진국의 문화 가운데 가장 부러운 것이 바로 도서관이다. 대부분의 선진국에는 마을마다 공공도서관이 있고 도서관마다 전문사서가 있어, 끊임없이 새로운 문화를 창출하는 원동력이 되고 있다. 학교도서관 역시 능력 있는 전문사서들이 학생들의 독서활동을 돕고 있다. 이에 비해 우리나라 학교도서관은 그동안 매우 열악한 상태였다. 전문사서가 없음은 말할 것도 없고, 낙후된 시설에 철 지난 책들만 꽂혀 있는 것이 그간 우리나라의 학교도서관이었다.

그러나 다행히 최근 들어 많은 학교들이 도서관 리모델링을 통해 새로운 모습으로 어린이들에게 다가가고 있고, 우리 학교도 이러한 흐름에 발맞추어 학교도서관을 새로이 단장했다. 그 경험을 바탕으로, 초등학교 어린이 눈높이에 맞는 학교도서관을 만들기 위해 노력했던 것과 부족했던 점을 소개하여 선생님들이 더욱 알찬 도서관을 꾸미는 데 도움이 되고자 한다.

준비작업

좋은 도서관을 만들기 위해서는 관리자와 담당자가 좋은 도서관에 대한 정보를 많이 가지고 있어야 한다고들 한다. 그래서 리모델링에 앞서 선진도서관에 대한 정보를 모으고 몇몇 학교를 골라 도서관 리모델링 사업 추진위원들과 함께 견학을 했다. (담당자와 관리자의 의견이 서로 맞지 않으면 리모델링을 하는 과정에서 많은 어려움을 겪기 때문에 반드시 관리자와 함께 다니려고 노력했다.) 학교도서관뿐 아니라 최근 지어지기 시작한 어린이도서관이나 공공도서관을 견학하며 자료를 모으기도 했다.

견학을 할 때는 리모델링 사업 추진위원들에게 도서관 리모델링 사업에 대해 충분히 설명하고 살펴볼 내용을 미리 안내하였는데, 주로 살펴본 내용은 어린이의 눈높이를 고려해 시공했는지, 어린이들이 접근하기에 쉬운 곳인지, 분위기는 안정적이고 편안한지, 눈에 피로를 주지는 않는지, 책은 찾기 쉽게 배열되어 있는지, 저학년을 위한 공간과 고학년을 위한 공간이 고르게 배치되어 있는지, 책 읽기에 방해되는 시설은 없는지, 가구는 안전하고 튼튼한지, 도서관 수업을 하기에 알맞은지, 도서관 내부가 교사 한 명에 의해 통제 가능한지, 냉난방시설과 환기시설은 어떠한지, 친환경제품을 사용하였는지 등의 내용이었다. 방문을 끝내기 전에 반드시 담당자로부터 미흡한 점이나 보충할 점에 대한 조언을 들었는데 담당자 조언 속에 알맹이가 숨어 있는 경우가 많았다.

꿈이 영그는 도서관 만들기

견학을 마친 다음 논의를 통해 우리 학교도서관의 기본방침을 '우리 전통의 멋이 살아 있는 편안하고 아늑한 도서관을 만들어 학생들이 언제나 마음 놓고 활용할 수 있도록 한다.'로 정하였다. 기본시설로는 팔각정 모양을 이용한 두레마을, 편안한 휴식공간인 해바라기 쉼터 등을 만들었고, 전통문양을 활용해 창문을 연출하고 우리 작가 알림터를 꾸몄다. 컴퓨터는 디지털도서관과 분리해 검색용 컴퓨터만 설치하였다.

- **대출 · 반납대 :** ㄱ자형으로 아이들 키에 높이를 맞춰 어린이들이 거부감을 느끼지 않게끔 설계했으며, 대출 · 반납 여부를 확인할 수 있도록 2개의 LCD 모니터를 서로 맞대어 놓았다.

- **자유열람실 및 모둠학습 코너 :** 6인용 열람테이블 6개와 4인용 열람테이블 2개를 준비해 열람과 도서관학습이 모두 가능한 공간으로 꾸몄다. 의자는 주황, 초록, 빨강 시트를 사용하여 단조로움을 피하고 따뜻한 분위기를 낼 수 있도록 했다.

- **서가배치** : 어린이들이 자유롭게 이용할 수 있도록 낮은 서가를 설치했고, 학년별 특성을 고려해 저학년이 주로 이용하는 공간과 고학년이 주로 이용하는 공간으로 나누었다. 기존의 서가를 재활용하여 입식서가로 꾸몄으며, 책이 더 늘어날 것을 대비해 2중서가를 설치했다. 서가는 필요에 따라 구분하였다. 각 학년 권장필독도서 서가, 정기간행물 서가, 저학년 서가, 고학년 서가 등을 구별했다. 어린이들에게 읽히고 싶은 좋은 책을 엄선하여 학년마다 권장 필독도서를 색깔 스티커를 붙여 따로 배열해 어린이들이 쉽게 접근할 수 있도록 하였다.

▲ 자유열람실 및 모둠학습 코너

▲ 해바라기 쉼터와 두레마을

- **해바라기 쉼터와 두레마을** : 해바라기 쉼터는 기존의 소파를 재활용해 꾸몄다. 따뜻한 느낌의 해바라기 밑에 소파를 놓아 편안한 분위기에서 책을 읽을 수 있도록 했다. 두레마을은 팔각정의 모습을 활용하여 어린이들이 새로운 분위기에서 책을 읽을 수 있도록 한 것으로, 상부상조하는 우리 조상들의 삶을 생각하며 이름을 붙였다. 어린이들의 안전문제를 고려해 밖에서도 안이 보이도록 칸막이를 낮게 설치했고, 한 학급의 어린이들이 둘러앉아 이야기를 들을 수 있도록 넉넉한 공간을 확보하였다.

- **빛그림마을** : DVD, VCD 자료를 이용하거나 도서관 문화행사로 영화를 상영할 수 있는 곳이다. 바닥에 온돌마루를 깔아 따뜻한 곳에서 책도 읽고 영화도 감상할 수 있다.

- **디지털도서관** : 웹자료와 디지털자료를 효율적으로 활용할 수 있도록 3층에 있던 도서관을 2층 컴퓨터실 옆으로 옮기고 중간의 벽을 헐어 출입문을 만들었다. 2중 유리 사이에 우리나라 고유의 문살무늬를 넣어 멋을 더하였다. 커튼을 설치하여, 수업을

할 때 일반도서관과 디지털도서관을 분리할 수 있도록 했다.

- **환경구성** : 밝고 건강하게 뛰어노는 아이들 모습이 담긴 그림으로 꾸몄다. 복도에는 우리나라의 대표 작가 다섯 분을 소개하고 작품 전시판을 마련하였다.

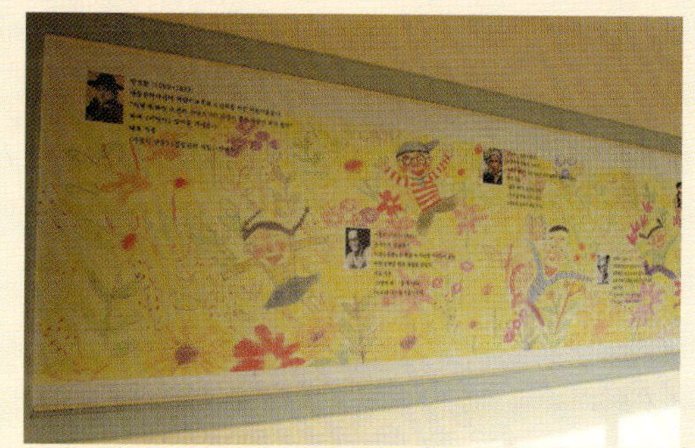
▼ 환경구성–작가소개

 ## 만들고 나서

교감선생님과 의견 차가 커 도서관을 만들면서 힘든 점이 많았다. 교감선생님은 이색적인 도서관을 만들기 위해 책을 열람하는 기존의 도서관에서 벗어나 디지털자료가 주가 되는 도서관을 꾸미고 싶어했다. 많은 진통을 겪은 끝에 책이 중심이 되는 도서관 열람공간을 디지털도서관(기존의 컴퓨터실)과 분리해 확보하였다. 디지털도서관은 기존의 도서관을 대체하는 것이 아니라 보완해 주는 것이다. 결코 디지털도서관이 학교도서관의 주가 되어서는 안 된다.

도서관은 학교에서 가장 행복한 장소여야 한다. 여름에는 가장 시원하고 겨울에는 가장 따뜻한 곳이어야 한다. 도서관을 새로 열면 어린이들이 새로운 환경에 호기심을 가지고 무척 즐겁게 도서관을 이용한다. 물론 선생님들도 관심을 갖고 도서관을 많이 찾는다. 이런 관심이 지속되기 위해서는 도서관 담당교사가 양질의 도서관 활동을 끊임없이 펼쳐야 하고 좋은 독서환경을 만들기 위해 노력해야 할 것이다.

무엇보다도 학년 초에는 도서관 이용교육을 반드시 실시해야 한다. 도서관 이용교육은 어린이들이 도서관과 친해질 수 있는 좋은 기회이다. 또한 공공도서관이 지역사회에 문화행사를 베풀듯이 학교도서관도 학교문화의 중심 역할을 해야 한다. 책을 매개로 한 다양한 독서행사를 마련하여 어린이들이 책과 친해질 수 있도록 도와야 할 것이다.

꽤 큰 학교의
도서관 제대로 만들기

김을용 _ 춘천 봉의여중 도서관 담당교사

2005년은 학교도서관과 새로운 인연을 맺은 해! 담당교과가 국어이고 지금까지 소규모 학교만을 옮겨 다니다 보니 업무분장으론 으레 도서업무가 맡겨졌다. 하지만 일반적인 업무처리 외엔 특별한 것이 없었으니 제대로 도서관을 운영해 봤거나 이렇다 할 독서교육을 한 적도 없다. 2004년 3월, 시 지역의 대규모 학교(29개 학급 1,100여 명의 아이들이 있으니 강원도에선 '꽤 큰 학교')로 옮기면서 또다시 나에겐 도서관 업무가 맡겨졌다.

예전의 도서관, 낡은 시설에 독서환경은 미흡

당시 도서관은, 교실 한 칸의 서고와 따로 떨어져 있는 한 칸의 열람실이 있었으나, 특별한 시설 없이 '대통령 하사품'이라고 붓으로 써 놓은 오래된 철제책장과 칸막이 열람대 6개가 전부였다. 또한 사서교사는 물론이고 사서보조원도 없었다. 도서대출대장을 수기로 작성하고, 점심시간과 방과 후 한 시간 정도 문을 열 뿐이었다. 그것도 학생 도서부원들에게 모든 걸 맡기는 형태로.

'학교도서관 활성화사업'이 결정되기까지

2005년 2월, 도서관을 새로 만들 것을 염두에 두고 교실 3칸 규모의 도서관 기본공간을 마련했다. 3칸 규모의 공간을 확보하지 않으면 도서관 리모델링 사업을 신청하지 않겠다는 강력한 뜻을 밝혔기에 가능한 것이었을까?

5월 중순에 접어들어서야 신청서를 제출하라는 공문이 접수되었다. 도서관 리모델링 사업에 관해 아는 것이 전혀 없었기에 막상 신청서를 작성하려니 막막하기만 했다. 더구나 '도서관 자료 통합관리시스템', 'DB 구축', '도서관 활용수업', '디지털자료실', '정보화 콘텐츠 확충' 등 용어의 의미조차 제대로 이해하기 힘들었다. 할 수 없이 '도서관 활성화 계획', '도서관 운영제안서' 등은 전년도에 신청한 학교의 자료를 받아 베끼다시피 해서 내용을 작성했다. '재정운용 계획'도 숫자 맞추기 식으로 작성하였다. 이렇게 도서관 리모델링에는 초보였지만, 리모델링 사업이 완료될 때까지 '원칙'을 지키면서, '공개적이고 공정한' 사업집행을 위해 노력하자는 다짐은 여느 전문가 못지않았으리라 자부한다.

'학교도서관을 살리는 교사들' 카페를 들락거리길 수십 번! 다른 학교의 자료를 출력하여 검토하고 몇 날 며칠 동안 고민하여 나름대로 도서관 공간계획을 완성했다. 정말 머리 싸매고 공부해 보긴 처음!

7월이 시작되기 하루 전, '학교도서관 활성화 대상학교'로 선정되었다. 특별교부금 6천만 원과 자체예산 1천만 원, 총 7천만 원 규모의 사업·실행계획서를 제출했다. 하지만 학교에서는 자체예산을 실제로 투입할 수는 없으므로 지원예산 6천만 원만으로 사업을 집행해야 한다고 못 박았다. 기존 도서관 설비나 비품 가운데 재활용할 것은 전혀 없었기에 예산은 턱없이 부족한 것이었다. 어떻게든 8천만 원 규모는 돼야 한다고 나름대로 의지만 갖고 있었을 뿐이다.

공개적인 추진위원회 구성과 함께 사전준비 시작

7월 12일, 공개적이고 투명한 사업집행, 효율적인 공간설계 및 공정한 시행업체 선정 등 합리적인 사업추진을 위해 '학교도서관 활성화사업 추진위원회'를 구성하고 추진일정을 세웠다.

추진위원을 어떻게 구성하느냐 하는 것은 도서관 리모델링 사업의 첫 단추를 끼우는 문제라 매우 중요하게 생각하였다. 그렇다고 마음에 맞는 교사만 가려 뽑을 수는 없다.

공개, 투명, 공정함을 원칙으로 생각했기에 모든 교사를 대상으로 취지를 설명하는 '쪽지'를 보내고 자원을 받았다. '너무 많은 교사들이 신청하면 어쩌지?' 하는 걱정과 달리 두 분의 국어교사만 화답해 주었다. 그래서 다시 직접 찾아 나서기로 했다. 정보화 기기에 대해 잘 아는 분이 없어 교육정보부장에게 추진위원으로 함께할 것을 부탁했더니 흔쾌히 승낙했다. 행정실장은 예산집행 담당자이니 당연히 포함해야 하겠고, 교감과 교장은? 추진위원은 문서상으로만 조직되어 있는 것이 아니라 다른 학교 견학 등 리모델링 사업의 처음부터 끝까지 함께 논의하고 결정해야 하며, 실제 많은 시간을 투자해야 한다는 점을 생각했다. 결국 추진위원회는 교장, 교감, 행정실장, 교육정보부장, 희망 국어교사 2명, 도서관업무 담당자 등 모두 7명으로 구성되었다. 추진일정은 선진학교 견학을 시작으로 학생의견 수렴, 기본설계, 업체선정, 본 공사, 환경정리를 마무리로 하여 6개월간으로 잡아 보았다.

8월 10일부터 12일까지 강원도 원주에서는 전교조 강원지부가 주최한 '전국 학교도서관 담당교사 직무연수'가 열렸다. 내용을 보니 딱 우리 학교를 위한 연수 같았다. 학교장에게 요청하여 참가비와 왕복 교통비 및 식비 등 실비 전액을 지급받아 한 명의 추진위원이 참가했다. 담당자인 나는 개인적인 일로 참가하지 못했는데 무척 미안했다. 하지만 강의 내용 중 리모델링 관련 강의는 꼭 들어야겠다는 생각으로 폭우를 뚫고 연수장으로 가 강의를 듣기도 했다.

학교도서관 리모델링 사업에서 선진학교 견학은 필수! 견학에 추진위원 전원이 참여해야 하는 것도 필수! 그래서 방학 전에 미리 견학일정을 잡아 놓았다.

2학기 개학 직전에 7인승 승용차에 몸을 싣고, 교장을 제외한 추진위원 전원이 서울·인천 지역의 초중고 10개 학교를 견학했다. 추진위원 전원이 견학에 참가한 것은 도서관 사업의 기본방향, 업체선정 등 중요한 결정에 많은 도움이 되었다. (교장도 견학에 참여했더라면 훨씬 더 순조로웠을 것이다.)

견학은 사전에 회의를 갖고 견학방침, 일정 및 대상학교, 견학에 앞서 숙지해야 할 사항(도서관 및 독서진흥법에 명시된 학교도서관의 목적·업무·기능, 학교도서관의 법적 규모, '한국교육학술정보원'의 학교도서관 리모델링 기본원칙, '한국도서관협회'에서 권장하는 학교도서관에 필요한 공간 기준), 견학 시 확인사항(도서관 위치, 이름, 공간구성 요소 및 배치구조, 시설 및 설비, 도서관 전산화 프로그램, 영상·전자기기 등 정보기기 및 수업지원 장비, 투입예산 및 리모델링 시공업체, 교과협력 및 도서관 활용수업 실태, 독서교육 자료, 도서관 인력배치, 지역사회 및 학부모 참여 도서관 운영실태, 학생 도서부 운영실태 등) 등을 공유하였다. 또한 견학 대상 학교의 주소, 연락처, 개학일, 교장, 교훈, 도서관 담당자, 도서관 규모, 학생 규모, 학교의 부서조직 등에 대한 사전정보를 준비하였다.

그리하여 추진위원들이 학교 기본 공간구조 분야, 정보화 영상장비 분야, 설비 및 시공 분야 등 3개 팀으로 나누어 효과적이고 책임 있는 견학을 했다. 견학계획을 짤 때는 '학교도서관을 살리는 교사들' 카페에서 눈여겨본 것과 연수에 참가하신 추진위원 선생님이 요약·정리해 준 노트가 많은 도움을 주었다.

8월 22일 오전에는 송곡여정고, 송곡여고, 송곡여중, 송곡고 등 4개 학교, 오후에는 중대부중, 방산중을 견학했다. 23일에는 인천 지역의 안남중, 신대초, 작전여고, 부일여중을 견학했는데, 모두 반갑게 맞아 주었고 세심한 설명도 아끼지 않았다. 개학 후에는 시간 나는 대로 지역의 5개 학교를 견학했는데, 수도권과 비교하여 지방의 학교도서관이 공간구조, 디자인, 사용자재 등 모든 면에서 뒤떨어진다는 것을 느낄 수 있었다. 아마도 투입된 재정 규모가 달라서일 것이다.

9월 말이 되어서야 도서관 공간구성에 대한 최종설계도를 그릴 수 있었다. 이 과정에서 학교 독서신문 〈책뜨락〉을 통하여 전교생을 대상으로 1차 완성된 자체설계도를 공개하고, 새 도서관 시설 및 공간 활용에 대한 아이디어를 공모·수렴하였다.

사업체 선정은 공개적이고 투명하게, 도서관 리모델링 사업 본격 추진

이제 어떻게 업체를 선정할까? 업체선정 및 집행절차에 관해 아는 것이 없어 교육청 담당자에게 문의하였으나 도움이 될 만한 안내를 받을 수는 없었다. 업체들이 알아서 학교를 찾을 것이라는 답변만 되풀이할 뿐이었다.

10월 5일, 공개적이고 투명한 사업체 선정과 효율적인 도서관 구축을 위해 학교 홈페이지에 사업제안서 제출을 공고하였다. 학교 측에서는 공고를 하지 말고, 정보화 기기 및 비품을 나누어 수주하고 수의계약 형식으로 추진하자는 의견을 제시했으나, 공정하고 공개적인 사업집행의 원칙을 강조하였다.

▲ 글마을 전경 – 앞쪽에 미닫이문으로 구분된 곳이 모둠학습 공간이다.

▲ 모둠학습 공간

10월 10일, 지역업체 6개, 외지업체 1개 등 7개 업체가 참가한 가운데 현장설명회를 개최하고, 이어 17일에 추진위원 전원이 참가하여 3시간가량의 업체 제안설명회를 실시했다. 객관적이고 공정한 심사를 위해 설명회 전 과정을 방송부 학생들로 하여금 녹화하도록 하였다. 이후 5일간 수차례의 추진위원회의를 개최하여 각 업체의 제안서 및 각종 제출자료를 비교·검토했다. 대부분의 업체가 도서관 사업의 중심과제로 생각한 인테리어 부문에서 자격 미달인 업체로 분석되었으며, 일부 업체는 학교 측에서 제시한 기본 요건을 고려하지 않았거나 무시한 경우도 있었다. 각 업체의 도서관 공사실적, 가구배치, 독창적인 디자인과 인테리어 구상, 도서관 활용수업의 효율적 설계, A/S, 견적비 등 모두 11개 부문의 기준에 따라 공정한 심사를 진행하였다. 하지만 이 과정에서 추진위원들의 의견이 한곳으로 이견 없이 모아지는데도 불구하고 학교 측은 사후 서비스 문제를 제기하며 지역의 특정 업체로 결정하자고 했다.

추진위원 중 학교장과 행정실장은 계약 당사자라는 이유로 업체별 평가표를 제출하지 않아 5명만의 평가표를 종합하여 업체를 결정하게 되었다. 결국 외지업체가 최종 선정되었고, 10월 24일에 심사결과를 학교 홈페이지에 발표했다.

11월 4일, 설계수정 및 협의과정을 거쳐 한 업체가 총괄하는 공사계약을 체결하였다. 총사업비는 7천만 원으로 확정. 별도 추진하기로 했던 9천여 권의 도서전산화 비용은 추가로 확보할 수 없었다. 이에 따라 자유열람 공간의 비품 일체 및 서가 1식을 나중에 구입하기로 하고, 7천만 원의 사업비에 도서전산화 비용을 포함하게 되었다.

11월 7일부터 철거공사와 목공사를 시작으로 본 공사에 들어갔다. 공사가 진행되는 동안 수차례의 추진위원회의, 30여 차례의 현장점검, 각종 디자인과 색상, 제품선정 등을 위한 20여 차례의 세부협의, 사용자재 및 시공과정에 대한 사진촬영 등 공사 전반에 걸쳐 철저한 감독을 위해 노력했다. 수업이 끝나면 사진기를 둘러메고 현장으로 들어섰다. 잘못 시공하는 것은 없는가, 약속대로 친환경소재로 시공되는가, 구조를 변경할 필요는 없는가, 적절한 제품은 어떤 것인가……. 끊임없이 점검을 거듭했다.

처음에는 구두로 협의했지만 나중에는 요구사항을 문서로 정리하여 제시했다. 가방보관함, 창가공간의 구조, 음악감상 공간의 분위기 조성, 교수-학습공간의 암막 일부 누락, 열람공간과 교수-학습공간의 유리 칸막이 구조, 축열기 커버 처리, 창가의 낮은 서가 설치, 천장매립등 추가 설치 등 여러 부분에서 시공을 다시 하는 일이 벌어졌다.

개관을 앞두고, 재정 부족으로 나중에 추진하기로 했던 자유열람 공간의 소파, 의자 및 실내 방송시설에 500여만 원을 추가집행하기로 결정했다. 실내 방송시설은 각종 도서관 행사를 하는 데 필수적이라 생각하여 처음부터 포함할 것을 요청했으나 재정 문제로 반영되지 않았던 부분이다.

12월 7일, 추진위원들과 시공업체 관계자와 함께 현장에서 최종적으로 점검하였다. 이후 추진위원회의를 열어 도서관 리모델링 사업에 대한 결과분석과 함께 평가회를 개최하려 했지만 학년 말이라 시간 여유가 없어 개최하지 못했다. 업체 또한 최종평가회를 갖는 관행이 없는 것 같아 아쉬웠다.

▲ 글마을의 온돌방

'꽤 큰 학교'의 도서관 이름은 11월 1일부터 열흘간 학생, 교사, 학부모를 대상으로 공모했는데, 모두 182명이 참여하였다. 그리하여 7명의 국어교사 전원으로 구성된 심사위원회에서 '글 읽는 마을'(약칭 글마을)로 결정했다.

12월 9일 개관식 때, 우리 학교가 지역업체를 제쳐 두고 외지업체에 사업을 맡겼다는 뒷말이 있기에 개관식 참석 인사들에게 그동안의 추진과정을 상세하게 적은 경과보고서(A4 용지 4장 분량으로)를 배부했다.

도서관 리모델링은 끝났는데, 에휴! 그 다음은……

6개월 만에 도서관 단장 마무리 단계에 접어들었다. 겨울방학 중에 도서관을 운영하는 데 필요한 여러 소모품을 사들이고, 복사기, 정수기, 냉장고, 전자레인지, 커피포트, 다기세트, 청소기 등도 구비했다. 앞으로 남은 것은 새롭게 단장한 도서관을 잘 활용하는 일이다. 아침부터 저녁까지 늘 열려 있는 '글 읽는 마을'이 되었으면 좋겠다. 새 학기, 새 봄과 함께 많은 아이들이 환한 얼굴로 도서관을 찾는 모습을 그려 본다. 학교도서관이 희망으로 거듭날 수 있도록…….

우리 학교의 도서관 리모델링 사업에 도움을 주신 분들, 바쁜 일과 중에도 모든 과정을 함께해 주신 추진위원들께 끝없는 믿음과 사랑을 보낸다.

초보 교사의
고군분투 도서관 만들기

김 보 람 _ 가명, 사서교사

사서교사는 학교도서관의 전문가이다. 고로 학교도서관 리모델링의 전문가이기도 하다? 과연 이 명제는 설득력이 있는 것일까. 학교도서관 전문가라는 말 속에 포함된 범위는 과연 어디까지일까. 사서교사는 학교도서관과 관련된 모든 분야에 탁월한 능력을 갖춘 교사인가.

명제의 진위 여부와는 상관없이 적어도 주위에서는 이를 당연하게 생각하는 경우가 많은 것 같다. 사서교사로서 도내 인근 학교도서관으로 업무지원을 나갈 때면 어김없이 기대에 찬 눈초리로 도서관 리모델링에 대한 해답을 요구하곤 한다. 예산은 어디에 얼마나 써야 하는지, 도서관 공간배치는 어떠해야 하는지, 이왕이면 도면을 그려 달라는 주문까지. 그때마다 아는 만큼 최선을 다해 대답을 해 주지만 곤혹스러운 기분을 떨칠 수가 없다.

학교도서관의 전문가인 사서교사이기에 도서관의 인테리어와 설계까지도 잘할 수 있을 것이라는 생각은 우리 학교에서도 마찬가지였는데, 그것이 학교도서관 리모델링에 걸림돌이 될 줄이야.

학교도서관 리모델링 사업을 추진하기 전 이미 리모델링을 마친 여러 학교도서관을 둘러보았는데, 그때 느낀 것이 있다면 사업추진을 할 때 반드시 건실한 전문업체를 선정해야 한다는 점이다. 비슷한 시기에 비슷한 예산을 투자하여 리모델링을 마친 도서관이라도 공간의 활용도, 마감재 및 제품의 우수성, 가구와 인테리어의 전체적인 통일성 등에서 큰 차이가 있었는데, 이는 어떤 업체와 일했느냐에 달려 있는 경우가 많았다. 학교도서관 리모델링의 경험이 많은 도서관 전문업체를 통해 학교의 특성을 살린 도서관과 학교도서관에 대한 인식이 부족한 지역 영세업체를 통해 리모델링을 한 학교도서관이 차이가 나는 것은 어쩌면 당연한 결과일 것이다.

때문에 우리 학교도서관을 리모델링할 때도 이 점을 충분히 설명하고 공개입찰을 통한 전문업체 선정을 요구했지만 단번에 묵살당하고 말았다. 그 표면적인 이유가 바로, 사서교사가 전문가인데 왜 따로 전문업체에 일을 맡겨 예산을 낭비하느냐는 것이었다. 전문가인 사서교사의 진두지휘 아래 얼마든지 리모델링이 가능하다는 것이 학교 측의 입장이었지만, 결국 지역의 영세업체에 사업을 세분하겠다는 의도를 드러낸 것이다.

학교도서관에 대한 이해가 부족한 지역의 영세업체에 사업을 세분하여 맡겼을 경우 발생할 수 있는 여러 가지 문제점(공간활용의 어려움, 통일성 및 고유한 콘셉트의 부재, 오랜 공사기간 소요, 절차의 복잡함, 담당자의 업무과중 등)을 지적하며 부당함을 호소했지만, 지역업체와 학교의 오랜 인맥으로 다져진 관행을 하루아침에 무너뜨리기엔 2년차 사서교사의 힘이 얼마나 미약한지를 확인하는 데 그치고 말았다.

결국 지역경제의 활성화라는 미명 아래 도서관 리모델링 공사는 바닥, 천장, 전기배선, 도색, 가구 등 모든 부분을 여러 업체에 세분하여 맡길 수밖에 없었다. 덕분에(?) 공사기간만 두 달 이상이 걸렸는데, 한번은 천장 및 바닥공사가 약속했던 기간보다 늦어지면서 가구가 먼저 도착하는 바람에 공사가 끝날 때까지 창고 속에 있어야 하는 어처구니없는 상황도 겪어야 했다. 또 인테리어에 문외한인 사서교사의 손으로 작성한 어설픈 도면만으로는 학교의 특색을 살린 도서관 구성은커녕, 자투리 공간 활용도 쉬운 일이 아니었다. 지역의 영세업자에게 학교가 바라는 부분을 조목조목 요구해도 학교도서관에 대한 인식과 경험이 거의 없는 탓에 의사소통 자체가 힘들었고, 사진까지 보여 주며 설명해도 그 요구를 그대로 현실화해 줄 능력이 부족했다. (예를 들어, 학교도서관 사업전시회에서 보았던 컴퓨터 책상 사진을 보여 주며 그 형태로 제작해 달라고 했으나, 어설프게 겉모습만 흉내 냈을 뿐 실용성이라곤 찾아볼 수 없었다.) 5천만 원 예산의 사업으로 우리 지역의 경제발전에 얼마나 큰 도움이 되었는지는 몰라도, 덕분에(?) 학생들은 더 멋진 도서관에서 생활할 수 있는 기회를 잃고 만 것이다.

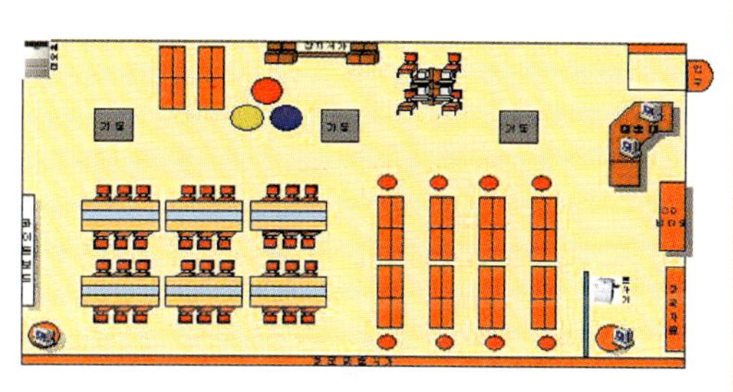

도서관 전경 및 구성도

최근에는 공개경쟁입찰을 통한 학교도서관 리모델링 사업이 점차 늘어나고 있는 추세라고 하지만, 오랫동안 지속되어 온 학교와 지역업체의 관계 때문에 어려움을 겪는 경우가 여전히 많다. 이런 상황을 극복하기 위해서는 역시 학교의 최종결정권자인 학교장의 인식이 먼저 달라져야 한다.

학교도서관에 대해 폭넓은 시각과 안목을 갖춘 학교장의 관심과 의지만 있다면, 다른 조건이 아무리 열악해도 성공적으로 리모델링을 이끌어 내는 경우를 주위에서 쉽게 찾아볼 수 있다. 그 반대의 경우라면 학교도서관에 대한 시각 차이로 인해 잦은 마찰을 불러올 수도 있고, 그때마다 설득해야 하는 담당자의 고충은 이루 말할 수 없이 클 것이다.

우리 학교 또한 사서교사의 전문성을 인정해 주면서도 정작 중요한 부분에서 의견 차이가 발생할 경우, 담당자인 사서교사의 의견보다는 관리자의 의견이 반영되는 경우가 많았다. 그중에서도 도서관 환경을 쾌적하게 하는 데 꼭 필요한 냉난방기 설치 문제에 있어, 비용 때문에 반대하는 교장선생님을 설득하지 못한 것은 두고두고 아쉬움으로 남는다. (이후 도서관 개관식 직전 교육청의 현장감사 때 시정사항으로 지적되어 도서 구입예산으로 천장형 냉난방기를 겨우 한 대 설치할 수 있었다. 교실 2.5칸 규모라면 최소 두 대가 설치되어야 하지만 예산이 부족하여 현재 한 대로 쓰고 있는 실정이다.)

돌이켜보면 학교도서관 활성화사업 추진위원회가 엄연히 있었음에도 전체의 의결을 거치지 않고 일대일로 교장선생님을 설득하려 했던 것이 실수였다. 바쁜 학교일정과 위원들의 번거로움을 핑계로 추진위원회가 유명무실하게 운영되었기 때문인데, 앞으로 리모델링 사업을 진행하는 학교에서는 반드시 명심했으면 한다. 리모델링 사업 추진위원회는 조직 때부터 실질적으로 참여가 가능한 위원들로 구성해야 하며, 일단 구성이 되고 나면 학교도서관 견학 및 연수에 함께 참여하는 것은 물론, 학교도서관과 관련된 중요사항들은 반드시 위원회를 통해 결정해야 한다. 그래야만 사업의 투명성을 확보하고 일부 관리자들의 독단을 막을 수 있다. 이렇듯 학교 구성원들의 적극적인 참여로 학교도서관을 만들게 되면, 이후에 운영하는 과정에도 큰 도움이 된다.

어느 학교나 사업을 추진하다 보면 5천만 원이란 돈이 결코 넉넉한 예산이 아님을 느낄 수 있을 것이다. 그나마 신설 건물에 기본적인 시설이 갖추어져 있다면 예산을 절약할 수 있겠지만, 우리 학교처럼 채광을 위해 벽을 철거해야 하거나 외관상 천장을 모두 교체해야 하는 경우, 재활용할 서가나 비품이 거의 없는 학교의 경우에는 더욱 빠듯하다. 때문에 가용예산을 추가로 확보하는 것이 무엇보다 시급했는데, '뜻이 있는 곳에 길이 있다.'고 했듯이 관심을 갖고 찾아보니 추가지원을 받을 수 있는 곳이 있었다. 우리 학교가 도서관 리모델링 사업을 추진할 당시 지역교육청 지원으로 학교시설 정비사업도 함께 추진하고 있었고, 그때 도서관 천장배선 및 조명공사와 출입구 강화도어 공사를 함께 포함시켜 그만큼의 예산을 절약할 수 있었다. 이 외에도 학교의 시설비 중에서 남는 예산을 학교도서관에 우선 투입하기도 했다. 이렇듯 잘 찾아보면 소위 눈먼 돈(?)이 꽤 있고, 담당자가 얼마나 노력하느냐에 따라 의외로 큰 예산을 확보할 수도 있다. 넉넉하지 않은 예산이라면 한 번에 완벽한 도서관을 만들려 하기보다는 사업의 우선순위를 정하여 이번 사업이 아니면 손댈 수 없는 부분부터 먼저 해결하고, 나중에 보강할 수 있는 부분은 무엇인지를 고려해 부족한 부분을 메워 나가는 것도 리모델링의 한 방법이 될 수 있다.

전국의 유명한 선진도서관 리모델링을 담당했던 선생님들의 예를 보면, 그들이 처음부터 학교도서관의 전문가였던 경우는 거의 없다. 그럼에도 멋진 학교도서관을 만들 수 있었던 것은 업체선정을 잘했거나, 학교장의 적극적인 지원이 있었거나, 예산이 넉넉한 경우 등 각기 다양한 조건들이 충족되었겠지만, 공통적으로 담당교사의 열정이 뒷받침되었던 게 아닐까 한다. 전국을 다니며 모르는 것은 하나라도 더 배우려는 열정, 열악하고 힘든 상황에서도 학교도서관에서 즐거워할 제자들을 생각하며 결코 포기하지 않는 끈기가 지금의 멋진 도서관을 만든 것이리라.

몇 년 사이 불모지 같던 학교라는 정원에 학교도서관이라는 씨가 뿌려지고, 리모델링이라는 양분 아래 학교도서관 나무는 무럭무럭 자라고 있다. 리모델링은 변화의 완료가 아니라 시작에 불과하다. 비록 지금은 화려한 도서관에 비해 내세울 것 하나 없는 모습이지만, 나무에 꽃이 피고 열매를 맺기까지 누구도 결과를 알 수 없다. 그 성패는 열매를 맺을 때까지 투자한 시간과 노력에 달려 있을 것이다. 활용되지 않는, 겉모습만 그럴듯한 학교도서관이 아니라 내실 있는 운영을 통해 학교의 중심공간으로 자리 잡을 때 학교도서관은 아름다운 열매로 보답하리라 생각한다.

2장

학교도서관 운영하기

Ⅰ. 학교도서관 운영계획 짜기

학교도서관을 새로 만들기 위해 수많은 시간과 노력과 예산을 투자했습니다. 담당교사는 공사의 진행과정을 살피고, 하자가 생기지 않는지, 자재는 제대로 쓰고 있는지 확인하느라 방학임에도 제대로 쉬지도 못했을 것입니다. 이렇듯 힘들게 탄생한 우리 학교의 도서관. 한숨 돌리며 쉬고 싶은 마음이 굴뚝같지만 진짜 시작은 이제부터입니다. 잘 만들어 놓은 학교도서관이 무용지물로 방치되는 데는 3개월이 채 걸리지 않는다고 합니다. 결국 중요한 것은 도서관을 얼마나 예쁘고 깨끗하게 만들었느냐가 아니라 '얼마나 신나고 재미나게 잘 운영하느냐' 인 것입니다. 우리 학교도서관을 멋지게 운영하기 위한 계획을 함께 궁리해 봅시다.

학교도서관 운영 알기

학교도서관 운영계획을 세울 때 가장 중요한 것은 학교도서관의 '목적'을 구현할 수 있는 계획이어야 한다는 것이다. 그러기 위해서는 학교도서관의 목적이 무엇인지를 알아야 하고, 또한 도서관을 더욱 잘 꾸려 가기 위해 어떤 인력을 활용할 것인가도 함께 점검되어야 한다. 이 두 가지 요건이 함께 어우러져야만 탄탄한 운영계획을 세울 수 있다.

학교도서관, 목적 알기

● 자료제공의 장

학교도서관의 가장 큰 기능은 자료를 체계적으로 수집하고 정리하여 제공하는 것이다. 교사와 학생들에게 다양한 읽을거리와 교수–학습에 필요한 자료를 제공하여 학교교육에 도움을 주는 것이 자료제공의 목적이다. 따라서 단행본·정기간행물의 도서자료뿐 아니라 비디오테이프·CD-ROM·DVD 등의 비도서자료, 그리고 장학자료와 연구자료, 학교교육 계획서 등 학교교육과 관련된 모든 자료를 수집하고 정리하여 학생과 교사에게 제공할 수 있어야 한다.

● 학습활동의 장

학교도서관에 수집된 자료들은 실제로 교수–학습활동 및 학생들의 자율적인 학습에 활용되어야 한다. 이를 위해서는 1개 반이 수업할 수 있는 공간을 확보하고 프로젝터 등의 멀티기자재를 설치하여, 도서관에서 실제로 수업을 진행할 수 있는 환경을 갖출 필요가 있다. 그리고 도서관자료를 데이터베이스화하여 교사와 학생들이 더욱 쉽게 원하는 자료를 찾아 이용할 수 있도록 해야 한다.

● 독서활동의 장

학교도서관의 자료들은 교수-학습활동뿐 아니라 자유로운 독서활동을 위해서도 사용된다. 학생의 수준과 흥미에 맞는 다양하고 좋은 책들을 준비하고 도서관을 늘 개방하여 자유롭게 책을 고르고 읽을 수 있도록 하는 것이 중요하다. 좋은 책을 갖추는 것은, 학교도서관이 독서활동의 장이 되기 위한 기본적인 조건이다.

● 학생문화의 장

학교도서관은 기본적으로 교수-학습을 지원하는 공간이지만, 때로는 학생들이 쉬어 갈 수 있는 공간도 되고, 때로는 동아리 모임 장소로도 활용할 수 있다. 쾌적한 독서공간을 확보하고 컴퓨터와 비디오·오디오 시설을 마련하여 종합 문화공간으로서의 도서관을 만들어야 한다. 이러한 도서관과 함께하는 학생들의 삶은 더욱 풍요로워질 수 있으며 그 안에서 그들만의 건강하고 새로운 문화가 탄생할 수 있을 것이다.

학교도서관의 기능은 이와 같이 다양하지만 현재의 학교도서관은 대체로 독서교육을 위한 장소로 머물고 있는 것이 사실이다. 학교도서관은 단순히 독서를 위하여 책을 대출·반납해 주는 기능에 만족해서는 안 된다. 실제로 책을 대출·반납해 주는 것은 동네의 도서대여점에서도 할 수 있는 일이다. 학교도서관은 여기서 더 나아가 학교도서관만의 고유하고 다양한 기능을 수행할 수 있도록 운영계획을 세우고 이를 실행하기 위해 여러모로 노력해야 한다.

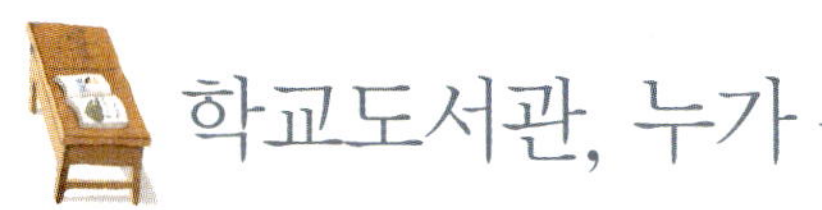

학교도서관, 누가 운영할까

학교도서관을 운영하는 데 무엇보다 중요한 것은 인력을 어떻게 잘 조직하고 꾸려 나가는가이다. 학교도서관 운영은 사서, 학부모 명예사서, 도서부 등의 도움을 받아 도서관 담당교사나 사서교사가 전담하는 것이 보통이며, 학교도서관을 효율적으로 운영하고 발전시키기 위해 '학교도서관 운영위원회'를, 양질의 자료를 입수하고 운영하기 위해 '자료선정위원회'를 둘 수 있다.

● 학교도서관 운영위원회

학교도서관 운영위원회는 교장을 위원장으로 하여 교감 및 각 부 부장(혹은 각 교과부장)과 학교도서관 담당교사(사서교사)로 구성된다. 대체로 학교도서관에 관련한 중요한 안건이나 예산·결산에 관한 일을 결정할 때 의결기구 역할을 담당한다. 매 학기 초에 정기적으로 개최하여 학교도서관에 대한 전반적인 상황을 논의하고 발전에 대해 협의하는 것이 바람직하지만 대체로 필요할 때만 운영되고 있다.

● 학교도서관 자료선정위원회

학교도서관 자료선정위원회는 대체로 교감을 위원장으로 하여 도서관이 속해 있는 부서(연구부 또는 어학교육부)의 부장교사와 각 교과부장(초등의 경우 학년대표), 그리고 학교도서관 담당교사(사서교사)로 이루어지며, 자료를 구입할 때는 반드시 회의를 개최하여 내용을 논의해야 한다. 하지만 자료선정위원회 역시 학교도서관 운영위원회처럼 모이기가 쉽지 않아, 대체로 연중 첫 번째 도서구입 때만 모이고 이후에는 서면보고 등으로 회의를 대신하는 경우가 많다.

● 전담인력 – 사서교사, 도서관 담당교사, 사서

학교도서관 담당인력은, 일반 교과교사가 업무분장의 하나로 도서관을 맡게 되는 경우와 학교도서관만을 전담하는 사서교사가 배치되는 경우가 있다. 가장 바람직한 형태는 학교도서관 전문가인 사서교사가 배치되는 것이지만 실제로 사서교사 배치율은 2007년 현재 6% 정도에 그치고 있다. 결국 거의 대부분의 학교에서 교과교사가 수업과 함께 도서관 운영을 맡게 되는데 이 경우 담당교사의 업무가 과중되어 도서관을 제대로 운영하기 어렵다. 이런 문제점을 보완하기 위해 사서직원을 채용하거나 학부모 명예사서, 도서부 등의 보조인력을 활용하게 된다.

● 보조인력 - 학부모 명예사서, 도서부

학부모 명예사서와 도서부를 보조인력으로 활용하는 것은 매우 의미 있는 일이다. 학부모 명예사서와 도서부 학생은 학교도서관을 도울 수 있는 가장 가까운 존재로서, 이용자 스스로 도서관 운영에 참여함으로써 학교도서관에 대해 좀더 관심을 가지고 발전에 도움을 줄 수 있다.

대체로 초등학교에서는 학부모 명예사서를 두고, 중고등학교에서는 도서부 학생과 함께 학교도서관을 운영하고 있다. 이들은 주로 대출·반납 및 서가정리, 입수도서 정리 등의 업무를 맡고 도서관의 각종 행사를 함께 진행하기도 한다. (학부모 명예사서 및 도서부 학생들을 조직하고 운영하는 구체적인 방법은 이후에 자세히 이야기할 것이다.)

잊지 말아야 할 것은, 도서관 봉사가 이들에게 개인적인 성장을 위한 시간이 될 수 있어야 한다는 것이다. 각종 연수 기회를 제공하거나 독서토론회·문학기행 등의 프로그램을 운영하고, 신착도서를 우선적으로 대출한다든지, 일반 이용자보다 더 많은 권수를 대출할 수 있게 한다든지 하는 등의 특권을 주는 것도 좋은 방법이다. 보조인력은 학교도서관 운영을 위한 중요한 인적 자원이며, 더 나은 학교도서관을 위하여 함께 일하는 동반자라는 점을 잊지 말아야 한다.

학교도서관 한 해 살림

한 해 살림을 탄탄하게 꾸려 가기 위해서는 계획을 잘 세워야 한다. 학교도서관 운영계획을 어떻게 세우느냐에 따라 1년간 학교도서관 운영의 성패가 달라질 것이다. 실천가능한 목표와 그 목표를 추진하기 위한 세부계획을 수립하여 학교도서관이 제 기능을 발휘할 수 있도록 하자.

 ## 학교도서관 운영계획서 작성하기

학교도서관 운영계획에는 학교도서관의 목적과 조직, 자료의 운영방침 및 이용규칙 등의 기본적인 사항과 그 해 학교도서관 중점 사업계획이나 실천과제를 밝힌다. 그리고 학교도서관에서 개최할 행사내용과 그에 맞는 예산운용 계획도 포함한다.

행사계획을 세울 때 세부적으로 행사 명칭과 시기를 미리 정하여 밝혀 두면, 실제 행사를 추진하거나 학교의 다른 행사와 일정을 조정하기가 쉽다. 그리고 자료의 구입 및 정리, 폐기 등과 관련한 내용은 따로 장서관리 규정을 만들어 두고, 운영계획에는 포함시키지 않을 수도 있다.

운영계획서 양식은 다음과 같은 표를 이용하거나 줄글로 작성할 수도 있으니 (86쪽 '참고1' 참조), 해당 학교에서 많이 쓰는 양식을 사용하면 된다.

(예시) 도서관 운영계획 – 인천 효성고등학교

추진영역	세부 활동내용	실천방법		
		대상	시기	지도
(1) 학교 도서관의 학습정보 센터화 추진	• 인터넷 정보검색 및 디지털자료 검색용 컴퓨터 설치 • 각종 멀티미디어 자료(소프트웨어, 비디오·오디오자료)들을 도서관에서 통합 관리 • 도서관 홈페이지 및 웹상에서의 자료검색 및 예약 시스템 구축 • 학년별, 주제별, 상황별 도서목록 개발 및 활용		연 중	도서관 담당교사 및 도서부
(2) 학교 도서관의 일상적 활동	• 개가제 운영을 통한 자유로운 열람·대출로 독서 기회 부여 • 학생들에게 과제·학습·탐구자료 제공 • 교사들에게 수업 참고자료, 연구자료 제공 • 도서관을 탐구수업 교실로 활용 • 다양한 읽기자료 배부 • 자료선정위원회를 통한 양질의 도서구입	전교생 전교생 전교사 전교사 전학급 교직원	연 중	도서관 담당교사 및 도서부
(3) 학교 도서관 이용 활성화 방안	• 학교도서관 신문 발행 • 도서관 운영개선 설문지 배부 및 분석 • 도서관축제 개최 • 각종 게시판을 통한 다양한 홍보활동 • 도서관 이용 활성화를 위한 각종 행사 • 교사 소모임 및 학생동아리 활동장소로 도서관 개방	전교생 표본 전교생 대상자 전교생 전교생	분기 연 1회 10월 연 중 연 중 연 중	도서관 담당교사 및 도서부
(4) 학년 독서지도의 강화	• 고등학교 수준의 권장도서 목록 작성 및 홍보 • 학생의 흥미와 개성에 따른 다양한 독서감상 활동 지도 • 학교도서관 이용방법 교육 • 올바른 독서방법 및 독서습관 지도 • 시기별 독서감상문 쓰기 대회를 개최하여 학생들의 독서에 대한 다양한 동기 부여 • 독서공책 및 읽기자료를 통한 읽기와 독서지도	전교생	학기별 연 중 3, 4월 연중 연중 연 중	독서지도 담당교사, 국어교사 및 도서관 담당교사
(5) 공공 도서관과 협력하는 독서교육	• 공공도서관 탐방 체험학습 실시 • 저자와의 만남을 통한 독서교육 • 도서관문화제 참가 • 문학캠프 및 문학기행 참가 • 공공도서관 주최 독서감상문 쓰기 대회 참가	전교생	연중 5, 10월 5월 8월 9월	독서지도 담당교사 및 도서관 담당교사
(6) 도서부 그루터기 활성화	• 그루터기(도서부) 의결구조의 안정화 − 총회 및 운영위원회의 안정화 − 회의구조의 정례화 • 다양한 독서활동 − 체험학습을 통한 독서토론 및 다양한 독서활동 • 그루터기 교육활동의 강화 − 신입부원 교육, 두레별 교육, 운영위원 교육 • 그루터기 연중 활동 − 신입부원 모집 및 교육 − 부장 및 차장, 각 부서장 선출 − 신입부원 환영회 및 학교도서관 견학 − 봄소풍 및 체육대회 − 여름수련회(도서부 문학캠프) − 문학기행 및 체험학습을 통한 독서토론	도서부	연 중	동아리 지도 담당교사 및 도서관 담당교사

	− 도서관축제 − 도서관문화제 참가 − 졸업생 환송회 − 겨울수련회(문학기행) − 서점탐방 및 다른 학교 도서관축제 참여하기		
(7) 학부모와 함께하는 학교도서관 운영	• 추천도서 선정하여 가정에 발송 • 학부모 사서도우미 및 독서동아리 활동 활성화 • 학부모 대상 도서관 교육 • 희망하는 학부모에 한하여 도서대출증 발급 및 도서 대여 • 지역인사가 참여하는 진로교육 프로그램인 '내 꿈 찾아가기'	전교생	연 1회 연 중 연 중 연 중 연 중	도서관 담당교사

학교도서관 활성화 계획 : 북적북적 학교도서관 만들기

전체 학생 가운데 학교도서관에 오는 아이들은 15~20% 정도쯤 된다. 우리가 관심을 가져야 할 대상은 도서관에 잘 오지 않는 나머지 80~85%의 아이들. 학교도서관의 시설이 잘되어 있고 좋은 책들이 가득 있어도 아이들이 오지 않는다면 무용지물이므로, 일단 아이들이 도서관에 오게 하는 것이 중요하다. 학교도서관을 둘러보고 한 권의 책을 고르는 순간부터 아이들은 학교도서관과 아름다운 인연을 맺게 된다.

① 달콤한 사탕과 함께 여는 학교도서관

도서관을 만들거나 리모델링을 끝낸 후 도서관 문을 열 때뿐 아니라, 방학이 지나고 새 학기가 시작될 때 도서관도 새로이 개관한다고 생각해 보는 건 어떨까? 방학 동안 장서점검도 하고 낡은 책은 보수해서 깨끗해진 도서관을 학생들에게 홍보하고 도서관 개관기념 선물로 작은 알사탕을 하나씩 나눠 준다면? 물론 사탕은 비싸지 않은 것으로, 책을 대출하는 학생과 교사에 한하여 나눠 주며, 기간은 개관일로부터 3~5일 정도면 적당할 것이다. 쓰레기에 민감한 교감선생님을 생각하여 사탕껍질은 반드시 쓰레기통에 버리도록 지도하는 것도 잊지 말자.

② 이용자 교육

학기 초마다 국어교사와 담임교사들의 협조를 받아 도서관 이용교육을 한다. 사전에 이야기가 된다면 국어과 수업으로 잡아도 좋고, 전 학년을 대상으로 하는 것이 힘들면 도서관 이용경험이 없는 신입생만을 대상으로 할 수도 있다.(물론 2,3학년은 그 전해에 도서관 이용교육을 받았다는 전제 아래) 이용교육을 할 때는 교육용으로 제작·편집된 비디오자료를 활용하는 것이 좋다. 비디오자료가 없다면 교육부에서 발행한 동영상자료도 괜찮다. 이용교육 시간을 통해 도서관에 직접 들러 보고 어떤 자료가 있는지 찬찬히 둘러보는 시간을 가지면서, 도서관과 책에 대한 아이들의 태도는 조금씩 변화할 것이다.

③ 행운의 대출자 뽑기

도서관 이용자 중 100, 1000, 2000……권째 대출자에게 문화상품권을 주는 행사이다. 이 행사의 관건은 홍보이므로, 당첨순위가 가까워질 때는 여러 방법을 통해 적극적으로 홍보해야 한다. 이러한 행사는 다독상, 독서퀴즈 등과는 달리 전교생 누구나 기회를 가질 수 있다는 장점이 있다.

④ 지역사회와 함께하는 경품 큰잔치

학교 매점과 인근의 문방구, 제과점, 음악사, 서점, 옷가게 등의 협찬을 얻어 일정 기간 동안 대출자 모두에게 대출할 때마다 경품권을 배부하는 것이다. 이후 특정한 날을 잡아(학교축제나 도서관축제) 협찬 가게들이 보내온 여러 가지 상품을 당첨자에게 선물한다. 이는 지역사회와 함께 준비할 수 있다는 점에서 의미가 크다.

⑤ 기념일 이벤트

아이들의 마음을 사로잡기 위해, 갖가지 기념일을 중요하게 여기는 아이들과 호흡을 함께해 보는 것이 어떨까. 화이트데이나 발렌타인데이 외에도 추첨을 통해 블랙데이에는 자장면 교환권을, 빼빼로데이에는 빼빼로나 참깨스틱을 준다. 새로운 기념일을 만들어 보는 것도 좋은 방법. 과학의 달, 청소년의 달 등 달마다 주제를 부여해서 이에 맞는 도서를 전시하고 각종 이벤트를 열어도 좋다.

⑥ 게시판 및 도서관 소식지 활용

도서관 전용 학교 전체 게시판과 각 반 게시판을 활용하거나 매월 간단한 도서관 소식지를 발행하여 각종 도서관 행사(이벤트 포함) 안내와 새 책 소개, 좋은 글 등을 실어 주면 아이들의 마음은 도서관에 점점 가까워진다. 아이들은 항상 새로운 소식을 원하므로, 형식에 얽매이기보다는 매달 꾸준히 내는 것에 중점을 두어야 한다.

여기에 소개한 다양한 방법들이 이용자들에게 제대로 알려지지 않는다면 그 효과는 반감될 수밖에 없으므로 적극적인 홍보를 펼쳐야 한다. 도서부원은 각 반을 돌며 홍보하고 게시물을 붙이며, 도서관 담당교사는 직원회의 시간을 이용해 담임들에게 홍보를 부탁하고 직접 참여하도록 권장하면 아이들의 반응은 더욱 뜨거워질 것이다.

 학교도서관 이용규칙 정하기

학교도서관 운영계획을 세우면서 가장 주의를 기울여야 하는 부분이 바로 이용규칙을 만드는 일이다. 가장 중요한 것은 일관성 있게 적용할 수 있는 규칙을 세워야 한다는 것. 학교도서관 운영규칙에는 대출·반납에 관한 규칙, 연체 및 분실에 관한 규칙, 도서관 기자재 이용규칙, 도서관 이용예절 등이 포함된다. 그 내용의 예를 살펴보면 아래와 같다.

① 대출 · 반납 규칙
- 대출은 2권 7일, 대출증이 있어야 한다.
- 대출기간 내에 책을 읽지 못한 경우, 대출증을 가지고 와서 도서연장을 신청한다.
- 만일 다른 사람에게 대출증을 빌려 주었는데 분실이나 연체 등의 사고가 생길 경우에는 본인이 대출한 것이 아니라 하더라도 모든 책임은 본인이 진다.
- 대출 및 반납은 반드시 본인이 하며, 특히 반납할 때는 반납이 잘되었는지 확인 후 돌아간다.
- 만화책은 점심시간에만 볼 수 있다.

② 연체 및 분실에 관한 규칙
- 연체할 경우 연체한 기간만큼 대출을 중지한다.
- 연체가 21일(3주) 미만일 경우는 연체기간에 따라 벌점을 받는다.
- 연체가 21일(3주)을 넘을 경우 벌점과 함께 도서관 봉사를 해야 한다.
- 이용태도가 바르지 못한 경우 벌점을 부과하거나 도서실 이용을 금지할 수 있다.
- 대출해 간 도서를 분실하였을 경우 같은 도서로 변상해야 하며 변상은 분실이 발생한 후 2개월 이내에 해야 한다. (분실한 도서를 새로 구입할 수 없을 때는 동일한 가격의 비슷한 내용을 담은 도서로 변상한다.)
- 도서의 50% 이상이 물에 젖거나 훼손되었을 경우에도 같은 도서로 변상해야 한다.

③ 정보검색용 컴퓨터 및 VTR 이용방법
- 이용을 원하는 학생들은 오전 중에 컴퓨터 이용신청서를 작성한 후 지정된 자리에서 이용할 수 있다.
- 정보검색 및 도서관에 소장된 비도서자료의 열람을 위한 경우에만 이용 가능하며, 그 외 채팅이나 메일 확인, 카페 이용 등을 할 경우 발각 즉시 퇴실

되고, 벌점을 부과한다.

- 컴퓨터 및 VTR 앞에는 두 사람 이상이 모여 있을 수 없다.

④ 도서관 이용예절

- 도서관에 들어올 때 선생님과 반갑게 인사한다.
- 도서관에는 음식물을 가져오지 않으며, 큰 소리로 떠들거나 장난치지 않는다.
- 책을 찢거나 구기지 않는다.
- 꺼내 본 책은 반드시 제자리에 꽂아 두며 자리를 모를 경우 반납서가 혹은 북트럭에 놓아둔다.
- 도서부의 지시를 잘 따른다.
- 돌아갈 때는 자신이 앉았던 자리를 정돈한 후 돌아간다.

이용규칙은 각 학교도서관의 상황에 맞게 정하되, 교사가 임의로 정하지 말고 도서부 등과 협의하여 학생들의 의견을 반영하는 것이 좋다. 이용규칙을 정한 다음 도서관 이용교육 시간 등을 활용하여 학생들에게 규칙의 내용과 그러한 규칙을 만든 이유에 대해 설명해 준다면, 규칙을 적용할 때 잡음을 줄일 수 있을 것이다.

도서관 예산 꾸리기

학교도서관 예산은 전년도 말에 그 규모를 파악하고 계획을 세우므로, 3월에 새로이 도서관 업무를 맡게 된 담당자는 주어진 예산을 잘 활용하고 그 다음 해의 예산 규모를 책정하는 역할을 하게 된다. 학교도서관 담당자는 학교예산이나 예산집행의 흐름을 잘 알고 있어야 하며, 좀더 많은 예산확보를 위해 끊임없이 노력해야 한다.

 ## 학교도서관 예산의 편성

학교도서관 예산을 편성할 때는 기본적으로 학교도서관의 운영방침과 자료구성 현황, 확충계획, 시설이나 비품의 현황과 개선사항, 학교도서관 행사계획을 검토하고 전년도 예산의 집행내용을 참고하여 필요한 예산규모를 책정하게 된다.

학교도서관 예산은 학교도서관 운영비와 자료구입비로 나뉘는데, 그 규모는 학교장의 의지와 학교의 재정상태에 따라 달라질 수 있다. 대체로 학교 기본운영비의 1%를 학교도서관 운영비로, 기본운영비의 3%를 자료구입비로 확보하도록 권장하고 있으며(강제사항이었으나 권장사항으로 바뀜), 서울 지역의 경우에는 기본운영비의 5%를 자료구입비로 확보하도록 하고 있다.

학교도서관 운영비는 학교도서관에서 개최하는 각종 행사를 진행하거나 자료정리와 보수에 필요한 물품을 구입하는 데 쓰고, 자료구입비는 도서관에 소장되는 단행본 혹은 멀티미디어자료를 구입하거나 정기간행물을 구독하는 데 쓴다. 그 외에 열람테이블이나 서가 등을 구입하기 위한 비품구입비는 미리 수요를 파악하여 운영비와 별개로 확보해 두어야 이듬해 예산을 산출하기 쉽다.

학교 안에서 필요한 만큼의 예산을 확보하기가 어려운 경우에는 시도교육청에서 배부하는 도서구입비나 행사비를 지원받는 것도 좋은 방법이며, 지자체의 지원을 받는 것도 적극적으로 고려해야 한다.

 # 학교도서관 예산운영 계획

학교도서관의 예산운영은 전년도의 예산운영 내용을 참고하여 각 항목별로 예상되는 금액을 배정해 두고 집행시기별로 학교도서관 운영계획서에 포함한다.

(예시) 도서관 예산편성

사업명		추진시기	금액	비고
자료 구입	단행본 구입	4, 9월	500만 원 * 2회	
	정기간행물 구입	4월	100만 원	
	멀티미디어 자료 구입	7, 12월	200만 원 * 2회	
	계		1,500만 원	자료구입비 1,500만 원
독서 행사	세계 책의 날	4월	5만 원	
	독서엽서 쓰기 및 로즈데이 방문객 이벤트	5월	5만 원	
	사이버 독서감상문 공모전	6, 11월	5만 원 * 2회	
	다독반 및 다독자 시상	7, 12월	20만 원 * 2회	
	방학 중 독서교실	7, 12월	40만 원 * 2회	
	독서의 달	10월	50만 원	
	독서신문 퀴즈 정답자 상품	4, 7, 9, 12월	1만 원 * 4회	
비품 구입	도서관 열람테이블 구입	3월	200만 원	
	바코드 스캐너 구입	3월	20만 원	
	도서관 사인물 구입	3월	50만 원	
	도서 정리 · 보수용품 구입	필요 시	20만 원	
기타	예비비		16만 원	미사용 시 도서구입
	계		500만 원	도서관운영비 500만 원

불용예산 활용하기

학교마다 9~10월이면 그해에 쓰고 남은 예산인 불용예산 파악에 들어가게 된다. 부서의 연간 사업계획에 따라 예산을 배정받아 사용하지만 여러 가지 이유로 사업이 진행되지 않거나, 생각보다 비용이 적게 들어 남는 예산이 학교마다 생기는데 이를 불용예산이라 한다. 불용예산이 많은 학교는 수천만 원까지 되는 경우도 있고 보통은 1~2천만 원 정도의 불용예산이 남는다. 이 예산은 당해 연도에 다 쓰기도 하고 적립하여 차기 연도 회계로 이월하기도 하는데, 바로 이 불용예산을 잘 활용하면 학교도서관에 필요한 자료나 기기들을 구비할 수 있는 절호의 기회가 된다. 먼저 행정실을 통하여 불용예산 규모를 파악한 뒤 자료구입계획서나 기기활용계획서를 작성하여 담당부장의 결재를 받아 교장선생님에게 제출한다. 교장선생님이 학교도서관에 관심이 없는 분이라면 학교운영위원들 중 교사위원이나 학부모위원을 사전에 만나 협조를 구하는 것도 좋은 방법이다.

보통 불용예산은 모든 부서에게 골칫거리이다. 이때 멋진 불용예산 운용계획서를 제출한다면 여러모로 좋을 것이다. 일부 학교에서는 다음 해로 넘겨 적립하는 경우가 있는데, 이런 일을 막기 위해서라도 미리 실태를 조사해 적절한 자료를 제시해야 한다. 더불어 틈나는 대로 관리자들에게 학교도서관의 중요성과 장서구비의 열악함, 시설의 노후함 등을 설득하면 좋은 결과를 얻을 수 있다. 물론 이는 모두 학교도서관이 활성화되어 있다는 전제 아래 가능한 것이다.

○○학년도 학교도서관 운영계획

Ⅰ. 운영목표

학교도서관 이용의 활성화를 통하여 학생들의 정보능력 및 자기주도적 학습능력의 향상을 꾀하고, 도서관 활용수업을 통하여 교수-학습효율의 극대화에 기여하며 독서교육의 구심점으로서 학교 안팎의 독서 활성화에 이바지한다.

Ⅱ. 조직 및 운영방침

1. 조직

(1) 자료선정위원회

　　① 구성 : 교감(위원장), 연구부장(부위원장), 각 교과부장, 사서교사

　　② 기능 및 역할 : 도서관 자료구성의 기본방침을 마련하고, 구입목록을 검토하거나 직접 구입목록을 결정

　　③ 운영규정 : 자료선정위원회 운영규정 참조

(2) 도서부

　　① 구성 : 도서부(희망자 선발)

　　② 기능 및 역할 : 도서의 대출·반납, 자료정리, 도서관 홍보 및 운영보조

　　③ 운영규정 : 도서부 활동규정 참조

2. 운영방침

(1) 기본규정

　　① 이용 대상자 : 본교 학생 및 교직원, 학부모(지역주민)

　　② 운영시간 : 월~금요일 08시 30분~16시 30분 (토요일 08시 30분~12시 30분)

　　③ 자료의 파손 및 분실에 대한 책임은 해당 이용자가 지도록 한다.

　　④ 운영은 사서교사, 도서부의 책임 하에 이루어지도록 한다.

(2) 자료의 대출·반납

　　① 대출·반납 프로그램 : DLS 프로그램

　　② 대출방법

　　ㄱ. 대출 바코드가 부착되어 있는 학생증을 제시하여 대출

ㄴ. 대출기한
- 학생 – 1회 7일, 등급별로 최대 1~3권
- 교직원 – 1회 21일, 최대 5권
- 학부모 – 1회 14일, 최대 3권
③ 관외대출 불가 도서
- 귀중도서 및 특별관리 도서(운영자 판단)
- 사전 등 참고도서
- 당월 정기간행물(과월호는 대출 가능)
- 관내 열람도가 높은 도서
- 교과 담당교사가 과제물로 제시한 도서

(3) 자료구입 및 정리 규정
① 도서관용 자료의 구입은 도서관 담당교사가 교과 담당교사, 학생의 요구를 수렴하여 선정 · 작성한 목록을 바탕으로 자료선정위원회 심의를 거쳐 하도록 한다.
② 학생과 교직원이 필요로 하는 자료를 우선 구입하되, 특정 주제나 분야에 치우치지 않도록 한다.
③ 한국십진분류표(KDC)를 사용하여 분류하되 이용자의 편의를 고려하여 특정 분야를 선정해 따로 배열할 수 있다.
④ 참고도서, 일반도서, 정기간행물, 시청각자료로 구분하여 보관하며, 비디오테이프 · CD-ROM · DVD 등의 비도서자료도 통합하여 관리한다.

(4) 자료폐기 및 제적 규정
① 도서자료는 이용가치 상실, 파 · 오손, 망실, 교환 등으로 폐기 혹은 제적할 수 있으며, 폐기 또는 제적 범위는 전체 장서의 5%를 초과할 수 없다.
② 도서제적은 제적도서 목록을 작성하여 학교장의 결재를 얻은 후 제적대장에 기입하는 순으로 처리한다.

(5) 도서관 이용 시 유의점
① 도서관 이용자는 음식물을 가지고 들어올 수 없다.
② 도서관에서 자료를 이용할 때는 정숙한 분위기를 유지하며, 그렇지 못한 학생은 퇴실 조치할 수 있다.
③ 도서관 이용자는 자신이 있었던 자리를 반드시 깨끗이 정리 · 정돈하도록 한다.
④ 도서관 자료를 이용할 때는 낙서, 줄 긋기 등의 도서훼손 행위를 해서는 안 되며, 필요할 경우 자료를 복사하여 이용한다.
⑤ 자료 및 비품을 훼손 또는 분실하였을 경우 해당 이용자가 변상함을 원칙으로 한다.
⑥ 자료반납 기일을 어겼을 경우, 연체일만큼 대출중지를 원칙으로 한다.
⑦ 장기연체자의 경우 벌점을 부과한다.

Ⅲ. ○○학년도 실천과제 및 계획

실 천 과 제

1. 학교도서관 활용수업의 적극적 도입을 통한 교수–학습효과의 극대화
2. 학교도서관 이용교육을 통한 정보활용 능력의 함양
3. 학교도서관 중심의 독서교육 활성화
4. DLS 및 학교 홈페이지를 통한 온라인 독서교육 체제 구축
5. 학교도서관 자체평가를 통한 문제점 해결 및 지속적 발전 노력

1. 학교도서관 활용수업의 도입을 통한 교수–학습효과의 극대화

(1) 의미

주제 전문가인 교과교사와 자료 전문가인 사서교사가 도서관의 자료와 시설을 중심으로 교수–학습과정에 서로 협력하여 학생들의 학습활동을 돕는 형태의 수업으로, 이용자 중심, 활동 중심의 수업이 가능하다.

(2) 필요성
  ① 학습자의 능동적 참여로 수업효과 극대화
  ② 자료활용 과정을 통한 정보활용 능력 및 자기주도적 학습능력의 함양
  ③ 사서교사와의 협력으로 수업준비 시간 및 노력의 절약

(3) 도입과정
  ① 환경조성
  ㄱ. 자료의 확보
  • 도서관 활용수업에 필요한 각종 자료의 확보 : 교과별 도서구입 신청서를 상시 비치하여 교사들의 신청을 받아 적시에 제공
  • 장학자료의 관리 : 장학자료의 목록 작성 · 제공 및 관리로 수업연구 및 교재연구에 도움
    → 다양한 교수–학습자료의 우선 구입 및 관리 · 제공을 통한 도움 센터로의 역할 확립
  ㄴ. 인식 개선 : 교직원 연수를 통하여 도서관 활용수업에 대한 인식 고취
  ㄷ. 시설 개선
  • 모둠학습 테이블 추가구입 및 시설정비로 쾌적한 수업환경 조성
  • 도서관 내 배치 변경으로 효율적인 수업환경 조성

  ② 연구수업을 활용한 모범사례 제시
  • 타교의 모범사례 및 각 교과별 지도안 제시
  • 교과 내 적용 가능한 수업모델 제시(탐구학습, 문제해결학습, 토론학습 등)

- 교내장학 시 연구수업의 형태를 도서관 활용수업으로 진행하여 실제 적용사례 제시

③ 교과 연계 도서목록 제공 및 교사의 수업연구 자료 제공
- 과제제출 및 수업연구에 필요한 자료의 우선적 비치 · 제공
- 도서관 활용수업 신청서 양식 이용

2. 학교도서관 이용교육을 통한 정보활용 능력의 함양
(1) 필요성
① 학교도서관 자료의 분류 및 정리 체계에 대한 이해로 효율적인 도서관 이용 가능
② 도서관 내 다양한 유형의 자료활용 경험을 통해 수월한 도서관 활용수업 가능
③ 정보활용 능력을 함양하고 나아가 평생교육 사회에 대비

(2) 방법
① 1학년 : 창의적 재량활동 시간을 활용하여 도서관 이용법 및 도서관 내 자료활용법 교육(2차시)
② 2,3학년 : 창의적 재량활동 및 도서관 활용수업이 이루어질 교과시간을 활용하여 교육

3. 학교도서관 중심의 독서교육 활성화 (※ 독서교육 활성화 계획 별도 수립)
(1) 독서교육을 위한 환경조성
① 중학생 수준에 맞는 다양하고 유용한 장서 확보
② 매월 지속적 신간구입으로 도서관에 대한 흥미 유지

(2) 독서 관련 정보제공
① 필독 및 권장도서 목록, 상황별 도서목록, 테마도서전, 교과별 도서목록 제공
② 도서관 소식지 발행(연4회)
③ 독서교육 관련 정보지 발행(월2회)

(3) 사제동행 독서시간 운영
① 주 2회 아침 자기주도학습 시간을 활용하여 사제동행 독서시간 운영
② 학급문고를 구성하여 사제동행 독서시간에 활용
③ 운영일지를 기록하여 우수독서반 표창에 활용

(4) 다양한 독서행사 주최
① 연간 : 테마도서전 & 반별 서평 쓰기 대회, 인터넷 독서퀴즈 & 토론대회
② 학기별 : 사이버 독서감상문 공모전, 방학 중 독서교실, 다독자 및 우수독서반 표창

③ 월별 : 세계 책의 날 행사(4월), 독서엽서 쓰기 및 방문객 이벤트(5월), 독서의 달 및 결과물 전시(10월)

4. DLS 및 학교 홈페이지를 통한 온라인 독서교육 체제 구축

(1) 필요성

　① 학교 홈페이지와 학교도서관 홈페이지의 이원화로 학생들의 혼란 및 불편 초래

　② 학교 홈페이지에 비해 학교도서관 홈페이지의 인지도가 낮아 온라인 독서교육의 활성화에 어려움
　　이 있음

(2) 개선방안

　① 학교 홈페이지 안에 '즐거운도서관' 메뉴를 개발하여 온라인 독서교육에 활용 → 학교 홈페이지에
　　로그인하여 도서관 메뉴까지 활용 가능하므로 독서교육 효과 증대

　② 메뉴 운영 계획

- 공지사항 – 각종 공지사항 및 이벤트 공지, 정기간행물 입수정보 제공
- 이달의 도서 – 테마도서전 전시도서에 관한 정보 제공
- 이럴 땐 이런 책 – 상황별 도서목록 제공
- 독서퀴즈 – 이달의 도서전에 전시되었던 도서 중에서 퀴즈를 출제, 온라인상으로 제일 먼저 답을
  올리는 학생이 당첨
- 독서토론 – 매월 토론주제를 게시, 참여 유도
- Q&A – 도서관에 관하여 자주 묻는 질문사항들 게시
- 자료실 – 각종 독서기록장 양식 및 독서 관련 자료 게시
- 자료구입 신청 – 학생 및 교사들의 도서구입 신청
- 자료검색 – DLS 홈페이지 내의 자료검색 페이지로 링크
- 자유게시판 – 도서관에 건의할 사항을 적거나 자유롭게 글을 남길 수 있는 게시판

(3) 운영

　① 홍보

- 도서관 이용교육 시간 및 창의적 재량활동 시간을 활용한 홍보
- 홈페이지 개편 후 도서관 소식지를 통하여 홍보 및 이벤트 개최

　② 운영

- 교육정보부 내 학교홈페이지 담당교사와 사서교사의 협력운영
- 도서부 내 학교도서관 홈페이지 운영 팀을 구성하여 업무보조(2~3명 내외)

5. 학교도서관 자체평가를 통한 문제점 해결 및 지속적 발전 노력

(1) 필요성

학교도서관의 운영이 학교 교육목표에 부합하는가, 교과별 교수–학습활동에 도움이 되는가를 평가하고 이를 다음 해 학교도서관 운영계획에 반영하여 지속적인 발전을 꾀한다.

(2) 평가시기 및 방법
　　① 시기 : 매 학기 말
　　② 방법 : 교사 – 설문지를 통한 평가 및 의견 수렴
　　　　　　학생 – 학교도서관 홈페이지를 통한 의견 수렴

(3) 평가영역 – 영역별 평가항목은 추후 제시
　　① 시설 · 설비 영역 : 교수–학습 지원시설의 적절성, 교수 – 학습 지원설비의 적절성
　　② 자료 영역 : 자료확보의 적시성, 자료구성의 적절성, 자료의 최신성
　　③ 정보 · 교육 서비스 영역 : 도서관 이용 및 정보교육의 실시, 독서교육, 독서행사 운영, 도서관 활용 수업, 지역사회에의 봉사, 자료의 이용도
　　④ 운영 · 예산 영역 : 도서관 운영계획의 적절성, 도서관 운영의 합리성
　　⑤ 기타 : 건의사항 및 의견 수렴

(4) 평가결과

유인물 및 학교도서관 홈페이지를 통해 공시하고 이에 대한 적절한 조치를 취하며 2006학년도 학교도서 관 운영계획에 반영

Ⅳ. 세부 추진계획

	사업명	추진시기	비고
일반	학교도서관 운영계획 수립	3월	
	장서구입 및 정리	4월, 7월, 9월, 12월	
	도서부 선발 및 교육	3월	
	학교도서관 활용수업 관련 연수 및 환경정비	3월	
	교수–학습자료 신청 및 구입	3월~연중	
	학교도서관 활용수업 사례 제시	연중	
	자료이용교육	3월~4월	
실천과제	독서교육 환경 조성 독서 관련 정보 제공 – 도서목록 제공 – 도서관 소식지 발행 – 독서교육 관련 읽기자료 발행 사제동행 독서시간 운영 교과 연계를 통한 독서교육 – 창의적 재량수업에의 활용 – 교과수업에의 활용 다양한 독서행사 – 세계 책의 날 행사 – 독서엽서 쓰기 및 로즈데이 방문객 이벤트 – 우수독서자 및 우수독서반 시상 – 학교도서관과 함께하는 독서교실 – 독서의 달	연중	• 독서교육 활성 화 계획 참조 • 국어과 협조
	학교 홈페이지 내 도서관 메뉴 개발	3월	• 교육정보부 협조
	학교도서관 홈페이지를 활용한 온라인 독서교육	연중	
	학교도서관 자체 평가	매 학기 말	

학교도서관 운영위원회 운영규정

제1조(설치) : 본교 학교도서관의 적절한 운영을 위하여 학교도서관 운영위원회(이하 운영위라 한다)를 둘 수 있다.

제2조(구성) : 운영위는 다음과 같이 구성한다.
1. 본 운영위는 교장, 교감 및 각 부 부장, 사서교사로 구성하며 필요에 의해 각 교과 부장교사를 참여시킬 수 있다.
2. 위원장은 교장이 맡고 부위원장은 교감이 맡는다.

제3조(기능) : 운영위의 기능은 다음과 같다.
1. 본교 학교도서관 운영에 관한 기본방침과 당해 연도의 중요시책 설정
2. 교육과정 운영에 도움을 주기 위하여 학교도서관이 해야 할 중요사업 결정
3. 독서지도, 학교도서관 이용에 대한 전체 계획 수립
4. 자료구성의 기본방침과 교과 · 특별활동 등에 관한 자료구입 계획 수립
5. 학교도서관 운영과 자료이용에 관한 제 규정 제정
6. 학생 봉사반의 구성 · 지도에 관한 기본방침 수립
7. 학교도서관 평가와 개선계획의 수립
8. 예산 · 결산에 관한 일

제4조(회의) : 운영위의 회의는 매 학기 초에 정기적으로 개최하고, 필요 시에는 위원장이 수시로 소집 · 개최할 수 있다.

제5조(집행) : 위원장은 운영위의 회의를 통해서 결정된 사항을 교육계획에 반영하여 시행한다.

학교도서관 자료선정위원회 운영규정

제1조(설치) : 본교 학교도서관에서는 적절한 자료를 수집해 교수–학습활동을 지원하기 위하여 자료선정위원회(이하 자료선정위라 한다)를 설치할 수 있다.

제2조(구성) : 자료선정위의 구성은 다음과 같이 한다.
1. 자료선정위의 위원은 교감, 연구부장, 사서교사 및 각 교과부장으로 한다.
2. 위원장은 교감, 부위원장은 연구부장이 맡는다.

제3조(기능) : 자료선정위의 기능은 다음과 같다.
1. 도서관 자료구성의 기본방침을 실천한다.
2. 각종 목록을 검토하거나 직접 자료를 검토한 후 구입할 자료를 결정한다.
　　① 도서자료 – 단행본 및 참고도서
　　② 비도서자료 – 신문, 잡지 및 기타 간행물
　　③ 시청각자료 – 비디오 및 전자매체
3. 각 교과의 요구, 학생의 흥미 · 진로 · 독서능력을 정확히 파악하여 자료선택에 반영한다.
4. 자료기증에 관한 사항
5. 제적 및 폐기 대상 자료의 선정 · 심의

제4조(위원의 임무) : 자료선정위원의 임무는 다음과 같다.
1. 교감 : 자료선정위의 회의를 소집 · 개최하고 교과별 의견을 종합하여 수입자료를 결정한다.
2. 연구부장 : 각 교과별 추천자료를 수합하고 학교교육계획 및 예산의 범위 안에서 의견을 조정한다.
3. 사서교사
　　① 회의록을 작성한다.
　　② 자료선택에 필요한 보조자료를 사전에 제공한다.
　　③ 학생들의 구입 희망 자료를 파악하여 보고한다.
　　④ 구입 결정된 자료의 목록을 작성하고 결재를 받는다.
　　⑤ 제적 및 폐기 기준에 의해 대상 자료를 선정하여 보고한다.
4. 각 교과부장
　　① 각 교과의 교수활동에 필요한 교사용 자료를 수합하여 보고한다.
　　② 학습 및 인성교육에 필요한 학생용 권장도서를 추천한다.

③ 교과별 필요 장서에 대한 복본수를 추천한다.

제5조(회의) : 자료선정위의 회의는 매 학기 초에 위원장이 소집 개최하고 필요에 따라 위원장이 개최한다.

제6조(자료 선택 기준) : 자료선정위가 수입 결정하는 자료의 선택 기준은 다음과 같다.
1. 학교 교육과정
　　① 학교 교육목표 달성에 도움을 주는 자료
　　② 교육과정과 일치되고 연관되는 자료
　　③ 생활지도, 특별활동, 진학지도, 직업선택지도 등에 도움을 주는 자료
2. 이용자의 특성
　　① 학생의 발달단계 – 지적 능력 이외에 정서 함양, 사회성 발달 고려
　　② 학습능력 – 문제해결능력 신장에 도움을 주는 자료
　　③ 학습형태 – 개별학습에 도움을 주는 자료
　　④ 교사의 교과지도에 관련된 자료
3. 자료의 지적 내용
　　① 사회적, 도덕적으로 용납된 자료
　　② 다양한 관점을 대표하고 있는 자료
　　③ 사고능력을 키워 줄 수 있는 자료
4. 자료의 물리적 특성
　　① 제본상태
　　② 활자 및 종이 질
　　③ 그림, 삽화의 질
　　④ 저자의 권위
5. 예산 : 한정된 예산으로 운영되므로 최대의 성과를 올릴 수 있도록 해야 한다.
6. 기존자료에 대한 평가 및 자료구성 계획

제7조(자료 제적 및 폐기) : 자료선정위가 제적 및 폐기를 결정하는 기준과 절차는 다음과 같다.
1. 범위 : 본교 도서실에서는 장서의 질적 관리와 효율적인 정보제공을 위하여 전체 장서의 5%를 초과하지 않는 범위 내에서 제적 및 폐기할 수 있다. 단, 제적 및 폐기 대상 자료가 범위를 초과하는 경우에는 자료선정위의 심의를 거쳐 처리한다.
2. 기준 : 본교 도서실 장서의 제적과 폐기의 기준은 다음과 같다.
　　① 최근 3년 이내에 한 번도 대출되지 않은 장서
　　② 오손이나 파손 정도가 심하여 열람이 불가능한 장서

③ 이용가치가 상실된 장서
- 개정판이 나온 경우 구판의 자료
- 인문·사회과학 자료의 경우 발행된 지 10년 이상 되고 내용이 현실성이 없는 자료
- 자연과학 자료의 경우 발행된 지 5년 이상 되고 내용이 현실성이 없는 자료
- 잡지의 경우 발행된 지 5년 이상 된 자료
- 연감이나 통계자료의 경우 발행된 지 5년 이상 된 자료
- 10년 이상 된 지도 및 여행안내서
- 분실 후 2년이 경과되었으나 회수되지 않은 자료

④ 복본 : 대출이나 이용이 전혀 없는 다수의 복본도서는 한 부만 남겨 놓고 전부 폐기한다.

⑤ 현재 오류로 판명된 학설이나 이론을 담고 있는 장서

⑥ 단, 제적과 폐기 대상 자료 중에서 연구 가치가 있거나 절판된 자료, 향토자료, 희귀자료 등은 제외한다.

3. 절차

① 사서교사는 장서의 점검과 평가에 의해 발견한 제적 및 폐기 대상 자료의 목록을 작성하여 자료선정위에 보고한다.

② 자료선정위는 다음의 기준에 의해 제적과 폐기 대상 자료를 확정한다.
- 이용가치 상실의 적절성
- 전체 장서의 배분비율
- 공간문제 해결
- 제적 예외 대상 여부

③ 사서교사는 내부결재 후 제적 및 폐기 처리한다.

4. 제적장서의 관리 : 제적된 자료는 폐기하여 원부에서 삭제하고 별도의 대장을 관리한다. 단, 제적된 자료를 다른 기관에 관리전환할 수 있다.

부　　　칙

제1조　본 규정은 ○○년 3월 1일부터 시행한다.

제2조　본 규정은 위원회 내부 위원의 제안이 있는 경우 위원회 재적의 과반수 이상 출석과 출석위원 과반수의 동의를 얻어 개정할 수 있다.

Ⅱ. 자료 관리하기

자료는 학교도서관을 구성하는 가장 중요하고 기본적인 자원으로, 자료의 질이 바로 도서관의 질을 좌우한다고 말할 수도 있습니다. 그러므로 어떤 자료를 구입하고 어떻게 관리할까 고민하는 것은 도서관 운영의 기본 가운데 기본입니다. 좀더 좋은 책을 교사와 아이들에게 선물하기 위해, 좀더 편하고 효율적으로 자료를 이용할 수 있도록 돕기 위해 알아 두어야 할 사항을 함께 살펴봅시다.

자료구입, 어떻게 할까

자료를 구입할 때는 자료선정위원회를 적극 활용하여 양질의 자료를 학교도서관에 갖출 수 있도록 노력해야 한다. 자료를 선정하는 과정부터 실제 구입, 자료 정리에 이르기까지, 담당교사에게는 손이 많이 가는 힘든 일이지만, 이를 통해 우리 아이들과 교사들이 좀더 쉽게 좋은 자료를 가까이할 수 있음을 기억하자.

 ## 자료를 구입하는 과정

일반적으로 도서관에서 소장하고 관리하는 자료를 '장서'라고 부른다. '장서'라 하면 대부분 단행본, 정기간행물 등 책자 형태의 자료만을 떠올리는데, 매체가 다양해지면서 도서관 장서의 개념도 비디오테이프·CD-ROM·DVD 등의 비도서자료까지 포함하는 것으로 바뀌었다. 더불어 학교도서관에서는 학교교육에 관한 다양한 장학자료 및 학교교육계획서, 학교앨범, 지도안 등의 교육활동 자료도 장서의 한 부분으로 포함해 관리하게 된다.

학교도서관에서의 자료구입은 대체로, 구입목록을 작성하고 자료선정위원회의 심의를 거쳐 자료를 구입한 뒤 분류·목록작업을 한 후 이용자들이 이용할 수 있도록 하고 있다. 이 과정을 좀더 자세하게 살펴보면 다음과 같다.

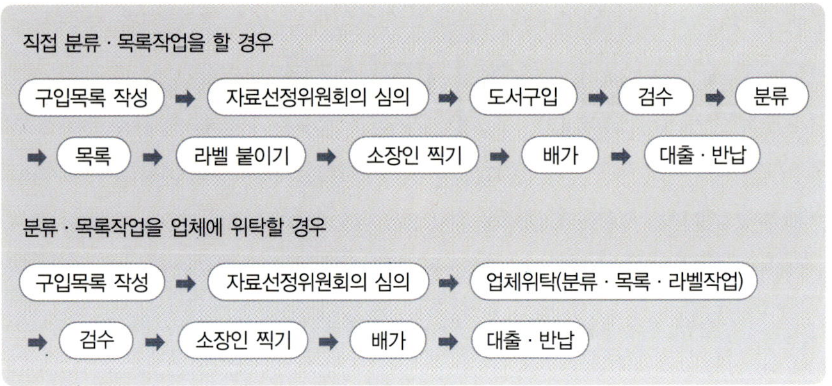

도서관의 자료입수 과정

직접 분류·목록작업을 할 경우

구입목록 작성 ➡ 자료선정위원회의 심의 ➡ 도서구입 ➡ 검수 ➡ 분류
➡ 목록 ➡ 라벨 붙이기 ➡ 소장인 찍기 ➡ 배가 ➡ 대출·반납

분류·목록작업을 업체에 위탁할 경우

구입목록 작성 ➡ 자료선정위원회의 심의 ➡ 업체위탁(분류·목록·라벨작업)
➡ 검수 ➡ 소장인 찍기 ➡ 배가 ➡ 대출·반납

 자료를 고르는 특별한 기준

학교도서관의 목적은 학교 교육과정에 기여하는 것이 우선이므로, 학교도서관의 자료를 고를 때는 교육과정과 관련이 있는지를 가장 먼저 생각해야 한다. 또 학생들의 수준과 정서에 맞는 자료인지, 교육적으로 올바른 가치를 지닌 자료인지 살펴보는 것도 중요하다. 이와 함께 현재 도서관에 소장되어 있는 자료의 현황(주제별, 유형별로 적절한 비율인지)과 그 해의 도서관 예산상황도 자료구입의 중요한 기준이 된다.

학교도서관의 자료선택 기준

1. 교육과정과 관련하여 교수–학습에 도움이 되는가.
2. 학생들의 인지적·정서적 능력을 함양시킬 수 있는 교육적 가치를 지니고 있는가.
3. 학생들의 수준과 흥미에 적절한가.
4. 학교도서관 주제별 자료구성 비율에 적당한가.
5. 학교도서관의 예산규모를 고려했을 때 우선적으로 구입할 가치가 있는가.

학교도서관 주제별 자료구성 비율(2003)

	총류	철학	종교	사회과학	순수과학	기술과학	예술	언어	문학	역사	그림책	계
초	4	2	2	8	13	8	5	2	25	16	15	100
중	5	3	3	10	15	9	7	4	27	17	0	100
고	6	4	3	12	15	9	7	6	25	13	0	100

특히 학교도서관의 자료는 특정 분야로 치우치지 않게 조정하여 학생들이 다양

한 분야에 관심을 가질 수 있도록 하고, 도서자료뿐 아니라 시청각자료, 원문자료 등을 갖추어 학생들이 여러 가지 형태의 자료에 익숙해질 수 있는 기회를 마련해야 한다.

이러한 기준은 도서관 담당자 본인뿐 아니라 도서관을 이용하는 이용자와 자료 구입에 관여하는 구성원들에게 알릴 필요가 있다. 도서관운영 매뉴얼이나 장서 관리 규정에 포함시켜 명시하는 것도 좋은 방법이다.

위와 같은 큰 기준과 함께 실제 책을 구입할 때 살펴보아야 몇 가지 사항이 있다. 직접 실물자료를 확인할 때, 혹은 그것이 어려울 경우에 도움을 받을 수 있는 기준을 살펴보자.

- **서평은 어떠한가** : 자료를 구입할 때 서평을 읽어 그 내용을 파악하는 것은 기본이다. 미디어서평뿐 아니라 독자서평도 함께 살펴본다.
- **믿을 만한 출판사인가** : 출판사마다 전문적으로 출판하는 분야가 있다.
- **지은이, 그린이, 옮긴이가 믿을 만한가** : 지은이, 그린이, 옮긴이의 약력이 표제지에 잘 기록되어 있는지 살피고, 각각의 역할에서 어떤 작품들을 쓰고 그리고 번역했는지 확인한다.
- **번역이 매끄러운가** : 문체가 어색하지는 않은지, 우리 정서에 맞게 재구성되었는지 살펴본다.
- **자료의 물리적 상태** : 글씨 크기 및 줄 간격, 종이의 질, 인쇄상태, 제본상태가 잘되어 있는지 살펴본다.

이러한 판단기준에는 정해진 수치나 정답이 있는 것이 아니다. 평소 신문이나 인터넷 서점의 서평을 관심 있게 보고, 저자나 출판사에 관해 주의 깊게 살피면서 나름의 기준을 만들어 가야 한다.

자료의 실물을 확인하고 고를 때에는 내용뿐 아니라 장정상태 역시 꼼꼼히 살펴봐야 한다. 종이 질이 조악하거나 삽화의 인쇄상태가 불량하고, 글씨 크기가 너무 작거나 커서 읽기에 불편함을 주는 책은 아무리 내용이 좋아도 결코 좋은 책이라고 할 수 없다. 그런 책은 반품하거나 온전한 것으로 교환해서 도서관에 비치해야 한다.

주제별 자료배분 기준을 살펴 학교도서관 자료들이 고루 배치되도록 하는 것도 중요하지만, 실제로는 각 학교 특성에 따라 운영되어야 하는 부분도 많다. 예술고, 외국어고 등 특수한 성격을 가진 학교에서는 해당 분야의 장서를 더 많이 확충할 필요가 있다.

 # 어떤 책을 살까? – 구입목록 작성하기

대부분의 학교도서관에서는 학기별로 자료를 구입한다. 매월 구입하여 신간을 많이 확보할 수 있다면 더할 나위 없이 좋겠지만, 실제로 구입목록을 작성하고 회의를 거쳐 자료를 입수하는 과정까지 시간이 많이 걸리므로 학기별 1~2회 정도의 구입이 적당하다.

구입목록을 작성하는 활동을 수서라고 하는데 업무와 수업에 쫓기는 교사들에게는 만만한 작업이 아니다. 특히 자료를 구입할 시기에 임박하여 한꺼번에 구입목록을 작성하려고 하면 불필요한 책들이 구입목록에 포함되는 경우가 생기고 이 때문에 정말 구입해야 할 좋은 책들을 놓치게 된다.

따라서 적은 예산으로 좋은 책을 구입하기 위해서는 평상시에 자료구입을 위한 목록을 작성해 두는 것이 좋다. 신문의 북섹션이나 출판사에서 보내오는 팸플릿을 활용하여 그때그때 자료구입 목록의 빈칸을 채워 간다. 틈틈이 온라인 서점에 접속하여 신간정보를 체크하거나 아예 정기적으로 서점을 방문하여 직접 내용을 살펴 목록을 작성해 두는 것도 좋다. 또, 다양한 기관의 추천도서 목록을 활용하는 것도 좋은 방법인데, 이때에는 그 기관의 목록이 학교의 자료구입 기준에 적절한지 판단하고 선택해야 한다.

좋은 책을 고르는 데 도움이 되는 사이트

수준	기관 및 사이트	비 고
초	인표어린이도서관 www.inpyolib.or.kr	국내 및 해외에 동일 모델의 분관이 설치된 어린이도서관. 새로 입수된 책 목록 및 소식지, 독후감 쓰기 등의 내용을 볼 수 있다.
	서울시립어린이도서관 children.lib.seoul.kr	어린이 전용 공립도서관으로 어린이들의 수준별 권장도서 목록, 전자책 등을 제공하고 있다.
	느티나무어린이도서관 www.neutinamu.org	아이들에게 권하는 책 이야기와 도서관에서 책 읽어 주기 프로그램에 소개되는 책을 살펴볼 수 있다.
	어린이도서연구회 www.childbook.org	어린이 도서목록을 만들어 내는 대표적인 모임. 중학생이 읽을 책도 많다.
	웹진 열린어린이 www.openkidzine.co.kr	어린이책에 관한 웹진으로, 다양한 분야의 책을 소개하고 이야기하는 공간이다. 열린어린이가 추천하는 책 등을 포함하여, 단순목록이 아닌 어린이책에 대한 이해를 높일 수 있는 사이트.
	강백향의 책 읽어 주는 선생님 www.mymei.pe.kr	초등학생, 중학생 두 자녀를 둔 강백향 선생님의 독서지도 사이트. 초중등 목록을 한꺼번에 볼 수 있다.

	전국 기적의 도서관	어린이 전문 도서관으로 추천도서, 신간도서 등을 소개하고 있다. 각 도서관마다 운영하는 다양한 독서 프로그램도 참고해 볼 만하다.
중	책으로 따뜻한 세상 만드는 교사들 www.readread.or.kr	청소년 도서목록을 만드는 대표적인 교사모임으로 수준별, 상황별, 교과별 도서목록 및 독서교육에 관련한 자료를 얻을 수 있다.
	읽는 행복 lechat.pe.kr	도서전문가 서미선 선생님의 홈페이지. 독서신문, 권하는 책, 생각공책 등의 다양한 자료들이 수록되어 있는 멋진 홈페이지.
	전국학교도서관담당교사모임 schoollibrary.eduhope.net	각 학교도서관 구입 자료목록이나 각종 주제별 목록을 살펴볼 수 있으며 학교도서관과 관련한 모든 자료가 총 망라되어 있다.
	교보문고, 영풍문고, 알라딘	도서를 검색하고 책의 내용을 살피는 데 도움이 되는 인터넷 서점.
공통	한국출판인회의 www.kopus.org	우리나라를 대표하는 300여 개의 단행본 출판사들이 창립한 비영리 단체로 책에 관한 무궁무진한 정보를 담고 있다.
	대한출판문화협회 www.kpa21.or.kr	대형출판사들이 주축이 되어 창립한 비영리단체. 한국출판인회의와 함께 책에 대한 많은 정보를 제공해 준다.
	아침독서추진본부 www.morningreading.org	아침독서운동을 펼치고 있는 시민단체. 아침독서운동에 대한 소개와 월간 아침독서신문의 기사, 수준별 추천도서 등을 살펴볼 수 있다.

학교도서관의 주 이용자인 학생과 교사들의 의견도 적극 고려해야 한다. 교사들에게는 자료구입 전에 신청서를 나눠 주어 자료구입 신청을 받고, 학생들에게는 홈페이지를 이용하여 자료구입 신청을 받거나, 도서관에 신청서를 비치하여 원하는 자료를 신청할 수 있도록 한다. 이때 신청자들에게 학교도서관 자료구입 기준을 명확히 알려 주어야 한다. 또 신청 즉시 구입이 이루어지는 것이 아니므로 구입까지 소요되는 시간을 알려 주고, 신청자료가 도서관에 들어왔을 때도 입수되었다는 소식과 함께 이용 가능한 시기를 알려 준다면 도서관 자료의 이용률도 높아지고 도서관에 대한 관심이 더 많아질 것이다.

그리고 신청을 받아 구입목록에 포함시켰다 하더라도 실제로 구입되지 않는 자료들이 생기게 마련인데, 이런 경우에는 왜 구입이 되지 않았는지 구체적인 이유를 알려 주어야 공연한 오해가 생기지 않는다.

(예시) **도서관 자료신청 양식(교사용)**

교과별 교수-학습 도움자료 신청

즐거운도서관에서 자료구입을 위해 교과 선생님들의 신청을 받습니다.
교수-학습에 도움이 되는 자료, 혹은 교과과정과 관련이 있는 자료,
기타 학생들의 인성발달, 지식함양에 도움이 되는 자료 모두모두 환영합니다.
자료를 신청하실 분들은 3월 27일까지 아래 내용을 작성하여 도서관으로 제출해 주시면 됩니다.

교과명 ____________   교사 ____________ (인)

No.	제 목	저자 및 출판사	목적(교사/학생)
1			
2			
3			
4			

(예시) **도서관 자료신청 양식(학생용)**

선생님, 이 책 사 주세요!

도서관에 구입하길 바라는 책이 있으면 아래 빈칸에 적어
사서선생님에게 제출해 주세요. 검토 후 도서관에 비치할 수 있도록 하겠습니다.
단, 인터넷소설 및 판타지소설은 신청을 해도 구입하지 않으니 유의하세요.

구입을 희망하는 도서	지은이, 출판사	신청하는 이유

신청자 ______ 학년 ______ 반   이름 ____________

 # 자료선정위원회

구입목록이 작성되면 자료선정위원회의를 열게 된다.

자료선정위원회는 담당교사 혼자 목록을 작성하는 과정에서 생기는 오류나 실수를 줄일 수 있고, 각 교과별 자료의 균형을 맞출 수 있는 좋은 방법이다. 무엇보다 자료선정위원회를 통해 도서관에 대한 관심을 불러일으키는 동시에, 담당교과의 책이 입수되는 과정을 보면서 도서관 활용에 대한 의지가 높아지는 효과를 거둘 수도 있다.

자료선정위원회에서는 구입목록에 있는 책의 내용을 모두 살피고 해당 자료의 구입 여부에 대해 결정하는 것이 좋지만, 대체로 담당자가 작성한 목록을 함께 보고 이의가 있는지 확인하는 과정 정도로만 진행하면 된다. 따라서 담당자는 구입할 자료의 목록을 3일 전쯤 배부하여 선정위원들이 미리 내용을 확인한 다음 회의시간에 그에 대한 의견을 나눌 수 있도록 한다. 이렇게 자료선정위원회에서 심의를 거친 후 이의사항이 없을 때 자료구입을 시행하고, 자료선정위원회에서 논의되었던 내용은 회의록으로 기록하여 보관해 둔다.

선정위원들에게 목록을 배부할 때 관련 과목을 표기하고 과목별로 편집하면 적어도 자신의 교과만큼은 살펴보는 성의를 보여 준다. 구입량이 적은 체육이나 기술교과에서는 도리어 뒤늦게 구입을 요구하는 경우도 있을 것이다.

 # 구입하기

도서를 구입할 때는 견적서를 받아 보고 할인율 등을 고려하여 업체를 선정한 뒤 주문을 한다. 최근에는 도서 납품업체에서 서지작업 및 라벨부착 작업까지 마쳐서 납품하는 경우가 대부분인데, 자료정리에 쓰이는 시간과 비용을 줄일 수 있고 새로운 자료가 들어오는 즉시 소장인을 찍어 대출·반납을 해 줄 수 있어 효율적이다. 단, 이때는 업체에게 요구사항을 자세하고 정확하게 알려 주고 그대로 시행하여 납품할 수 있도록 해야 한다.

1. 본 입찰도서는 계약 후 14일 이내에 제본상태가 완벽하고 도서구입 목록과 일치하는 도서로 납품한다.

2. 도서목록 중 절판, 품절 등 납품할 수 없는 경우 반드시 해당 출판사 또는 도서도매유통점의 미납명세서가 첨부된 원본확인서를 제출하고 이에 대한 대체목록을 우리 학교 측에 제시하여 대체승인을 득한 후 대체목록을 미납목록과 동일한 가격으로 납품토록 하되 대체목록의 정가가 미납목록의 정가 이상인 도서이어야 한다.

3. 납품도서는 도서목록상의 출판사항과 일치하여야 하며, 출판연도는 가장 최근 개정판으로 납품하여야 한다.

4. 데이터 입력 시 입력할 자료목록을 이메일로 먼저 발송하여 본교 담당자가 확인할 수 있도록 하고, 도서관 프로그램 DLS에 가능한 모든 데이터를 입력한다. 그리고 키워드 및 표지 이미지, 초록은 반드시 입력하고, 이미지가 없을 때에는 스캔해서 꼭 삽입한다. 그 외 자세한 사항은 담당자와 협의 후 처리한다.

5. 신규목록을 입력할 때 단편소설집이나 사회과학서 등 한 권의 책 안에 두 개 이상의 주제를 다루고 있는 경우 목차내용을 키워드로 입력하여 내용이 검색될 수 있도록 한다.

6. 도서관에 기존에 소장된 자료를 재구입할 때(복본등록 시)에는 복본기호를 명시하고, 납품 후 잘못된 것은 청구기호를 수정하여 라벨을 재부착한다.

7. 바코드 및 라벨작업은 본교 자료의 라벨 위치와 색깔을 확인하여 동일하게 작업한다. 앞표지에 부착되는 등록번호는 PP라벨을 사용하여 출력한다. 또한 안쪽 표제지에 반드시 등록번호를 기재하고(넘버링을 이용하거나 표지와 같은 등록번호 라벨부착), 북커버(겉표지)가 있는 경우 벗겨 냈을 때와 씌워 놨을 때 표지가 동일하지 않다면 커버를 벗기지 않고 필모텍을 이용하여 떨어지지 않도록 고정시킨다.

8. 벗겨 낸 커버도 버리지 않고 도서관에 전달하며, 커버의 책날개에 적혀 있는 작가정보는 표지 안쪽에 부착한다.

9. 도서 납품업체는 도서납품 시 정확하고 신속한 처리를 위해 학교에서 지정해 준 시간, 장소에 납품하고 본교 담당자와 함께 도서검수에 직접 참여하여 확인한 후에 인계함으로써 납품이 완료된 것으로 본다.

10. 검수 후 발견되는 파손도서에 대해서는 언제든지 동일도서로 교환함을 원칙으로 한다.

11. 납품 후 분류기호가 잘못되었을 때에는 청구기호를 수정하여 라벨을 재부착한다.

12. 기타사항은 본교 담당자와 협의하여 납품이 원활히 이루어지도록 한다.

구입자료 정리하기

구입한 자료는 한국십진분류법(KDC)이라는 분류체계를 이용하여 정리하는데, 실제로 대부분의 도서관에서는 구입할 때 전산화까지 마친 후 납품을 받으므로 담당교사들이 분류체계에 대해 자세하게 알 필요는 없다. 그러나 업체의 전산화가 제대로 되었는지 확인하기 위해 분류에 대한 기초적인 사항은 이해하고 있어야 한다.

한국십진분류법 맛보기

우리나라의 학교도서관에서 사용하는 한국십진분류법(KDC)은 자료를 주제에 따라 크게 10개의 분야로 나누고(류), 그 각 분야를 다시 하위 10개의 분야(강목)로, 또 그 각 분야를 하위 10개의 분야(요목)로 나누는 트리구조를 가지고 있다. 학교도서관에서는 대체로 요목까지의 구분만으로도 충분하지만 문학 분야처럼 장서량이 많고 주제가 다양한 경우에는 소수점 아랫자리(세목)까지 구분할 필요가 있다.

도서관의 책을 분류하는 목적은 이용자가 수많은 책 가운데 자신이 원하는 책을 좀더 쉽게 찾아서 이용할 수 있도록 하기 위한 것이다. 이를 위해 같은 내용의 책은 같은 곳에 모으고, 다른 내용의 책들은 다른 곳에 흩어 놓는 것이 분류의 원칙이다. 따라서 같은 주제의 자료를 한곳에 모으기 위해 분류의 일관성을 지키는 일이 무엇보다 중요하다. 분류작업을 하다 보면 같은 주제가 서로 다른

한국십진분류법(KDC)

000 총류
000 총류
010 도서학, 서지학
020 문헌정보학
030 백과사전
040 강연집, 수필집, 연설문집
050 일반 연속간행물
060 일반학회, 단체, 협회, 기관
070 신문, 언론, 저널리즘
080 일반전집, 총서
090 향토자료

100 철학
100 철학 일반
110 형이상학
130 철학체계
140 경학
150 아시아(동양)철학, 사상
160 서양철학
170 논리학
180 심리학
190 윤리학, 도덕철학

200 종교
200 종교 일반
210 비교종교학
220 불교
230 기독교, 천주교, 유대교
240 도교
250 천도교, 단군교, 대종교
260 신도

270 바라문교, 인도교
280 회교(이슬람교), 조로아스터교
290 기타 종교

300 사회과학
300 사회과학 일반
310 통계학
320 경제학, 경영학
330 사회학, 사회복지, 사회문제
340 정치학, 외교학
350 행정학
360 법학
370 교육학
380 풍속, 민속학
390 국방, 군사학

400 순수과학
400 순수과학 일반
410 수학
420 물리학
430 화학
440 천문학
450 지학
460 광물학
470 생명과학
480 식물학
490 동물학

500 기술과학
500 기술과학 일반
510 의학, 약학, 한의학, 보건학

520 농학, 수의학, 수산학
530 공학, 공업일반, 환경공학
540 건축공학
550 기계공학, 군사공학, 원자핵공학
560 전기공학, 전자공학
570 화학공학, 식품공학
580 제조업, 인쇄술
590 가사, 가정학

600 예술
600 예술 일반
610 건축술
620 조각
630 공예, 장식미술
640 서예
650 회화, 도화, 판화
660 사진술
670 음악, 국악
680 연극, 영화, 무용
690 오락, 운동

700 어학
700 어학 일반
710 한국어
720 중국어
730 일본어
740 영어
750 독일어
760 프랑스어
770 스페인어
780 이탈리아어

790 기타 언어

800 문학
800 문학 일반
810 한국문학
　　810 한국문학 (강목)
　　813 한국소설 (요목)
　　813.8 한국동화 (세목)
820 중국문학
830 일본문학
840 영미문학
850 독일문학
860 프랑스문학
870 스페인문학
880 이탈리아문학
890 기타 문학

900 역사, 지리, 관광
900 역사 일반
910 아시아
920 유럽
930 아프리카
940 북아메리카
950 남아메리카
960 오세아니아
970 양극지방
980 지리, 관광
990 전기, 족보

곳으로 분류되어 이용자들에게 혼란을 주는 경우가 있다. 분류 과정에서 일관성을 지켜야 할 몇 가지 경우를 알아보자.

● 전집

문학 분야의 전집을 예로 들어 보자. 문학전집을 분류하는 방법은 두 가지가 있는데, 첫 번째는 808의 '문학전집'에 분류하는 것이고 다른 하나는 총서명을 무시하고 개개의 작품으로 분류하는 경우이다.

중학교에서 많이 읽히는 '사계절 1318문고'를 예로 들어 살펴보겠다. 이 시리즈에는 다양한 국적을 가진 다양한 작가들이 집필한 작품들이 섞여 있는데, 이를 808.3(세계소설전집)으로 분류할 수도 있고 각각의 작품을 따로 분류할 수도 있다. 후자의 방법은, 원작이 영어로 쓰여진 로버트 뉴턴 펙의 《돼지가 한 마리도 죽지 않던 날》은 843(영문학)에, 원작이 한국어인 박상률의 《봄바람》은 813(한국문학)에 분류하는 것이다.

전자의 경우 같은 분위기를 가진 책들이 한곳에 모이게 되니 관리하고 이용하기에 편리하다. 그렇지만 같은 총서명을 가지는 책이 서너 권밖에 없는데 이를 모두 전집으로 분류한다면 오히려 관리에 어려움이 생길 수 있으므로 주의해야 한다.

● 두 개의 분류번호를 가지는 주제들

초등학교에 많이 있는 전래동화나 민담 등에 관한 자료는 사회과학 분야(380번대 풍속, 민속학)에 분류하거나 문학 분야(800번대)에 분류할 수 있다. 중학교에 많이 있는 성교육에 관한 자료는 사회과학(300번대)과 기술과학(500번대)에 분류할 수 있다. 자녀교육에 관한 자료 역시 사회과학 분야와 기술과학 분야 모두에 분류가 가능하다. 이러한 자료가 입수될 때는 기존의 자료가 어떤 분류번호를 가졌는지 확인하고 그것을 유지하여 분류해 준다. 이미 도서관에 소장되어 있는 성교육 관련 도서가 사회과학에 분류되어 있으면 이후에 입수되는 자료들 또한 그 분류번호를 사용한다. 만일 분류를 다시 하고 싶을 경우에는 기존에 소장되어 있는 도서의 분류번호도 한꺼번에 바꿔 주어야 한다.

● 형식과 내용 사이의 갈등

만화책은 작품의 형태에 따라 예술 분야(600번대)에 분류하기도 하고 내용에 따라 문학 분야(800번대)에 분류하기도 한다. 또 경제동화, 과학동화, 환경동화 등 특정 주제를 가진 문학작품들도 그 주제에 따라 사회과학, 순수과학, 기술과학 분야에 분류할 수도 있고 형식에 따라 문학 분야에 분류할 수도 있다. 이렇게 내용상의 분류와 형식에 따른 분류가 달라지는 경우는 내용을 살펴 작품의 주제가 더 강하게 부각되는 자료라면 각 주제 분야로 분류하고 문학적인 형식이 강조되는 책이라면 문학 분야로 분류한다.

도서를 분류하는 데 정답은 없다. 둘 중 어느 방법을 선택하느냐는 개별 도서관에서 결정할 문제이지만 일단 한 가지 방법을 선택한 다음에는 이후 입수되는 도서들도 그 방법에 따라 분류하여 같은 내용의 책들이 여기저기에 흩어지지 않도록 하는 원칙을 지키는 것이 무엇보다 중요하다.

 전산화 프로그램에 등록하기

요즘은 거의 모든 도서관에서 자료를 구입할 때 전산화 작업까지 함께 해서 들여오고 있다. 그렇지만 기증자료를 처리하거나 분실되었던 자료를 변상 받았을 때, 혹은 기타 여러 가지 사정 때문에 담당자가 직접 자료를 등록해야 하는 경우가 있으므로 전산화 프로그램에 자료 등록하는 방법을 간단하게 알아 둘 필요가 있다.

전산화 프로그램에 자료를 등록하는 작업을 목록구축이라고 한다. 목록구축 작업을 위해서는 두 가지 정보가 필요하다. 첫 번째는 자료 자체에 관한 정보인데 이를 서지정보라 하고, 두 번째는 그 자료를 각 도서관에서 관리하기 위한 정보로 이것을 소장정보라고 부른다. 교실의 상황을 예로 들어 보면, 각 학생의 이름이나 사는 곳, 얼굴 생김 등은 서지정보에 해당하고 그 학생의 자리, 번호, 속해 있는 모둠 등은 소장정보에 해당한다.

● 서지정보

서지정보는 자료 자체에서 알 수 있는 모든 정보들로, 서명, 저자, 출판사, 발행연도, 면수, 크기, ISBN, 분류번호 등이 이에 해당한다. 이 정보들은 자료의 표제지나 판권지에 있는 정보를 그대로 옮겨서 적는 것을 기본 원칙으로 한다.

| 서명사항 |

서명에 관련한 사항을 말하며 본서명을 기본으로 하여 대등서명, 원서명, 부서

명, 잡제, 총서명 등을 포함한다. 특히 총서명을 입력하면 총서명을 기준으로
도서기호가 생성되므로 기억해 두어야 한다.

| 저자사항 |

원저자와 번역자, 그린이 등의 정보를 표시하며 '지음', '옮김', '역', '편' 등의
역할어는 표제지에 있는 그대로 역할기호 란에 입력해 준다. 유아나 아동을 위
한 그림책에서는 그린이의 정보도 입력하는 것이 좋으며, 외국저자일 경우는
띄어쓰기 다음에 오는 단어로 도서기호를 생성하므로 띄어쓰기에 유의해야 한
다. (자세한 내용은 112쪽 도서기호 부분 참고)

| 판사항 |

판은 2판, 3판, 개정판 등의 판사항을 있는 그대로 적어 준다. 같은 자료라 하더
라도 판사항이 다르면 다른 책으로 간주한다.

| 내용사항 |

분류번호, 본문기술 언어, 이용대상 등을 나타내며 반드시 입력해 주어야 하는
사항들이다.

| 발행사항 |

발행지, 발행처, 발행연도, 가격, ISBN 등을 포함한다. 여기서 발행연도는 최초
발행연도가 아닌 가장 최근 판이 나온 해를 발행연도로 하여 입력한다. 발행연
도는 자료의 최신성이나 적시성을 파악하는 중요한 도구가 되므로 반드시 입력
하는 것이 좋다.

| 형태사항 |

면수, 크기, 삽도 등을 나타낸다.

| 주기사항 |

초록, 서지주기, 일반주기, 수상주기 등을 말한다. 위에 언급하지 않았으나 중요한 가치를 지니는 정보를 적어 주는데, 특히 초록은 자료를 실제로 보지 않고 판단할 수 있는 기준이 되므로 반드시 입력해 준다. 색인의 유무라든지 작품의 수상경력 등도 입력해 주면 이용자들이 자료를 이용하는 데 도움이 된다.

| 목차사항 |

말 그대로 자료의 목차를 입력하는 것인데 단편문학집이나 인문·사회·자연과학 서적 등 동일 자료 안에서 개별적으로 분리된 내용을 다루고 있는 자료는 목차를 입력해 주는 것이 좋다.

서지정보를 명확하게 입력하는 것은 번거로운 일이지만, 정확한 서지는 수많은 자료들 가운데 자신에게 필요한 자료를 선택할 수 있는 가장 중요한 도구가 되므로 반드시 정확하게 입력해야 한다. 또한 학생들로 하여금 서지정보를 이해하고 서지정보를 통해 자료에 대한 정보를 얻을 수 있도록 훈련시키는 과정이 필요하다. 이를 통해 학생들은 앞으로 더 많아질 정보들 중에서 효율적으로 자신이 원하는 정보를 얻어 낼 수 있는 정보활용 능력을 기르게 될 것이다.

● 소장정보

소장정보는 해당 자료를 개개의 도서관에서 어떻게 관리하고 있는가에 대한 정보로 별치기호, 등록번호, 권차기호, 복본기호, 배가위치, 도서상태 등을 말한다.

| 등록번호 |

등록번호는 도서관에서 자료를 등록할 때 순서대로 부여하는 일련번호로 자료를 관리하는 데 가장 중요한 자료의 고유번호라고 할 수 있다. 대체로 구분자와 일정한 자릿수의 숫자로 되어 있으며(DLS에서는 구분자를 포함하여 10자리) 도서바코드에 쓰여 있는 숫자가 바로 등록번호이다. (ex. KM00005374, MM00000142)

별치기호는 자료의 형태나 이용대상자, 용도 등에 따라 소장위치를 달리하거나 이용에 제한을 두기 위한 기호이다. 별치기호가 다른 도서들은 배가위치나 대출 규정도 함께 달라진다. 학교도서관에서 주로 사용하는 별치기호는 다음과 같다.

학교도서관에서 사용하는 별치기호의 예

별치기호	해당 자료	배가위치 및 특징
R (Reference book)	백과사전, 각종 언어사전, 도감 등	참고자료 코너 대체로 대출하지 않음
A (Adult book)	학부모 및 교사용 일반도서	학부모용 자료 코너 특히 초등학교에서 필요
T (Text Book)	교사용 도서, 지도서 및 교육 관련 자료	교사용 자료 코너 장기간 대출하는 경우가 많음
S (Sereal Book)	연속적으로 발행되는 정기간행물	정기간행물 코너 등록하지 않고 장부로 관리하기도 함
M (Multi Media)	CD-ROM, DVD 등의 멀티미디어 자료	멀티미디어 자료 코너 더욱 세분할 수도 있음

정기간행물은 보통 시스템에 등록하지 않고 따로 장부를 만들어 관리하는 경우가 많고, 시스템에 등록을 하더라도 잡지대에 비치하기 때문에 굳이 도서기호 라벨을 출력하여 붙이지 않는 경우도 많다. 따라서 정기간행물의 별치기호는 크게 신경 쓰지 않아도 될 것이다. 하지만 등록을 하지 않는다 하더라도 정기간행물 또한 도서관의 예산으로 구독하는 자료이니 결호가 생기거나 분실이 되지 않도록 각별히 유의하여 관리해야 한다. 멀티미디어 자료에 별치기호를 부여할 때는 각각의 자료 유형별로 CD, CR(CD-ROM), VT(Video Tape) 등으로 세분하는 경우도 있다. 하지만 도서관 내에 멀티미디어 자료가 많지 않다면 굳이 구분할 필요는 없고, 자료 수가 많다면 교수-학습용 자료(학습용 CD 등)와 일반 영상자료(영화, 다큐멘터리 등) 정도로 구분해 주면 된다.

도서기호는 저자기호와 저작기호로 구성된 것으로, 일반적으로는 '저자기호'라는 표현을 많이 사용한다.

저자기호는 저자의 이름을 기호화한 것으로, 저자명의 성은 그대로 쓰고 이름 첫 자를 저자기호표에 따라 기호화한다. 그 뒤에 해당 작품의 초성을 붙여 주는

데 이것이 바로 저작기호이다. 최근 사용하는 대부분의 시스템에서는 도서기호가 자동생성되고 있다. 도서기호를 직접 부여해야 할 경우에는 이재철 저자기호표 5표 또는 8표의 사용을 권한다.

도서기호는 분류번호를 가지는 자료들 가운데 같은 저자의 작품을 한곳에 모아 주고 그 작품들을 작품제목의 순서대로 배열하는 기능을 한다. 따라서 도서기호를 부여할 때도 분류번호를 부여할 때와 마찬가지로 일관성을 지키는 것이 중요하다. 도서기호를 부여할 때 주의해야 할 경우를 몇 가지 살펴보자.

이재철 저자기호표 – 제5표

자음기호		모음기호 ㅊ 다음에 붙을 경우는 제외		ㅊ에 붙는 모음기호	
ㄱ ㄲ	1				
ㄴ	19				
ㄷ ㄸ	2				
ㄹ	29	ㅏ	2	ㅏ(ㅐ,ㅑ,ㅒ)	2
ㅁ	3	ㅐ(ㅑ,ㅒ)	3	ㅓ(ㅔ,ㅕ,ㅖ)	3
ㅂ ㅃ	4	ㅓ(ㅔ,ㅕ,ㅖ)	4	ㅗ(ㅘ,ㅙ,ㅚ,ㅛ)	4
ㅅ ㅆ	5	ㅗ(ㅘ,ㅙ,ㅚ,ㅛ)	5	ㅜ(ㅟ,ㅠ,ㅡ,ㅢ)	5
ㅇ	6	ㅜ(ㅝ,ㅞ,ㅟ,ㅠ)	6	ㅣ	6
ㅈ ㅉ	7	ㅡ(ㅢ)	7		
ㅊ	8	ㅣ	8		
ㅋ	87				
ㅌ	88				
ㅍ	89				
ㅎ	9				

• **총서일 경우 총서명을 이용하여 도서기호를 부여한다.**

예를 들어 민음사 세계문학전집에 대해 분류번호는 808.3으로 통일하였는데 도서기호는 각각의 저자에 맞는 도서기호를 부여했다면 세계문학전집은 한곳에 모이지 않고 뒤죽박죽으로 정리될 것이다. 특히 세계문학전집은 여러 출판사에서 다양한 타이틀을 가지고 출판되기 때문에 대체로 같은 분류번호를 가질 확률이 많으므로, 같은 타이틀을 가지는 전집들을 한곳에 모으기 위해서는 총서명을 이용해 도서기호를 부여해야 한다. 현재의 시스템에서는 대체로 서지사항에 총서명을 입력하면 자동으로 그에 맞는 도서기호가 생성되고 있으나, 때때로 그렇지 않을 경우가 있으니 총서를 정리할 때는 주의 깊게 살펴보아야 한다.

• **위인전일 경우에는 전기의 주인공 이름으로 도서기호를 부여한다.**

이 또한 같은 책을 같은 곳에 모으기 위한 방법이다. 위인전의 경우는 작가보다는 서술의 대상이 되는 주인공이 중심이다. 작가명을 이용하여 도서기호를 부여하면 같은 이순신의 전기문이 여기저기에 흩어지게 된다.

• 외국작가인 경우 띄어쓰기와 표기법에 따라 도서기호가 달라지므로 주의한다.

가장 유의해야 할 부분이다. 외국작가 이름의 표기는 시대에 따라, 혹은 출판사에 따라 달라진다. 이럴 때는 기존에 소장하고 있던 작가의 또 다른 책이 있는지, 그 책에서는 도서기호를 어떻게 부여하고 있는지 확인하고 그와 같게 입력해 주는 것이 가장 좋다.

예를 들어 《지각대장 존》의 저자명을 '존 버닝햄' 으로 표시하는 경우에는 '버198ㅈ' 으로 표시되지만, 띄어쓰기를 하지 않을 경우에는 '존44ㅈ' 이라는 도서기호가 생성되어 같은 작가의 책이 다르게 표기되기도 하므로 주의해야 한다. 또 같은 작가임에도 출판사에 따라 '세익스피어' 또는 '셰익스피어' 로 다르게 표시하는 경우에도 도서기호가 서로 다르게 만들어져 혼란을 줄 수 있다. 이럴 때는 저자명은 표제지에 있는 그대로 입력하되, 소장정보 부분의 도서기호는 한 가지로 통일해 주는 것이 바람직하다.

외국작가라 하더라도 서양작가와 동양작가의 이름을 표시하는 방법이 다르다. 서양작가 이름은 띄어쓰기를 해 주어야 뒷부분에 있는 성을 기준으로 도서기호가 만들어지지만, 동양작가의 경우는 띄어쓰기를 하면 뒷부분에 있는 이름을 기준으로 도서기호가 생성되므로, 띄어쓰기를 하지 않거나 콤마(,)를 기준으로 앞뒤의 이름을 바꿔 써 주어야 한다.
예) '시게마츠 기요시' 는 '시게마츠' 가 성이므로, '시게마츠기요시' 로 띄어쓰기를 하지 않거나 '기요시, 시게마츠' 로 표시해야 '시14ㅇ' 이라는 도서기호가 만들어질 수 있다.

| 권차기호 |

권차기호는 해당 자료가 여러 권의 시리즈 가운데 한 권일 때 사용하는 기호로 대부분 v.1, v.2의 기호를 사용한다. 때때로 동양편/서양편, 생물편/물리편/화학편 등으로 명확한 순서가 정해지지 않은 시리즈 도서가 있는데, 이때는 해당 도서관에서 임의대로 순서를 정하여 v.1, v.2 등으로 권차기호를 사용하면 된다.

| 복본기호 |

복본기호는 같은 자료가 여러 권 있을 때 c.1, c.2의 기호를 사용하여 나타낸다. 대체로 첫 번째 입수된 자료는 그냥 두고 두 번째 입수된 자료부터 c.2, c.3의 순서로 복본기호를 사용한다.

● **딸림자료 정리하기**

컴퓨터 관련 도서나 영어학습 도서에는 CD나 카세트테이프 등 딸림자료가 붙어 있는 경우가 많다. 딸림자료에 관한 정보는 서지정보에 포함되는 내용이지만, 관리에 어려움을 겪는 도서관이 많기 때문에 좀더 자세하게 설명할 필요가 있다. 딸림자료를 관리하는 방법은 각 도서관의 상황이나 사용하는 시스템마다 다를 수 있고, 여기서는 그 대표적인 방법을 간단히 설명해 보려고 한다.

딸림자료가 있는 자료를 등록할 때는 딸림자료가 첨부되어 있다는 정보를 표시해 줘야 한다. DLS에서는 소장정보를 입력할 때 맨 아랫부분에 딸림자료에 대한 정보를 직접 입력하는 칸이 있으니 여기에 기록하면 된다. 이렇게 등록을 한 뒤 딸림자료에 네임펜 등으로 본자료의 등록번호와 딸림자료 자체의 일련번호를 적어 둔다. 케이스를 구입하여(도서용품점에서 구입할 수 있으며 잘 깨지지 않는 것으로 구입한다.) 등 부분에는 안에 적어 놓았던 일련번호를 다시 한 번 적고, 본자료에는 딸림자료가 있다는 표시와 그 딸림자료의 일련번호를 함께 적어 둔다. 이때 일련번호를 적지 않고 아래 사진과 같이 숫자 라벨을 사용할 수도 있다. 모아진 딸림자료들은 일련번호대로 잘 정리해 두면 된다.

대출 · 반납 시 본자료 표지에 딸림자료가 있음을 확인하고, 이용자가 함께 대출할 의사를 보이면 딸림자료의 일련번호를 확인한 후 찾아서 함께 대출해 주면 된다. DLS 시스템상에서는 딸림자료의 대출 · 반납 여부가 표시되지 않으므로 따로 장부를 만들어 기록해 두면 분실 위험을 막을 수 있다.

▲ 딸림자료 정리하는 방법

 # 라벨작업 및 날인작업

라벨작업 또한 전산화와 함께 모두 완료되어 들어오는 경우가 대부분이다. 도

서관에서는 분류 및 전산화 라벨작업을 마친 자료가 입수되면 주문했던 목록과 비교·확인한 후 장서인을 찍고 서가에 배치하는 과정만 담당하면 된다.

자료의 앞표지에는 등록번호가 기재되어 있는 바코드 라벨을 붙이고, 책등 부분에는 도서기호 라벨과 색띠 라벨을 붙인다. 도서자료에 커버(겉표지)가 있는 경우는 커버를 벗겨 내고 라벨작업을 한다.

책 커버 이용방법

도서의 커버(겉표지)를 벗겨 내는 이유는 커버가 도서와 분리돼 있어 벗겨지거나 찢어지는 등 관리하기가 어렵기 때문이다. 그래서 도서관에서는 기본적으로 커버가 있는 자료는 커버를 벗기고 책 자체에 라벨작업을 한다. 그런데 때로 속표지에 책의 제목이 명확히 적혀 있지 않거나 디자인이 커버와 달라 학생들의 흥미를 떨어뜨리는 경우가 있다. 이럴 경우 양면테이프를 이용하여 커버를 도서에 고정시키거나 커버를 씌운 상태에서 투명비닐로 포장하는 방법을 쓰기도 하는데 시간과 품이 많이 든다. 커버를 벗기지 않고 정리하는 경우라도 만약을 대비하여 등록번호 바코드 라벨은 표지 안쪽에 붙여 두는 것이 좋다. 벗겨 낸 커버는 게시판에 붙이거나 뒤에 두꺼운 종이를 덧대 진열하는 등으로 사용하면 신착도서 소식을 알리고 독서에 대한 흥미도 불러일으키는 좋은 수단이 될 수 있다. 전산화 및 라벨작업을 업체에 맡기는 경우라도 벗겨 낸 커버를 버리지 말고 함께 보내 달라고 부탁하면 된다.

▲ CD 자료에 등라벨 붙이기

CD나 비디오테이프 등의 비도서자료는 라벨을 붙이는 위치가 애매하다. CD 자체의 표면에 라벨을 붙이는 경우도 많은데, 이 경우 사용 중에 라벨키퍼의 접착제가 녹아 CD 자체는 물론 컴퓨터까지 망가질 수 있다. 따라서 CD 표면에는 네임펜 등으로 등록번호를 기록해 두고 라벨은 케이스에 붙여 두어야 한다. 도서기호 라벨(등라벨)은 비도서자료의 수가 많지도 않고 붙이려고 해도 CD 케이스의 등부분이 좁은 관계로 생략하기도 하지만 나중을 생각해서라도 요령껏 붙여 놓는 것이 좋다. 케이스 뚜껑을 살짝 분리하여 등라벨의 앞쪽 부분을 안쪽으로 붙인 다음 뚜껑을 끼우면, 좀 번거롭긴 하지만 깔끔하게 정리할 수 있다.

도서관의 모든 자료는 해당 도서관의 자료임을 나타내는 장서인(藏書印)과 등록인(登錄印), 측인(側印)을 찍게 된다. 장서인은 도서 안쪽 표제지의 상단에, 등록인은 표제지 하단에 입수된 날짜와 등록번호를 기재하는 것이고, 측인은 도서의 윗면, 밑면, 옆면에 찍는 도장을 말한다. 최근에는 장서인은 생략하는 추세이며, 등록인은 등록하면서 수기로 적거나 넘버링을 이용하기도

▲ 측인 찍기 (×) 　　　　　▲ 측인 찍기 (○)

하고 겉표지에 붙이는 등록번호 라벨을 안쪽 표제지에 한 번 더 붙이는 방법을 쓰기도 한다. 측인 역시 요즘에는 도서 옆면 한곳에만 날인하는 경우가 많다. 측인을 찍을 때 선명하게 찍기 위해 책을 반으로 접어 옆면을 넓게 하여 찍는 경우가 있는데 책이 손상될 수 있으니 책상 모서리를 활용하는 방법이 더 좋다.

서가에 꽂기

● 청구기호대로 꽂기

분류가 끝난 책을 서가에 배치해야 하는데 이 과정을 '배가'라고 한다. 자료를 배가하는 기준은 청구기호로, 앞에서 언급한 별치기호, 분류번호, 도서기호, 권차기호, 복본기호를 모두 합친 것을 말한다. 청구기호는 책등에 있는 도서라벨에 기록되어 있다. 우선 별치기호가 같은 자료끼리 분류하여 배가위치를 정한 뒤, 분류기호가 같으면 도서기호가 빠른 책을 앞쪽에, 도서기호가 같으면 권차기호, 권차기호가 같으면 복본기호가 빠른 순으로 배열하며 왼쪽에서 오른쪽으로 꽂으면 된다.

청구기호대로 책을 정리하려면 시간도 많이 걸리고 세심한 노력이 필요하다. 하지만 정리하지 않고 그냥 방치한다면 도서관에 있는 수천 권의 책들은 뒤죽박죽이 되어, 원

다음의 책들을 정리하려고 한다. 가장 왼쪽에 오는 책부터 순서를 적어 보자. (정답은 아래에)
① 창가의 토토 (구로야나기 테츠코) : 833.6 구295ㅊ
② 외눈박이 물고기의 사랑 (류시화) : 811.6 류58ㅇ
③ 무기 팔지 마세요 (위기철) : 813.8 위18ㅁ
④ 해리포터와 불사조 기사단 제5권 Ⅲ (조앤 K. 롤링) : 843.8 롤298ㅎ v.5-3
⑤ 생명이 들려준 이야기 (위기철) : 813.8 위18ㅅ
⑥ 신경림의 시인을 찾아서 (신경림) : 811.609 신14ㅅ v.1 c.1
⑦ 그 많던 싱아는 누가 다 먹었을까 (박완서) : 813.6 박65ㄱ
⑧ 해리포터와 비밀의 방 제2권 Ⅰ (조앤 K. 롤링) : 843.8 롤298ㅎ v.2-1

정답 : ②-⑥-⑦-③-⑤-①-⑧-④

하는 책을 찾으려면 도서관의 모든 책을 다 뒤져야 할지도 모른다. 이렇게 되면 결국 도서관 자료를 이용하는 사람이 줄어들고, 자료들은 그 가치를 잃게 될 것이다.

● 이용자에게 한 걸음 다가가는 자료배치

기본적으로 서가에 책을 배열하는 방법은 청구기호 순이지만, 때로는 이용자들의 편의를 위해 청구기호가 아닌 다양한 기준에 따라 배치할 필요가 있다. 앞서 설명한 별치기호를 사용하여 교사용 도서, 학부모용 도서, 만화, 그림책 등을 따로 비치·관리하는 것도 이용자들이 더욱 편리하게 자료를 이용할 수 있도록 하기 위한 좋은 방법이다.

때로는 미리 별치기호를 정해 주지 않았더라도 그때그때 운영자의 판단에 따라 임시로 배치를 달리할 수도 있다. 장편소설 코너를 따로 만들거나 새로운 책이 입수되었을 때 신착자료 코너를 따로 만드는 경우, 수행평가나 교과학습과 관련한 자료를 과제수행 기간 동안만 따로 비치하는 경우, 이달의 도서코너를 만드는 경우 등이 이에 해당한다.

이달의 도서, 어떻게 꾸려 갈까

하나. 주제를 정해서 운영해 보자.
3월은 우정, 4월은 과학 또는 장애, 5월은 가족 등 매월 들어 있는 기념일을 적절히 활용하여 주제를 정하고 그에 관련된 도서를 전시한다. 그 밖에 학생들이 고민하는 상황들(공부를 잘하고 싶을 때 읽을 책, 외모에 콤플렉스가 있을 때 읽을 책 등)을 주제로 정해 볼 수도 있고, 매월 하나의 교과를 주제로 하여 교과 담당교사가 관련 도서를 추천하는 방법도 있다.

둘. 끊임없이 새 소식을 전해 주자.
그달에 출간된 신간도서들을 소개해 주는 것도 좋고, 일정한 주제 없이 그때그때 도서관 담당교사 혹은 주변의 다른 교사들이 학생들에게 소개하고 싶은 책을 알려 주는 방법도 있다.

셋. '이달의 도서'를 활용한 이벤트를 진행해 보자.
'이달의 도서'를 운영할 때는 그중 한 권을 정해 독서퀴즈를 내거나 온라인상에서 토론을 진행하면 학생들이 더욱 관심을 기울일 것이다. 또, 한 달 동안 '이달의 도서' 중 3권 이상 읽은 학생은 대출등급을 올려 주는 방법도 있다.

이렇게 이용자들의 눈높이를 고려하여 서가배치를 달리하면 더욱 편리하게 자료를 찾아볼 수 있고, 관심 분야의 자료들이 한곳에 모여 있어 흥미를 가질 수 있게 된다. 하지만 자신이 늘 가는 곳에만 가게 되어 독서의 폭이 좁아지거나 자료탐색 방법을 제대로 익히지 못하는 등 역효과를 낼 수도 있으므로 자료를 별치할 때는 신중히 고려하여 결정해야 한다.

자료의 대출·반납, 혹은 연체자와의 전쟁

자료의 대출과 반납은 각 도서관에서 정한 규칙에 따라 이루어지는데, 게시물이나 이용자 교육을 통해 이용규칙이나 예절에 대해 미리 알려 주는 것이 좋다. 더불어 연체자와 분실자에 대한 처리 규칙도 미리 공지하고 교육해야 한다.

대출·반납을 하다 보면 어쩔 수 없이 연체자가 생기게 마련이다. 연체자를 처리하는 방법은 여러 가지가 있는데, 연체학생 본인에게 반납알림장을 보내 반납할 수 있도록 하는 것이 가장 일반적이다. 연체일이 오래된 학생들은 반납알림장을 담임을 통해 전달하면서 지도를 부탁하거나, 심할 경우는 가정으로 전화를 하여 학부모의 협조를 구할 수도 있다. 연체한 학생 개인에게는 그에 상응하는 벌을 주는데, 연체일수만큼 대출을 금지하거나 도서관에서 봉사활동을 하게 하는 방법, 벌점을 부과하는 방법 등이 있다. 연체료를 받을 수도 있지만 부작용이 생기기 쉬우므로 신중하게 선택해야 한다.

연체자 처리는 모든 도서관에서 겪고 있는 문제이지만, 학교도서관에서는 일반 도서관보다 더 엄격하게 연체자를 관리해야 한다. 학생들은 학교도서관 이용경험을 거쳐 대학도서관, 나아가 일반 공공도서관을 이용하게 될 것이므로, 학교도서관 이용경험은 모든 도서관 이용교육의 시작이라 할 수 있기 때문이다.

하지만 연체자에 대한 규칙이 너무 엄격하면 벌이 무서워 아예 도서관에 오지도 않고 연체자로 남아 있는 학생이 생길 수도 있다. 이럴 경우 도서부 학생들을 활용하여 출장반납을 받아 오는 방법도 있다. 또 '연체자 특별사면 기간'을 두어 자진신고자에게는 그 벌을 줄여 주는 등 운영의 묘를 발휘할 필요가 있다.

자료의 대출·반납과 연체에 대한 규정은 학교에 따라 다를 수 있지만, 대출기간만큼은 일주일 단위로 끊어 설정하는 것이 좋다. 2박 3일, 3박 4일 등으로 정하면 대출자가 반납일을 잊어버리기 쉽고, 중간에 휴일이나 일요일 등이 있을 경우 반납일에 착오가 생길 수도 있기 때문이다.

장서관리 및 폐기하기

도서관의 모든 자료는 소모품이기 때문에 이용에 따라 손상되기도 하고, 시간이 지나고 시대가 바뀌면 그 가치를 상실하기도 하며, 아무리 주의를 기울여도 분실되기 마련이다. 도리어 아무도 이용하지 않아 훼손도 분실도 되지 않는 편이 더 안타까운 일이다. 도서관 담당교사는 지속적인 장서점검을 통해 장서의 질적 수준을 높이고, 언제나 새로운 책이 가득한 도서관으로 가꿔 나가야 한다.

 ## 분실자료의 처리

분실자료를 처리하는 가장 기본적인 원칙은 분실자가 동일한 자료를 배상하도록 하는 것이다. 만일 분실한 자료가 절판되었다면 그와 비슷한 내용의 자료로 변상하도록 한다. 동일한 자료로 변상했을 경우에는 분실된 자료의 원래 등록번호를 그대로 사용하고, 분실된 자료와 다른 자료로 변상했을 경우에는 기존 자료를 폐기처리하고 변상된 자료는 새로운 등록번호를 부여하여 관리한다.

분실자가 명확하지 않을 때는 우선 분실자료를 '가분실' 상태로 처리해 두고 기다려 보는 것이 좋다. 대출과정에서 오류가 생겨 기록이 안 된 채로 대출된 것일 수도 있고, 누군가 도서관 구석에 숨겨 놓고 보고 있거나 서가 뒤편으로 넘어가 버렸을 수도 있기 때문이다. 대체로 2년여의 유예기간을 두고 지켜보면 1/3 정도는 학년말이나 장서점검 때 혹은 학년 초에 서가 구석이나 교실의 학급문고 사이에 섞여 있다 돌아오곤 한다.

잠깐!

자료의 분실상태가 오래되어 폐기처리한 후에 도서관으로 돌아오는 자료가 더러 있다. 이럴 경우 그 자료는 이미 원부에서 제적되고 사라진 도서이므로 새로운 자료로 취급하여 신규 등록번호를 부여하고 관리해 줘야 한다.

그래도 찾지 못한 자료는 적절한 과정을 거쳐 폐기처분하는데, 분실은 폐기사
유가 되지 않으므로 오·훼손도서로 분류하여 폐기해야 한다.

 장서점검

장서점검은 대개 학년을 마치는 겨울방학을 이용한다. 장서점검은 말 그대로
도서관에 소장되어 있는 자료를 항상 깨끗하고 새로운 상태로 관리하기 위해
자료의 상태를 점검하는 것으로, 도서관 자료의 현황을 파악하고 오·훼손상
태, 분실상태, 가치상실 여부 등을 점검하여 제적이나 폐기 등의 사무적인 처리
를 하기 위한 것이다. 장서점검의 과정은 다음과 같다.

① 장서점검 일시를 정하고 내부결재를 받는다.
② 이용 중인 자료들은 모두 반납을 받고 휴관을 알린다.
③ 자료를 서가에 정리한 후 바코드 스캐너를 이용해 도서의 등록번호 바코드
　　를 모두 스캔한다. 무선 바코드 스캐너가 있다면 더 편리할 것이고 그렇지
　　않다면 바코드 스캐너를 노트북에 연결하고 북트럭을 이용해 서가 사이를
　　돌아다니며 작업하면 된다.
④ 중간에 빠지는 자료가 없도록 주의하며 모든 책의 바코드를 스캔한 다음에
　　는 프로그램의 장서점검 메뉴를 활용하여 직접 스캔한 등록번호와 원부를
　　비교하여 자료의 상태를 확인한다. (해당 도서관의 프로그램 매뉴얼에 장서
　　점검의 자세한 방법이 안내되어 있다.)
⑤ 점검하는 과정에서 발견된 파손자료를 수리하고, 오류가 있는 도서는 수정
　　하고, 파손이 심한 자료나 분실도서는 적절한 조치를 취한다.

이 방법으로 점검을 할 경우에는 서가에서 책을 꺼내 바코드 스캐너로 확인하
고 다시 정리하는 순서로 이루어지므로 3명 정도가 한 팀을 이루어야 한다. 그

러나 학교도서관에 바코드 스캐너가 여러 대 있는 것이 아니기 때문에 결국 한 팀이 전체 장서를 점검해야 하므로 시간이 많이 걸린다. 여러 명이 일사불란하게 움직여 쉽고 빠르게 장서점검을 할 수 있는 방법을 알아보자.

① 우선 도서원부를 엑셀파일로 불러들여 저장한다.
② 엑셀로 된 도서원부를 서명, 저자명, 출판사, 청구기호, 등록번호, 분류번호 등 최소한의 내용만 남도록 편집한 후에 청구기호 순으로 정렬한 뒤 출력한다.
③ 도우미 학생(혹은 학부모)들에게 각자 담당할 서가를 알려 주고 그 서가에 해당하는 부분의 원부를 나눠 준다.
④ 각자 맡은 서가의 도서와 원부의 도서를 비교하면서 정리하고 서가에 없는 자료는 체크해 둔다. 잘못 꽂혀 있는 책들은 바른 위치에 정리해 준다.
⑤ 두 사람 혹은 세 사람씩 서로 담당서가를 바꾸어 대조작업을 하여 미처 발견하지 못한 도서가 없는지 다시 한 번 확인한다.
⑥ 최종적으로 서가에 없다고 판단된 자료(분실, 미반납 등의 이유)는 담당교사가 다시 한 번 확인해 보고 적절한 조치를 취한다.

이렇게 할 경우 장서점검과 동시에 자료의 배가상태를 바르게 할 수 있고, 많은 인원이 각자 맡은 서가만 확인하기 때문에 시간도 훨씬 적게 걸린다.
장서점검의 결과 분실로 판명된 도서는 최종대출일을 확인해 분실된 시점을 추정해 본다. 분실시기가 오래되지 않은 자료는 가분실로 처리하고 분실된 지 오래된 자료는 제적 후 폐기처리한다. 오·훼손된 자료는 수리해 활용할 수 있는지 판단하여 너무 낡거나 파손되어 이용가치가 없다고 판단될 때는 역시 제적 후 폐기처리한다.

자료의 제적과 폐기

자료의 제적과 폐기는 오래되거나 활용가치가 없는 자료를 없애 장서의 질적 수준을 높이고 최신성을 유지하기 위한 중요한 과정이다. 도서관에서는 정기적으로 자료를 제적·폐기하여 장서량이 늘어남에 따라 부족해진 공간문제를 해결하고, 쓸모없는 장서를 배열하고 유지하는 데 드는 시간과 노력, 필요한 장서를 찾아야 하는 이용자의 수고를 덜어 주어야 한다.

자료의 제적은 도서관 장서로 등록되어 있는 자료를 도서 원부상에서 삭제하는 것을, 폐기는 제적된 도서의 현물을 없애는 것을 말하며 제적과 폐기는 한꺼번에 이루어지는 것이 보통이다.

● 제적과 폐기의 기준

제적과 폐기의 양과 범위에 관련하여 정해진 법적 기준은 없기 때문에 (도서관법 개정과 함께 제적 및 폐기 기준이 삭제됨) 각 학교에서 실정에 맞게 기준을 만들고, 학교도서관 운영위원회의 검토를 거쳐 자료관리 규정에 포함시키면 된다. 그렇다면 일반적인 자료의 제적과 폐기의 기준은 어떤지 살펴보자. 우선 캐츠(W. A. Katz)와 한국도서관협회 학교도서관 위원회가 제시한 기준은 아래와 같다.

- **최종 대출일자** : 장기간 대출되지 않은 장서
- **물리적 형태** : 오손이나 파손된 장서
- **적시성** : 이용가치가 상실된 장서
  - 개정판이 나온 경우 구판의 자료
  - 내용이 너무 낡아 현실과 맞지 않는 경우 : 인문·사회과학 자료의 경우 발행된 지 10년 이상 된 자료, 자연과학 자료의 경우 발행된 지 3~5년 이상 된 자료
  - 연감의 경우 : 5년 이상 된 자료
  - 정기간행물의 경우 : 제본한 것은 5년, 제본하지 않은 정간물은 1년 이상

된 자료

- 통계 자료 : 3~4년 이상 된 자료

- 현재의 교과과정과 맞지 않는 자료

- 오래된 교과서

- **신뢰성** : 현재 오류로 판명된 학설이나 이론을 담고 있는 장서
- **언어** : 이용자 집단의 변화, 교과과정의 변경으로 인해 불필요하게 된 외국어 자료
- **단명 자료** : 계시서, 백만장자가 되는 법 등과 같은 일시적 유행서 가운데 시류에 맞지 않거나 거의 대출이 안 되거나 적시성이 없거나 내용의 신뢰성이 떨어지는 자료
- **복본** : 대출이나 이용이 전혀 없는 다수의 복본도서는 한 부만 남겨 놓고 폐기
- **주제 분야와 자료유형** : 도서관이 세워 놓은 유형별, 주제 분야별 원칙
- **형태별 기준**
  - 백과사전, 사전, 편람 : 개정판이나 증보판이 나온 구판자료로서 10년 정도 지난 것, 인명록, 주소록 등 최신성이 부족한 것
  - 서지 : 누적판이 나온 목록, 색인, 초록지, 서평지로서 기능이 상실된 것
  - 지도, 여행안내서 : 10년 이상 된 것, 행정지역이나 지명이 변경된 것
  - 파일 자료 : 팸플릿, 리플릿은 시사성이 생명이므로 수시로 갱신하고 1년 이상 된 자료 가운데 시사성이 떨어지는 것은 폐기한다.

각 학교도서관에서는 위와 같은 일반적 기준을 고려하여 각 학교의 상황과 사정에 맞는 제적·폐기 규정을 만들되, 각 학교의 역사가 담긴 자료나 희귀자료가 함께 폐기되지 않도록 폐기제외 규정도 함께 마련하고, 장서의 주제구성 비율을 해치지 않는 수준으로 범위를 설정하는 것이 좋다. 단, 학교에서 제적 및 폐기 규정을 자체적으로 정한다 하더라도 분실은 폐기의 사유가 될 수 없으므로, 앞서 말한 대로 오·훼손으로 분류하여 적절히 처리하는 것이 좋다.

제적과 폐기를 하기 위해 우선 제적·폐기할 자료의 리스트를 만들고 현물 사진을 찍어 내부결재를 받는다. 내부결재 시에는 행정실장의 협조자 날인을 받아 두어야 한다. 결재가 완료되면 자료 원부에서 제적 및 폐기할 자료의 항목에 빨간색 펜으로 줄을 긋고 날짜와 함께 담당자의 도장을 찍어 폐기된 자료임을 표시하고, 현물을 처리한다.

(예시) 도서관 자료 제적 및 폐기 관련 결재양식

○ ○ 중 학 교

수신자　내부결재
(경유)
제목　도서관 자료의 제적 및 폐기

---

1. ○○학년도 학교도서관운영계획 관련입니다.
2. ○○학년도 학교도서관 장서점검 결과 다음과 같은 이유로 아래 도서를 제적 및 폐기하고자 합니다.
   가. 폐기사유 : 자료의 훼손 및 가치 상실
   나. 대상도서 : 《광수생각》 외 186권

붙임 : 1. 제적 및 폐기 대상 자료목록 1부.
　　　 2. 제적 및 폐기 대상 자료사진 1부.　끝.

제적 및 폐기 대상 자료목록

No.	등록번호	서명	저자명	출판사	폐기사유
1	KM00000441	광수생각 1	박광수	소담출판사	훼손
2	KM00000493	광수생각 2	박광수	소담출판사	훼손
3	KM00000462	광수생각 3	박광수	소담출판사	훼손
4	KM00000457	로빈슨 크루소 따라잡기	박상준	뜨인돌	훼손
5	KM00000774	밥데기 죽데기	권정생	바오로딸	훼손
6	KM00000921	붐붐 주니어 중국어 1	이명순	동양문고	이용가치 상실
7	KM00000721	웃음천국 통통 튀는 연변유머	웃음을찾는 사람들	백양출판사	이용가치 상실
8	KM00001748	유럽 100배 즐기기 2002-2003 최신개정판	중앙M&B	중앙M&B	이용가치 상실
…	…	…	…	…	…

▲ 제적 및 폐기 도서 현물 사진

○○학년도 4차 자료선정위원회 회의록

결재	계	연구부장	교감	교장

일 시	○○년 ○월 ○일 ○요일 (오후 3:40~4:10)
장 소	도서관
참 석 자	김○○, 이△△, 현□□, 표○○, 심△△, 배□□, 김□□, 정△△, 김☆☆, 우△△, 강□□, 강○○, 이◇◇, 최○○
회의주제	○○년 4차 자료구입에 관하여

회 의 내 용

최 ○ ○ : 지금부터 ○○년도 4차 도서관 자료구입에 관한 회의를 시작하겠습니다. 우선 나눠 드린 구입예정 목록을 확인해 주시기 바랍니다.

김 ○ ○ : 이번이 마지막 구입이 되는 건가요? 도서구입 예산은 얼마나 남아 있지요?

최 ○ ○ : 현재 도서구입 예산은 270만 원가량 남아 있고요, 도서관 운영비도 320만 원가량이 남아 있는데요, 지금이 학기 말이기 때문에 도서관 운영비도 320만 원 전액이 사용되지는 않을 것 같습니다. 작년에도 도서관 운영비의 잔액을 도서구입으로 사용했기 때문에 올해도 그렇게 하는 데 문제가 없다면, 도서구입에 사용할 수 있는 금액이 총 500만 원 이상이 남아 있게 됩니다.

김 □ □ : 500만 원이면 몇 권이나 살 수 있나요?

최 ○ ○ : 600권 정도는 살 수 있을 것 같은데요, 이번에 선생님들께서 신청을 많이 안 하셔서 조금 걱정입니다.

현 □ □ : 기존에 있는 책들의 복본을 신청하는 것은 어떨까요? 책이 한 권씩밖에 없어서 아이들이 책을 읽으려면 오래 기다려야 된다고 하던데요.

심 △ △ : 맞아요. 인기 있는 책들은 같은 책을 좀더 많이 구입해서 아이들이 읽기에 편하도록 했으면 좋겠네요.

최 ○ ○ : 예, 그럼 대출 횟수가 많은 책들을 중심으로 복본구입을 진행하도록 하겠습니다.

표 ○ ○ : 이번에 수학과에서 비디오 자료를 좀 신청하려고 하는데 가능한가요?

최 ○ ○ : 이번이 마지막 구입이니만큼 비디오 자료도 함께 신청을 받고 있습니다.

김 ☆ ☆ : 그러면 체육과에서 TV 프로그램 자료를 신청하겠습니다. KBS SKY에서 방영되었던 〈스포츠의 영웅들〉이라는 프로그램 구입이 가능할까요?

우 △ △ : 계발활동 등에 사용할 영화들도 신청할 수 있나요?

최 ○ ○ : 리스트를 작성해 주시면 함께 신청하도록 하겠습니다. 그리고 체육과에서 신청하는 자료는 구입이 가능한지를 먼저 알아봐야 할 것 같습니다.

정 △ △ : 지난번에 도서관에서 빌린 책을 읽어 보았는데 아이들이 읽기에 좀 선정적인 책이 있던데요. 내용 자
　　　　체는 좋은데 표현이 너무 적나라하더라고요.
배 □ □ : 어떤 책이었나요? 제가 봤던 책과 같은 책인지 모르겠네요. 저도 그런 책을 한 권 봤습니다.
최 ○ ○ : 예, 선생님께서 얘기해 주신 책을 확인해 보는데요. 말씀대로 표현의 수위가 적당하지 못해서 서가
　　　　에서 제외시켰습니다. 한 번에 500~600권씩을 구입하다 보면 내용을 충분히 파악하지 못할 수밖에
　　　　없습니다. 혹시 도서관 책을 보시다가 학생들에게 부적절하다고 판단되는 책을 발견하시면 바로 말씀
　　　　해 주시기 바랍니다.
이 △ △ : 이건 장서구입과는 별개로 질문 드리는 건데요, 내년도 예산계획을 편성하고 있는데 도덕과에서 도덕
　　　　교육 계간지 및 기타 도덕교육 관련 자료구입을 위한 예산을 편성하자는 의견이 나왔습니다. 그런데
　　　　교과예산이 워낙 적다 보니 그걸 도서관 예산으로 구입할 수 있으면 좋겠다는 생각이 들어서요. 가능
　　　　할까요?
김 ○ ○ : 올해까지는 교육청에서 도서구입비는 기본 운영비의 3%, 도서관운영비는 학교 기본 운영비의 1%로
　　　　편성하는 것이 의무였는데, 내년부터는 그런 의무지침이 없다고 합니다. 그래서 도서관 예산이 얼마
　　　　나 여유가 될지 아직 알 수 없는 상태일 텐데요. 그렇지 않나요?
최 ○ ○ : 예, 부장님 말씀이 맞습니다. 그런데 교과 계간지를 신청해도 잘 보시지 않는 것 같던데요. 지난번에
　　　　《과학교육》을 신청해 달라고 하셔서 구독을 하고 있는데 과학과 선생님들이 전혀 보시질 않아서 좀
　　　　아쉽더라고요.
김 □ □ : 그 잡지는 그달이 아니어도 모아 두면 자료가 되거든요. 어쨌든 구독료가 아깝지 않도록 열심히 보시
　　　　라고 과학과 선생님들을 독려하겠습니다.
김 ○ ○ : 다른 교과 선생님들은 의견 없으십니까? 음악과나 미술과, 가정과, 사회과 선생님들께서는 의견 없으
　　　　신가요?
이 ◇ ◇ : 미술과에서는 자료구입 신청을 이미 했습니다. 언제나 많은 자료를 구입해 주셔서 수업시간에 잘 활
　　　　용하고 있습니다.
강 □ □ : 가정과에서도 ○○○ 선생님이 이미 신청하신 것으로 알고 있습니다.
강 ○ ○ : 음악과에서는 신청이 없었지만, 혹시 추가적으로 신청할 내용이 생기면 말씀드리겠습니다.
김 ○ ○ : 예, 그렇게 하십시오. 신청은 최소한 이번 주 수요일까지는 하셔야겠지요?
최 ○ ○ : 예, 그래야 구입하고 정리하는 시간이 확보될 것 같습니다.
배 □ □ : 다른 의견이 없는 것 같은데, 이만 마칠까요?
최 ○ ○ : 예, 다른 의견 없으시면 이만 마치겠습니다. 혹시 추후에 의견이 생기면 언제든지 말씀해 주시기 바랍
　　　　니다. 이상으로 제 4차 자료선정위원회 회의를 마치도록 하겠습니다.

Ⅲ. 학부모와 함께 일구는 학교도서관 살림

지금으로부터 10년 전, 도서관 문을 열고 먼지 쌓인 책을 정리 하는 것부터 시작해 학교도서관 운동에 앞장서 온 이는 다름 아닌 학부모들입니다. 전문 사서교사도 담당교사도 없던 시절, 학교도서관에 대해 나서서 배우고, 도서관을 만들고 운영해 온 학부모들. 전국 90% 이상의 학교에 도서관이 설치된 지금, 학부모 명예사서의 모습은 어떻게 변화되었는지, 또 다른 도서관의 주인으로서 학부모들이 어떤 일을 할 수 있는지 고민해 봅시다.

학교도서관 문 열기

학부모들이 학교도서관의 주인으로 활약하던 시기와 달리, 이즈음에는 학부모 명예사서의 위치가 보조적인 역할에 그치는 경우가 많다. 학부모들이 교사의 보조자가 아닌 또 다른 주인공이 될 수 있도록, 첫 만남부터 긴밀한 관계를 유지하는 것이 중요하다.

 ## 환영합니다!

도서관에서 만나게 되는 학부모들은 '우리 아이가 이용하게 되는 도서관은 어떻게 생겼을까?' 하는 궁금함으로 도서관 문을 두드린다. 조심스럽게 도서관에 첫 발을 딛는 학부모들. 그들의 발걸음은 '젖먹이 아이를 둔 엄마의 밥상' 과 비교할 만하다. 학부모가 책과 도서관에 얼마나 관심을 가지는지, 어떤 책을 읽고 어떤 독서습관을 갖고 있는지에 따라 아이의 독서생활도 많이 달라지기 때문이다. 학교도서관이 부르기 전에 먼저 문을 두드리는 학부모들은 대부분 아이와 함께 찾아온다는 것만 봐도 알 수 있다.

학교도서관은 학부모들의 소중한 발걸음을 위하여 그 문을 활짝 열어 두고, 따뜻한 웃음으로 한 발짝 다가서야 한다. 어떤 책을 찾는지, 특별히 관심을 두는 분야가 있는지, 자녀의 학년과 요즘 관심 분야는 어떠한지, 독서에는 얼마나 관심이 있는지를 화제로 이야기를 나누다 보면 긴장했던 마음이 느슨해지고 여유로워진다. 몇 차례 대화가 오가면 이젠 학부모가 먼저 좋은 책을 추천해 달라고 부탁하거나 독서상담을 해 오기 시작한다. 잠깐 다녀갈 손님이었던 학부모가 꾸준한 이용자로 변하는 순간이다.

이렇게 해서 도서관을 좀더 편안한 곳으로, '내 아이의' 도서관이 아닌 '우리들의' 도서관으로 받아들이게 되면, 개선할 점이나 빛나는 운영 아이디어 등 도서관에 대한 다양한 의견을 내놓는 학부모들이 생긴다. 이러한 과정을 거쳐 학부모들은 '단골손님' 에서 '학교도서관의 또 다른 주인' 으로 탈바꿈하게 된다.

# 학부모 명예사서, 학교도서관에서 자리 찾기

이제 학교도서관을 다른 눈으로 바라보게 된 학부모들에게 넌지시 이야기를 꺼내 보자. '학부모 명예사서' 가 되어 봉사할 때 얻을 수 있는 기가 막힌 혜택들(대출권수 증가, 규칙적인 도서관 이용, 다양한 독서 프로그램 운영 등)로 유혹을 시작한 뒤, 학부모 명예사서의 필요성을 이야기하고, 무엇보다도 학교와 아이들을 위해 할 수 있는 가장 보람찬 봉사활동임을 강조한다. 이런 시간을 통해 한 사람이 두 사람으로, 두 사람이 네 사람으로 늘어나 '우리 도서관' 에서 함께하는 '우리 식구' 가 되고, '학부모 명예사서' 라는 이름으로 학교도서관의 주인이 된다.

불과 10년 전의 일이지만, 학교도서관에 대한 인식도, 운영할 전문인력도 없던 시절 학교도서관의 주인은 학부모들이었다. 굳게 잠긴 자물쇠를 열고 뿌옇게 쌓인 먼지를 털어 내 아이들이 찾아올 만한 공간을 만들고 운영하면서 학교도서관 운동을 시작했던 대다수의 사람들이 바로 학부모들이었던 것이다. 시간이 흘러 학교도서관에 대한 관심이 최고조에 달해 있는 지금, 학부모 명예사서의 모습과 역할에도 많은 변화가 생겼다. 쓸고 닦고 치우는 일에 힘을 모으던 것에서 한 걸음 나아가, 이제 더욱 알찬 도서관을 만들기 위해 머리와 마음을 모으는 곳에서 학부모 명예사서의 자리를 새로이 찾아야 한다.

학교에 따라 '학부모 도우미', '학부모 명예사서', '학부모 자원활동가', '학부모 도서위원' 등 다양한 명칭이 있다. 이 책에서는 편의상 '학부모 명예사서' 로 통칭하도록 한다.

한 식구 되기

학부모 명예사서는 학교도서관의 업무를 함께 나눌 수 있는 고마운 존재이다. 특히 도서부 활동이 거의 불가능한 초등학교에서는 학부모 명예사서의 역할이 더욱 중요하다. 때로는 든든한 업무 지원군으로, 때로는 마음 잘 맞는 동지로, 학부모님들과 한 식구가 되어 보자.

학부모 명예사서 모집하기

3월 초, 학기가 시작되면 교내의 여러 단체가 회원을 모집하는 가정통신문을 발송한다. 다른 단체에 좋은 인력을 뺏기지 않도록, 부지런한 새가 되어 준비를 해야 한다.

● 모집 시 유의할 점, 과유불급

학교마다 조금씩 상황이 다르지만, 학교가 크고 작고를 떠나 너무 많은 숫자의 명예사서를 모집하면 오히려 운영하는 데 어려움이 생긴다. 한 반에 몇 명씩 강제로 모집하는 학교도 더러 있는데, 그럴 경우 자진해서 신청한 것이 아니기 때문에 봉사에도 소홀하고 도서관에 대한 주인의식도 부족할 수밖에 없다. 처음부터 강제에 대한 부담과 불만을 갖고 시작하는 것은 도서관에 득보다는 실이 될 가능성이 크다. 또한 너무 많이 모집될 경우(학교에 따라 100여 명에 달하는 학부모 명예사서 숫자를 자랑(?)하는 곳도 있다.) 연락을 취하기도 어렵고 여러 면에서 장점보다는 단점이 더 많으므로, 요일별 봉사 가능 인원수와 학교도서관의 활동범위, 행사규모 등에 따라 적정한 인원을 모집하는 것이 좋다.

● 모집 안내장 보내기

학부모 명예사서를 모시는 안내장에는 보통 모시는 글, 총회일시, 봉사의 목적이나 의미 등을 적는다. 학교에 따라 희망 봉사시간을 체크할 수 있도록 작성해 총회 전에 미리 봉사시간표를 만들어 놓으면 여러 차례 연락을 돌려야 하는 불편함을 줄일 수 있다.

(예시) 명예사서 모집 안내장

학부모 명예사서를 모십니다

안녕하십니까.

우리 학교에서 가장 사랑받는 공간, 도서관에서 제 ○기 학부모 명예사서를 모십니다. 3년간 도서관이 제 모습을 갖추도록 힘써 주신 명예사서님들의 헌신적인 봉사와 참여에 진심으로 감사드리며, 제 4기 명예사서님을 다음과 같이 모시고자 합니다.

1. 하시는 일 : 도서 대출 및 반납, 자료입력, 도서정리, 독서지도, 도서관 이용홍보 등
2. 접수마감 : ○○년 ○월 ○일(토) - 담임선생님께 제출
3. 첫 모임 안내
   ① 일 시 : ○○년 ○월 ○일(금) 오후 3시
   ② 대 상 : 참가신청서를 제출하신 학부모 전원, 전년도 학부모 명예사서 전원
   ③ 장 소 : 본관 5층 도서관

○○년 3월 ○일

○ ○ 초 등 학 교 장

제 ○기 학부모 명예사서 봉사시간 신청서

학부모 성명	재학자녀			전화번호
	( )학년 ( )반 이름( )			집 :
	( )학년 ( )반 이름( )			핸드폰 :
	( )학년 ( )반 이름( )			

시간	월	화	수	목	금	토
10시~13시						
13시~16시						✕

(※ 가능한 시간에 ○표해 주세요. 복수 체크 가능합니다. 시간은 추후 변경 가능합니다.)

본인은 ○○초등학교 제 ○기 학부모 명예사서 가입을 신청합니다.

신청인 :   인

총회 열기

총회는 1년간 함께할 식구들이 처음 얼굴을 마주하는 자리이다. 첫인상이 중요한 만큼 짧고도 알찬 내용들로 준비한다. 명예사서 전체가 한자리에 모이는 것이 쉬운 일은 아니기 때문에 첫 모임에서 일꾼(회장, 부회장, 총무 등)을 뽑아 두는 것이 좋다. 보통은 전해에도 봉사를 하셨던 경험 있는 분들이 회장에 뽑히게 된다. 일꾼을 뽑을 때는 위촉장과 함께 전년도에 수고해 주신 명예사서님들에게 감사장을 드릴 수도 있다. 그리고 간단한 도서관 소개와 함께 도서관에서 이루어지는 연간행사, 봉사방법, 봉사내용 들로 한두 시간 정도 연수를 한다.

(예시) 감사장 양식

제 ○○호

감 사 장

○○초등학교 학부모

○○○

  귀하께서는 ○○학년도 학부모 명예사서로서 도서관 환경조성에 기여함은 물론 독서교육에 힘쓰셔서 본교 도서관의 위상을 높여 주셨기에 이 감사장을 드립니다.

○○년 3월 ○○일

○○초등학교장 ○ ○ ○

 # 배우며 시작하는 도서관 봉사활동

총회와 함께 했던 한두 시간의 짧은 연수와 더불어 3월 한 달간은 수습기간으로 생각해야 한다. 각 학교도서관의 특징에 따라 정리방법이나 위치, 별치도서가 다르기 때문에, 3월에는 도서관 살림이 어디에, 어떻게 위치해 있는지 알아가는 시간으로 보내게 된다. 일주일에 한 번 봉사를 할 때 3월 한 달이면 고작 3~4회밖에 되지 않아, 대출·반납 방법, 도서관의 각 영역과 위치, 책의 위치와 서가정리 방법 등을 배우고 실습하다 보면 3월이 훌쩍 지나간다. 도서관의 각 영역과 책의 위치를 알아볼 때는 직접 책을 정리하는 방법을 실습하면서 살펴보는 것이 더욱 효과적이다. 다만 책 정리 연수를 할 때 '정리에 대한 부담감' 을 심어 주어서는 안 된다. 정리에 자신 있는 분이 있는 반면 정리라면 고개를 절레절레 흔드는 분들도 있다. 시간이 지나면서 학부모 명예사서 분들 스스로 정리에 대한 노하우를 쌓아 운영의 묘를 살려 갈 것이니, 조금 참고 기다리도록 하자.

책의 위치와 서가정리 방법에 대한 연수를 할 때는 명예사서 분들의 자녀 학년을 미리 알아 두도록 하자. 도서관을 돌면서 좋은 책이나 인기 있는 책, 학년에 맞는 책이 보일 때마다 추천을 한다. 이런 활동을 통해 명예사서들은 도서관 책에 대해 관심을 가지게 된다. 또 자녀 학년과 맞추어 자연스레 독서교육 상담시간이 될 수 있어 처음의 어색한 분위기를 깨고 훨씬 부드럽게 이끌어 갈 수 있다.

명예사서와 함께 도서관 살림 꾸리기

학부모 명예사서 분들과 같이 활동을 하다 보면 '도서관 일은 집안일 같다.'는 푸념 섞인 얘기를 많이 듣게 된다. 아무리 해도 끝이 안 보이고, 열심히 한다고 티가 나지도 않으니 말이다. 더욱 힘이 빠지는 건 하루라도 소홀히 하면 안 한 만큼 금세 부족한 점이 드러난다는 것. 겉으로 봤을 때는 도도하게 헤엄치는 백조도 물속을 살펴보면 쉴 새 없이 발을 휘젓는 것처럼, 도서관 봉사 역시 보이지 않는 노력과 수고를 필요로 한다.

 ## 봉사시간 정하기

앞에서 말한 것처럼 봉사시간은 학부모 총회를 열면서 정하는 것이 좋다. 봉사시간은 1회에 두세 시간이 적당하고, 1주일에 한 번이 가장 좋다. 격주로 운영하거나 한 달에 한 번 꼴로 돌아가게 되면 자칫 봉사시간 자체를 잊기도 쉽고 수많은 도서관 살림을 다 깨치기도 전에 1년이 지나가 버린다. 'O요일은 도서관 봉사하는 날'이라고 정해 두면 기억하기도 좋고, 담당교사가 관리·운영하기에도 훨씬 수월하다.

희망에 따라 신청한 봉사시간은 꼭 지키도록 약속을 받는다. 또 불의의 사고로 인해 봉사에 차질이 생기지 않도록 3~4명이 한 회 봉사를 맡도록 시간표를 짠다. 결국 1일 2회, 1회 3~4명으로 계산을 하면 학부모 명예사서 총 인원은 30~40여 명이 적합하다.

기본기 다지기, 대출·반납·서가정리

인력이 부족한 학교도서관에서 도서관의 기본업무인 '대출, 반납, 서가정리'는 대부분 도서부나 학부모 명예사서가 담당하고 있다. 학부모 명예사서가 도서관의 진정한 주인이 되려면 주요 이용자인 아이들과 좀더 친밀해질 필요가 있는데, 그러려면 얼굴을 마주 대하는 대출·반납 시간을 잘 활용해야 한다. 수동적으로 대출·반납 업무만 처리하는 것이 아니라 아이들이 즐겨 읽는 책, 자주 빌려 가는 책을 살피고, 반납할 때는 책이 재미있었는지 한두 마디 건넬 수 있게 하자. 학교도서관 업무를 할 때 가장 중요한 자세는 '친절'이라는 것도 잊지 말아야 하겠다.

책 정리는 앞에서 언급한 것처럼 완벽하게 하려 할수록 어려워지기 마련이다. 원칙과 기본은 지키되 학교도서관의 주인인 명예사서가 정리방법에 대한 노하우를 쌓을 정도의 여지는 남겨 놓는다. 한 학기에서 일 년 정도 노하우를 쌓다 보면 원칙이나 기준보다 더 좋은 '방법'이 생기는데 이런 좋은 아이디어는 적극적으로 받아들이도록 한다.

아이들에게 한 발짝 다가서기

3, 4월이 지나면 명예사서 분들도 학교도서관의 기본업무에 어느 정도 익숙해지고, 맡은 업무를 하고 난 후에도 조금씩 시간이 남게 된다. 바로 이때 학부모들에게 도서관 살림인 책의 '내면세계'를 안내해 보자. 학부모 명예사서로 오신 분들 가운데는 책 읽기에 관심이 없어서 한번 관심을 가져 보고자, 혹은 자녀의 독서교육에 도움이 되고자 시작하신 분들이 많다. 그분들에게 책에 대한 이야기를 건네 보는 것이다. 대신 어떤 책이 좋은지 직접 얘기해 주려 하지 말고 책에 스스로 다가서도록 권할 수 있어야 한다.

아이들이 서가를 방황하고 있거나 어떤 책을 읽어야 할지 모를 때 책을 추천해 주는 것도 명예사서가 할 일이다. 그러려면 어떤 아이에게 어떤 책을 추천해 주어야 할지 알아야 하고, 당연히 책을 직접 접해 봐야 한다. 따라서 명예사서의 봉사시간이 남는다면 책을 열어 보고 읽도록 권한다. 책에 대해 알고 자신감이 생기면 도서관을 드나드는 아이들에게 다가서기가 훨씬 쉽다.

 # 때로는 따로, 팀별로 활동하기

아이들과 마찬가지로 학부모 역시 성격과 취향에 따라 각자에게 맞는 봉사영역이 다 다르다. 학부모 명예사서 제도가 어느 정도 자리를 잡았다면(1년 정도 지난 뒤), 팀을 나누어 활동하는 것도 좋은 방법이다.

● 독서지도팀

동화 읽어 주기, 학부모 독서토론 모임, 독서행사(독서교실 및 독서축제)에서 주축이 되어 활동하는 팀이다. 독서교육에 관심이 있거나 관심을 갖고 싶은 분들에게 추천한다. 독서캠프나 독서축제 등에서 어떤 프로그램을 진행하는 것이 좋을지 아이디어를 내는 등 행사에서 실질적인 활동을 한다.

● 도서개발팀

도서관의 책을 직접 읽고, 도서를 구입하거나 교과 관련 도서를 선정할 때 함께 참여한다. 학년별 추천도서가 적절한지 직접 읽어 보고 토론하는 팀이다. 또 여러 행사에 투입(?)될 책들을 추천하기도 하고, 책에 대해 직접적으로 배워 갈 수 있다. 독서지도팀과 함께 활동적으로 운영할수록 도서관의 내실을 기할 수 있다.

● 도서목록팀

DLS 도서관리 프로그램이나 컴퓨터를 잘 다루시는 분들에게 추천한다. 여러 사람이 모여서 얘기하며 활동하는 것보다 일을 완성하는 데 보람을 느끼시는 분이라면 더더욱 적극 추천이다. 이 팀은 새 책을 제일 먼저 만져 볼 수 있고, 책의 분류를 잘 알 수 있어서 도서관 책을 알아 가는 데 도움이 된다.

● **도서관홍보팀**

도서관 게시판, 학교 화장실, 학교 밖 지역사회 등을 이용하여 이용자에게 책과 도서관을 가까이에서 홍보할 수 있도록 다양한 활동을 한다. 도서관에 대해 입소문을 내고, 이용자를 끌어들일 수 있는 홍보물을 제작한다. 도서관을 어떻게 이용하는지 잘 모르는 신입생들을 위해 '우리 도서관 체험활동' 등을 함께 진행하는 것도 좋다.

▲ 신입생 도서관 체험활동(도서관홍보팀과 함께)

팀 활동은 매일 이루어지는 봉사활동과 별개로 진행된다. 따라서 영역을 나누어 팀 활동을 할 때는 팀별로 서로 긴밀하게 교류해야 한다. 도서관을 중심으로 이루어지는 모든 일들은 서로 관련을 가지므로 한 가지 행사를 하더라도 함께 어우러져 할 수 있도록 유도한다. 예를 들어 독서축제를 할 때, 도서개발팀은 어떤 책을 아이들에게 보여 줄 것인지를 정하고, 독서지도팀은 어떤 프로그램으로 구성할 것인지 계획한다. 홍보팀은 행사를 미리 홍보하여 행사가 처음부터 끝까지 성황리에 이루어질 수 있도록 한다. 이렇게 따로 또는 함께 활동하면서 학부모 명예사서 활동은 빛을 발할 수 있다.

한 걸음 더,
도서관 전문가 되기

학교도서관에서 학부모의 역할이 너무 커지면 여기저기서 걱정의 소리가 나오기도 하지만, 한 해 동안 명예사서 활동을 하고 난 다음 대부분의 학부모들은 아이들과 함께하는 과정에서 큰 보람을 느낄 수 있었다고 말한다. 담당교사와 명예사서는 각각의 일을 구분하기보다는 서로 도움을 주고받으며 더욱 즐거운 도서관을 만들어 나가는 동반자로서 함께해야 한다. 이러한 과정을 통해 교사도, 학부모 명예사서도, 도서관도 다 함께 성장할 수 있다.

 ## 어린이책 읽는 학부모 모임

초등학생 자녀를 둔 학부모라면 대부분 어른 책보다 아이들 책에 관심을 더 많이 갖는다. 아이들에게 어떤 책을 읽혀야 할지, 어떤 책이 좋은지 판단하려면 직접 읽어 봐야 하기 때문이다. 하지만 도서관의 그 많은 책을 혼자서 다 읽어 본다는 것은 불가능한 일이다. 이럴 때는 같은 마음을 가진 학부모들과 함께 읽고 나누는 것이 가장 좋은 방법이다. 이미 활성화되어 있는 '어린이도서연구회'나 '동화 읽는 어른모임'의 프로그램을 학교 안으로 끌어들이는 것이다. 물론 학부모 명예사서 외에 학교에 관심 있는 학부모님들을 더 모집해서 함께해도 좋다.

정기적으로 모임 날짜를 정하고(격주 정도가 알맞다.) 원하는 주제의 다양한 책, 혹은 일정한 형태의 책을 10권 정도 미리 선정해서 읽는다. 모임 날이 되면 읽었던 책에 대한 전체적인 이야기를 하고, 가장 좋았던 책이나 안 좋은 책에 대한 이야기를 짧게 나눈다. 함께 책에 대한 이야기를 나누다 보면 자연스레 책을 보는 힘이 길러지고 주제별로 책에 대한 지식이 쌓여, 책만 읽어도 독서 관련 프로그램에 대한 아이디어까지 술술 쏟아져 나온다.

책 읽어 주는 학부모 모임

책에 대한 내공이 어느 정도 쌓였다면 이를 표출하는 활동이 필요하다. 초등학교 도서관에서 방과 후 시간이나 점심시간을 이용해 다양한 독서 프로그램을 진행하고 있는데, 그중 가장 으뜸은 역시 아이들에게 책을 읽어 주는 프로그램이다. '책 읽어 주는 모임'을 꾸려 어떤 책을 읽어 줄 것인가 계획하고 읽는 연습도 해 보면서, 날짜와 시간을 정해 아이들과 함께 책 읽는 활동을 한다.

실제로 아침 수업 10분 전, 학급마다 학부모가 들어가 책을 읽어 주는 학교가 있을 정도로 많은 곳에서 이런 모임이 활성화되어 있다. 물론 이 경우는 학부모 명예사서뿐만 아니라 다른 학부모단체와 연합해서 하고 있기 때문에 큰 규모로 진행할 수 있었을 것이다. 인원을 확보하는 것이 어렵다면, 학년에 따라 월별로 진행하는 것도 좋은 방법이 된다.

책 읽어 주는 모임을 꾸릴 때는 어떤 책을 읽어 줄 것인지 생각하는 모임부터 탄탄하게 운영되어야 한다. 그 이후에 어떻게, 어떤 시간을 활용할 것인지 정해서 꾸준히 진행하는 것이 중요하다. 또 한 번에 모든 것을 이루려 하기보다는 다섯 명의 아이들에서 시작해, 한 학급, 한 학년, 전교로 퍼져 나가는 발전의 모습을 지켜보는 것도 좋다.

도서관 독서행사 꾸리기

한 해 동안 학교도서관 주관으로 많은 독서행사들이 열리는데, 여러 행사 가운데 유독 일손과 아이디어가 많이 필요한 행사가 있기 마련이다. 이런 행사의 기획단계부터 마무리, 반성의 시간까지, 명예사서와 함께 고민하면 더 좋은 결과가 나온다.

● 여름 독서캠프

여름 독서캠프는 보통 2일에서 5일 정도로 운영한다. 학년별로 독서캠프에서 주로 읽힐 주제와 책을 정하고, 책에 따라 프로그램 아이디어를 짠다. 같은 시기에 학년별로 여러 학급을 이끌어 나가려면 진행인력이나 보조인력이 많이 필요하다. 그러므로 학부모 명예사서들이 한 달 전부터 맡을 학년을 정하고, 책과 주제, 준비물, 프로그램 등을 기획단계에서부터 함께 준비할 수 있도록 한다. 주요 행사에는 모두 참여하도록 유도하는 것이 중요하며, 많은 학부모들이 학교행사를 꾸리고 진행해 본 경험이 적다는 것을 고려해 교사가 어느 정도 기본적인 계획을 가지고 있어야 한다.

▲ 학부모 명예사서와 함께하는 여름 독서캠프

여름 독서캠프에서는 책 만들기, 독서토론, 점토 만들기 등 다양한 독후활동이 이루어진다. 이러한 프로그램에 필요한 물품을 준비하는 것부터 시작하여, 여유가 있다면 직접 활동을 해 보면서 지도해야 할 사항이나 아이들을 도와야 할 부분 등을 체크한다. 독서캠프가 모두 끝난 다음에는 함께 모여서 반성의 시간을 갖고 고쳐야 할 점과 좋았던 프로그램에 대해 이야기한다. 여름 독서캠프는 아이들과 책을 피부로 느낄 수 있는 행사인 만큼 학부모 명예사서의 보람도 크다.

● 가을 독서축제

독서캠프와 함께 행사의 양대 산맥을 이루는 것이 바로 '가을 독서축제' 이다.

독서의 계절 가을에 맞추어 많은 학교들이 9,10월에 독서축제를 하게 되는데, 규모가 큰 행사라 담당교사 한 사람이 감당하기란 거의 불가능하다.

독서축제 프로그램으로는 책 속 보물찾기, 책 퍼즐 맞추기, 나만의 대출증 만들기, 동시 외우기, 주인공 되어 사진 찍기 등이 있다. 이러한 다양한 프로그램을 2~3일 동안 소화해 내려면 학부모 명예사서 전원이 총 동원되어야 한다.

여름캠프 때와 마찬가지로 행사는 한 달 전부터 기획하고 준비한다. 각각의 프로그램은 명예사서가 직접 진행을 하도록 진행사항과 내용, 책 등을 사전에 연수한다. 프로그램별로 전년도에 진행해 본 경험이 있는 학부모 명예사서를 고루 배치해서 진행에 문제가 없도록 한다.

▲ 기획부터 진행까지, 학부모 명예사서와 함께하는 독서축제

 책으로 풍성해지는 연수

활동을 열심히 하려면 그만큼의 동기나 포상이 주어져야 한다. 이때 유용한 프로그램이 바로 지적 호기심을 자극하고 충족시킬 만한 다양한 연수이다. 쏟아내기만 하는 봉사가 아니라 뭔가 담아 가는 봉사활동이 되도록, 저자와의 대화나 독서교육 관련 강연회, 문학기행 등을 기획해 보자.

● 선배 명예사서에게 배우기

명예사서 가운데는 2~3년 정도 활동하여 이미 도서관에 대해 잔뼈가 굵은 선배들이 있다. 서가정리, 아이들의 독서지도, 명예사서가 하는 일, 학교도서관에서 하는 독서행사 등 전반적인 도서관 업무에 대해 선배 명예사서가 얘기하고 후배가 배우는 연수시간은 의미가 크다. 같은 입장에서 직접 부딪히면서 얻은 산 경험인 동시에 '우리 학교도서관'에서 일어난 '우리 아이들'의 특징들을 공유하고 공감할 수 있기 때문이다. 선배 명예사서에게 배우는 연수는 서로 낯을 익힐 겸 학기 초에 기획하는 것이 좋다. 강의 형식이 부담스럽다면 다과를 곁들여 간담회 형식으로 진행할 수도 있다.

● 저자와의 대화 / 독서교육 관련 강연회

학부모 명예사서 분들이 평소에 읽는 동화의 저자나 독서교육 관련 강사를 초청해서, 봉사를 하면서 아쉬워했던 지적 충족감을 느끼게 하자. 저자와의 대화는 책에 대한 애착도 느끼고 동화나 독서에 대해 이해하는 시간을 갖게 한다.
초청강사를 부르기 전에 미리 어떤 책, 어떤 분야에 관심이 있는지, 특별히 원하는 강사가 있는지를 조사하는 것이 좋은데, 이를 통해 연수를 홍보할 수도 있다. 또 사전에 궁금한 점이나 독서교육 때 겪었던 문제들을 정리해서 질의응답 시간에 궁금증을 풀어내도록 한다.

● 문학기행

문학기행은 학부모 명예사서 분들의 눈과 귀가 즐거워지는 여행이다. 예산은 미리 학부모 명예사서 운영계획서와 함께 세워 두어 무리가 없도록 하고, 식비 정도는 명예사서 자비로 충당할 수도 있다.
문학기행에 관련된 프로그램은 '4장 학교도서관에서 즐기기'에서 좀더 자세히 설명할 것이다.

○○초등학교 학부모 명예사서회 회칙

제 1조(목적)

이 회는 학교도서관 및 독서교육 발전을 위한 지원활동과 회원 상호 간의 친목을 도모함을 목적으로 한다.

제 2조(명칭)

이 회는 ○○초등학교 학부모 명예사서회라 한다.

제 3조(기능)

이 회는 제 1조의 목적을 달성하기 위하여 다음의 사업을 한다.

    1. 학부모 명예사서회 대표자를 통한 학교도서관 운영에의 참여
    2. 학생의 독서교육을 위한 자원봉사 참여
    3. 학교도서관 운영과 관리에 필요한 지원

제 4조(회원)

회원은 이 학교에 재학하는 학생의 보호자로 희망에 의해 구성한다.

제 5조(조직)

    1. 학부모 명예사서회는 총회를 구성한다.
    2. 총회는 대의원회를 통하여 활동한다.
    3. 대의원회는 회장 1인, 부회장 1인, 총무 1인, 감사 2인, 봉사 요일 대표 6인으로 조직한다.

제 6조(임원선출 등)

    1. 이 회에는 회장 1인과 부회장 1인 및 총무 1인, 봉사 요일 대표 6인의 임원을 선출한다.
    2. 모든 임원은 학교 운영위원회의 학부모위원을 제외한 위원(녹색어머니회, 학부모회 등)을 겸할 수 있다.
    3. 임원선출은 직접선출 방식에 의하여 각 부분별 최다득표를 얻은 자로 하되 단, 총무는 회장이 지명하는 자로 한다.

제 7조(임원임기 등)

임원의 임기는 1년으로 하고 연임할 수 있다. 다만 임시회의 소집 후 회원의 과반수 이상이 해임을 요구할 시는 그 직에서 퇴임한다.

제 8조(임원의 직무)
  1. 회장은 이 회를 대표하고 회무를 총괄한다.
  2. 부회장은 회장을 보좌하며 회장이 사고로 인하여 직무를 수행할 수 없을 때에는 부회장 중 호선하
     여 그 직무를 대리한다.

제 9조(회의)
  1. 이 회의는 정기회와 임시회로 구분하고, 정기회는 매년 3월에, 임시회는 필요한 경우 대의원 6인
     이상의 요구로 회장이 소집한다.
  2. 회의의 안건은 재적회원 과반수의 출석과 출석위원 과반수의 찬성으로 의결한다.

제 10조(의결사항)
대의원회는 다음 사항을 의결한다.
  1. 규약의 제정 및 개폐에 관한 사항
  2. 임원의 선출에 관한 사항
  3. 학교운영위원회에 제출할 안건에 관한 사항
  4. 학교도서관에 비치할 도서선정에 관한 사항
  5. 기타 학부모 명예사서회의 사업에 관한 사항

제 11조(해산)
목적사업의 완수로 이 회가 존속될 필요가 없을 때에는 대의원회의 의결로 이를 해산한다.

제 12조(청산)
이 회를 해산할 때에는 임원이 청산사무를 담당한다.

제 13조(업무협조)
이 회의 사업과 필요한 사항에 관하여는 학교장과 협력하여 처리한다.

부   칙

이 규약은 ○○년 ○월 ○일부터 시행한다.

학부모 명예사서 역할 및 도서관 안내

○○초등학교 도서관

Ⅰ. 학부모 명예사서의 역할

1. 학생과의 관계 유지

- 학생에게 친절하고 자상하게
- 학생을 소중하게 아껴 주는 다정함
- 학생의 마음을 읽을 수 있는 여유
- 학생을 애정으로 만날 수 있는 명예사서

2. 1일 자원봉사자의 활동(매주)

- 대출·반납
- 서가정리, 신간도서 정리
- 훼손도서 보수, 폐기도서 선별
- 도서관 청소
- 도서관 환경 관리 및 구성

3. 역할 및 활동

- 봉사시간 지키기(5분 전)
- 학생들에게 친절하게 인사
- 잘못 정리된 서가정리 솔선수범
- 도서관 행사에 적극적으로 참여
- 도서관 환경정리 협조
- 도서관 운영실정에 따라(사서교사 부재 시) 협조
- 손상된 책을 챙겨 두었다가 시간 날 때마다 보완 수리
- 전자도서관 운영과 관련된 의견 제시, 여러 가지 정보 제공
- 독서지도 활동
- 도서등록 작업

Ⅱ. 도서관 자료

1. 분류 : 한국십진분류법(KDC)

- 000 총류
- 100 철학
- 200 종교
- 300 사회과학(교육)
- 400 순수과학
- 500 기술과학
- 600 예술
- 700 언어
- 800 문학
- 900 역사

2. 배가

- 왼쪽 → 오른쪽으로 배열
- 별치기호 → 분류번호 → 도서기호 → 권차기호(V) → 복본기호 순 배열(청구기호)

  예) 만희네 집 / 권윤덕

  813.8　　 …… 분류번호

  권67ㅁ　　 …… 도서기호

            v. 1   …… 권차기호
            c. 2   …… 복본기호

· 북엔드로 도서배열 마감(도서 눕는 것 방지)
· 808번대의 도서 : 전집류를 확인하고 같은 출판사, 같은 전집류에 배가
· 813.8번대의 도서들은 먼저 전집류인지 확인하고, 전집류가 아닌 경우 필히 도서기호대로 정리. 장서량도 많고 이용률이 가장 높은 분야이므로 제대로 정리가 되어 있지 않을 경우 도서검색 시 매우 불편한 결과를 가져올 수 있음.

3. 별치기호

· P : 교사 · 학부모용 도서 / 배가방법에 따라 분류번호대로 배가
· T : 교사용 도서 / 장학자료와 함께 배가
· R : 참고도서(대출불가 도서) / 백과사전과 전집 및 도감류는 도서관 뒤편 서가에 따라 정리
· CD : CD 자료(별도배가)
· VD : 비디오테이프 자료
· TA : 테이프 자료
· 그 : 그림책 / 도서관 앞쪽에 있는 서가에 작은 책과 큰 책으로 나누고, 큰 도서는 '도서제목'(사전순)으로 배가
· E : 영어로만 되어 있는 도서

4. 컴퓨터(인터넷 · 도서검색)

· 게임, 채팅, 자판연습을 할 수 없음
· 학습을 위한 자료검색용(인터넷은 교사의 허락을 받으면 가능)
· 도서검색용

5. 도서대출 권수 및 기간

· 학생 : 1회 2권(3박4일)   · 학부모(지역주민) : 1회 2권(7일)
· 학부모 명예사서 : 1회 5권(7일)

Ⅲ. 요일별 팀제 구축 및 운영

· 원활한 연락체계와 효율적인 봉사활동을 위해 요일 팀제를 운영.
· 방법 : 요일별로 팀장을 선출. 특이 연락사항이나 활동이 있을 경우에 팀장을 통해 연락.
· 활동 : 요일 팀제는 전 위원을 대상으로 함. 도서위원 본래 활동을 바탕으로 이루어짐. 팀장은 연락 체계를 원활히 하고 요일 간의 친목 도모.

Ⅳ. 도서부 활동 길라잡이

중고등학교 학교도서관 운영에 있어 도서부는 커다란 위치를 차지합니다. 사서교사가 많지 않은 지금의 학교 현실에서 도서부는 교사, 학부모와 함께 학교도서관 운영의 실질적인 주체로서 도서관의 성패를 좌우한다고 할 수 있지요. 이렇듯 도서부는 학교도서관 업무를 책임지는 도서관 관리자의 역할을 하는 동시에, 학생 동아리로서의 성격도 지니고 있습니다. 두 가지 성격과 역할이 잘 조화될 수 있도록 담당교사는 도서부 활동에 많은 관심을 기울여야 합니다.

'도서부' 로의 초대

매년 3월이면 학교도서관은 설렘과 기대, 묘한 흥분으로 들뜨고, 신입부원을 맞이하기 위한 도서부 아이들의 발걸음은 바빠진다. 올해엔 도서부 지원자가 얼마나 될까, 어떤 후배들을 맞이하게 될까 하는 생각에 걱정 반 기대 반으로 신입부원 모집공고를 붙이고, 각종 기발한 생각들로 홍보전을 펼친다. 하지만 언젠가부터 동아리 활동을 하려는 아이들이 점점 줄어들고 있으며, 도서부 역시 예외는 아니다. 이런 현실 속에서 우리는 도서부 활동의 의미를 어떻게 정의할 수 있을까.

 ## 학교도서관 운영의 꽃, 도서부

도서부 지원자가 없어 고민하는 많은 학교에서는, '봉사점수 충만, 미팅 보장' 등으로 아이들을 유혹하기도 하고 때로는 장학금이라는 당근을 내걸기도 한다. 하지만 그도 잠시. 봉사점수, 미팅, 장학금의 유혹에 넘어온 아이들은 대개 도서부 활동을 최소 투자로 최대 효과를 얻는 아르바이트 정도로 인식하거나, 고등학교 시절을 멋지게 즐기기 위한 하나의 방편으로 생각하여, 조금만 힘들어도 참지 못하고 도서부를 떠나게 된다. 이럴 때마다 지도교사는 어찌해야 할지 난감해지기만 한다.

하지만 도서부 운영에 왕도란 없다. 학급운영을 하는 것처럼 애정을 가지고 도서부를 운영하면 되는 것이다. 도서부를 운영하는 교사가 반드시 가져야 할 것은 시간과 관심, 그리고 애정이다. 도서부 아이들을 일하는 대상이 아닌 도서관 운영의 주체로, 교사의 동반자로 생각하고 함께 활동하는 것이 중요하다.

 # 너는 노동부? 나는 도서부!

일부 특별한(?) 학교를 제외하면 도서부에서는 대개 도서의 대출과 반납, 서가 정리 등을 맡아서 한다. 이렇듯 어찌 보면 단순한 업무만을 하다 보니, 도서부 아이들은 자조적으로 스스로를 '노동부'라고 부르기도 한다. 책 나르기, 서가 정리, 연체도서 회수, 도서관 청소, 대출·반납 등 주로 몸으로 하는 일이 많고, 연체도서를 회수할 때는 본의 아니게 험악한 인상까지 동원해야 한다는 걸 생각하면 아이들 말이 틀린 것만도 아니다. 지도교사 역시 도서관 일이 바쁘다는 핑계로 도서부 아이들이 눈에 띄면 심부름이나 급한 일을 부탁하는 것이 다반사이다. 그러다 보니 도서부 학생들이 학생동아리 구성원으로 활동하는 것이 아니라 학교업무 보조원이 되어 가는 것 같아 안타까울 때가 한두 번이 아니다. 처음 도서부 면접을 할 때 도서부 지원동기에 대해서 물어보는데 아이들 가운데 열에 아홉은 책을 많이 읽고 싶어서라고 대답한다. 그런데 막상 도서부 아이들은 도서관 일을 하느라 제대로 책을 읽을 시간조차 없다. 그나마 도서부의 전통이 이어져 오고 있는 학교를 중심으로 독서토론이나 타 학교와의 연합행사, 축제, 교지와 신문 발간 등을 하고 있지만 그리 활발하게 움직이고 있진 않다. 요즘 들어 도서부 활동에 대해서 관심을 가지는 교사들과 도서부 학생들이 중심이 되어 다양한 활동을 전개하고 있긴 해도, 이 역시 일반적인 현상은 아니다.

도서관 업무가 '일'이라면 동아리 활동은 '놀이'라고 할 수 있다. '일'과 '놀이'가 하나가 되는 도서부 활동은 불가능한 것일까? 도서부 활동은 이렇다 할 전형이 없기 때문에 우리가 가는 길이 곧 하나의 길이 될 수 있다. 더디 가더라도 '도서부'를 생각하며 고민하는 우리의 활동이 모여 새로운 도서부 활동의 모범이 만들어지는 것이다.

도서부 한 해 살이

도서부 운영의 출발은 연간 운영계획을 짜는 데서부터 시작한다. 도서부 활동은 도서관 업무 중심의 일상활동과 동아리 행사 중심의 월별활동으로 나눌 수 있다. 연간 운영계획을 짤 때는 일상활동과 월별활동이 조화를 이루도록 해야 한다. 앞에서 이야기한 것처럼 '일'과 '놀이'가 하나가 되도록 하는 것이다. 이를 위해서는 학교도서관을 담당하는 교사가 학교도서관에서 이루어지는 도서부 활동에 대해 자세히 알고 있어야 한다.

 ## 도서부의 일상활동과 월별활동

도서부의 일상적인 활동은 대출·반납과 서가정리가 기본업무이고, 그 밖에 도서관에서 진행되는 각종 행사보조, 게시판을 정리하거나 목록을 게시하는 도서관 환경정리 활동, 추천도서 목록을 작성하거나 구입희망 도서를 조사하는 활동 등이 있다.

월별활동은 계절이 바뀌는 것처럼 자연스러운 일정을 따라 이루어진다. 3월이 되면 신년회를 시작으로 신입생을 모집하고 교육한다. 그 다음에는 시기에 따라 학교도서관에서 이루어지는 독서행사를 보조하거나 주관하고, 신입부원들이 도서관에 완전히 익숙해지는 가을 즈음에는 자체적으로 도서관축제를 기획해 볼 수도 있다. 틈틈이 각종 도서전이나 독서축제, 공공도서관, 서점 등을 견학하고, 여름에는 수련회, 겨울에는 문학기행 등을 통해 문화적 욕구를 충족시키기도 한다. 그 외에 도서부가 자발적으로 소식지를 발간하거나 독서토론 모

매달 도서부 아이들의 생일을 챙겨 주는 건 어떨까. 선물은 책이 가장 좋다. 3월에 도서부원들에게 '갖고 싶은 책 목록'을 작성하게 해 사전조사를 하고, 책 안쪽에 돌림쪽지 형식으로 축하의 글을 써 준다. 책을 받은 아이는 평생을 함께할 소중한 추억을 간직하게 될 것이다.

임을 갖는 경우도 있다.

이러한 활동들이 '일상'적으로, 혹은 3월이 가면 4월이 오듯 자연스럽게 '월별'로 진행되긴 하지만 그리 만만한 것은 아니다. 우선 시간과 노력을 투자해야 한다는 점에서 도서부원과 지도교사 모두 도서부에 대한 의지와 애착을 가져야 가능한 활동들이고, 그나마 의지가 있더라도 아직 덜 여문 중학교의 도서부 아이들과는 진행하기가 쉽지 않을 수도 있다. 하지만 조금 힘들어도 교사와 학생이 서로 격려하고 함께하고자 하는 의지를 가진다면 충분히 즐겁고 의미 있는 활동이 된다.

(예시) **도서부 운영계획**

차례	예정일	운영계획	비고
1	3월 22일	1. 계발활동 부서 편성 및 조직 2. 도서부장(대표) 및 차장(부대표) 선출	조직편성
2	3월 29일	1. 연간 운영계획 만들기 2. 도서부 부서 조직 및 부서장 선출 3. 자기가 갖고 싶은 책 목록 만들기 4. 신입생 환영회 및 생일잔치	교내
3	4월 26일	1. 대형서점 탐방 및 수서활동 2. 고서점 돌며 책 사기 3. 세계 책의 날 행사(4.23) 4. 생일잔치	서울 ○○문고
4	5월 24일	1. 학교도서관 탐방 체험학습 2. 도서관문화제 참가 3. 생일잔치	인천 북구 도서관
5	6월 14일	1. 독서토론과 함께 하는 체험학습(중국인 거리) 2. 북창동 문학지도 만들기 3. 생일잔치	인천 북창동
6	7월 5일	1. 독서토론과 함께 하는 체험학습(전태일 평전) 2. 외국인노동자 상담소 방문 및 안산 외국인거리 체험 3. 생일잔치	경기도 안산
7	9월 6일	1. 독서토론과 함께 하는 체험학습(닥터 노먼 베쑨) 2. 인도주의실천의사협의회 탐방(서울역 봉사활동 참가) 3. 생일잔치	서울 대학로
8	9월 27일	1. 내가 만드는 문학기행 2. 문학감상문 쓰기 3. 생일잔치	수도권 일대
9	10월 18일	1. 다른 학교도서관 축제탐방 2. 독서의 달 행사(문학기행, 독서퀴즈 대회) 3. 생일잔치	교내
10	11월 1일	1. 도서관축제 2. 생일잔치	발표회
11	11월 29일	1. 불량서적 모의재판 2. 책과 관련된 청소년 의제 만들기 3. 생일잔치	교내
12	12월 20일	1. 도서부 1년 활동 평가 2. 2006년 신임 집행부 선출 3. 송년회 및 생일잔치	활동평가

♣ 졸업생 환송회(2월)　♣ 여름수련회(8월)　♣ 독서토론(격주)

# 도서부 1년, 시작부터 또 다른 시작까지

● 신년회

새해를 맞이해 도서부 전원이 모여 지난해를 되돌아보고, 새해맞이 덕담과 새해 소망을 나누는 자리이다. 모임이 끝난 뒤에는 다양한 문화행사(영화상영, 보드게임, 볼링 등)를 함께하며 새해를 맞는다. 시기는 1월 초순으로 한다.

신년회 프로그램으로 '꿈 단지' 만들기를 하는 것도 좋다. 새해 소망을 쪽지에 적어 꿈 단지에 넣어 보관하는 것이다. 이렇게 만들어진 꿈 단지는 1년이 지난 뒤 12월 송년회에 개봉한다.

● 신입부원 모집과 교육

'인사가 만사' 라는 말이 있듯이 신입부원을 뽑는 일은 도서부 행사에서 가장 큰 일 가운데 하나이다. 3월에 모집공고와 홍보를 하고 1차 서류전형(자기소개서), 2차 면접을 통해서 신입부원을 선발한다. 면접은 교사와 학생이 함께 면접관이 되고, 면접에 관한 질문과 배점기준은 도서부원들이 자체적으로 준비한다. 인원은 언제나 과유불급! 도서부 전체 인원으로 25~30명 정도가 적당하다고 보았을 때 신입부원은 10~12명 정도를 뽑으면 된다.

이러한 과정을 거쳐 선발된 신입부원은 한 달간의 수습과정을 거친다. 신입부원은 수습과정 동안 도서부원으로서 할 일과 태도를 배우고 익히면서 도서부 생활을 계속할 것인지 아닌지에 대한 결정도 내리게 된다. 수습기간 동안 마음이 바뀌는 아이들이 더러 있기 때문이다.

교육은 주로 방과 후나 토요일에 하는 것이 좋은데, 따로 시간 내기가 어려운 경우에는 선배와 후배가 파트너가 되어 일과시간을 통해 틈틈이 교육을 진행할 수도 있다. 물론 이를 위해서

▼ 도서부 모집 포스터

도서부원 모집은 빠를수록 좋다. 대부분의 학교에서 도서부가 동아리와 계발활동을 겸하고 있는데, 수습기간을 거쳐 도서부로서 활동을 원하지 않는 학생이 생길 경우 계발활동 부서까지 함께 조정해 줘야 하기 때문이다. 학교마다 조금씩 차이가 있지만 대부분은 계발활동 2회차까지 부서를 조정할 수 있으므로 이 기간 안에 도서부에 대한 오리엔테이션을 마치고, 도서부 활동을 원치 않는 학생들은 다른 부서로 옮겨 갈 수 있도록 해야 한다.

는 선배 부원이 먼저 도서부 업무에 대해 철저히 파악하고 있어야 한다.

도서부 체계가 잘 잡혀 있다면 자체적으로 교육과정을 마련해 볼 수도 있다. 학교도서관의 역사를 비롯하여 기능, 운영하는 방법, 대출·반납·서가정리·전산화 등의 업무와 도서부의 구조와 회칙, 도서부 활동계획 등을 포함하면 된다. 이렇게 수습기간을 거친 뒤 본격적으로 도서부 활동을 시작한다면 좀더 알차게 도서부를 꾸려 갈 수 있다.

(예시) 도서부 모집 공고

학교도서관에서의 아름다운 인연
○○고등학교 도서부 '두빛ㄴ래'를 모집합니다.

○○고등학교에 당신처럼 멋있는 분들이 들어왔을 것이란 믿음을 결코 의심해 본 적이 없습니다. 사람에 대한 사랑으로 봉사를 기꺼워하는 당신. 책과 정보의 바다에 묻혀 인생을 탐구하는 당신. 이제 그런 당신의 애정과 모험을 더 많은 사람들에게 나누어 줄 기회가 왔습니다. ○○고등학교 도서부의 문을 두드리십시오. 당신이 꿈꾸는 것보다 더 넓고 다양한 체험과 멋진 추억이 준비되어 있습니다.

- **자격** : 열린 생각과 꿈을 갖고 있는 ○○고 1, 2학년
- **역할** : 학생과 교사들을 위해 ○○고 학교도서관을 만들고 운영합니다.

〈지원 시 유의사항〉
1. 단순히 책을 많이 보고 싶은 사람은 독서토론반이나 문예반으로 가십시오.
   ○○고 도서부는 책과 진해지며 책을 많이 보기도 합니다. 또한 다른 친구들이 책을 많이 읽을 수 있도록 돕는 사람들입니다.
2. 성적을 많이 올리고 싶은 사람은 학습과 관련된 다른 동아리를 택하세요.
   ○○고 도서부는 생각의 깊이를 키우고 지혜를 키우지만 성적과 꼭 연결된다고 할 수는 없습니다.
3. 인터넷과 컴퓨터를 마음대로 쓰고 싶은 사람은 컴퓨터 관련 동아리를 찾아가시기 바랍니다.
   ○○고 도서부는 컴퓨터와 인터넷을 배우고 활용하지만, 이는 도서관전산화와 정보봉사를 하기 위해서입니다.
4. 그럼에도 굳이 도서부를 선택한다면 말리지는 않겠습니다.
   절망과 포기, 회피와 두려움, 경쟁과 수동이라는 단어보다는 희망과 일어섬, 도전과 용기, 협력과 자율이라는 말들을 부여잡고 ○○고 도서관을 함께 일구어 나갈 '아름다운 인연' 들을 기다립니다.

- 지원서 배부 및 접수처 : ○○고 1층 도서관 빛글ㄴ래 ○○○ 선생님
- 지원서 배부 및 접수 : 3월 7일(월) ~ 3월 10일(목)
- 문의 : ○○고 1층 도서관 빛글ㄴ래 ○○○ 선생님

면접
○○년 3월 11일(금요일) 점심시간부터 시작합니다.

● 도서부 조직 짜기

도서부 운영에 있어 중요한 것 가운데 하나가 도서부 아이들과 함께 짜임을 만들고 그 짜임에 맞게 활동하는 것이다. 아이들은 역할과 책임, 권한을 주었을 때 자신이 도서관 운영의 주체임을 자각하고 도서부 활동을 통해 자긍심을 키워 가게 된다. 이와 함께 도서부의 이름을 만들어 주는 것도 필요한데, 도서부의 희망과 활동방향을 담고 있는 멋진 이름을 지어 준다면 아이들의 자부심이 더욱 높아질 것이다.

도서부 활동은 주로 1, 2학년을 중심으로 이루어진다. 3학년은 진급이나 진학에 대한 부담으로 활동하기가 어려워 신입생 환영회, 여름수련회, 졸업생 환송회 등의 공식적인 행사에만 참석하는 경우가 많다. 따라서 도서부의 주요 임원들은 2학년 중에서 뽑는데, 부장(대표), 차장(부대표)은 전년도 학기 말에 선출하고 부서장들은 3월에 뽑는 경우도 있고, 아예 모든 임원진을 새 학기에 선출하기도 한다. 도서부 내의 부서조직은 학교상황에 따라 달라지기도 하는데 대체로 총무, 서기, 홍보부, 전산부, 관리부 등으로 구성해 볼 수 있다. 각 부서의 장도 주요 임원진과 마찬가지로 2학년이 맡는 것이 보통이며, 1학년은 각 부의 구성원으로 활동하게 된다.

도서부 조직이 구성되면 교사는 임원진을 대상으로 자체교육을 하는 것이 좋다. 도서부 운영의 성패는 내부조직이 얼마나 잘 굴러가느냐에 따라 달라질 수 있으므로, 별도의 교육을 통해 책임감과 사명감을 부여하는 것이다. 교육을 받은 도서부 임원들은 전체 총회를 열어 도서부의 규칙을 만들거나 정비하고 연간 운영방법에 대해 안내하여, 부원들이 도서부 운영 전반에 대해 잘 알 수 있도록 한다. (도서부 조직과 운영에 대한 자세한 내용은 158쪽 참고자료 '도서부 회칙' 참조)

도서부의 이름을 정할 때 학교도서관 이름과 연관 지어 정하는 것이 좋다.(책두레–두레지기, 글숲–그루터기 등) 또한 도서부 명찰을 만들어 도서부 활동 때 달게 하면 아이들이 더욱 즐거워할 것이다. 도서부 이름과 도서부 명찰 디자인 등을 공모를 통해 정하게 하는 것도 좋은 방법이다.

● **신입부원 환영회 및 학교도서관 탐방**

신입부원 수습과정이 끝나는 꽃피는 4월이 되면 신입부원 환영회가 있다. 이날은 졸업생들도 함께 모여 자체 행사를 가지고 단합대회를 겸한 문화행사를 진행한다.

신입부원 환영회가 끝나면 수습과정에서 배웠던 이론들을 직접 눈으로 확인하는 자리를 갖는데, 이럴 때 가장 좋은 프로그램이 학교도서관 탐방이다. 신입부원뿐 아니라 도서부 전체가 함께 다른 학교의 도서관을 탐방해 보는 것이다. 다른 학교의 도서관은 어떻게 되어 있고 도서부 활동은 어떻게 이루어지는지를 살피면서, 도서부 학생들은 도서관에 대해 새로이 눈을 뜨게 된다. 탐방 전에는 탐방할 학교도서관에 대해 사전조사를 하고, 탐방 후에는 도서관 탐방기와 우리 도서관 개선방안에 대한 아이디어를 제출하게 하는데, 이때 상품을 걸 수도 있다. 전체가 가는 탐방 이외에 운영위원들과 함께, 운영이 잘되는 학교도서관을 견학하기도 한다. 사진을 찍거나 도서관 및 도서부의 운영자료를 얻어 오는 것이 좋다.

● **도서부 여름수련회**

방학을 이용하여 여름에는 1박 2일 일정의 도서부 여름수련회를 갖는다. 여름수련회에서는 상반기 도서관 및 도서부 운영을 평가하고, 도서부 아이들의 지친 몸과 마음을 풀어 주는 계기로 삼는다. 독서퀴즈, 책 소개하고 나누기, 공동체놀이, 요리 경연대회, 도서관 및 도서부 평가, 등반대회 등의 프로그램을 준비한다. 여름수련회를 다녀오면 도서부 학생들의 눈에는 전과 다른 따뜻함이 깃든다. 서로 간에 신뢰가 생겨나는 것이다.

여름수련회가 부담스럽다면 1박 2일의 일정으로 독서캠프를 열 수도 있다. 여름수련회를 떠나거나 1박이 포함된 독서캠프를 진행할 때는, 각 가정으로 프로그램 및 일정이 담긴 짤막한 가정통신문을 보내 학부모의 동의를 얻는 것이 좋다.

가 정 통 신 문

여름방학을 맞이하여 ◦◦고 도서부 '그루터기'에서는 여름수련회를 열고자 합니다. 여름수련회를 통하여 '그루터기' 학생 서로 간의 우의를 다지며, 하반기 도서부 활동의 계획을 짤 것입니다. 이에 학부모님들의 동의를 얻고자 합니다. 학부모님들의 많은 성원과 관심 부탁드립니다.

1. **일   시** : ○○. ○. ○ ~ ○○. ○. ○(1박2일)
2. **대   상** : 1, 2학년 그루터기 회원 중 희망자
3. **장   소** : 경기도 가평 유명산 자연휴양림
4. **인솔교사** : ○○○
5. **교 통 편** : 서울 청량리역에서 기차 출발
6. **참 가 비** : 30,000원
7. **문의전화** : 인솔교사 ○○○(010 – ××× – ××××)

'그루터기' 여름수련회 프로그램 및 일정 안내

⟨첫째 날⟩

시간	일정
13 : 00	인원점검 및 출발(학교)
15 : 40	청량리역 출발
18 : 00	두레별 장보기(청평읍)
18 : 40	유명산 도착
20 : 00	짐정리 및 저녁식사
20 : 30	두레별 저녁산책(서로에 대해 5가지 이상 알아 오기)
21 : 30	도서부 그루터기 1학기 평가 및 2학기 계획
22 : 00	책 나누기(자기에게 인상 깊었던 책 소감 말하고 나누기)
24 : 00	그루터기의 밤(두레놀이, 항아리 쪽지, 생일잔치, 그 밖의 놀이)

⟨둘째 날⟩

시간	일정
07 : 00	기상
08 : 30	세면 및 아침식사
11 : 00	물놀이 및 자연보호 활동
12 : 00	평가, 모범 그루터기 뽑기, 편지 쓰기
13 : 20	간단한 점심
13 : 40	유명산에서 출발
18 : 00	도착 및 귀가

※ 식사 및 토의 등 모든 과정은 두레별로 진행됩니다. 두레별 대표를 뽑습니다.

------- 절 취 선 -------

동 의 서

◦◦고 도서부 그루터기 여름수련회의 참가를 동의합니다.

학년 반 번   학생

학부모   (인)

○ ○ 고 등 학 교 장 귀 하

▲ 문학기행 – 김유정 문학촌

● 문학기행 / 체험학습을 통한 독서토론

도서관을 운영하다 보면 도서부 학생들이 기능적인 일만 하게 되는 경우가 있다. 이를 보완하기 위해서는 담당교사가 '문학기행'과 '체험학습' 등 다양한 독서 프로그램을 마련하여 도서부원들의 욕구를 충족시켜 주어야 한다.

'문학기행'은 안전사고의 위험, 비용문제 등으로 준비하고 신경 써야 할 부분이 많아 부담을 느끼는 교사가 많다. 하지만 다양하고 알찬 프로그램으로 짜여진 문학기행은 도서부원들에게 더없는 즐거움을 줄 것이다. 문학기행을 떠나기 전에, 학생들은 문학기행과 관련된 작가를 조사하고 관련 작품을 읽는다. 교사는 간단한 문학기행 자료를 만들어 출발할 때 참가자들에게 나눠 주고 이동하는 틈틈이 관련 퀴즈를 내는 등 문학기행이 더욱 의미를 가질 수 있도록 준비한다. 또 관심 있는 교사들이 두세 명 함께할 수 있다면 도서부 인솔이 더 수월해질 것이다.

문학기행은 도서부 행사로 진행할 수도 있고, 좀더 확대하여 전체 학생·교직원·학부모를 대상으로 하는 학교 행사로 꾸려 볼 수도 있다.(자세한 내용은 4장 '학교도서관 즐기기' 참조)

'체험학습을 통한 독서토론'은 우리 삶에 밀착한 독서교육의 한 방법으로, 전일제 특별활동 시간 등을 이용하여 진행해 볼 수 있다. 이는 책상에 앉아 책을 읽고 토론하는 데서 한 걸음 더 나아가 관련된 체험학습을 함께 하는 것인데, 예를 들면 오정희 님의 《중국인 거리》를 읽고 나서 작품의 배경이 되었던 인천 북창동 '중국인 거리'를 탐방하는 식으로 진행하는 것이다.(자세한 내용은 162쪽 사례 참조) 이를 좀더 확대하여 주제가 있는 체험학습을 통한 독서지도와 문학기행을 진행할 수도 있다.

● 서점탐방 및 다른 학교 도서관축제 참여하기

구입도서 목록을 정하기에 앞서 도서부 학생들과 함께 대형서점 탐방을 한다.

도서관에서 구입할 책을 도서부 학생들이 직접 고르게 하는 것이다. 서점탐방을 가기 전에 구입도서 방향과 좋은 책을 고르는 방법에 대해 아이들과 함께 충분히 토론해 보는 것이 좋다.

서점탐방을 할 때, 적은 수의 아이들이 모든 책을 다 훑어볼 수는 없으므로 적절히 인원을 배정하여 살펴보게 한다. 예를 들어, 도서부 아이들이 20명이라면 2명씩 짝을 지어서 총류(000)부터 역사(900)까지 십진분류법에 맞추어 인원을 나눈 뒤 책을 고르게 하면 된다. 학교 근처에 대형서점이 없는 경우에는 인터넷 서점을 활용하는 것도 좋다.

▲ 서울국제도서전 관람

다른 학교에서 개최하는 도서관축제나 각종 도서전시회에 참석하는 것도 도서부 운영에 많은 도움이 된다. 축제에 참가하면서 학생들은 도서관 및 도서부 운영에 대해 많은 것을 배우게 되어, 자극도 받고 새로운 각오도 다지는 소중한 시간이 될 것이다.

● 졸업생 환송회

졸업생 환송회는 졸업식 후에 이루어진다. 졸업생에게 명예회원증과 기념반지를 전달하고 기념사진을 찍는다. 기념사진은 학교도서관에서 눈에 띄는 곳에 액자로 만들어 걸어 놓는 것이 좋다. 매 기수마다 사진을 찍어 걸어 둔다면 도서관의 역사를 한눈에 알아볼 수 있을 뿐만 아니라 도서부 아이들도 뿌듯해 졸업 후에도 찾아올 수 있는 추억의 장소가 될 것이다. 또, 명예회원이 된 졸업생들을 신입생 환영회나 여름수련회, 도서관축제 등의 공식행사에 초청하여 지속적인 유대관계를 가지면 선후배 모두에게 좋은 경험이 된다.

(예시) 명예회원 임명장

제 1 호

임명장

두빛느래 1기 ○○○

위 학생은 두빛느래 1기로서 도서관 발전 및 도서부 활성화에 기여하였으므로 명예회원으로 위촉함과 동시에 위 증서를 수여합니다.

○○년 ○월 ○일
○○고등학교 도서관 빛글느래

○○고등학교 도서부 그루터기 회칙

● 총 칙 ●

1. 명칭
이 모임은 '그루터기' 라고 이름 한다.

2. 회원
(1) 자격
   ① 정회원 : 그루터기 소속의 재학생
   ② 명예회원 : 그루터기 출신의 졸업생
(2) 가입 : ○○고 학생으로서 별도의 절차를 거쳐서 선발된 재학생
(3) 권리와 의무
   ① 정회원 : 그루터기의 모든 활동에 참여할 권리를 가지며, 회칙준수의 의무를 갖는다.
   ② 명예회원 : 그루터기의 중요행사에 참여할 권리를 갖는다.
(4) 금지 : 그루터기 회원은 창립정신 및 의무와 권리를 소홀히 하지 않는다.

3. 운영위원회
(1) 운영위원회 구성
   ① 으뜸지기
   ② 버금지기
   ③ 두레장
   ④ 셈지기
   ⑤ 글지기
(2) 임원의 활동
   ① 으뜸지기(대표/부장)는 그루터기 운영에 관한 전반적인 책임을 지고 대표한다. 으뜸지기는 모든 실무에서 제외되며 전체적인 업무를 관할 감독한다.
   ② 버금지기(부대표/차장)는 으뜸지기를 도와서 그루터기의 업무를 수행한다. 버금지기는 으뜸지기를 보좌한다.
   ③ 글지기(서기)는 그루터기의 사무기록 및 회의기록을 정리하며 글로 남긴다.

④ 셈지기(회계)는 그루터기 운영의 예산을 세우고 집행하며 예산운영에 관한 권한과 책임을 함께 갖는다.

⑤ 두레장들은 두레 내의 모든 활동을 계획하고 책임진다.

4. 선거

(1) 후보는 그루터기 소속이어야 한다.

(2) 임원은 전체총회에서 투표로 선출한다.

(3) 임원은 1개월의 수습기간을 가지며 자격기간은 취임식부터 이임식까지로 한다.

(4) 임원이 성실하게 역할을 수행하지 못할 경우 총회에 의해 해임할 수 있다.

(5) 두레장은 운영위원회에 소속되며 두레 구성원들 내에서 투표로 선출한다.

5. 두레 활동

(1) 으뜸지기(대표/부장) : 회의진행, 도서부 운영 총괄

(2) 버금지기(부대표/차장) : 대표 보좌, 행사 기획

(3) 셈지기(총무) : 회비 관리, 생일잔치 준비, 기타 재정담당

(4) 글지기(서기) : 회의록 작성, 도서부 역사 기록, 기타 자료 정리

(5) 알림이(홍보부) : 소식지 제작, 행사홍보, 정기간행물 관리

(6) 빛지기(전산부) : 도서 전산화, 홈페이지 및 인터넷 카페 관리

(7) 소리지기(매체부) : 비디오, 소프트웨어, 멀티미디어 장비 관리

(8) 지킴이(도서관리부) : 도서분실 방지, 환경미화, 도서관 관리

6. 기타

필요에 따라 임시 모임을 소집, 활동할 수 있다.

7. 재정

(1) 그루터기의 회비는 셈지기가 계획하여 운영위원회에서 상의하여 결정한다.

(2) 정기회비는 한 달에 한 번 걷는다.

(3) 예산이 모자랄 경우 별도의 추가비를 걷는다.

(4) 그루터기 활동 외의 용도로는 쓰일 수 없다.

(5) 한 달에 한 번 결산하여 결과를 공개한다.

● 세 칙 ●

이 세칙은 그루터기 세부규칙으로, 반드시 지켜야 하며 이를 어길 경우 제재를 받는다.

1. 회 원
⑴ 신입생 선발 : 전반적인 세부일정은 운영위에서 결정한다.
⑵ 시기 : 매년 3월로 한다.
⑶ 선발절차 : 포스터 제작 – 홍보 – 원서접수 – 1차 서류전형 – 2차 면접 – 발표
  ① 포스터 : 눈에 잘 띄고 일시, 장소가 분명하게 드러나야 한다.
  ② 면접 : 지도교사와 3학년 대표 2명, 2학년 대표 2명으로 하고, 학생에 대해 잘 알 수 있는 문제를
      미리 만들어 질문한다.
  ③ 발표 : 도서관 게시판과 학급에 잘 보이게 부착하고 개별 통보한다.

2. 수습회원
⑴ 기간은 4월 한 달로 하고 원하는 경우 탈퇴할 수 있다.
⑵ 운영위원을 제외한 모든 업무와 모임에 참여한다.
⑶ 1개월 동안 각 두레와 지도교사로부터 도서관 운영에 관한 교육을 받는다.

3. 각 두레별 교육
⑴ 교육내용
  ① 셈지기(총무) : 회비 관리, 생일잔치 준비, 기타 재정담당
  ② 글지기(서기) : 회의록 작성, 도서부 역사 기록, 기타 자료 정리
  ③ 알림이(홍보부) : 소식지 제작, 행사홍보, 정기간행물 관리
  ④ 빛지기(전산부) : 도서전산화, 홈페이지 및 인터넷 카페 관리
  ⑤ 소리지기(매체부) : 비디오, 소프트웨어, 멀티미디어 장비 관리
  ⑥ 지킴이(도서관리부) : 도서분실 방지, 환경미화, 도서관 관리
  ⑦ 그루터기 공통교육(도서대출과 반납, 서가정리, 책 수선 등)
⑵ 신입생 환영회
  ① 수습기간이 끝나고 돌아오는 토요일에 신입생 환영회를 갖는다.
  ② 전반적인 행사진행은 2학년이 한다.

4. 그루터기의 징계

⑴ 그루터기 내의 싸움, 폭력, 흡연, 절도 등의 행위
⑵ 신년회, 수능, 백일행사, 단합대회, 문학기행, 생일잔치, 수련회, 송년회 등의 공식행사에 이유 없이 불참하는 경우
⑶ 징계는 운영위원회에서 결정하며 미미한 사항은 주의, 중요한 사항은 경고가 주어지고, 경고 2회가 누적되면 전체총회에서 회원의 자격을 박탈한다.
⑷ 자진 탈퇴하고 싶은 사람은 지도교사 및 운영위원회와 대화 후 결정한다.

5. 명예회원

⑴ 그루터기 출신 졸업생을 말한다.
⑵ 그루터기 주요 행사에 초대한다.

6. 운영위원회

⑴ 선거
　　① 으뜸지기, 버금지기, 두레장은 선거로 선출한다.
　　② 으뜸지기와 두레장은 3월 정기총회에서 선출하고, 버금지기는 4월 마지막 주에 1학년 중에서 선출한다.
　　③ 으뜸지기와 버금지기는 비밀투표로 선출하며 두레장은 두레별 회의를 통해 투표로 선출한다.

7. 전체총회 및 임시총회

정회원의 2/3 이상 참석 시 회의가 성립된다. 불참자는 자신의 권리를 위임한 것이며 회의의 결과에 따른다. 전체총회는 매 학기 3월, 9월에 실시하며, 임시총회는 재적회원 2/3 이상의 발의로 소집한다.

● 부 칙 ●

1. 그루터기 전체 총회의 승인 후 효력을 갖는다.
2. 그루터기 3분의2 이상의 출석과 3분의2 이상의 찬성으로 개정한다.

도서부와 함께하는
'체험학습을 통한 독서토론'

이 성 희 _ 인천 예일고등학교 도서관 담당교사

도서부원들과 함께 '일'과 '놀이'가 하나가 될 수 있도록 많은 프로그램을 준비하고 함께해 왔지만 늘 아쉬운 점은 진지하게 책을 읽고 이야기를 나눌 수 있는 시간이 많지 않다는 것이었다. 도서부의 평상시 활동은 도서관 운영 및 동아리 일상활동을 중심으로 이루어지기 때문에 체계적이고 제대로 된 독서교육을 하기가 쉽지 않다.

그래서 이런 아쉬움을 극복해 보고자, 매월 시행되는 전일제 특별활동 시간을 이용하여 '체험학습을 통한 독서토론'을 진행해 보았다. 책을 읽고, 관련 영상자료를 함께 시청하고, 체험학습과 토론을 연이어 진행해 보면서, 단순히 책을 읽고 토론하는 것을 넘어서는 깨달음을 함께 얻을 수 있었던 좋은 경험이었다.

여기에 제시하는 사례는 부광고등학교에 근무할 때 도서부와 함께했던 내용들이다. 독서토론을 위한 주제는 사전에 학생들과 협의해서 정했고, 관련 도서와 활동방법의 큰 틀은 교사가 제시하였다.

📖 독서토론 모둠 구성

독서토론과 체험학습을 진행하기 위해 가장 먼저 모둠을 구성하였다. 사전에 논의된 독서토론 주제 가운데 관심 있는 주제를 도서부원들이 선택하고 이에 따라 모둠을 만들었다. 자연스럽게 한 모둠에 6~8명 정도가 모이게 되었는데, 만약 모둠별로 인원이 고르지 않다면 교사가 각각의 주제에 인원이 균등하게 배치되는지, 1학년과 2학년이 적절히 섞여 있는지를 세심히 살피고 지도해야 한다. 부광고 도서부 1,2학년이 30명이어서 4개의 모둠으로 나누어 체험학습을 통한 독서토론을 진행하였다.

모둠원이 정해지고 난 후에는 모둠장과 서기를 선출했다. 모둠장은 전체 독서토론과 체험학습을 진행하는 역할을 맡고, 서기는 토론내용을 기록하며 사진 및 영상기록 업무를 담당하였다. 모둠장을 중심으로 체험활동과 독서토론이 진행되므로 모둠장을 선출하기 전에 그 역할과 중요성에 대해서 함께 이야기해 보는 시간을 가졌다.

도우미 선생님들과 함께

학생들이 모둠을 구성할 동안 별도로 학생들과 함께 활동할 교사들을 모집하였다. 현실적으로 4개 모둠으로 나누어서 진행되는 모든 과정을 도서관 담당교사 혼자서 진행할 수는 없기 때문이다. 평소 도서관과 독서교육에 관심이 있던 교사들을 중심으로 독서부터 체험학습 후 토론까지 전 과정을 학생들과 함께할 수 있는 모둠별 지도교사를 구성한 것인데, 부광고에서는 도서관 담당교사인 나와 세 명의 지도교사가 함께 프로그램을 진행하였다.

이와 같은 사례를 다른 학교에서 적용할 때 국어과 교사의 경우에는 교과협의회를 통해서 학교교육계획 안에서 진행하는 것이 좋다. 가능하다면 국어과 이외에 다른 교과 교사들의 참여까지 이끌어 내면 더욱 좋을 듯하다. 주제에 따라 다르겠지만, 부광고에서 진행한 활동의 경우 역사과나 사회과, 또는 윤리과와 연관되어 있는 내용이므로 얼마든지 해당 교과의 교사와 함께할 수 있을 것이다. 독서지도가 국어과만의 활동이 되어서는 안 되듯이 다른 교과와의 통합 프로그램으로 운영할 수 있다면 그 효과가 더욱 커지리라 생각한다.

독서토론 및 체험 나누기

모둠이 다 구성된 후 각 모둠은 지도교사와 함께 선택한 주제에 따라 모둠별 활동계획을 세웠다. 활동의 기본과정은 '독서 → 영상자료 시청 → 체험학습 → 모둠별 토론 →

전체토론(전시 및 발표)'으로 진행하였다. 체험학습을 할 때는 탐방 전 모둠별 사전보고서와 탐방 후 개인별 감상문을 제출하도록 했다.

모둠별 소주제 및 활동방법

	도서명	영상자료	체험학습 장소
1모둠	《전태일 평전》	〈아름다운 청년 전태일〉	전태일기념사업회 탐방 및 인권영화제 관람
2모둠	《닥터 노먼 베쑨》	〈패치 아담스〉	인도주의실천의사협의회 방문 및 의료봉사활동 참여
3모둠	《봉선화에 부치는 고백》	〈낮은 목소리〉 또는 〈숨결〉	경기도 광주 나눔의 집 방문(일본군 위안부 할머니들의 쉼터)
4모둠	매향리 관련 시, 보도물	매향리 관련 영상물	경기도 화성 매향리 사격장 방문

1모둠(《전태일평전》)은, 처음에는 전태일기념사업회 탐방만을 계획했는데, 때마침 이화여대에서 열리는 인권영화제 시기와 겹쳐 전태일기념사업회를 방문한 후 인권영화제에 참가하였다. 전태일과 인권에 대해서 더욱 깊이 생각해 볼 수 있는 기회였다. 2모둠(《닥터 노먼 베쑨》)은 매주 금요일 서울역에서 노숙자들을 대상으로 인도주의실천의사협의회가 펼치는 의료봉사활동을 늦은 시간까지 도왔고, 3모둠(《봉선화에 부치는 고백》) 역시 일본군 위안부 할머님들의 쉼터인 나눔의 집에서 자발적으로 일손 돕기를 하는 등 체험을 통한 생각의 변화와 그에 따른 사회참여를 이루어 내는 작은 변화를 경험하였다. 4모둠(매향리 관련)은 매향리 관련 신문기사, 문인들의 시와 글, 영상 보도물 등을 통해 매향리의 현실을 접한 뒤 경기도 화성에 있는 매향리를 방문하여 주민대책위원회 위원들과의 만남을 가졌다. 매향리 탐방 모둠은 이후 도서관 축제 때 관련 사진들을 전시하기도 하였다.

체험학습 후에는 각 모둠별로 진행한 독서토론과 체험활동 후에 이루어졌던 토론을 중심으로 독서토론 발표회를 준비하였다. 발표는 도서관 축제인 '책두레 문화제' 행사 중에 이루어졌고, 각각의 주제 모둠별로 모둠 구성원들이 역할을 나누어 발표하고 토론을 진행했다. 단순히 문서자료를 읽는 것이 아니라, 실물화상기와 컴퓨터 등을 이용하여 사진자료 및 동영상, 파워포인트 자료 등을 보여 주면서 입체적으로 발표하고 토론을 전개했다.

처음으로 하는 것이라 시행착오도 많았다. 또한 주제가 사회문제 중심의 한 방향으로 치우친 면도 있는데, 새는 좌우의 날개로 날듯이 중용을 지키기 위한 치우침이라고 스스로를 위로해 본다. 다음에는 아이들의 고민에 좀더 가까이 다가간 다양한 주제들로 체험학습과 토론이 이루어졌으면 한다. 인생관, 진로, 성적, 성(性), 이성문제, 친구문제 등등 아이들이 학교생활에서 느끼고 부딪치는 다양한 문제들을 끄집어내고, 이와 관련된 영상자료 및 체험 · 치료 프로그램 등을 결합해 볼 수 있을 것이다.

부광고에서는 처음의 시도 이후 지금까지 계속 도서부 계발활동 시간에 몇 가지 주제를 잡아 도서부 아이들과 함께 진행하고 있다. 체험활동을 통한 독서토론은 도서부 중심의 계발활동에서 한 걸음 더 나아가 주제가 있는 독서캠프나 문학기행을 통해서도 시도해 볼 수 있다. 아직은 많이 부족하지만 도서부 아이들과 함께할 수 있는 또 하나의 독서교육 프로그램으로 보아 주었으면 한다. 책과 영상, 그리고 삶과의 만남. 이러한 과정이 사람을 변화시키는 독서교육의 한 방향으로 자리매김할 수 있었으면 하는 바람을 가져 본다.

3장

학교도서관 활용하기

Ⅰ. 도서관 첫걸음, 도서관 이용교육

도서관은 여러 사람의 개성과 목적에 맞는 다양한 자료를 갖추고 있는 보물창고입니다. 하지만 아무리 좋은 자료가 가득한 도서관이라도 그 존재를 모르고 이용방법을 모른다면 그곳은 그저 책이 가득히 쌓여 있는 창고에 지나지 않습니다. 또 도서관의 쓸모를 안다 하더라도 수많은 자료 가운데 자신에게 맞는 자료를 찾아내고 활용할 수 없다면 그 또한 의미가 없는 일입니다. 아이들이 학교도서관으로 올 수 있는 길을 알려 주고, 도서관을 온전히 활용할 수 있도록 하기 위해, 도서관 이용교육부터 시작해 봅시다. 학기 초 도서관에서의 한 시간은 1년의 도서관 이용, 나아가 평생 도서관 이용의 밑바탕이 될 것입니다.

도서관 이용교육 제대로 알기

도서관 이용교육은 도서관과 아이들을 연결해 주는 다리가 된다. 도서관 이용교육을 받음으로써 아이들은 도서관을 찾게 되고 필요할 때 도서관에서 답을 얻을 수 있으며, 마찬가지로 도서관의 자료와 시설들은 이용교육을 통해 비로소 제 값어치를 해 내며 빛을 발할 수 있다.

 ## 도서관 이용교육, 기본기 다지기

도서관 이용교육은 도서관을 맡고 있는 담당자가 주체가 되어 진행해야 한다. 사서교사처럼 전문적인 지식이 없더라도 학교도서관 운영계획을 세우고 밑그림을 그려 본 교사라면 누구나 이용교육을 할 수 있다. 자료 정리와 검색 부분에서는 다른 전문가(사서직원이나 도우미 어머니, 도서부 학생들)의 도움을 받으면 된다. 중요한 것은 도서관 이용교육의 중요성을 알고 학생들이 그것을 알 수 있는 마당을 만들어 주는 것이다. 학기 초에 업무가 너무 많아서, 혹은 도서관 전문가가 아니라는 이유로 도서관 이용교육을 미뤄 놓는다면, 멀고 험한 길을 돌아 도서관에 오는 아이들이 생길 것이고 아예 도서관에 오지 못하는 아이들도 생길 것이다.

도서관 이용교육은 되도록이면 3월에 하는 것이 가장 좋다. 처음 문을 연 도서관에서는 전교생을 대상으로 이용교육을 해야 하지만, 재학생 교육이 이미 이루어진 학교에서는 신입생만을 대상으로 할 수도 있다. 세 살 버릇 여든까지 간다고 했듯 처음 도서관을 이용하는 방법을 잘못 익히게 되면 나중에 고치기란 쉽지 않다. 따라서 아이들이 처음부터 제대로 된 도서관 이용법을 익힐 수 있도록 하는 것이 중요하다.

이용교육을 실시하는 방법은 다양하다. 손쉽게 게시판이나 가정통신문 등의 유인물을 이용할 수 있고, 학교방송이나 동영상 자료를 활용해 볼 수도 있다. 그러나 가장 좋은 방법은 학기 초 수업시간을 이용하여 도서관을 방문하고 직접 자료를 찾아보면서 그 방법을 몸에 익히도록 하는 것이다. 그러기 위해서는 교육시간을 확보해야 하므로 미리 교과목 또는 창의적 재량활동 시간 교사의 협조를 얻어 두어야 한다. 두 개 이상의 학급을 함께 교육하기 위해서는 계발활동 시간이나 적응활동 등의 시간을 확보하는 것이 좋다.

도서관 이용교육 계획하기

도서관 이용교육을 실시하기 전에 어떤 내용으로 수업을 할 것인지, 어떤 시간을 활용할 것인지 미리 계획안을 만들어 결재를 받아 두는 것이 좋다. 창의적 재량활동이나 일반 교과시간을 활용할 경우에는 사전에 반드시 해당 교사와 충분히 협의해야 한다. 계획안을 만들면서 아이들에게 전달할 내용과 예시자료들도 함께 준비한다.

(예시) 도서관 이용교육 계획서

○○학년도 도서관 이용교육 계획서

1. 도서관 이용교육의 목적
도서관은 다양한 자료를 제공함으로써 살아가면서 필요한 문제를 해결하는 데 도움을 준다. 도서관은 하나의 문화공간이며 평생학습의 장이다. 학생들이 사회에 나가서도 도서관을 잘 활용할 수 있도록, 교육의 기능을 가진 학교도서관에서 학생들에게 이용법을 제대로 알려 주어야 한다.

2. 도서관 이용교육 대상 및 장소

- 1학년을 대상으로 우선 실시할 예정. 2~3학년은 시간이 되면 실시.
- 도서관에서 직접 자료를 찾아보며 실습 위주로 진행.
- 연간계획으로 잡혀 있으며, 창의적 재량활동 시간을 빌려 실시할 예정.

3. 도서관 이용교육 시간표

	월(4.3)	화(4.4)	수(4.5)	목(4.6)	금(4.7)
1			1-4		1-7
2		1-5		1-8	1-3
3		1-6	1-2		
4					
5		1-1			
6			1-10		
7					1-9

4. 이용교육 계획안

① 도서관에 대한 관심 환기

- 영화 속 도서관 알기
- 책과 관련된 퀴즈 : 내가 알고 있는 가장 긴 책 제목은? / 도전! 스피드퀴즈 / 자모음으로 맞히는 책 이름 / 이 책을 지은 사람은 누구인가?

② 도서관은 어떤 곳인가?

- 우리 학교도서관에 대한 생각 발표하기
- 아이들이 알고 있는 부분 외에 학교도서관에서 할 수 있는 일 알리기
- 도서관 자료 설명하기

③ 도서관 활용하기

- 대출과 반납하기
- 디지털도서관 이용하기 : 연장과 예약하기, 내가 좋아하는 책 찾기
- 도서관 예절

④ 쉬어 가는 프로그램

- 학생들의 인터뷰 이야기
- 학생 설문조사 및 퀴즈
- 이 책을 찾아라!

도서관 이용교육 어떻게 할까

도서관 이용교육은 대부분 1~2차시 정도로 진행되는데, 짧은 시간 동안 너무 많은 내용을 전달하려고 하면 자칫 도서관은 지루하고 까다로운 곳이라는 인상을 심어 줄 수도 있다. 도서관 이용교육의 목적은 올바른 이용방법을 아는 것뿐 아니라 도서관을 친근하게 느낄 수 있도록 하려는 것이므로, 딱딱한 설명으로 일관하기보다는 재미있는 예와 함께 핵심적인 내용을 전달하고 직접 책을 보여 주면서 이야기하는 것이 좋다.

 ## 도서관 이용교육 진행하기

도서관 이용교육을 할 때는 가능하면 학생들이 직접 도서관 구석구석에 어떤 자료가 있는지 살펴보고 그 가운데 자기가 원하는 책을 찾아 대출을 해 보면서 자연스럽게 도서관 이용방법을 알아 갈 수 있도록 해야 한다. 아이들에게 도서관에 대한 흥미와 지식을 동시에 심어 주어야 함을 잊지 말자.

● 도서관에 얽힌 재미있는 이야기로 시작하기

본격적으로 수업을 시작하기 전에, 도서관을 처음 방문한 학생들의 긴장을 풀어 줄 필요가 있다. 이럴 때는 작은 상품을 걸고 퀴즈를 몇 문제 내어 맞혀 보도록 하는 방법이 효과적이다. 물론 문제를 맞히는 것 자체보다는 도서관에 대해 관심과 흥미를 유발하는 것이 중요하다. 도서관 상식에 대한 문제가 어렵다면 우리 학교도서관의 이름을 묻는 등 간단한 문제를 내 볼 수도 있다.

그 밖에도 도서관과 얽힌 재미있는 이야기나 에피소드, 혹은 책과 관련한 위인들의 어린 시절 이야기 등을 통해 학생들의 흥미를 유발할 수 있다. 영화 속에 등장하는 도서관의 다양한 모습, 혹은 〈느낌표〉 등의 TV 프로그램 안에서 그려지는 도서관의 모습을 짤막하게 보여 주면 집중도는 더욱 높아진다.

도서관 이용교육에 활용하기 좋은 도서관 상식 몇 가지

- 도서관의 신의 이름은? 헤르메스
- 미국의 자유의 여신상이 들고 있는 책은? 미국의 독립선언서
- 하버드대 중앙도서관에 있는 서가의 길이는? 10km
- 세계에서 가장 오래된 금속활자본 직지가 소장되어 있는 곳은? 프랑스 국립 중앙도서관
- 다음 중 도서관이 나오지 않는 영화는? (5)
  1) 여고괴담   2) 봄날의 곰을 좋아하세요?   3) 해리포터   4) 투모로우   5) 투캅스
- 우리나라에는 아시아 최초의 대통령 도서관인 김대중도서관이 있다. 김대중 전 대통령이 자신이 소장했던 책과 자료, 그리고 노벨평화상의 상금 일부를 기부하여 건립한 것이다. 그렇다면 이 도서관은 어디에 있을까? (2)
  1) 목포   2) 연세대   3) 동교동   4) 청와대   5) 국회도서관
- 세계 책의 날은 언제일까? (3)
  1) 2월 14일   2) 3월 14일   3) 4월 23일   4) 7월 7일   5) 11월 11일

영화와 도서관

영화 속에서 도서관의 모습을 발견하는 것은 의외로 어렵지 않다. 이는 도서관이 일상생활과 얼마나 가까운지를 보여 주는 예이기도 하다. 영화를 통해 아이들이 도서관을 친근하게 느끼도록 아래의 영화들을 편집해 보여 주거나, EBS 프로그램 〈시네마 천국〉 중 2004년 11월 26일에 방송된 〈넌 도서관에서 책만 보니?〉 편을 상영해 줄 수 있다.

1. 도서관과 학교

- 위험한 아이들(1995) : 선생님들의 다양한 교수법을 통해 학교도서관이 왜 필요한지를 느낄 수 있다. 문제아라 할지라도 도서관에서 스스로 자료를 찾고 답을 찾아 나가면서 토론하고 생각하는 모습을 보며 시사점을 발견하게 된다.
- 러브레터(1999) : 등장인물 중 한 명인 후지이 이츠키가 시립도서관의 사서로 나오고, 러브레터의 열쇠를 쥐고 있는 동명이인 후지이 이츠키와의 추억이 도서관을 배경으로 펼쳐진다. 햇살이 잘 드는 오래된 도서관과 도서부 아이들의 모습이 낭만적으로 그려져 있어 도서관에 호감을 갖게 하는 영화이다.
- 해리포터 시리즈(2001) : 마법수업의 숙제를 해결하기 위해 학생들이 자연스럽게 도서관을 찾고 함께 토론하는 모습을 볼 수 있다. 학교도서관이 학교생활의 일부분으로 자연스럽게 묘사되고 있다.

2. 사건과 도서관

- 로렌조 오일(1992) : 희귀병을 앓는 아이를 위해 도서관에서 자료를 찾고 사서의 도움을 받아 희귀병 치료약을 만들어 내는 아버지의 모습이 그려진다. 도서관을 통한 자기주도적 학습이 무엇인지, 도서관이 어떻게 평생교육기관으로 기능하는지, 사회적 한계를 뛰어넘는 사례를 보여 준다. 사서의 서비스를 통해 도서관에서 사서의 위치가 얼마나 중요한지도 확인할 수 있다.
- 세븐(1995) : 주인공 형사가 직업적으로 부딪히는 문제를 도서관을 통해 해결해 나간다. 영화를 보면서, 어떤 직업을 갖든지 평생 도서관을 이용해서 자신의 문제를 해결하는 습관을 가져야 함을 느끼게 된다. 아울러 도서관에서의 열람 및 대출에 대한 개인정보가 어떻게 관리되어야 하는지, 도서관이 얼마나 일상적으로 교육에 활용되고 있는지를 알 수 있다.
- 투모로우(2004) : 기상재난을 당한 주인공들이 생명을 보존하는 공간으로 도서관이 등장한다. 책에서 얻은 지식을 통해 아픈 사람을 치료하거나 책을 태워 체온을 유지하는 장면도 볼 수 있다.

3. 도서관과 사랑

- 클래식(2003) : 이 영화에서 도서관은, 주인공 준하와 태수가 우정을 나누는 곳이자 준하가 주희를 향해 러브레터를 쓰는 곳이다. 도서관이라는 공간이 평범한 일상의 한 부분으로 녹아 있다. 우리 아이들도 주인공들처럼 도서관이라는 공간에서 숨 쉬고 우정과 사랑을 나눌 수 있음을 알게 한다.
- 봄날의 곰을 좋아하세요?(2003) : 화집을 빌리는 여주인공 현채에게 화집 한 귀퉁이에 적힌 사랑의 메시지가 눈에 들어온다. 그 메시지를 따라 또 다른 화집을 빌리며 사랑을 꿈꾸는 현채. 도서관 책에 낙서를 하는 것은 좋지 않지만 도서관이 로맨틱한 장소가 될 수 있다는 점이 아이들의 흥미를 끈다.

● 학교도서관 제대로 알기

선생님이 던진 퀴즈와 이야기로 도서관에 호기심을 가지게 된 아이들은 도서관이 어떤 곳인지, 무엇을 할 수 있는 공간인지 궁금해하기 시작한다. 이런 아이들에게 도서관에서 할 수 있는 일, 도서관에서 이용할 수 있는 자료 등에 대해 자세히 알려 주자. 동네의 도서대여점과 학교도서관이 다른 점을 구분해 생각해 보면 학교도서관이 어떤 공간인지 훨씬 쉽게 이해할 수 있을 것이다.

도서관의 기본적인 특징을 알게 되었다면, 이제는 우리 학교도서관에 대해 좀 더 자세히 알아야 한다. 학교도서관의

학교도서관 vs 도서대여점

항목	학교도서관	도서대여점
이용료	무료. 많이 이용하는 학생에겐 상을 주기도 한다.	권당 500원 이상을 지불해야 한다.
책의 구성	재미있는 책, 교훈이 있는 책, 과제에 도움이 되는 책 등 다양한 책이 있다.	재미는 있으나 도움이 별로 되지 않는 책들이 있다.
문화	학교 안에서 유일하게 학생들을 위한 소파가 마련되어 있는 곳이다. 뿐만 아니라 영화상영, 음악회, 작가와의 만남 등 다양한 행사가 이루어진다.	책을 빌릴 수만 있으며 빌린 뒤에도 집으로 돌아와 읽어야 한다.
독서 상담	도서관 담당선생님이나 도서부 학생들에게 재미있는 책, 유익한 책, 혹은 자신의 상황에 필요한 책을 추천받을 수 있다.	자신이 알아서 골라야 한다. 주인아저씨는 대여만 해 준다.
정보	학교에서, 혹은 일상생활에서 알고 싶은 다양한 정보를 다룬 갖가지 자료들이 있다. (백과사전, 다양한 분야의 책, 디지털자료, 인터넷)	오로지 책, 그것도 90% 이상은 소설과 만화책이다.

이름과 뜻, 이용시간과 소장자료 현황, 도서관 자료배치도와 그에 따른 각 서가의 위치를 비롯하여 1년간 도서관에서 있을 각종 행사에 대해 간단히 안내하면 된다. 이 내용(연간 행사계획 포함)을 게시물로 만들어 도서관 출입구 쪽에 걸어 두면 더욱 좋다.

● 요리조리 도서관에서 정보 찾기

도서관 이용수업의 핵심은 '원하는 자료를 어떻게 찾을 수 있는지'를 가르쳐 주는 것이다. 도서관에 있는 모든 자료들은 일정한 규칙에 따라 정리되어 있는데, 이 규칙은 교사들에게도 낯설고 어려울 때가 많다. 따라서 규칙에 대해 자세히 설명하기보다는 학생들이 흥미를 가지는 분야의 책을 찾는 시범을 보여 주고, 그 과정을 학생들에게 천천히 설명해 주는 것이 좋다.

설명을 마친 후에는 실제로 자료를 검색해 볼 수 있는 시간을 마련해 준다. 평소에 읽고 싶었던 책이나 최근의 베스트셀러를 찾아보게 할 수도 있고, 특정 주제를 주고 모둠별로 적당한 자료를 찾아보게 하는 방법도 있다. 예를 들어, '가고 싶은 여행지 자료 모으기', '고궁답사를 위한 자료 조사', '김치의 정체 밝히기' 등 학생들이 흥미로워할 주제를 골라 제시하고, 이 주제에 해당하는 자료를 직접 찾아보게 하는 것이다. '참고2' (183쪽)와 같이 정보탐색의 과정에 따른 활동지를 만들어 찾은 자료의 내용을 정리해 보도록 하면 학생들이 좀더 쉽게 자료 이용법을 익힐 수 있다. 이러한 정보탐색 과정을 통해 도서관의 자료를 제대로 이용할 수 있게 되면, 도서관의 주요 기능 가운데 하나인 '도서관 활용수업'을 더욱 원활하게 진행할 수 있을 것이다.

(예시) 도서관을 활용한 정보탐색 과정

수업시간, 선생님이 학생들에게 동물세포와 식물세포에 관한 숙제를 내 주셨다. 어디에서 정보를 찾아야 할지 고민하는 성실이.

"어디에 가면 내가 원하는 정보가 있을까? 학교에서 정보를 구할 수는 없을까?"

성실이는 도서관 이용교육을 통해 도서관에 다양한 정보를 가진 자료들이 많이 있다고 배웠던 것을 기억해 낸다.

"도서관에는 책도 많고 사서선생님도 계시니 내가 원하는 정보가 많이 있을 거야!"
도서관에 온 성실이, 많은 정보 중에 어떤 정보를 선택해야 하는지 고민에 싸인다. 그때 사서선생님이
다가와 성실이에게 도움을 준다.
"선생님, 이 많은 정보 중에 내가 원하는 정보만 찾을 수는 없을까요?"
"성실아, 어떤 정보를 가진 자료를 찾고 있니? 선생님이 도와줄게."
"생물시간에 동물세포와 식물세포에 대하여 조사해서 비교하는 숙제가 있는데 어떤 자료에서 찾아야 하
는지 모르겠어요."
"도서관에는 단행본, 신문, 정기간행물, 인터넷 등의 자료가 있단다. 먼저 단행본에서 원하는 자료가 있
는지 찾아볼까?"
서명과 저자에 대한 정보가 없는 성실이는 검색창에 앉아서 세포라는 주제어로 검색을 시작한다. 다행
히 세포라는 서명을 가진 책이 10권 정도 나온다. 그중에서 목차를 보고 《교과서보다 쉬운 세포이야기》
를 선택한다. 대출가능을 확인하고 서가에서 책을 찾는다. 책을 찾아서 필요한 부분만 복사하고 서명과
페이지를 표시한다.
그 다음, 단행본 이외에 정기간행물에서 세포에 관한 기사를 찾는다. 사서선생님이 정기간행물 목차를
복사하여 모아 두었기 때문에 필요한 정보가 있을 때 신속하게 이용할 수 있다. 《과학동아》의 목차에서
〈식물을 디자인한다〉라는 제목의 식물세포 관련 기사를 찾았다. 정기간행물은 대출이 안 되기 때문에 필
요한 부분을 복사하고, 복사하면서 정기간행물의 서명과 페이지를 정확하게 기입한다.
이번에는 사서선생님과 함께 인터넷을 이용하여 정보를 검색한다. '식물세포와 동물세포'라는 주제어를
선택하여 검색을 한다. 정보가 나오면 정보를 얻은 사이트의 URL주소도 함께 적어 둔다.
단행본, 정기간행물, 인터넷에서 정보를 찾은 성실이는 자신이 찾은 정보의 출처를 정확하게 밝혀 정보
의 신뢰성을 확보했다.

● 도서관에서 지켜야 할 우리들의 약속

많은 사람이 함께 이용하는 도서관이 더욱 즐거워지기 위해서는 도서관을 이용
하는 학생과 교사들이 규칙을 잘 지켜 주어야 한다. 따라서 도서관 이용교육을
통해 이러한 규칙과 약속을 이용자에게 설명하여 숙지시킬 필요가 있다.

도서관을 지키기 위한 규칙 가운데 이용자들이 꼭 알아야 할 것은, 대출·반납
규정을 비롯해 연체나 분실도서에 대한 처리 방법, 도서관에서 지켜야 하는 예
절 등이다. 대부분 조금만 생각해 보면 다 알 수 있는 상식적인 내용이기 때문에
하나하나 설명하기보다는 퀴즈를 이용하는 등의 방법으로 교육하는 것이 좋다.
자신의 도서관 이용태도를 진단해 볼 수 있는 간단한 테스트를 하거나, 규칙을
지키지 않았을 때 벌어지는 상황을 설명해 주는 것도 재미있는 방법이다.

도서관 이용규칙을 이야기할 때에는 올바른 독서태도에 대해서도 한 번쯤 언급

나의 도서관 이용수준, 어느 정도일까?

- 도서관에서 책을 빌릴 때는 대출증을 이용한다. (O, X)
- 일단 빌린 책은 연체가 되더라도 다 읽고 반납하는 것이 맞다고 생각한다. (O, X)
- 서가에 잘못 꽂혀 있는 책을 제대로 꽂아 둔다. 가끔 교실에 굴러다니는 책을 주워 온다. (O, X)
- 책을 빼고 나서는 제자리에 꽂아 둔다. 제자리를 모를 때는 북트럭에 놓아둔다. (O, X)
- 도서관 안에 있는 컴퓨터에서 메일 확인을 해 본다. (O, X)
- 점심시간에 후식으로 나온 요구르트는 아꼈다가 도서관에서 책을 보며 마신다. (O, X)
- 책을 읽다 재미있는 부분이 나왔을 때 친구에게 보여 주면서 함께 웃은 적이 있다. (O, X)
- 일주일에 두 번 이상 도서관에 들른다. 책을 보거나 친구들을 만나고 가끔 컴퓨터도 한다. (O, X)
- 도서관에서 잡지를 보다가 스크랩하고 싶은 기사를 발견했을 때는 사서선생님에게 복사를 부탁한다. (O, X)
- 깜빡 잊고 오랫동안 연체한 책은 선생님이 안 계실 때 몰래 놓고 도망간다. (O, X)

나는 몇 점일까? (점)

● **나의 도서관 이용수준은?**

0점 – 3점 : 도서관에 대한 이해가 부족하고 도서관 이용교육의 개별지도가 필요하다.

4점 – 6점 : 도서관에서 대출은 해 봤지만 도서관 예절을 잘 알지 못하는 상태이다.

7점 – 10점 : 도서관 이용규칙을 완벽하게 알고 있으며 도서관 예절 또한 제대로 지키고 있다.

해 줄 필요가 있다. 올바른 자세로 적당한 장소에서(흔들리는 버스 안에서나 길을 걸으면서 읽지 않기 등) 50분~1시간 정도 독서하는 것이 가장 바람직하다는 것을 이야기하고, 더불어 모두 함께 이용하는 책은 소중히 다뤄야 함을 설명한다.

도서관의 책은 자기 것이 아니기 때문에 함부로 다루는 학생들이 많다. 조금만 인기 있는 책이면 표지가 찢어지거나 낙서가 되어 있고, 책장을 오리거나 찢어가 더 이상 읽을 수 없게 되어 버리기도 한다. 이럴 때는 책을 소중히 다뤄야 한다는 이야기를 그냥 전달하기보다는, 훼손된 책의 실물을 보면서 설명하면 좀 더 강하게 경각심을 불러일으킬 수 있다. 시간 여유가 있다면 찾아낸 책들을 가지고 모의진료를 해 보면서 어떻게 훼손이 되었는지 생각해 보거나, 직접 훼손된 책의 입장이 되어 느낌을 이야기해 보는 것도 재미있는 방법이다. 또 책의 훼손을 예방하기 위해 학생들이 스스로 규칙을 세워 보도록 할 수도 있다.

● 도서관 홈페이지 활용하기

학교도서관 홈페이지를 잘 활용하면 집에서도 여러 가지 정보를 손쉽게 얻을 수 있다. 학교도서관 홈페이지를 알려 줄 때에는 학생들과 직접 실습을 해 보는 것이 좋지만, 사정이 여의치 않을 경우 교사만이라도 시연을 하며 설명해 주어야 한다. 학교홈페이지에 접속하는 방법을 알려 주고 로그인 방법부터 시작해서 주요 기능을 하나하나 짚어 가며 설명해 준다. 자료를 검색하고 도서정보를 확인하는 방법, 자신의 대출기록과 반납일을 확인하는 방법, 원하는 자료를 예약하는 방법 등을 중심으로 도서관 홈페이지에서 얻을 수 있는 각종 정보에 대해 설명하면 된다.

도서관 홈페이지 메뉴 소개

메뉴	내 용
나만의 도서관	대출현황, 예약현황, 나의정보관리, 쪽지함
자료검색	간략검색, 상세검색, 자료검색 도움말
도서목록	교과 관련 자료, 추천자료, 인기도서
정보마당	공지사항, Q&A, 자유게시판, 자료실, 이벤트게시판
독서교육	독서지도실제, 독서지도노트, 독서표현마당, 나의독서계획, 독서토론방
도서관 소개	우리 학교도서관 소개

도서관 홈페이지 활용을 권장하기 위해 도서관 홈페이지를 활용한 다양한 행사를 열어 보는 건 어떨까. 사이버 독후감 대회를 개최하거나 온라인으로 독서퀴즈를 낼 수도 있고, 토론방을 활용하여 독서토론을 진행해 보는 방법도 있다. 인터넷과 컴퓨터에 익숙한 학생들에게는 오히려 수업보다 더 큰 효과를 가져올 것이다.

# 도서관 이용교육을 위한 그 밖의 방법

도서관 이용교육은 한 학급씩 도서관에서 진행하는 것이 가장 좋지만, 시간을 따로 마련하기 힘든 경우 여러 학급을 대상으로 방송을 활용해 교육을 진행할 수 있다. 자치시간 또는 적응시간 등을 이용하여 도서관 이용교육 화면을 생방송으로 보여 주거나 미리 녹화한 화면을 내보낸다. 이때 한 학급은 도서관에서 직접 설명을 듣도록 하고, 학생들이 도서관을 이용하는 방법이나 도서관에 대한 느낌을 인터뷰해 들려줄 수도 있다. 도서관에서 직접 교육하는 것보다는 덜 효과적이지만, 학생들에게 도서관의 존재와 기본적인 이용방법을 알려 주기에는 적당하다.

앞서 이야기했던 학교도서관에 대한 소개와 도서관 이용규칙, 그리고 학생들이 1년간 읽을 권장도서 목록 등은 게시판을 이용해 효율적으로 전달할 수 있다. 이용교육 시간에 설명과 실습을 통해 익히기는 했지만 시간이 부족해 놓친 내용도 많을 것이다. 이런 내용들을 포함하여 게시물을 만들고 도서관 출입구나 눈에 잘 띄는 곳에 걸어 두면 학생들이 오가며 읽고 기억할 수 있다. 마찬가지로 수시로 바뀌는 인기도서 목록이나 새로 들어온 도서목록, 도서관 행사안내 등도 게시물로 만들어 도서관 앞 게시판과 학생들이 많이 오가는 곳에 붙여 둔다.
더 자세한 내용을 알려 주고 싶을 때는 유인물을 활용할 수도 있다. 권장도서 목록에 간단한 책 소개를 넣거나 도서관 행사에 참여하는 방법을 자세히 설명하여, 가정통신문이나 소식지 형태의 유인물로 배부하면 손쉽게 정보를 전달할 수 있다.

이용교육을 한다 해도 단 한 번의 수업으로 도서관을 익숙하게 이용할 수 있는 학생들은 드물다. 담당교사는 도서관에서 방황하는 학생들의 모습을 세심하게 살피고 도움이 필요할 경우 먼저 다가가야 한다. 직접 자료를 찾아 주기보다는 이용방법을 다시 한 번 이야기해 주면서 스스로 자료를 찾을 수 있게 도와주는 것이 좋다.

어떤 책을 읽을지 결정하지 못해 도서관을 맴도는 학생들에게는 어떤 책을 좋아하는지, 최근에 어떤 책을 읽었는지 묻고 학생의 독서수준과 흥미에 맞는 책을 추천해 주는 것도 좋겠다. 이렇게 도서관과 따뜻한 기억으로 관계를 맺은 학생들은 두고두고 도서관을 찾는 단골손님이 된다.

학습주제	학교도서관 이용교육		차시	1/2
학습목표	가. 학교도서관의 의미와 기능을 이해할 수 있다. 나. 학교도서관에서 자료를 검색하여 이용할 수 있다. 다. 바른 태도로 도서관을 이용할 수 있다.			
학습자료	교사	멀티비전, 인터넷, 각종 도서자료	학생	필기도구

교수-학습과정

단계	교수-학습활동
도입	1. 도서관에 오신 걸 환영합니다. · 간단한 도서관 퀴즈(집중놀이, 책 자음 퀴즈, 도서관 상식) · 도서관의 중요성 : 도서관은 그 나라의 미래다. (한 나라의 과거는 박물관에서, 현재는 시장에서, 미래는 도서관에서 찾을 수 있다.) · 우리 학교도서관 소개 : 도서관의 이름과 뜻 알기
전개	2. 영화 속에서 도서관 찾기 · 우리나라 영화 속의 도서관과 외국영화 속의 도서관 비교 　– 우리나라 : 여고괴담(귀신), 봄날의 곰을 좋아하세요(약속장소) 　– 외국 : 로렌조 오일(자료 및 정보제공, 사서의 역할), 위험한 아이들(수업공간), 러브레터(만남과 문화의 공간), 해리포터(정보와 자료제공의 장) 3. 학교도서관의 기능 알기 · 도서대여점 vs 학교도서관 　– 유료 vs 무료(공공성) 　– 판타지소설, 흥미 위주의 소설 vs 다양한 장르의 책(독서의 장) 　– 수업을 할 수 없음(공간이 좁음) vs 수업 가능(수업의 장) 　– 컴퓨터 1대(대여용) vs 인터넷이 가능한 여러 대의 컴퓨터(자료 및 정보 제공의 장) 　– 책을 빌려 주는 역할만 함 vs 자유롭게 책을 읽을 수 있으며, 다양한 문화행사가 열림(저자초청, 축제 등 문화의 장) 4. 우리 학교도서관 알기 · 우리 학교도서관의 공간 이름 및 기능, 특징 설명 · 도서관 이용규칙 알기 : 대출 · 반납 규칙, 분실 및 연체에 관한 규칙, 도서관 이용예절 5. 홈페이지 안내 · 홈페이지 소개 및 회원가입
정리	6. 도서관 서가를 둘러보고, 읽고 싶은 책 골라 두기

학습주제	학교도서관 이용교육		차시	2/2

학습목표	가. 학교도서관의 의미와 기능을 이해할 수 있다. 나. 학교도서관에서 자료를 검색하여 이용할 수 있다. 다. 바른 태도로 도서관을 이용할 수 있다.

학습자료	교사	멀티비전, 인터넷, 각종 도서자료	학생	필기도구

교수-학습과정

단계	교수-학습활동
도입	1. 기억 속으로의 여행 · 1차시에 공부한 내용에 대한 퀴즈 맞히기

전개	2. 도서관 자료이용 방법 알기
	· 어떤 책을 찾을까?
	  – 지난 시간에 보았던 책, 선생님이 권해 주는 한 권의 책
	· 이 책들을 찾으려면 어떻게 해야 할까?
	  – 도서관 자료를 분류하는 방법 : 한국십진분류법 설명
	  – 청구기호 설명 : 도서관에서 책들이 가지는 고유의 주소로, 서가에 책을 꽂는 기준이 됨
	  – 학교도서관 홈페이지를 활용해 원하는 자료 검색하기 : 검색어 입력방법, 결과 화면에서 어떤 부분을 확인해야 하는지 설명
	
	3. 올바른 독서태도 알기
	· 올바른 자세, 적당한 장소, 적절한 시간
	· 도서관 책은 모두의 책 : 바르게 꽂기, 이물질 묻히지 않기, 찢거나 접지 않기 등
	
	4. 도서관 이용방법 복습 : 도서관 3종 경기(모둠별 놀이)
	· 책 속 보물찾기
	· 제목이 가장 긴 책 찾아오기(5권)
	· 제목이 가장 짧은 책 찾아오기(5권)

정리	5. 이용방법에 따라 책 대출해 보기 · 대출자에게 도서관 이용방법이 적힌 책갈피 증정

정보활용교육 과제학습장

1학년 ＿＿＿반 ＿＿＿번 성명＿＿＿＿＿＿＿＿＿ ＿＿＿＿조

해결과제	
1단계	주제를 파악한다.
2단계	관련된 자료를 최대한 많이 찾는다.

● 도서검색에 사용한 검색어

● 체크리스트

도서명	저자	청구기호	필요 여부 (O, X)

3단계	나에게 필요한 자료만을 취사선택한다. (필요 여부에 O, X 표시)
4단계	선별한 자료를 정리한다. (종이가 부족한 학생은 선생님께 문의)
5단계	참고도서 목록을 적는다. (저자명/서명/출판사/출판연도/참고페이지)

★ 과제해결 중 어려웠던 점, 느낀 점

Ⅱ. 수업의 꽃,
학교도서관 활용수업

학창시절 먼지 쌓인 학교도서관과 그 안에 있는 낡은 책들을 기억하는 교사들에게 학교도서관 활용수업은 새로운 수업방식의 하나로 다가와 부담스럽게 느껴질 것입니다. 하지만 학교도서관 활용수업은 새로운 형태의 수업방법이 아니며 거창하고 어려운 것도 아닙니다. 우리가 익히 들어 왔던 탐구수업, 과제해결 수업, 이용자 중심의 수업이 모두 학교도서관 활용수업의 한 형태라고 할 수 있지요. 도서관 활용수업은 그 필요성을 인식하고 조금의 의지만 가진다면 누구라도 시도해 볼 수 있는 수업방식입니다.

학교도서관 활용수업
제대로 알기

흔히 학교도서관을 국어과와 관련이 깊은 특별실로 생각하기 쉽지만, 학교도서관은 결코 특정 교과에 한정된 것이 아니다. 도서관은 모든 교과를 지원해 줄 수 있는 학교 안의 유일한 교육시스템이므로, 학교도서관 활용수업도 모든 교과에서 시도할 수 있는 수업방식의 하나이다.

 ## 학교도서관 활용수업, 개념 바로 알기

학교도서관 활용수업을 한마디로 정의하자면 '학교도서관이 가진 자원을 적절히 사용하여 수업목표를 효과적으로 달성하고자 하는 교육활동'이라고 할 수 있다.

학교도서관 활용수업을 함으로써 교사 중심의 강의식 수업에서 벗어나 학생들이 스스로 교과서 이외 다양한 형태의 자료를 통해 문제를 해결하는 경험을 할 수 있다. 또 다양한 기자재를 활용하거나 주제에 맞게 개별학습, 모둠학습 등으로 수업형태를 변화시켜 수업효과를 높일 수 있다. 여기에 사서교사의 노하우까지 더해진다면 진정한 의미의 '학교도서관 활용수업'이 가능해진다. 다시 말해 학교도서관을 이루는 자료, 시설, 인적 자원이라는 세 가지 요소를 모두 활용한다는 개념으로 학교도서관 활용수업을 이해하면 무리가 없을 것이다.

그러나 학교도서관의 세 가지 핵심 축 가운데 사서교사가 없는 학교가 많은 현

학교도서관 활용수업 & 학교도서관 협력수업의 관계는?

도서관 협력수업이란 교과교사와 사서교사가 도서관의 자료와 시설 등을 중심으로 교수–학습과정에 서로 협력하는 것을 말한다. 즉, 교과목에 대한 전문지식을 가진 교과교사와 각종 학습자료 이용에 대한 전문지식을 가진 사서교사가 함께 교수활동을 진행하여 학생들의 학습활동을 촉진하는 것이다. 여기서는 교과교사의 교과목에 대한 지식 못지않게 자료전문가인 사서교사의 지식과 정보기술이 중요하다.

학교도서관 협력수업도 크게는 학교도서관 활용수업에 포함되지만, 사서교사가 각 학교에 배치되지 못한 현재의 상황에서는 학교도서관 활용수업이 더 일반적인 용어로 쓰인다. 그러나 학교도서관 활용수업은 사서교사와의 협력을 통해 더욱 빛을 발할 수 있으므로, 앞으로는 사서교사와 교과교사가 함께하는 '학교도서관 협력수업'이 더욱 널리 이뤄져야 하겠다.

시점에서는 도서관이라는 물리적 공간만 사용하는 것을 도서관 활용수업으로 오해하는 경우가 많다. 이는 반쪽짜리 활용수업에 불과한 것으로, 진정한 의미의 학교도서관 활용수업이라 할 수 없다.

요컨대 '학교도서관 활용수업'이란 학교도서관의 다양한 자료와 시설을 활용하여 주어진 과제를 해결하는 자료활용 수업 또는 자료탐구 수업을 가리킨다. 이는 사서교사 없이 교과교사의 주도 아래 진행되는 '학교도서관 활용수업'과 사서교사의 지원과 협력을 기반으로 하는 '학교도서관 협력수업' 모두를 포함한다.

학교도서관을 활용하는 지금 우리의 모습

다음 사례는 학교도서관 활용수업에 대한 오해 몇 가지를 적어 본 것이다. 이는 주로 학교도서관의 시설사용만을 목적으로 도서관에서 수업을 한 경우이며, 본질적인 학교도서관 활용수업의 취지와는 거리가 멀다.

교과교사 A의 고민

학기말 시험을 치르고 나서 아이들도 긴장이 많이 풀린 것 같다. 무더운 날씨에 교실에서 줄곧 대여섯 시간 수업을 해야 하는 것은 교사인 나로서도 여간 힘든 일이 아니다. 수업에 몰입시키기 어려운 아이들을 데리고 이 더운 날씨에 그야말로 비지땀을 흘리고 있다. 어디 시원한 곳 없을까? 맞다, 도서관! 천장형 냉온풍기가 달려 있던데 거기서 하면 딱 좋겠다. 도서관에는 마이크도 있으니 목도 안 아프겠고 일석이조구나.

(도서관으로 인터폰을 하여 급한 마음에 대뜸 하는 말)

A교사　　선생님~ 도서관 에어컨 고장 안 났지요?

사서교사　네, 그런데 왜 그러세요?

A교사　　아~ 사서선생님은 너무 좋겠다. 내일 도서관 비는 시간이 있나요?

다음 주 수업에서는 모둠별 학습을 해야 한다. 모둠별 학습은 지난 학기에 해 본 적이 있는데 완전히 엉망이었다. 종 치고 수업 들어가 보니 책상을 모둠별로 만들어 놓지도 않고 나를 기다리고 있는 것이다. 모둠 구성하느라 시간 다 보내고, 겨우 모둠 만들어 놓으면 모둠원 마음에 안 든다고 바꿔 달라고 떼쓰고, 그야말로 수업도 하기 전에 힘이 다 빠져 버렸다. 어디 적당한 공간이 없을까? 맞다, 지난번 개관식 때 가 보니까 도서관에 모둠 테이블이 있던데, 사서선생님이 도서관을 빌려 줄까? 내년에는 우리 교과실도 꼭 만들어 달라고 해야겠다. 그래야 이런 더부살이도 그만 하지.

B교사   선생님, 도서관에서 수업 좀 해도 될까요? 모둠학습을 해야 하는데 교실에서 하기가 영 힘이 드네요.

사서교사   아, 그러세요? 오셔도 돼요. 어떤 수업인데요? 뭐 따로 더 필요한 건 없으시고요?

B교사   아이고, 선생님은 그냥 하던 일 하시면 돼요. 다른 건 안 하고요, 그냥 모둠 테이블하고 칠판만 사용할 거예요.

아~ 어떡하지? 내일 수업은 학생들 조사활동 경험이 중요한 단원인데, 교실의 수업용 컴퓨터로 내가 직접 보여 주고 넘어가려니까 좀 찜찜하다. 그리고 내가 모든 자료와 정보를 찾아내어 보여 주는 것도 한계가 있다. 사실 요새는 애들이 나보다 검색도 더 잘하고 자료도 잘 찾던데……. 뭐 좋은 방법이 없을까? 맞다! 도서관에 컴퓨터가 많지? 빔프로젝터도 있고. 애들한테 주제 하나 던져 주고 인터넷으로 찾아서 보고서 작성하라고 하면 나도 편하고 애들도 좋고. 지난번 교직원회의 때 도서관 활용수업 신청하라는 거 같던데, 사서선생님도 좋아하시겠지?
(도서관으로 인터폰을 함. 위의 사례와 비슷한 대화가 오고 감.)

도서관에서 수업이 이루어지기는 하지만, 이와 같은 상황들을 모두 '학교도서관 활용수업'이라고 이야기할 수는 없다. 학교도서관의 자료는 배제한 채 시설 및 공간활용만을 목적으로 한다면 학교도서관은 컴퓨터실이나 일반 교과실과 다를 바가 없다.

물론 이 역시 전혀 무의미한 일은 아니다. 비록 진정한 의미의 학교도서관 활용수업은 아니지만 이런저런 이유로 한두 번 학교도서관이라는 공간에서 수업을 해 보면서 도서관을 친숙한 공간으로 느끼게 되면, 그것이 바로 학교도서관 활용수업의 시작이 될 수 있기 때문이다. 수업시간에 몇 번이라도 도서관을 활용해 본 경험이 있는 교사들은, 도서관이 가지는 여러 장점들을 알게 되고, 이를 통해 수업을 좀더 깊이 있게 진행할 수 있으리라는 생각을 하게 될 것이다. 이런 생각을 가진 교과교사가 도움을 요청할 때 사서교사(도서관 담당교사)는 수업에 참고할 만한 유용한 자료를 추천해 주고, 이를 수업의 보조자료로 활용하게끔 제공할 수 있다. 또한 학교도서관에서 직접 수업이 이루어지지 않더라도 도서관의 자료를 활용해야 하는 수행평가나 과제를 제시하도록 홍보한다면, 학교도서관이 추구하는 목표는 충분히 이루게 될 것이다.

학교도서관 활용수업, 무작정 따라 하기

학교도서관 활용수업은 교과의 특성이나 학습내용, 활용하고자 하는 공간의 형태에 따라 개인별학습, 조별학습, 전체 집단학습 등 학습집단의 크기와 구성원의 특성을 융통성 있게 선택할 수 있다. 또한 수업모형에 따라 다양한 수업활동, 즉 탐구학습, 토의학습, 문제해결 학습으로 전개할 수 있다.

사서교사가 없는 학교에서 학교도서관 활용수업 진행하기

학교도서관의 시설과 자료가 교육과정에 맞게 잘 갖추어져 있다면 교과교사는 다음과 같은 과정을 거쳐 학교도서관 활용수업을 진행할 수 있다.

● 준비단계

교사는 우선 도서관 활용수업으로 진행하고 싶은 단원을 정하고, 관련된 자료가 도서관에 얼마나 있는지 확인해 본다. 기본적으로 필요한 백과사전이나 도감 등의 참고자료와 일반 단행본 자료들이 종류별로 얼마나 소장되어 있는지를 살펴보고, 한 학급 전체가 함께 이용할 수 있을 만큼 충분한지, 부족하다면 구입하는 데 시간이 얼마나 걸리는지 알아본다. 또 관련된 인터넷 사이트나 CD-ROM 자료도 함께 조사해 본다. 이렇게 조사한 자료 가운데 학생들이 보고 문제를 해결할 수 있을 만한 수준의 자료들을 추려 목록을 작성한다. 이 목록은 수업시간에 학생들에게 나눠 주게 될 것이다.

사서교사가 없는 학교에서의 활용수업 – 본시수업 준비

교사	단원 및 학습목표 설정	수업할 단원과 학습목표를 설정한다.
	자료목록 작성	학습목표 및 학습문제(과제) 해결에 필요한 문헌자료와 인터넷 사이트 주소목록을 작성한다.
	자료 분석	학습목표 및 과제와 수집된 자료목록과의 적합성을 분석한다.
학생	학교도서관 이용법 알기	학교도서관 자료 및 시설의 이용방법을 숙지한다.

학교도서관 활용수업을 위해서는 학생들뿐 아니라 교사 자신도 도서관 이용방법을 잘 알고 있어야 한다. 자료활용 부분을 도와줄 수 있는 사서교사가 없기 때문에 교과교사가 그 역할을 해야 하는데, 교사 본인이 도서관 이용에 서투르면 학생들을 도울 수 없기 때문이다. 그러므로 활용수업을 계획하고 있다면 미리 학교도서관의 자료검색 방법과 서가에서 자료를 찾는 방법, 컴퓨터 등의 시설이용 방법에 대해 알아 두고 학생들에게도 알려 주어야 한다. 학기 초 도서관에서 자료이용 지도가 이루어졌다면 수업시간 전에는 간단히 기억을 상기시키는 정도로 그쳐도 되지만, 그렇지 않은 경우에는 수업시간 중 일부를 할애하여 자료이용 방법을 지도하는 것이 좋다.

● **본시수업의 진행과정**

교수–학습과정을 3단계, 즉 도입–전개–정리 단계로 구성하고, 각 단계에서 학교도서관 활용수업의 특징을 드러낼 수 있도록 기본 흐름을 정리하면 다음과 같다.

사서교사가 없는 학교에서의 활용수업 – 본시수업 진행

단계	학습요소	교수 – 학습활동
도입	학습문제 확인하기 (과제 제시)	학습목표 확인
		학습문제 해결에 필요한 자료목록 배부
		학교도서관 자료 및 시설 이용경험 확인
	자료의 탐색	자료의 내용 탐색
		학습문제 해결에 필요한 내용 확인

		각 자료의 내용을 비교하여 탐색
전개	학습문제 해결 (과제 해결)	탐색한 자료에서 학습문제 해결에 필요한 내용을 선택하여 발췌하고 재구성 자료내용을 조직하여 학습문제 해결(보고서 작성)
	학습결과 및 자료의 적합성 확인	학습결과 발표(보고서 발표) 학습문제 해결에 활용한 자료의 유형과 내용 제시 학습문제를 해결하는 데 활용한 자료의 유용성과 적합성 확인
정리	학습정리 및 자료활용 가치 확인	학습문제 및 활동결과 정리 자료를 활용하여 문제를 해결하는 방법의 가치와 유용성 확인 발전학습을 위한 과제제시 및 차시예고 (과제는 교사가 직접 제시하거나 학생 스스로 창출)

도입단계에서는 학생들과 함께 학습목표를 확인하고 필요한 자료목록을 나눠준다. 그리고 학생들이 학교도서관의 자료와 시설을 활용하는 방법을 잘 알고 있는지 확인한 후에 본격적인 수업을 시작한다.

전개단계에서는 우선 보고서의 평가기준을 학생들에게 미리 알려 활동방향을 가늠하고, 그에 맞는 계획을 세울 수 있도록 한다. 그리고 보고서의 신뢰도를 높이고 관련 자료의 적합성을 판단하기 위해 인용자료의 출처를 반드시 밝히도록 이야기한다.

자료검색이 끝나면 조사한 자료의 내용을 토대로 학습과제에 따른 결과를 정리할 수 있도록 한다. 교사는 학생들의 보고서를 바탕으로 자료탐색이 올바르게 되었는지, 결과가 제대로 정리되었는지 확인하고 평가한다. 나아가 과제해결 과정에서 부족함을 느꼈던 부분이나 좀더 관심이 가는 내용에 대해 심화 · 발전 학습을 할 수 있도록 적당한 주제를 선택해 보도록 한다.

학생들은 이러한 과제해결 과정을 통하여 필요한 정보를 찾아 선별하고 재구성하는 능력을 기를 수 있고, 다른 과제가 주어졌을 때에도 이러한 경험을 활용하여 스스로 문제를 해결할 수 있게 된다.

# 사서교사와 함께하는 학교도서관 활용수업의 묘미

수업목표를 효율적으로 달성하기 위해 교과교사와 사서교사가 협력하여 학교 도서관 활용수업을 계획할 때, 일반적인 진행 흐름은 다음과 같다. (교과교사와 사서교사가 어느 정도 협력을 하느냐에 따라 단순협력형, 일반협력형, 밀접형 등으로 구분하기도 한다.)

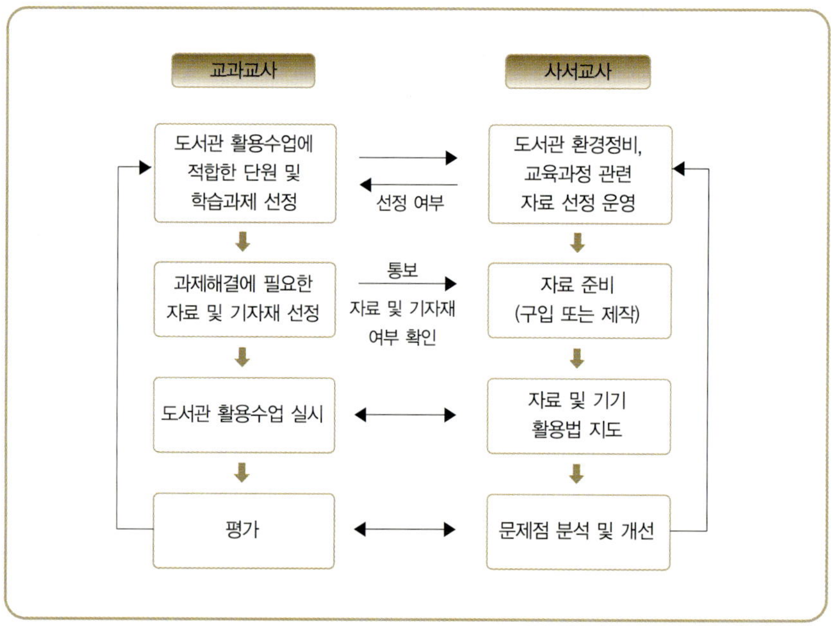

사서교사와 함께하는 도서관 활용수업의 첫 단계 역시 교과교사가 도서관에서 수업을 진행하고 싶은 단원과 주제를 선정하는 것이다. 그리고 사서교사에게 그 주제와 관련된 자료가 얼마나 있는지, 진도에 맞추어 원하는 시간에 도서관 사용이 가능한지 여부를 상의한다.

사서교사는 학습목표와 과제를 전달 받은 다음 수업진행에 필요한 기자재와 요구되는 학습자료를 추측해 보고 점검해야 하며, 교과교사와 계속 협의를 하면서 부족한 자료를 보충한다. 또한 관련 도서목록과 검색어목록, 사이트목록 등을 준비해 제시하고, 학생들에게 자료검색 방법을 설명하기 위한 준비를 해 둔다.

본격적으로 수업이 시작되면 사서교사가 도서관 자료와 시설을 활용하는 방법에 대해 설명한다. 교과교사가 직접 설명을 할 수도 있지만 사서교사가 하는 편이 교과교사의 부담을 덜어 주고 자료의 특징이나 활용법을 정확하게 전달할 수 있어서 좋다. 만약 서로 협의를 해서 교과교사가 자료활용법을 설명하는 경우에라도 사서교사가 수업에 함께 참여하여 학생들의 활동을 살펴보는 것이 좋다. 학생들이 서가 사이에서 적합한 자료를 찾지 못해 방황할 때, 인터넷 자료를 검색하면서 적당한 검색어를 입력하지 못할 때, 그리고 보고서를 작성하면서 활동내용을 종합할 때에도 사서교사의 도움이 필요하다.

학생들의 활동이 끝나면 학생들의 보고서를 바탕으로 활동이 제대로 이루어졌는지, 학습과제를 효과적으로 해결하였는지, 수업목표를 잘 달성했는지 평가해 보아야 한다. 또 수업진행 과정에서 부족한 부분이나 문제점이 없었는지 살펴보고 다음 수업에 이를 보완하여 좀더 나은 수업이 될 수 있도록 점검한다.

이와 같이 사서교사가 도서관 활용수업 과정에 함께하면, 도서관 이용법이나 자료 활용법에 익숙하지 않은 교사라도 부담 없이 도서관 활용수업을 진행할 수 있고, 학생들에게도 정확한 도서관 이용법과 자료 활용법을 전달할 수 있다. 또한 사서교사에게도 활용수업을 진행하는 과정에서 자신의 노하우를 쌓아 갈 수 있는 좋은 기회가 될 것이다.

교사들 가운데는 도서관에서 수업을 할 때 사서교사가 지켜보는 것을 불편해하는 분들도 있다. 때문에 사서교사는 사전협의 과정에서, 교과교사가 얼마만큼의 협력을 원하는지, 수업시간에 자리를 비워 주길 바라는지 등을 미리 체크해야 한다. 교과교사가 학습자료 준비 정도만을 원한다면 자료의 활용방법이나 검색에 관한 안내물을 교과교사에게 건네주고 이를 숙지할 수 있도록 도와준 다음, 잠시 자리를 비워 주는 것도 좋겠다.

도서관 밖에서 학교도서관 활용수업의 효과 내기

교과의 특성이나 단원의 성격에 따라서 요구되는 수업형태가 다양하기 때문에 모든 교과의 모든 과정에 도서관 활용수업을 적용하기는 어려운 것이 사실이다. 또, 도서관의 현실적 상황이나 학교 여건, 시간문제 때문에 도서관 안에서 수업을 하기 어려운 경우도 있다. 이럴 때 도서관 활용수업을 적절히 변형하여 도서관 활용수업과 같은 효과를 내는 여러 가지 방법을 이용해 볼 수 있다.

 교실에서 도서관 자료를 활용하기

● 한 학급 학생 수만큼 자료를 구비하여 활용하는 경우

같은 책을 한 학급 학생 수만큼 확보해 둔다. 독서교육이나 교과과정상 반드시 읽어야 하는 책을 마련하여 도서관에서 학급 단위로 이용하거나, 아예 학급으로 단체대출을 해서 이용할 수 있다. 반 전체 학생이 함께 책을 읽은 다음 동시에 관련된 독후활동이나 토론수업 등의 교과활동을 진행할 수 있고, 한 학급 수업 후에는 책을 회수하여 다음 반에서 또다시 활용하게 된다. 모든 교과에서 필요한 자료를 30~40권씩 복본으로 구입하는 것이 어렵긴 하지만, 반드시 필요한 자료라면 교과별로 배정된 예산을 활용해서라도 준비해 두는 것이 좋다.

● 도서관의 자료를 발췌하여 수업자료로 활용한 경우

도서관에는 교과서를 보충해 줄 자료가 수없이 많다. 하지만 이런 자료들은 제대로 활용되지 못하고 묻혀 있는 경우가 대부분이다. 이는 교과교사가 자료의 존재를 몰라서이기도 하고, 학생들 전체가 이용할 수 있을 만큼 수량이 충분하지 않아서이기도 하다. 이를 보완하기 위해 수업의 마무리 단계에서 학생들에게 관련 자료목록을 알려 주거나 아예 자료의 내용을 발췌하여 읽기자료로 제공하는 방법을 사용할 수 있다. 여기에 몇 가지 질문을 덧붙여서 학습지로 만들어 활용하면 더욱 좋다. 도서자료 이외에 CD자료를 사용할 수도 있다.

아래의 예시자료는 중학교 1학년 가정과에서 남녀의 성역할과 관련된 단원에서 활용할 수 있다. 발췌한 짧은 글을 읽고 주어진 질문을 통해 학생들이 자신의 생각과 의견을 표현해 보도록 하는 것이다. 이때 모둠별로 읽기자료를 달리한다면 좀더 다양한 의견을 끌어낼 수 있고, 그런 의견들은 발표를 통해 학생 모두가 공유할 수 있다. 스스로 자료를 찾는 과정이 생략되긴 했지만 주어진 자료를 통해 자신의 생각을 정리하고 재구성한다는 점에서 도서관 활용수업과 크게 다르지 않다. 도서관의 모든 자료에서 발췌가 가능하기 때문에 교수–학습자료를 제작하기가 쉽고, 읽기자료는 무궁무진하므로 거의 모든 교과에 활용할 수 있는 방법이다.

여자 애와 남자 애의 차이

남자 애와 여자 애는 무엇이 다를까요? 네 살짜리 마리는 이렇게 말합니다. "남자 애들은 서서 오줌을 누고 여자 애들은 앉아서 눠." 쿠기는 이렇게 말합니다. "남자 애들은 머리가 짧은데 여자 애들은 길어. 남자 애들은 치마를 안 입어." 초초는 "여자 애들은 고추가 없고, 남자 애들은 고추가 있어."라고 하네요. 리아는 말합니다. "그래, 네 말도 옳아. 그리고 여자 애들은 나중에 가슴이 나오잖아. 남자 애들은 안 나오고." 이런 말은 계속 이어지겠죠! 남자와 여자가 다른 점은 수십 가지도 넘을 거예요.

좀더 생각을 해 볼까요? 여자 애와 남자 애는 무엇이 제일 다를까요? 여자 애는 나중에 뱃속에 아기를 키울 수 있고 남자 애는 그럴 수 없다는 점입니다. 물론 아기가 생기려면 정자가 있어야 한다는 것도 다들 알고 있겠지요? 정자는 남자에게서

온다는 것도요. 그러나 남자든 여자든 사람은 모두 여자의 몸에서 나옵니다. 남자들은 이 차이점을 잘 받아들이지 못합니다. 그럴 수도 있어요. 자기가 못하는 일을 누군가 다른 사람이 해 낸다고 해 봐요. 그걸 받아들이면서 다른 사람을 칭찬해 주기란 쉽지 않겠지요? 게다가 생명을 창조하는 중요한 일이라면 더욱 그럴 거예요. 아주 옛날부터 세계 곳곳의 남자들은 여자보다 남자가 힘세다는 걸 보여 주려고 애써 왔어요. 어쩌면 여자가 생명을 창조한다는 사실을 받아들이기 어려워서 그런 건 아니었을까요?

울지 마, 너는 남자야!

운동장에서 울음소리가 들립니다. 높은 미끄럼틀에서 두 아이가 떨어진 거예요. 다행히 아무도 다치지는 않았지만 높은 데서 떨어졌으니까 아팠겠지요. 여자 애 아빠가 달려와서 딸을 안아 줍니다. 달래고 휴지로 눈물을 닦아 줍니다. 남자 애 아빠는 아들을 두 팔로 꼭 껴안고는 머리를 쓰다듬어 줍니다. 그러곤 이렇게 말합니다. "자, 울지 마라. 계집애처럼 그게 뭐냐. 너는 남자야!" 모두들 적어도 한 번은 이런 얘기를 들어 봤을 거예요. 어른이 남자 애들에게 남자는 울지 않는 거라고 말하는 것을요. 여자 애들이나 우는 거라고요.
눈물은 겁이 날 때나 슬플 때 나오고 고통스러울 때도 나오고 기쁠 때나 행복할 때도 나옵니다. 눈물은 많은 이야기를 해 줍니다. 마치 진짜 말하는 것처럼 말이에요. 이런 '말'을 왜 여자 애들만 해야 하나요? 남자 애들도 눈이 있고 눈물샘이 있는데요. 여자 애는 눈물을 흘려도 괜찮고, 남자 애는 눈물을 흘리면 안 된다는 이런 차이를 만들어 놓은 것은 바로 사람들입니다.

《왜 남자 여자가 있나요?》(미셸 퓌엑 · 브리지뜨 라베 글,
자크 아잠 그림, 김예숙 옮김, 소금창고) 가운데

만들 수 있는 질문

1. 내가 생각하는 남자와 여자의 차이는 무엇입니까?
2. 남녀의 차이는 선천적으로 타고나는 것일까요, 사회적인 규범에 의해 만들어진 것일까요?
3. 남자의 눈물에 대해 어떻게 생각하나요? 왜 그렇게 생각하는지도 함께 말해 봅시다.
4. 남자라서 또는 여자라서 억울한 일이 있었나요? 그 경험을 이야기해 봅시다.
5. 일반적으로 말하는 '남자다움'과 '여자다움'에 대해 이야기해 봅시다.
6. 드라마나 영화 속에 등장하는 남녀차별에 대해 지적해 봅시다.
7. 진정한 남녀평등이란 어떤 것일까요?

# 도서관 자료를 이용해야 하는 과제 내기

학기마다 수행평가나 방학과제 때문에 고민하는 교사들이 많은데, 이럴 때 도서관이 그 해결의 열쇠가 될 수 있다. 평소 수업진도에 쫓겨 시도하지 못했던 도서관 활용을 과제로 진행해 보는 것이다. 도서관에서 자료를 찾아야 해결할 수 있는 과제를 내고, 학생들이 개인별 혹은 모둠별로 도서관을 이용하여 이를 해결하도록 한다. 수행평가를 이렇게 진행하면 인터넷에서 베껴 오는 일률적인 결과물 대신 학생들이 직접 찾은 다양한 결과물을 얻을 수 있고, 그 과정을 함께 평가할 수 있어 진정한 의미의 수행평가가 가능해진다.

이렇게 자신의 과제를 학교도서관에서 해결해 본 학생들은 학교도서관을 단순히 책 읽는 공간이 아니라 자신의 문제를 찾고 해결할 수 있는 적극적인 개념으로 인식하게 된다. 그리고 이후의 다른 문제에 대해서도 도서관을 찾아 스스로 해결할 수 있는 자기주도적 학습능력과 문제해결 능력을 갖게 된다.

도서관을 활용한 수행평가 과제를 제시할 때는 교과교사와 사서교사 간에 미리 협의가 이루어져야 한다. 협의를 거친 다음 사서교사는 수행평가와 관련된 자료가 얼마나 있는지 파악해, 부족한 자료를 보충하고 중요한 자료는 대출하지 않는 등 여러 학생들이 더욱 원활히 이용할 수 있도록 조치를 취한다. 또 방학과제로 도서관 활용과제를 제시하는 경우, 방학 중에 도서관을 개방하지 않는 학교도 있으므로, 경우에 따라 지역의 공공도서관을 이용할 수도 있다. 이 역시 학생들에게는 좋은 학습경험이 될 것이다.

<table>
<tr><td colspan="2">(예시) 도서관을 활용한 수행평가 과제</td></tr>
<tr><td>■ 사회과</td><td>– 개별과제 : 제2차 세계대전과 관련한 자료(사진, 글 모두 가능) 찾아오기
– 모둠별 과제 : 역사신문 만들기</td></tr>
<tr><td>■ 과학과</td><td>– 개별과제 : 우리 주변에서 전자와 관련 있는 현상에 대해 한 가지 이상 조사해 오기
– 모둠별 과제 : 세포분열에 관한 과학신문 만들기 / 과학자 조사하기, 세포분열 과정 그리기, 과학 관련 상식 조사하여 박스기사 만들기 등 (도서 및 인터넷 자료의 출처를 밝히도록 하여 평가에 반영함)</td></tr>
<tr><td>■ 수학과</td><td>– 수학자에 대한 설명문 쓰기(주제 : 집합, 방정식, 함수 등)</td></tr>
<tr><td>■ 국어과</td><td>– 개별과제 : 현진건의 단편소설 중 한 편을 읽고, 인상 깊은 장면 그리기
– 모둠별 과제 : 모둠별 시 문집 만들기</td></tr>
<tr><td>■ 도덕과</td><td>– 개별과제 : 인간복제와 관련한 찬반 토론자료 조사해 오기</td></tr>
<tr><td>■ 체육과</td><td>– 모둠별 과제 : 각 나라의 민족 춤 공연을 위해 해당 나라의 민속의상 조사해 오기</td></tr>
</table>

학교도서관 활용수업을 위한 기초공사

앞서 살펴보았듯 학교도서관은 학생들의 자기주도적 학습능력과 문제해결력을 길러 주고, 교사가 다양하고 효과적인 수업을 할 수 있도록 지원하는 핵심 교육시설이다. 학교도서관이 맡고 있는 여러 교육활동 가운데 학교도서관 활용수업은 학교도서관의 교육적 역할을 가장 잘 설명해 준다. 학교도서관 활용수업은 수업의 꽃이요, 학교도서관 서비스의 꽃이다. 학교도서관 활용수업을 성공적으로 이끌고자 한다면, 다음 사항에 유의하면서 미리 준비를 해 보자.

 ## 학교도서관 알리기

학기 초나 학년 초는 신입생과 새로 온 교사들에게 학교도서관을 알려야 하는 중요한 시기이다. 특히 교사들에게 학교도서관이 어떤 자료와 시설을 보유하고 있으며 어느 정도의 서비스를 실시하고 있는지 홍보하는 것은, 교사들의 수업 지원과 더불어 학생들의 도서관 이용에도 영향을 미치는 중요한 일이다. 그런 만큼 간단한 이용안내 자료를 배부하여 학교도서관을 알리는 것이 필요하다. 이때 도서관 활용수업의 지도안이나 도서관을 활용해 수행평가를 진행하는 방법, 또 도서관 자료를 발췌하여 이용하는 방법 등은 좀더 자세하게 안내하는 것이 좋다. 실제로 도서관을 활용하는 방법이 있음에도 잘 모르는 교사들이 많기 때문이다. 그리고 교무실에서도 도서관의 자료소장 유무와 대출 여부를 검색할 수 있도록 도서관 홈페이지의 로그인 아이디를 미리 등록해 두는 것이 좋다. 아이디와 비밀번호 신청양식은 교직원 명렬표를 이용하면 편리하다.

# 교과별 학교도서관 활용수업 신청 받기

● 계획을 세워 체계적으로 준비하고 진행하기

학교도서관 활용수업을 좀더 효과적으로 진행하기 위해서는 학기 초에 신청을 받아 연간계획을 세우고 이에 따르는 것이 좋다. 사서교사가 있다 해도 교사 한 명이 학교도서관 운영을 전담하면서 교과수업에 협력하는 것이 쉬운 일은 아니다. 게다가 그 요구가 산발적이거나 동시에 여러 교과에서 신청이 들어올 경우 도서관 업무에 지장이 생기기도 한다. 무엇보다도 활용수업에 필요한 정확하고 다양한 자료를 제시하기 위해서는 철저히 자료를 준비해야 하기 때문에, 연간계획 또는 학기별 계획을 세우고 이에 따라 진행하는 것이 바람직하다. 물론 학기 초에 미리 계획하지 못한 교사들을 위해 최소 1주일 전에 도서관에 알려 주면 활용수업이 가능하도록 신청서 양식을 만들어 두는 것도 필요하다.

● 적합한 단원 선택하기

교과교사가 활용수업으로 진행하고 싶은 단원을 정하지 못했을 경우 사서교사와 함께 결정할 수도 있다. 이때 되도록이면 교과 관련 자료가 도서관에 많이 소장되어 있거나 다양한 활동이 가능한 단원을 선택하는 것이 좋다. 그렇지 않으면 학생들의 활동영역이 줄어들고 탐구활동도 한정된 자료 내에서 해야 하기 때문에 의미가 적다. 그러므로 적절한 단원을 선택하는 것이 가장 중요하다. 또 같은 시기에 너무 많은 교과가 도서관을 활용하기는 어려우므로 교과진도를 예상하여 시기를 적절히 분배하고 그에 따라 알맞은 단원을 선택하도록 한다.

● 활동지 준비하기

스스로 자료를 찾고 이를 정리하는 과정에 서투른 학생들을 위해 사서교사와 교과교사가 상의하여 학생들의 자료탐색 활동을 보조할 수 있는 간단한 활동지를 만들어 보는 것이 좋다. 대체로 도서관 활용수업에서 학생들의 활동은 정보탐색 과정인 '과제해결 6단계 이론(The Big Six Skill)' 에 의해 이루어진다. 따라서 이 내용을 담은 기본 활동지를 만들어 놓고 교과별로 적절하게 내용을 가미하여 사용할 수 있도록 준비해 두면 편리하다.

과제해결 6단계 이론 (The Big 6 Skill)

'The Big 6 Skill' 은 미국에서 개발된 것으로 정보교육을 위한 과제해결 6단계 이론이라고도 한다. 이 이론은 교과학습은 물론 일상생활에서 당면하는 여러 가지 문제에 적용할 수 있는 이론으로, 6단계로 나누어진 문제해결 과정을 통해 학습방법을 익히도록(learn how to learn) 하기 위한 것이다. '정보 과제 정하기 – 정보 요구 파악하기 – 정보 탐색하기(탐색전략 수립 및 탐색) – 정보 분석하기 – 정보 종합하고 표현하기 – 정보 이용과정 되돌아보기' 의 여섯 단계로 구성된다.

— 변우열, 학교도서관 활용수업의 이론과 실제

자료와 기자재 구비하기

● 교육과정 자료 준비하기

연간 교과별 학교도서관 활용수업 시기와 단원을 계획하고 난 후에는 관련 자료를 준비해야 하는데, 교과교사와 협의하여 수업의 구체적인 방향을 파악하고 그에 맞는 정보원을 선택하는 것이 중요하다. 예를 들어, 이론적인 내용을 중심으로 하는 수업이라면 단행본이나 백과사전 등의 자료가 적합하고, 사회문제와 연관시켜 해결해야 하는 수업이라면 인터넷이나 신문, 잡지 등의 최신 정보를 담고 있는 자료가 필요하다. 또 직접 음악을 들어 보거나 실험영상을 확인하고 시뮬레이션을 해 볼 수 있는 비도서 자료가 더 유용하게 활용되는 수업도 있다. 또한 교과교사와 협의하여, 필요한 자료의 목록을 제공할 것인지, 검색어를 제공할 것인지를 결정하고, 검색어만 제공할 경우에는 해당 검색어를 사용하였을 때 충분한 자료가 검색되는지 확인해 보아야 한다. 여러 학생들이 함께 활용하기에 자료의 수가 부족하다면 복본을 구입하거나 자체제작(복사, 녹화 등)을 통해 적당한 양을 확보해 두어야 한다.

● **필요한 기자재 살펴보기**

수업기기 및 소프트웨어는 정보기술의 발달과 함께 계속 새로운 것들이 나오고 있기 때문에 반드시 필요한 기자재에 대해 이야기하기는 어렵다. 기본적으로 컴퓨터와 스크린, 프로젝터(또는 프로젝션 TV)만 갖추고 있다면 대체로 수업을 하는 데 지장이 없다. 그 외에 수업에서 사용되는 기자재는 아래와 같지만 앞서 이야기한 대로 기본적인 것만 갖춰져 있다면 나머지 부분은 학교의 실정에 맞춰 운용할 수 있다.

도서관 활용수업을 위한 기자재

기기	고 려 사 항
컴퓨터	컴퓨터 1대당 몇 명의 학생이 사용해야 하는지를 수업계획 때 고려해야 한다. 예를 들어, 모둠별로 컴퓨터가 있다면 1~2명의 학생이 컴퓨터로 자료를 찾을 때, 나머지 학생들은 어떤 활동을 해야 하는지를 계획해야 한다. 몇 명은 정기간행물 중에서 해당 자료를 찾고, 어떤 학생은 백과사전을 찾고, 어떤 학생은 단행본에서 찾는 등의 세부계획이 필요하다. 또한 1~2명의 학생이 컴퓨터를 사용할 때 다른 모둠원은 모니터를 보는 것만으로 학습이 가능한지 고려한다. 교사용 컴퓨터에서 전체 모둠을 통괄할 수 있는 소프트웨어를 사용하여 중앙에서 각 모둠의 컴퓨터를 통제할 수 있다. 또한 도서관 내 각 컴퓨터에 보안기능을 가진 소프트웨어를 설치하는 것도 필요하다.
복사기	백과사전이나 사전류 등의 참고자료는 대출이 되지 않으므로 복사하여 활용할 수 있도록 한다.
스캐너	사진이나 삽화 등을 복사했을 경우에는, 흑백으로 나올 뿐만 아니라 컴퓨터로 보고서를 작성해야 할 때에는 자료로 활용할 수 없게 된다. 그러므로 원활한 자료활용과 제작을 위해 스캐너가 필요하다.
프린터	보고서를 작성한 후 이를 제출하거나, 인쇄된 글씨체를 통해 작품(과학신문 등)을 만들 때 필요하다.
빔프로젝터 (프로젝션 TV)	학급의 학생들에게 효과적으로 정보를 제시할 수 있으며, 학생들이 결과물을 발표할 때도 유용하게 쓰인다.
DVD / VTR	컴퓨터를 통해 DVD를 볼 수 있도록 하면 추가로 DVD 플레이어를 구입할 필요가 없다. 비디오테이프로 된 자료를 많이 보유하고 있거나 활용이 예상되는 도서관에서는 VTR을 따로 구입해야 한다.
스피커, 엠프, 마이크	빔프로젝터와 함께 음향기기가 설치되어야 한다.
화이트보드	필기를 하며 설명해야 할 경우에 필요하다.

이렇게 미리 도서관 활용수업을 위한 준비를 해 놓고 학기 중에는 계획에 따라 수업을 진행하면, 활용수업을 하면서 생길 수 있는 시행착오를 조금은 줄일 수

있을 것이다. 물론 미리 계획을 했다 하더라도 실제 수업이 계획한 만큼 일사천리로 진행되는 것은 아니다. 입시 위주의 교육환경이나 교육과정 자체의 한계, 학교도서관 활용수업에 대한 교사들의 인식 부족, 그리고 각 학교의 개별적 여건 등 여러 가지 문제가 아직 남아 있기 때문이다. 교사들이 도서관 활용수업의 유용성과 효과에 대해 충분히 공감하고 사서교사가 배치되어 학교도서관이 잘 운영되는 학교라도 모범답안처럼 똑 부러지게 활용수업을 진행하고 있는 학교는 드물다.

하지만 새로운 것을 받아들이는 데는 언제나 시간과 노력이 들게 마련이다. 도서관 활용수업이 우리 교육현장에 시사하는 점을 기억하고 꾸준히 시도해 본다면, 언젠가는 도서관 활용수업이 일상적인 풍경으로 자리 잡게 될 것이다.

학교도서관이 제공하는 다양한 혜택

1. 소장자료

1) 자료의 종류 : 단행본, 정기간행물, 백과사전, CD-ROM, DVD, 교지, 문집 등

2) 단행본 현황

ㅇㅇ년 3월 현재 (단위:권)

분류	000	100	200	300	400	500	600	700	800	900	총계
주제	총류	철학	종교	사회과학	순수과학	기술과학	예술	언어	문학	역사	
권수	487	357	155	491	621	214	339	265	3,777	738	7,444

3) 정기간행물 : 구독 15종, 기증 10여 종

4) E-book : 도서관 홈페이지에서 로그인 후 사용 가능(DLS 제공 2,000여 종)

> 애니메이션 형식의 다양한 동화책과 일반책을 무료로 보실 수 있습니다. 초등학생 자녀를 두신 선생님께서는 꼭 이용해 보세요. 또한 교육적으로 우수한 내용이 많아 학반에서 활용 가능합니다. 사용방법을 친절히 알려 드리겠습니다.

2. 도서관 홈페이지 이용

1) 경로 : 학교 홈페이지(http://www.hwanggeum.ms.kr) → 디지털도서실

2) 자료 검색 : 어디서나 소장자료 검색은 물론 자료의 대출여부 확인 가능

3) 도서관 홈페이지 이용 ID와 PW : 원하시는 것으로 등록해 드림

4) 로그인 후 가능한 서비스 : 자료예약, 자료연장, 자료신청, E-book 열람

3. 자료의 대출과 활용

1) 대출권수 : 1인 5책 2주일간

> 학급 단체대출증을 활용하시면 최대 20권까지 대출이 가능합니다. 아침 독서를 위해 우수한 독서자료를 학교도서관에서 빌려 가세요.

2) 대출방법 : 별도의 대출증 없이 대출대에서 이름만으로 자료대출이 가능

3) 대출자료의 제한 : 사전류, 백과사전, CD-ROM, DVD, 최근 3개월 이내에 발행된 정기간행물은 관외대출이 되지 않습니다. 다만 교과수업에 활용되는 경우에 한해서 해당 시간에 대출이 가능합니다.

4) 도서관에 없는 자료의 경우, 자료신청을 하시면 빠른 시일 내에 구입해 드리겠습니다.

4. 교과별 우수자료 목록 및 목차 제공

1) 수업에 참고할 만한 자료 : 교과목 선생님께 해당도서의 목록 배부

2) 장학자료 및 연구자료 : 교내 메신저를 이용하여 목차 제공

> 장학자료는 도서관이 아닌 교무실 안쪽 정보자료실에 있습니다. 해당 목록을 원하시면 도서관으로 전화(내선218) 주세요.

5. 수업에 필요한 보유 기자재

1) 1학급 수업 가능

- 교사용 컴퓨터 및 책상

- 마이크 시설

- 모둠학습 공간 : 좌석 36개, 4인 1모둠, 1모둠 1컴퓨터(학생 사용 컴퓨터 총 9대)

> 인터넷 정보를 검색할 수 있으며, 각 컴퓨터에는 DVD-ROM과 헤드셋이 설치되어 있어 CD 및 DVD 이용이 가능합니다.

2) 기기 : 빔프로젝터, 프린터, 복사기, 스캐너, 비디오

> 토론, 자료조사, 발표수업을 할 때 도서관을 이용하시면 편리합니다. 수업하기에 편리하도록 적극 도와 드립니다.

6. 자료의 구입

1) 신청방법 : 1,2학기 두 번 구입신청서 배부(인터넷으로 상시 가능)

2) 수업에 필요한 자료는 시기를 두지 않고 1주일 전에 신청하시면 구입해 드립니다.

> 수행평가 제시 전에 도서관에 미리 알려 주시면, 관련 도서를 구입하여 지정도서로 정해 학생들이 이용할 수 있도록 해 드립니다.

7. 도서관 활용

1) 도서자료 및 시청각자료 열람

2) 자료활용 교과수업

- 모둠별 과제해결을 위한 수업

- 모둠별 컴퓨터 사용

- 도서관 자료활용 수업 등

3) 교재연구 및 자료제작

> 도서관은 모둠별 탐구수업을 하기에 좋습니다. 선생님의 수업자료를 준비해 드리며 학생들이 탐구조사를 할 수 있도록 필요한 자료를 제공하고, 검색방법과 활용법을 안내하고 있습니다.

8. 도서관에서 열리는 행사

도서관에서 매달 다양한 행사가 열립니다. 많은 관심 가져 주시고 홍보도 부탁드립니다.

> 매월 다독반 및 다독자 선정, 본문의 책 찾기, 행운권 잔치, 독서퀴즈, 독서퍼즐, 독서골든벨, 도서관주간 행사, 독서트리 만들기, 도서바자회, 도서관 이용수기 공모 등

9. 주요 공간의 사용

① 문헌자료 열람공간

한국십진분류표(KDC)에 따라 주제별로 분류

② 자료 검색

출입구 가까운 곳에 위치한 입식 검색대 2곳

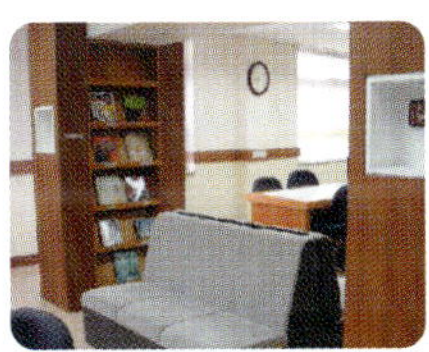

③ 정기간행물 열람

- 정기간행물 열람
- 일반 휴게공간으로도 활용

④ 모둠학습 공간

- 4인 1모둠
- 1모둠 1컴퓨터

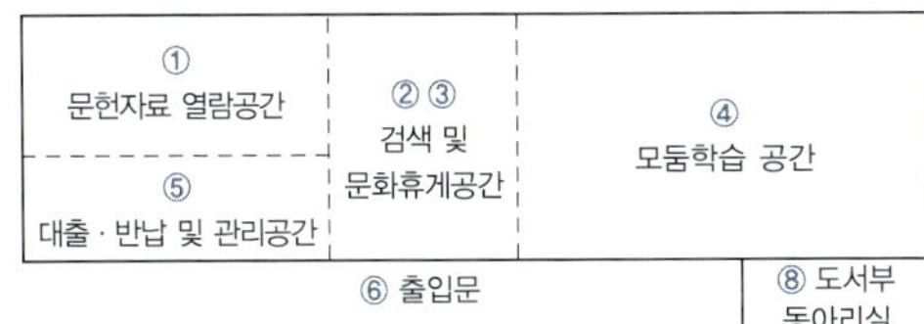

① 문헌자료 열람공간	②③ 검색 및 문화휴게공간	④ 모둠학습 공간
⑤ 대출·반납 및 관리공간	⑥ 출입문	⑧ 도서부 동아리실

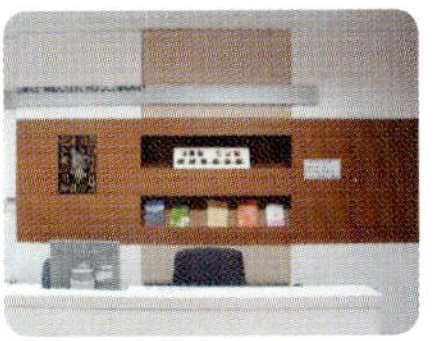

⑤ 대출·반납 공간

- 자료의 대출과 반납
- 도서부원과 사서교사 상주

⑥ 입구

도서관 입구

⑦ 이용 안내문

이용안내 게시판(복도)

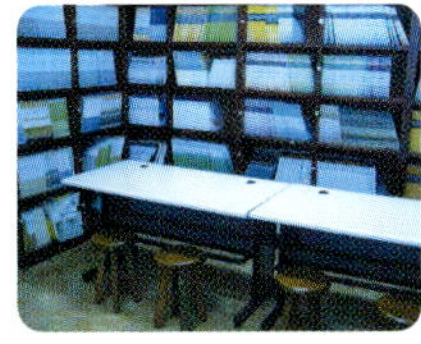

⑧ 도서부 동아리실

- 도서부 동아리 활동
- 교과서 보관

> ★ **모둠학습 공간에서는 무엇을 할 수 있을까요?**
> ① 보유 기기 : 교사용 컴퓨터(DVD 설치), 프린터, 빔프로젝터, 전동스크린, 엠프, 마이크, 열람대 9개(36좌석), 1모둠 1컴퓨터
> ② 도서관 활용수업(모둠별 과제해결 및 컴퓨터 사용 수업 포함), 도서자료의 열람, 교재연구 목적으로 활용 가능합니다.

도서관에서 하는 즐거운 수업
학교도서관 활용수업

★ 학교도서관 활용수업이란?

학교도서관의 모든 자료와 시설을 활용하여 학습목표를 효과적으로 달성하려는 제반 교육활동입니다. 도서관의 자료를 교사와 학생에게 신속하게 제공하는 것은 물론이고, 각종 정보자료를 활용한 탐구학습 활동을 통해 활기 넘치는 수업을 만들어 주는 자기주도적 학습의 형태입니다.

★ 내 수업에 2%를 추가하자?!

그동안 교실과 교과서에 한정된 교사 주도의 수업에서 2% 부족한 느낌을 받으셨다면, 학교도서관 활용수업을 적극 권해 드립니다. 학생들 스스로 다양한 자료(도서, 인터넷 등)를 조사하여 과제를 해결하고 보고서를 작성하도록 하거나, 토론으로 진행되어야 하는 수업에 적합합니다.

자신의 교과에서 어떤 단원이 이와 같은 활동을 필요로 하는지 생각해 보시고, 아래 신청서를 작성해 주세요. 수업에 활용할 수 있도록 적합한 자료를 구비하고, 목록(도서 및 인터넷 사이트)을 제공해 드립니다. 필요할 때는 학생들에게 자료탐색 및 이용방법을 도서관에서 직접 지도해 드립니다.

※ 신청사항

지도교사		교과명	
단 원 명			
학습목표			
예상시기	월 주 ~ 월 주	사용 학반	학년 반 ~ 반(개 학반)
집단형태에 O표	개인별, 모둠별, 전체집단	수업모형에 O표	자료탐구, 토의, 문제해결

(가능한 한 시간이 중복되지 않도록 조정해 드리겠습니다.)

※ 사용하실 자료 및 기자재에 O표해 주시면 자료준비에 참고하겠습니다.

- **자료** 단행본(도서), 정기간행물(잡지), 참고도서(백과사전, 도감 등), 영상자료(DVD, 비디오), 인터넷 자료, 기타(논문)
- **기자재** 빔프로젝터, 비디오, 검색용 컴퓨터, 스캐너, 복사기, 기타

도서관 활용수업 신청서

학 반	–		지도교사		
시 간	년　　월　　일　　요일　　교시				
교 과 목		단 원			
		학습주제			

★ 무엇을 도와 드릴까요? ★					
구 분		교사 요청		도서관 제공	
① 활용수업	학생용 학습자료 조사·제공 (수업에 활용될 자료)				
	자료구입·비치 (서명 등 상세사항)				
	정보검색 협력수업 (도서관 자료 찾기 수업)				
	교사용 수업자료 조사·제공 (수업연구)				
	학습장소 (O표, 기자재 활용)	모둠학습	정보활용학습	시청각실	
② 과제해결	학생들에게 제시할 과제 (참고자료 마련)	선행 과제			
		후행 과제			
③ 그 외	기타 도서관의 도움이 필요한 부분				

※ 최소 1주일 전에 제시해 주시면 자료를 준비하는 데 도움이 됩니다.

학교도서관 활용수업 연간 계획표

연번	교과명	수업교사	단원명	시기
1	국어(3학년)	원○○	3. 독서와 사회	4월 2주
2	국어(3학년)	김○○	3. 독서와 사회	4월 3주
3	과학(1학년)	최○○	3. 지각의 물질	5월 1주
4	과학(1학년)	백○○	3. 지각의 물질	5월 2주
5	국어(1학년)	정○○	3. 정보 수집하기	5월 2주
6	국어(1학년)	이○○	3. 정보 수집하기	5월 3주
7	국어(1학년)	송○○	3. 정보 수집하기	5월 3주
8	과학(3학년)	서○○	4. 물의 순환과 날씨 변화	5월 4주
9	사회	김○○	3. 시장경제의 이해	6월 1주
10	사회(국사)	윤○○	III. 후삼국의 형성	6월 2주
11	국어(2학년)	최○○	6. 작품 속의 말하는 이	7월 1주
12	국어(2학년)	허○○	6. 작품 속의 말하는 이	7월 1주
13	과학(2학년)	엄○○	3. 지구와 별	7월 2주
14	도덕(3학년)	김○○	1. 진로 · 진학과 도덕 문제	10월 1주
15	사회	이○○	4. 현대세계의 전개	10월 2주
16	과학(3학년)	박○○	8. 유전의 진화	11월 1주
17	사회	조○○	동아시아 사회의 성장	11월 3주
18	사회(국사)	손○○	민족의 독립운동	11월 3주

과목별 학교도서관 활용(독서교육) 관련 수행평가

교과	수행평가 과제	실시 시기	평가 요소	평가 기준
국어	독서학습장	1학기	1. 정해진 기한을 지켰는가 2. 내용이 참신하고 독창적인가 3. 정해진 분량을 완성하였는가 4. 정리가 잘되었는가	A(네가지만족):30 B(세가지만족):25 C(두가지만족):20 D(한가지만족):15
	독서논술	1학기	1. 지정도서를 끝까지 읽었는가 2. 글 안에서 주제가 일관성 있게 유지되고 있는가 3. 생각과 느낌의 표현이 어떠한가	A(세가지만족):30 B(두가지만족):25 C(한가지만족):20
	가족 독서신문 만들기	2학기 (여름방학 중 과제)	1. 규격에 맞게 표현하였는가 2. 가족 구성원이 계획에서 활동까지 참여하였는가 3. 구성이 참신한가	A(세가지만족):30 B(두가지만족):25 C(한가지만족):20
	정보탐색 활동	2학기	1. 보고서 내용이 다양하고 풍부한가 2. 보고서 짜임이 체계적인가 3. 보고서 제출기한을 지켰는가	A(세가지만족):20 B(두가지만족):16 C(한가지만족):12
도덕	도서활용 보고서 (주어진 과제를 관련 도서를 참고·활용하여 해결하고 보고서 작성)	학기당 1회 (6,11월)	1. 도서관에 있는 자료를 충분히 활용하였는가 2. 주어진 주제에 맞게 내용이 충실히 작성되었는가 3. 제출기한을 정확히 지켰는가	A(세가지만족):30 B(두가지만족):25 C(한가지만족):20
사회	역사적 인물 평가하기 (보고서 작성 시 도서관 자료를 이용하여 인물조사)	3학년	1. 자료를 충분히 이용하였는가 2. 인물에 대한 평가에 자신의 논리적인 의견과 소신이 반영되었는가 3. 제출기한과 분량을 정확히 지켰는가	A(세가지만족):20 B(두가지만족):16 C(한가지만족):12
	주제 보고서 작성	2학년 1학기 3학년 2학기	1. 도서관에 있는 자료를 충분히 활용하였는가 2. 주어진 주제에 맞게 내용이 충실히 작성되었는가 3. 제출기한을 정확히 지켰는가	A(세가지만족):20 B(두가지만족):16 C(한가지만족):12
수학	수학과 추천도서 독후감	1학년 1학기	1. 내용이 창의적이며 수학적 가치와 유용성을 잘 드러내는가 2. 자신의 생각과 느낌을 진솔하고 명확하게 나타내었는가	20-50점까지 4단계
과학	과학도서 독후감	전학년	1. 책에서 말하고자 하는 과학 학습요소를 충분히 이해하며 읽었는가 2. 내용이 충실히 작성되었는가 3. 제출기한을 정확히 지켰는가	20-50점까지 4단계

교과	수행평가 과제	실시 시기	평가 요소	평가 기준
기술 · 가정	기술 · 가정 추천도서 독후감	1학기	1. 책에서 말하고자 하는 바를 충분히 이해하고 있는가 2. 내용이 얼마나 충실하며, 표현의 창의성은 어느 정도인가 3. 기한 내에 제출하였는가	A(네가지만족):40 B(세가지만족):30 C(두가지만족):20
음악	음악 관련 도서 읽고 독후감 쓰기 (자유 선택)	중간고사 이후	1. 책에서 말하고자 하는 바를 충분히 이해하고 있는가 2. 내용이 얼마나 충실하며, 표현의 창의성은 어느 정도인가 3. 기한 내에 제출하였는가	A(네가지만족):40 B(세가지만족):30 C(두가지만족):20
미술	회화 관련 도서 읽고 독후감 쓰기 (자유 선택)	5월	1. 책에서 말하고자 하는 바를 충분히 이해하고 있는가 2. 내용이 얼마나 충실하며, 표현의 창의성은 어느 정도인가 3. 기한 내에 제출하였는가	A(네가지만족):40 B(세가지만족):30 C(두가지만족):20
영어	추천도서 1권 읽고 등장인물에게 영어편지 쓰기	여름방학 과제 (2학기 반영)	1. 등장인물에 대해 잘 이해하고 있는가 2. 영어 표현이 올바른가 3. 분량과 제출기한을 잘 지켰는가	A(네가지만족):40 B(세가지만족):30 C(두가지만족):20

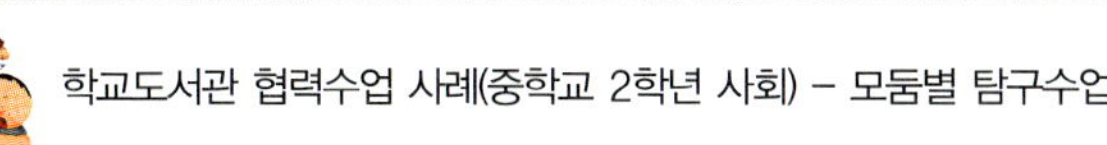

참 고 **6**

사회과 도서관 협력수업 활동과정

1. 일시 및 장소 : ○○년 11월 4일, 도서관
2. 대상 : 2학년 8반 43명
3. 본시 교수 – 학습활동 지도안

대단원	Ⅲ. 아시아 사회의 변화와 근대적 성장		과정	기본	보충	심화 ○	차시	2/2
학습 목표	• 아시아 사회의 변화를 이해하고 근대적 성장의 의의를 알 수 있다. • 조사한 내용을 토대로 하여 모둠별로 신문을 제작할 수 있다.						탐구 · 조사학습	
필수 학습 요소	1. 중국의 근대적 성장 2. 일본의 근대적 성장 3. 한국의 근대적 성장	4. 인도 및 동남아시아의 근대적 성장 5. 서아시아의 근대적 성장 6. 열강의 동아시아 침략						

학습 흐름	시간	교수 – 학습 내용			
		교과교사	사서교사	학생	
도입	10'	• 전시학습 확인 – 전 시간에 조사한 내용이 마무리될 수 있도록 지도 • 학습목표 제시 및 확인	• 학생들의 탐구 · 조사과정이 적절하게 이루어지고 있는지 지도 • 역할분담을 정확하게 확인할 수 있도록 자신이 쓴 기사에 이름을 적도록 지시	• 모둠별 조사활동 마무리 • 각자 조사한 자료 취합, 신문으로 만들기 – 각 모둠 주장	☐ 탐구학습지 ☐ 모둠별 신문
전개	30'	• 모둠별 발표 시 조용히 경청할 수 있도록 지도 • 자유로운 분위기 속에서 질의 · 응답이 이루어지도록 지도 • 조의 발표가 끝나면 해당하는 수업내용을 정리 · 요약	• 모둠별 조사활동이 한 사람에게 치중되지 않고, 전체의 협력으로 이루어졌는지 확인 • 단행본, 백과사전, 인터넷 자료를 모두 포함하고 있는지 확인 • 부족한 부분은 체크해 두었다가 첨삭지도	• 모둠별 학습 · 조사 내용 1모둠 : 중국의 근대화(태평천국운동, 양무운동, 변법가장운동, 의화단운동, 신해혁명) 2모둠 : 근대화(문호개방, 메이지유신, 입헌군주제) – 대륙침략(운요호사건, 청일전쟁, 러일전쟁) 3모둠 : 근대화운동(개화와 척사, 갑신정변, 갑오개혁) – 민족운동(동학농민운동, 의병투쟁) 4모둠 : 영국의 인도침략(세포이의 항쟁, 무굴제국멸망) – 근대화 · 민족운동 5모둠 : 오스만제국의 쇠퇴, 이란과 아랍, 이집트의 근대화 운동 6모둠 : 중국(제1,2차 아편전쟁, 난징조약, 베이징조약), 동남아시아(서양열강의 침략)	☐ 탐구학습지 ☐ 모둠별 신문
정리	5'	• 학습내용의 요약정리 • 차시예고 및 과제제시	정보탐색과정 평가 및 조언	학습목표 달성 및 정보탐색과정 반성	

4. 활동지

아시아의 변화와 근대적 성장	
학년 　 반 　 번 성명	조 　 맡은 역할 :
해결과제	

● **1단계** : **[정보과제 정하기]** 정보과제를 이해하여 신문 제목 정하기

신문 제목 :

____

● **2단계** : **[정보요구 파악하기]** 신문을 어떻게 구성할 것인지 계획하고 필요한 자료 적기

● **3단계** : **[정보 탐색하기]** 정보를 어떻게 탐색할 것인지 계획을 세우고 탐색하기

　– 정보원의 위치 :

　– 탐색용어 추출 :

　– 자료입수 과정 :

● **4단계** : **[정보 분석하기]** 자료를 읽고 필요한 자료를 선별하여 모으기

도 서 명	저 자	출판사	청구기호

사이트 이름	사이트 주소

이미지 자료	

● 5단계 : [정보 종합하고 표현하기] 정확한 자료를 토대로 신문 편찬하기

(   )의 근대화

※ 여기에 자신의 기사를 적고, 신문은 모둠별로 전지에 만드세요.

● 6단계 : [정보이용 과정 되돌아보기] 과제해결 진행과정, 과제해결 중 어려웠던 점, 느낀 점

5. 참고자료 목록

<세계목록>

ㄱ. 중국(1모둠)

서명	저자명	출판사
세계사편력 2	자와할랄 네루	일빛
하룻밤에 읽는 중국사	미야자키 마사카츠	랜덤하우스코리아
세계사 100장면	박은봉	실천문학사

......

ㄴ. 일본(2모둠)

서명	저자명	출판사
하룻밤에 읽는 세계사 2	미야자키 마사카츠	랜덤하우스코리아
아틀라스 세계사	지오프리 파커	사계절
일본 근대의 풍경	유모토 고이치	그린비

......

ㄷ. 한국(3모둠)

서명	저자명	출판사
살아있는 한국사 교과서 2	전국역사교사모임	휴머니스트
(한 권으로 풀어 쓴) 이야기 한국사	청솔역사교육연구회	청솔
다시 쓰는 이야기 한국사 2	호원희	꿈소담이
청소년을 위한 한국 근현대사	김인기 외	두리미디어
한국 근대사의 풍경	노형석	생각의 나무
함께 보는 한국근현대사	역사학연구소	서해문집

......

ㄹ. 인도, 동남아시아(4모둠)

서명	저자명	출판사
세계사 100장면	박은봉	실천문학사
아틀라스 세계사	지오프리 파커	사계절
이야기 세계사 2	구학서	청아

ㅁ. 서아시아(5모둠)

서명	저자명	출판사
아틀라스 세계사	지오프리 파커	사계절
이야기 세계사 2	구학서	청아
세계사 100장면	박은봉	실천문학사
......		

ㅂ. 열강의 동아시아 침략(6모둠)

서명	저자명	출판사
열강의 소용돌이에서 살아남기	박노자 외	푸른역사
즐거운 한국사 4	최하림	가교
이이화의 한국사 이야기 17	이이화	한길사
......		

〈웹자료 목록〉

검색기관	사이트 주소	검색과정
박승원의 중학교 사회	http://my.dreamwiz.com/geophill	메인 메뉴-교과서정리
에듀넷 중앙교수-학습센터	http://www.edunet4u.net/student/html/index_midl.html	학생-중학생-정리학습-2학년-사회-서울
고용호 사회교실	http://very.good.to	2학년 사회지도안B, 국사지도안, 국사자료
김치통 꽉찬 사회	http://www.kimchitong.com	교과서
김명수의 국사교실	http://kms4282.new21.org	읽기자료방-근대태동, 근대발전
박건호 선생님의 역사사랑	http://guno.pe.kr	국사수업자료-근대
또로네 집	http://web.kyunghee.ac.kr/~ttoropa	동양사의 이해-참고자료-동아시아의 근대화문제
중국의 어제와 오늘	http://www.chinabang.co.kr	메뉴-역사사회-역사이야기-검색
메이지유신	http://myhome.naver.com/sw016/or/o-j-maji.htm	
동학농민혁명 기념관	http://www.donghak.go.kr	메뉴-숙제도우미-혁명전개과정, 주요인물
한국 브리태니커	http://www.britannica.co.kr	검색창에서 용어 찾기
오지환의 사회교실	http://ohjh62.com.ne.kr	메뉴-중2사회-검색
사이버 사회교실	http://www.kangsi.com	메뉴-중2사회-단원클릭-검색

Ⅲ. 학교도서관 그리고 독서교육

독서교육에 대한 논의는 오래전부터 있어 왔지만, 독서는 좋은 것이니 무조건 많이 읽으면 좋다는 어른들의 일방적인 요구가 오히려 아이들을 책으로부터 더 멀어지게 했음을 우리는 알고 있습니다. 이제 교사들이 할 일은 좋은 책을 마음껏 읽을 수 있도록 독서환경을 만들어 주고, 독후활동보다는 책 읽기 전이나 읽는 과정에서 '행복'을 느끼게 하는 것입니다.

학교도서관에서 자유롭게 책을 볼 수 있는 아이들은 언제나 얼굴이 밝고 행복합니다. 안타까운 것은 그런 기쁨과 행복을 느끼는 아이들이 그렇지 않은 아이들보다 적다는 것입니다. 학교 안의 모든 아이들이 '책 읽는 행복'을 느낄 수 있도록 학교 전체적으로 독서 분위기를 조성하고 체계적인 독서교육을 실시해야 합니다.

학교도서관에서의 독서교육

학교도서관에서 실시하는 독서교육은 그 범위가 무척 넓다. 학교도서관을 열어 놓고 아이들이 언제든지 올 수 있도록 하는 것부터 시작하여, 무슨 책을 읽을까 고민하는 학생들에게 적당한 책을 골라 주는 것, 전교생을 대상으로 실시하는 다양한 행사까지 모두 학교도서관에서 펼치는 독서교육에 해당한다. 여기서는 이용자와의 개별적인 만남이나 독서행사를 제외하고, 학교 교육과정에 맞추어 구체적이고 체계적으로 진행할 수 있는 내용, 수업시간을 활용하여 진행할 수 있는 내용을 다루기로 한다.

 유인물 배부를 통한 독서교육

유인물을 통한 독서교육은 교사 누구나 의지만 있다면 손쉽게 시도할 수 있는 방법이다. 물론 유인물을 배부하는 것에 그치는 것이 아니라 학생들이 이것을 적극 활용할 수 있도록 환경을 만들어 주고 관련된 프로그램을 운영하는 등의 활동이 뒤따라야 한다. 때로는 열심히 제작한 유인물이 쓰레기처럼 버려지는 경우도 있을 것이다. 하지만 한 장의 유인물이 독서 정보에 목마른 누군가에게는 사막의 오아시스 같은 존재가 될 수 있고, 책 읽기와 아예 담을 쌓고 있는 누군가에게는 그 담을 넘어설 수 있는 디딤돌이 될 수 있음을 생각해야 한다.

유인물은 대체로 가정통신문이나 독서신문의 형태로 나눠 주게 된다. 중요한 것은 정기적으로, 그리고 수시로 나눠 주어 학생들이 양질의 다양한 정보를 늘 접할 수 있도록 하는 것이다. 게시판에 붙일 수 있는 형태로 배부하여 학급게시판에서 항상 독서에 관련된 정보를 얻어 갈 수 있게 하는 것도 좋은 방법이다.

· 전교생을 대상으로 가정에 발송하는 유인물의 경우에는 꼭 내부결재를 받아야 한다.

· 학기 초 학급 환경미화를 할 때, 담임선생님들께 게시판이나 교실 한편에 독서에 관한 게시물을 걸어 둘 수 있는 공간을 마련해 달라고 부탁해 보자. '권장도서, 추천도서, 독서신문, 도서실소식'의 네 가지 칸을 마련해 두면 1년 동안 학급별로 배부되는 독서유인물이 버려지는 것을 조금이나마 막을 수 있다.

대부분의 학교에서는 학기 초에 권장도서 목록을 만든다. 목록을 만들 때는 관련 기관이나 단체에서 선정한 목록을 활용하는 것도 좋지만, 개별 학교 학생들의 독서능력이나 흥미를 고려하고, 지역적인 특성 등을 고려하여 책을 고르고 직접 목록을 만드는 것이 좋다. 또, 독서교육 담당교사 혼자 선정작업을 하는 것보다는 자료선정위원회나 독서교육위원회 등의 협의를 통해 다양한 의견을 수렴하는 것이 좋다. 특히 사회과학, 자연과학, 예체능 등 다양한 주제를 포함시키기 위해 각 교과교사의 의견을 구할 필요가 있다. 이렇게 만들어진 목록은 독서신문이나 가정통신문을 통해 개인별로 나눠 주고, 편집을 달리하여 학급이나 도서관의 게시물로 활용한다.

권장도서 목록을 유인물로 제작할 때는 출판사, 출판연도 등의 서지정보를 자세히 밝히기보다는 서명, 저자명 등의 간단한 정보와 함께 독서수준이나 흥미 수준을 알려 주는 것이 좋다. 별표(★)를 이용하여 난이도나 흥미도를 표시해 주거나 목록순서를 가나다순이 아닌 독서수준을 기준으로 배열하면, 학생들이 자신의 수준과 흥미를 고려하여 목록을 활용할 수 있다.

● 상황별 도서목록(이럴 땐 이런 책)

상황별 도서목록은 말 그대로 우리가 겪을 수 있는 다양한 상황에 맞는 자료를 모아 둔 것이다. 학생 개개인이 처한 상황이나 고민이 다 다르기 때문에 전체를 대상으로 하는 권장도서 목록만으로는 부족한 부분이 생기게 마련이다. 이럴 때 상황별 도서목록을 활용할 수 있다. '이혼한 가정의 학생에게', '외모에 콤플렉스를 가진 학생에게' 등 학생들의 관심사와 생활환경을 고려하여 실제적이고 구체적인 상황을 설정한 후, 주인공이 비슷한 상황에 처해 있거나 직접적으로 해결책을 제시해 주는 책들을 목록으로 선정한다. 단순히 제목만 보고 고르는 것이 아니라 내용을 충분히 파악한 후에 선정하는 것이 중요하다. 상황별 도서목록은 학생 개인이 가지고 있다가 필요할 때 활용해 보도록 하거나, 교사가 학급운영이나 개인 인성지도의 자료로 활용할 수도 있다. 상황별 도서목록이

유용하게 쓰인다면 독서치료와 같은 효과를 기대할 수도 있을 것이다.

상황별 도서목록 또한 권장도서 목록처럼 유인물로 제작하여 개인별로 나눠 주거나 학급용 게시물 형태로 나눠 줄 수 있고, 독서신문의 한 테마로 다룰 수도 있다.

● 주제별 도서목록

주제별 도서목록은 교사의 아이디어에 따라 다양하게 만들고 활용할 수 있는데, 주로 그달에 있는 기념일이나 국경일과 관련해 도서목록을 만드는 경우가 많다. 특별한 기념일이 없다면 학교 일정에 맞추어 자체적으로 주제를 선정할 수도 있다. 때로 상황별 도서목록과 중복되기도 하는데 활용하는 방법을 달리하면 된다. 상황별 도서목록을 유인물로 나눠 주고 개인이나 교사가 필요를 느낄 때 활용하도록 맡겨 두었다면, 월별 추천도서·주제별 도서목록은 해당 도서들을 따로 모아 전시를 하거나 이와 관련한 책 속 보물찾기, 독서퀴즈 등의 프로그램을 도서관이 주체가 되어 진행해 보는 것이다. 그냥 유인물만 배부하는 것보다 그 효과가 훨씬 클 것이다.

월별 주제와 그에 따라 만들 수 있는 도서목록

월	월별 특징	만들어 볼 수 있는 목록 예시
3월	새 학기 시작	공부 방법 관련 목록, 우정을 다룬 책들
4월	장애인의 날(20일)	장애우 바로 알기
	과학의 날(21일)	과학과 관련 도서
5월	어린이날(5일)	재미있는 동화책 목록
	어버이날(8일)	가족의 사랑, 부모님의 은혜
	스승의 날(15일)	스승의 은혜
6월	환경의 날(5일)	환경 관련 도서
	한국전쟁 발발(25일)	전쟁과 평화
7월,8월	여름방학	방학 동안 가 볼 만한 여행지 가이드북
	(자연과 접할 일이 많음)	흥미진진 여행 이야기
9월	독서의 계절	아름다운 시 모음
10월	한글날(9일)	아름다운 우리말, 한국의 미
11월	학생의 날(3일)	우리들의 이야기
12월	세계인권선언 기념일(10일)	인권 관련 도서, 어려운 이웃의 이야기를 담은 책

추천도서 소개는 말 그대로 교사 스스로가 읽고 학생들에게 권하고 싶은 책을 이야기해 주는 것이다. 권장도서 목록이나 상황별·주제별 도서목록에 포함시키기 어려운 책, 혹은 좀더 진솔한 내용을 담아 권하고 싶은 책들을 간단한 유인물 등을 통해 학생들에게 소개해 준다.

또, 이전까지의 목록이 교사의 시각을 통해 만들어진 것이므로 추천도서 소개글은 도서부나 독서토론반 학생들에게 맡겨 그들의 시각에서 책을 소개하도록 해 보는 것도 좋은 방법이다. 추천도서 소개글은 앞서 이야기했던 도서목록들과 마찬가지로 단독 유인물로 나눠 줄 수 있고 독서신문 안에 한 코너로 만들어 제공해 줄 수도 있다.

지금까지 이야기했던 다양한 목록과 추천도서 소개글 등을 한데 담아서 나누어 줄 수 있는 가장 좋은 형태가 바로 독서신문이다. '신문'이 가지는 딱딱한 이미지보다는 도서관 소식지라고 생각하면 좋을 것 같다. 이 독서신문은 다른 유인물과 마찬가지로 알찬 내용을 담는 것은 물론 규칙적으로 꾸준하게 발행하는 것이 무엇보다 중요하다. 너무 잘 만들려고 하면 부담이 생기기 쉬우므로 한글 프로그램을 이용하여 단순하고 간결하게 만들어 한 달 혹은 두 달에 한 번 정도 내보내는 것이 가장 적당하다. 그보다 간격이 길어지면 독서신문 자체가 지속적인 교육이 아닌 일회성 행사로 인식되기 쉬우므로 주의하자.

내용을 구성할 때는 책이나 목록 소개 등 상투적인 내용에서 벗어나, 재미있는 유머도 실어 보고 학교 그림 동아리의 작품이나 난센스 퀴즈, 독서신문을 꼼꼼히 읽으면 누구나 풀 수 있는 문제들을 싣고 참여한 사람에게 조그마한 상품을 주는 등 다양한 구성을 시도해 본다. 잘 만들어진 독서신문을 통해 학교도서관이 활성화되고 학생들의 독서흥미도 한층 더 높아질 수 있다.

학생들에게 주는 자료 외에 교직원을 대상으로 독서자료를 나눠 주는 것은 어떨까. 독서교육에 대한 짤막한 정보와 함께 학급운영이나 수업활동에 필요한 정보를 알려 주고 더불어 교사들이 흥미롭게 읽을 수 있는 책들을 소개하면, 학교도서관과 독서교육에 대한 관심이 저절로 높아진다. 특히 지루한 교직원회의 시간에 맞춰 배부하면 관심이 없는 교사들도 한 번쯤은 읽어 볼 것이다.

독서신문에 들어갈 만한 내용들

꼭지 이름	내 용
선생님의 책 한 권	선생님들이 개인적으로 추천하고 싶은 책을 이야기해 주는 코너.
이달의 추천도서	그달의 특정한 행사나 주제에 알맞은 책을 추천. 주제별 도서목록을 활용할 수 있다.
독후활동 감상하기	CA시간에 도서부원들이 한 독후활동, 행사나 수업시간에 만들어진 학생들 작품.
만화 한 컷	책 줄거리를 만화로 표현해서 책을 소개. 책을 소개한다는 것은 같지만 그림 형식이라 눈에 잘 띈다. 학교에 있는 애니메이션 동아리 등을 활용하면 효과 만점.
독서퀴즈	특정한 책 속의 한 구절을 써 놓고 어떤 책에 있는 내용인지 맞히는 책 속 보물찾기, 추천도서를 중심으로 주인공 이름 맞히기, 책 제목 맞히기, 자명 맞히기, 가로세로 퍼즐, 신문에 나온 책 제목이 모두 몇 개인지 맞히기, 오타 찾기 등을 만들고 정답 부분을 오려서 제출하면 선착순으로 상품을 준다.(지우개, 노트 등 1,000원 안팎의 선물) 독서신문을 읽으면 누구나 맞힐 수 있는 수준, 혹은 추천도서를 관심 있게 들춰 보기만 하면 맞힐 수 있는 수준의 문제를 출제해야 한다.
행운의 대출자 이달의 독서왕	매월 특정한 날짜의 100번째 대출자 등 행운의 대출자를 발표하거나 그달의 다독자 명단을 발표한다. 역시 작은 상품을 줄 수 있다.
쉬어 가는 코너	마음을 여는 시 한 편이나 탈무드 등에 나오는 짧은 이야기, 유머 한마디 등으로 꾸며 볼 수 있다.

 자투리 시간을 활용한 독서교육

학생들은 빡빡한 학교생활에서 마음 놓고 책 읽을 시간을 찾기가 쉽지 않을뿐더러 방과 후에도 학원이나 과외 때문에 독서시간을 갖기가 어렵다. 그러므로 유인물을 통해 지속적으로 독서에 관한 정보를 제공하고 흥미를 돋우는 동시에 학교생활을 하는 동안 수시로 책을 읽을 수 있는 환경과 프로그램을 마련해 줄 필요가 있다. 학교에서 보내는 쉬는 시간이나 점심시간, 친구를 기다리는 청소시간 등 자투리 시간을 이용할 수 있게 하자. 틈틈이 책을 읽는 과정을 통해 학생들은 생활 속에서 늘 독서하는 습관을 기를 수 있게 될 것이다.

● 아침 자기주도 학습시간을 이용

최근 여러 학교에서 시도하고 있는 '아침 10분 독서' 프로그램처럼 아침 자투리 시간을 독서시간으로 활용할 수 있다. 가장 좋은 방법은 매일 아침 자기주도 학습시간을 이용하는 것인데, 학교마다 영어회화나 EBS 등의 프로그램을 운영하는 경우가 있으므로 교내에서 일정과 프로그램을 조정해 시간을 확보해야 한다. 읽기자료는 학생들이 집에 있는 책을 가져오거나 학교도서관에서 대출하여 개별적으로 준비하도록 하는 방법이 있고, 학교도서관에서 학급 이름으로 인원 수에 맞게 대출을 하거나 아예 학급문고를 구비해 놓고 이용할 수도 있다.

● 개인별 하루 15분 독서

아침 독서가 전체적인 활동이라면 하루 15분 독서는 개별적인 활동이다. 학교 도서관에서 하루 15분씩이라도 조용히 책을 읽고 소감을 써 보는 시간을 갖는 것으로, 학생들이 도서관 운영시간 중 아무 때나 와서 하루 1회 15분 이상 도서관에서 책을 읽는다. 책을 읽은 학생은 독서카드에 읽은 내용에 대한 소감을 쓰고 사서선생님(혹은 담임선생님)께 확인을 받도록 한다. 확인한 후 함께 책에 대해 이야기를 나눠 보거나 일정한 분량 이상 책을 읽은 학생에 대해서는 상품을 주는 등 격려와 포상을 한다면 학생들의 독서활동이 더욱 즐거워질 것이다.

 # 학교도서관 홈페이지를 이용한 독서교육

학교 안에서뿐만 아니라 언제 어디서든지 학생들이 독서할 수 있는 환경을 마련하기 위해 온라인 독서교육을 실시해 볼 수 있다.

도서관 홈페이지를 통해 도서관 소식이나 추천도서 목록, 신간에 대한 정보를 제공하고 독서토론이나 독후활동도 할 수 있도록 하면 학생들의 호응이 높아진다. 이를 위해 홈페이지를 구축해야 한다는 부담을 가질 필요는 없다. 전산화가 되어 있는 학교라면 학교도서관 홈페이지가 기본적으로 제공되기 때문이다. 학교도서관 홈페이지를 운영할 때는 기본적으로 소식란, 자료실, 그리고 독후활동 코너로 운영하게 된다.

● 도서관 소식

학교도서관 소개 및 이용방법을 도서관 홈페이지에 제공하여 학생들이 언제든지 확인할 수 있도록 한다. 공지사항을 통해 학교도서관 행사를 알리고, 신간도서 입수소식과 인기도서 및 이달의 정기간행물에 대해 소개하며, 온라인 독서 퀴즈를 낼 수도 있다. 중요한 것은 꾸준한 업데이트로 홈페이지가 늘 숨을 쉬도록 하는 것이다.

● 독서 관련 자료실

앞서 만들어 둔 권장도서 목록, 상황별·주제별 추천도서 목록을 홈페이지 자료실에 수록해 놓으면 필요로 하는 학생들이 수시로 참고할 수 있다. 또 좋은 책 고르는 법, 여러 가지 독서법 등 독서에 도움이 되는 내용과 독서 관련 연구 모임이나 단체 등을 추천사이트로 등록해 두면 학생들뿐 아니라 교사나 학부모들도 언제 어디서나 이용할 수 있기 때문에 학교 전체의 독서 분위기 조성에 도움이 된다. 독서나 출판에 관련된 기사를 스크랩해 두는 것도 좋다.

● 사이버 독후활동

독서기록장이나 독서감상문 등 손으로 쓰는 독후활동에는 부담을 느끼는 학생들이라 하더라도, 컴퓨터를 이용하거나 인터넷 홈페이지에 글을 올리도록 하면 자유롭고 풍부하게 의견을 표현하는 경우가 많다. 이렇게 게시된 감상문은 여러 학생들에게 공개가 되므로 학생들이 서로 읽고 댓글을 통해 의견을 나누기도 쉽다. 이런 점을 활용하여 토론 게시판을 하나 개설해 두고 평소 도전하기 힘들었던 독서토론을 진행해 볼 수도 있다. 아예 학교 행사 중에 사이버 독후감 대회나 토론 대회를 운영해 보는 것도 좋은 방법이다.

초등학교 학급 안에서의 독서교육

초등학교의 경우, 학교나 도서관에서 여러 가지 독서 관련 프로그램을 진행한다 해도 학급 담임이 협조하지 않으면 형식적인 행사에 그치기 쉽다. 따라서 무엇보다도 담임교사들이 독서교육의 필요성과 방법에 대해 충분히 고민하고, 그 내용을 자신의 학급경영 안에 녹여내는 것이 중요하다. 이를 위해 독서교육 담당자는 학기 시작 전 학교의 독서교육 계획을 미리 세워 두고 교육계획협의회에서 중요 안건으로 다루어 전학교가 독서교육계획을 실천하는 데 힘을 쏟을 수 있도록 해야 한다.

 작은 도서관, 학급문고 꾸리기

독서교육을 위해 가장 먼저 필요한 것은 '좋은 책'을 갖추는 일인데, 그러기 위해서는 우선 학교도서관이 바로 서야 한다. 학급문고는 학교도서관의 부족한 점을 보완할 수 있는 방법으로, 학교 내에서 학교도서관이 얼마나 자리매김하고 있는가에 따라 학급문고의 성격이 달라진다.

우선 학교도서관에서 마음껏 책을 골라 읽을 수 있는 여건이 되지 않는다면 일반적인 경우처럼 아이들이 즐겨 읽을 수 있는 다양한 책들의 목록을 정해서 학교도서관을 대신할 수 있는 학급문고를 갖추어 아이들의 독서 흥미부터 이끌어내야 할 것이다.

반대로 학교도서관이 잘 운영되고 그 안에 읽을 만한 책들이 잘 갖추어져 있어, 아이들의 독서 욕구를 넉넉하게 채워 줄 수 있다면 학급문고는 좀 다르게 준비하는 것도 좋겠다. 특히 고학년 학급에서 모둠이나 분단 또는 반 전체 아이들이

함께 읽을 수 있도록 같은 책을 인원수에 맞게 준비하면 아이들과 할 수 있는
활동이 훨씬 깊고 다양해진다. 한 권의 책을 학급 아이들이 모두 읽는다면 개인
별 독후활동을 넘어 학급 독서퀴즈 대회, 독서발표회, 동화 새로 쓰기, 역할극,
독서토론 등 평소에 하기 힘든 내실 있는 활동들을 학급에서 해 볼 수 있다. 물
론 이렇게 하기 위해서는 학급 독서운영 계획을 미리 짜고 교육과정을 재구성
하면서 시간을 확보하는 등 담임교사의 노력이 필요하다.

● 학급문고 목록 정하기

새 학년 첫날, 교실을 배정 받으면 남아 있던 학급문고 책을 없애는 일부터 한
다. 괜찮은 책들이라면 가려내서 이용할 수도 있지만, 그렇지 않다면 과감하게
버리고 새롭게 시작하자.

책을 수집하기 위해 아이들에게 그냥 책을 가져오라고 하면 집에서 돌아다니는
영양가 없는(!) 책을 가져오는 경우가 대부분이다. 그러므로 학급문고 목록을
먼저 정해야 '좋은 책'을 모을 수 있다. 어린이책에 대한 이해가 부족하다면
'어린이도서연구회'에서 나온 권장도서목록이나 어린이전
문서점에서 펴낸 목록집을 참고해 도움을 받을 수 있다.
학년별 권장도서뿐만 아니라 아이들의 다양한 독서력을
살펴 고르는 것도 중요하다. 다양한 책을 읽히고 싶다면
그림책, 우리 창작동화, 외국 창작동화, 옛이야기, 과학,
환경, 역사인물, 동시·노래책, 글모음, 만화, 교과 관련
도서 등 영역별로 고르게 뽑아 목록을 만들자.

앞서 말한 것처럼 아이들이 함께 읽을 수 있도록 복본을
준비하는 것도 필요한데, 여건이 된다면 같은 학년 선생
님들과 협의해 모든 반에 각기 다른 책의 복본을 배치해
보는 것도 좋다. 이렇게 준비해 둔 책을 한 달마다 반끼리
돌려 읽고 활동내용을 서로 나누면 더욱 의미 있는 독서
활동을 할 수 있을 것이다. 이렇게 1년 동안 알차게 책을

어린이책을 이해하는 데 도움이 되는 책

- 아동문학입문 / 이원수 / 한길사
- 시정신과 유희정신 / 이오덕 / 굴렁쇠
- 어린이책을 읽는 어른 / 이주영 / 웅진닷컴
- 아동문학과 비평정신 / 원종찬 / 창비
- 숲에서 어린이에게 길을 묻다 / 김상욱 / 창비
- 책, 어린이, 어른 / 폴 아자르 / 시공주니어
- 어린이 문학의 즐거움1,2 / 페리 노들먼 / 시공주니어
- 어린이와 그림책 / 마쓰이 다다시 / 샘터사
- 쿠슐라와 그림책 이야기 / 도로시 버틀러 / 보림
- 옛이야기 들려주기 / 서정오 / 보리
- 옛이야기의 매력 / 브루노 베텔하임 / 시공주니어
- 우리 아이, 책날개를 달아 주자 / 김은하 / 현암사
- 용의 아이들 / 마리나 니콜라예바 / 문학과지성사
- 책 밖의 어른, 책 속의 아이 / 최윤정 / 문학과지성사
- 그림책을 읽자 아이들을 읽자 / 최은희 / 우리교육

읽고 활동한 다음에는, 학년말에 희망을 받아 이 책을 학교도서관에 기증할 수도 있다. 학교운영비의 3~5%라는 넉넉하지 않은 자료구입 예산 때문에 학교도서관에서는 복본을 구입하기가 어려운데, 이렇게 하면 자연스럽게 복본이 늘어나 도서관 활용수업 자료로 소중하게 쓰일 것이다.

● 책 모으기

어떤 교육활동이든 학교와 가정에서 함께 관심을 가지면 성과도 커지기 마련이므로 책을 모을 때도 학부모들의 지원을 적극 활용하는 것이 좋다. 그러기 위해 3월에 있는 학부모 총회 때 학급경영 방침과 함께 독서교육 내용을 담은 가정통신문을 만들어 알린다. 또한 한 달에 한 번 정도 꾸준히 아이들 학교생활과 더불어 독서활동을 담아 가정통신문을 보낸다면 든든한 지원자를 얻을 수 있다. 학급마다 특색을 담은 가정통신문을 보내면 좋겠지만, 개별로 하기 어렵다면 학교도서관이나 독서교육 담당교사가 만든 소식지나 가정통신문을 활용하는 것도 좋다.

책 모으기는 서두르지 말고 한 달 동안은 좋은 책을 꾸준히 읽어 주면서 아이들의 흥미를 일깨워 책이 자발적으로 모아질 수 있도록 한다. 책을 읽어 줄 때는 좋은 그림책부터 시작하는 것이 좋다. 책을 모으는 과정에서 가정 형편이 어려운 아이들이 상처받지 않도록 관심을 기울이고, 개인별로 1~3권 정도 수집한다. 교사가 어린이책에 대한 애정을 가지고 아이들과 함께 읽고 즐긴다면 훌륭한 독서환경은 이미 준비된 것과 다름없다.

● 학급문고 운영규칙 정하기

책 모으기가 이루어지는 동안 교사는 학급문고 운영에 필요한 '학급문고 목록'과 '학급도서 대출부' 양식을 준비한다. 모아진 책은 잘 분류해서 책 번호를 매겨 두어야 관리하기에 좋다. 방법을 잘 모른다면 도서관에서 책을 관리하는 방법을 참고해도 좋을 것이다. 그리고 독서공책이나 '한 줄 독서록'을 항상 책상 안에 두고 틈틈이 이용하게 하며, 책을 읽어 가면서 다양한 독후활동 양식을 덧

붙여 나간다. 학급문고 운영규칙은 아이들과 함께 정한 뒤에 도서부에서 관리하도록 한다. 학급문고 규칙의 예를 들어 보면 다음과 같다.

- 책을 빌려 갈 때는 '학급도서 대출부'에 기록하고 대출·반납 확인을 받는다.
- 한 권의 책을 다 읽은 뒤에는 독서공책이나 '한 줄 독서록'에 기록한다.
- 대출기간은 한 번에 한 권, 3일 동안 빌려 읽을 수 있고 한 번 연장할 수 있다.
- 반납 날짜를 어겼을 때는 늦은 날만큼 대출을 못하거나 봉사활동을 한다.
- 빌린 책을 잃어버렸을 때는 같은 책을 사 온다.

모아진 책 중 담임교사가 특별히 권할 만한 책이 있다면 반 전체가 독서릴레이를 통해 읽어 보도록 하는 것도 좋다. 책 안쪽에 독서릴레이 이름표를 붙여 두고 차례를 정해 같은 책을 돌려 읽다 보면, 책에 대한 느낌을 나눌 수도 있고 반 전체에 공감대가 형성되어 독서효과를 더할 수 있다. 단, 학생들 모두가 읽어 볼 만한 좋은 책인지를 충분히 고민한 후 시도해야 한다.

학급도서 대출부

순	책 번호	대출일	대출자	책 이름	반납일	확인

책 번호

1	2	3	4	5	6
4의1	4의1	4의1	4의1	4의1	4의1
혁진이	영훈이	영현이	용운이	수환이	병관이

11	12	13	14	15	16
4의1	4의1	4의1	4의1	4의1	4의1
용욱이	석주	종대	시훈이	광호	성재

☆ 책의 제일 아래쪽 책등에 붙이기

독서릴레이 이름표

〈4학년1반 독서릴레이 도서〉

책!책!책! 책을 읽읍시다!!

(다 읽었으면 ○표 하세요)

순	이름	읽었지!	순	이름	읽었지!
1	권혁진		16	손성재	
2	정영훈		17	임정호	
3	문영현		18	신슬아	
4	장용운		19	손다윤	
5	박수환		20	이혜린	
6	김병관		21	조현명	
14	이종대		29	김정민	
15	김광호		30	선생님	

한 줄 독 서 록

순서	날짜	책 제목	지은이/출판사	별점
한줄 독서록				
한줄 독서록				

☆ 책은 마음의 양식입니다. 책과 함께 행복해지는 기쁨을 아는 우리 반이 되면 좋겠습니다.
별점 난에는 읽은 느낌을 별표로 표시해 봅시다.(별 5개 최고!)

책을 사랑하고, 신나게 노는 어린이

3학년 2반 두레통신 1호

3월 14일

반갑습니다. 첫인사가 좀 늦었습니다. 저는 3학년 2반을 맡은 교사 ○○○입니다. 우리 아이들과 만난 지도 벌써 열흘이 넘었습니다. 아이들 이름을 외우고 조금씩 알아 가며 학급의 약속을 만들고 익혀 가고 있습니다. 교실이 조금 좁기는 하지만 남향에다 다른 학급보다 열 명 정도가 적은 서른 명의 아이들과 지내니 좋은 점도 있습니다.

저는 올 한 해 동안 아이들과 함께 책 읽기와 놀이 활동을 꾸준히 하고자 합니다.

책 읽기는 사람의 마음을 따뜻하게 하고 지혜롭게 해 줍니다. 아이들이 책 읽는 행복을 알고 책을 가까이 할 수 있도록 자주 책을 읽어 주려고 합니다. 4월쯤 학교 도서실이 문을 열면 더 많은 책과 친해질 수 있을 것입니다. 가정에서도 책을 읽는 부모님의 모습을 자주 보여 주셔서 책 읽는 분위기(환경)를 만들어 주시면 아이들 인생에 아주 크고 소중한 선물이 될 것입니다. 우선 아이들이 즐겨 읽고 내용도 좋은 책으로 고른 '권장도서목록'을 보냅니다. 책을 구해서 읽고 난 뒤에 학급문고로 보내 주시면 고맙겠습니다. 부모님과 손을 잡고 서점(어린이전문서점이면 더 좋습니다.)이나 인근 지역 도서관을 찾는 일도 보람 있을 것입니다.

학원이나 학습지로 바쁘고 컴퓨터와 TV에 정신이 빼앗긴 아이들에게 책 읽기와 더불어 놀이 활동도 중요하다고 생각됩니다. 일주일에 한 곡씩 좋은 노래를 익히고 틈틈이 실내 놀이도 하고 운동장에 자주 나가 신나게 뛰어놀 것입니다.

어려운 일이나 상담거리는 언제나 아이들 알림장이나 메일 등으로 전하시기 바랍니다.

알림사항

1. 권장도서를 읽고 난 뒤 학급문고 수집에 협조 바랍니다.
2. 메일주소와 전화번호를 알려 드립니다. 학급 홈페이지 '학부모마당'에도 적극 참여 바랍니다.
3. 학급통신은 월 1회 정도 알림장 뒤편 편지봉투에 꽂혀 나갑니다. 가끔씩 아이들 알림장도 챙겨 보실 겸 살펴봐 주십시오.
4. 안내장이 따로 발송되겠지만, 학교도서관 도우미 어머니를 찾고 있어 협조를 구합니다. 시간 되는 분들은 함께해 주시면 감사하겠습니다.

환절기 건강 조심하세요!

담임 ○○○

학교도서관, 우리 학급에 뿌리내리기

● 학급 약속으로 학교도서관에 가까이 가기

아이들에게 학교도서관에 대한 자긍심을 가지게 하자. 우리 학교도서관이 얼마나 좋은지, 좋은 도서관이 있는 학교에 다니는 것이 얼마나 행복한 일인지 알려주고, 지킬 수 있는 쉬운 약속으로 학교도서관에 발걸음을 딛게 하자. 만약 그렇게 할 수 없는 환경이라면 여건을 만들도록 학교에 요구할 필요도 있다.

| 날마다 도서관에 들러요 |

몇 년 전 어느 독서운동 단체에서는 사람들과 만나면 "요즘 무슨 책 읽습니까?"로 인사하자는 제안을 했다. 학교에서도 하루에 한 번 아이들에게 이런 말을 건네면 어떨까. "오늘 학교도서관에 들렀나요?" 교실이 도서관과 가까이 있다면 매번 번거롭게 확인하지 않아도 되겠지만, 도서관과 떨어져 있는 학급에서는 아이들이 습관을 들일 때까지 일깨워 주자. 학교도서관 활용수업이나 과제해결 활동을 자주 하다 보면 자연스럽게 이용습관이 길러지겠지만, 그전에 이러한 시도를 통해 아이들이 도서관을 가깝게 느끼도록 해 주는 것이 좋다.

| 친구들과 부모님을 도서관에서 만나요 |

학년이나 학급마다 수업 끝나는 시간이 같지 않다. 미리 끝난 반의 아이들은 다른 반 친구를 기다리느라 할 일 없이 골마루에서 서성이다 눈총을 받기도 한다. 또 가끔 방과 후에 아이들이 부모님과 약속을 잡아 학교에서 만나는 일도 있다. 이럴 때 도서관에서 약속을 정하자고 제안해 보는 것이다. 학교도서관이라면 추위와 더위를 피할 수도 있고, 기다리는 동안 책들을 둘러볼 수 있을 것이다.

● 사서교사와 친해지게 하기

대부분의 아이들은 사서교사가 얼마나 소중한 존재인지를 잘 모른다. 원하는 책을 찾아 주고 과제해결 방법을 안내해 주며, 음악이나 동영상 자료를 권해 주는 사서선생님. 때로는 친근한 말벗도 되어 주는 사서선생님과 친구가 되는 방법을 아이들에게 살짝 알려 주자. 재미있는 책을 추천해 달라고 해도 좋고, 바쁜 선생님을 대신해 책을 제자리에 꽂아 두는 것도 사서교사와 친해지는 방법 중 하나이다.

사서교사가 없는 학교에서는 학부모 명예사서(도우미)가 사서의 역할을 대신할 수 있다. 이를 위해 학급에서는 학부모 명예사서 모집에 적극 협조해야 한다.

● 독서소식지를 주제로 일기 쓰기

학교도서관에서 힘들게 독서소식지를 만들어도 아이들은 좀처럼 읽지 않는 경우가 많다. 독서소식지를 받은 날은 아이들에게 소식지를 주제로 한 일기를 쓰게 해 보자. 가장 마음에 드는 부분, 새로 알게 된 내용, 소식지의 권장도서 가운데 읽고 싶은 책, 부모님이 보시고 마음에 들어했던 점, 자신의 바람 등을 쓰게 하면, 소식지를 꼼꼼히 읽으면서 학교도서관에 관심을 가지게 될 것이다. 십자말풀이 문제가 있다면 가족과 함께 해결해 보는 것도 재미있는 방법이다.

● 학교도서관 권장도서 함께 읽기

학교도서관이 제대로 운영되고 있다면 도서관에서 권장도서 목록을 추천해 줄 것이다. 새 학년에 권하는 책, 과학의 달이나 가정의 달에 권하는 책, 방학 권장목록, 주제별 권장도서, 교과 관련 도서 등 알맞은 책을 골라서 아이들과 함께 읽어 보자. 필요한 목록은 복사해 독서공책에 붙여 두고 읽게 한다.

● 도서구입 때 읽고 싶은 책 신청하기

학교도서관에서 자료를 구입할 때, 아이들이 읽고 싶어하는 책을 알아보고 신청하도록 한다. 교사뿐만 아니라 학부모나 아이들의 희망도 반영되면 학교도서관이 더 정겨워질 것이다.

● 학교도서관 행사 참여하기

학교도서관에서 여는 방학 중 독서교실이나 행사에 아이들이 적극 참여하도록 격려해 준다. 책 읽어 주기나 영화상영 시간도 챙겨서 아이들이 함께하도록 하고, 지역의 공공도서관에서 주최하는 여러 가지 강좌도 학급홈페이지를 통해 학부모님들과 아이들에게 알린다. 여러 기회를 통해 학교도서관을 만나게 하면 자연스럽게 책 읽는 습관을 기르게 될 것이다.

학교 밖, 도서관 나들이

학급이나 학교에서 책 읽기가 습관화된 아이들은 집 근처의 공공도서관이나 가까운 마을도서관으로 눈을 돌릴 수 있도록 해 보자. 교사가 조금만 길잡이를 해 주면 아이는 수많은 책 속에서 자신이 필요로 하는 책을 찾고, 원하는 내용을 찾아 정보로 활용할 줄 알게 된다.

이용하는 대상에 따라 연령별 자료실(유아자료실, 어린이자료실, 노인 · 장애우자료실), 자료의 종류에 따라 연속간행물실, 종합자료실 등이 있음을 알려 주고, 휴식을 위한 문화공간이나 매점, 멀티미디어실에 대한 소개도 곁들이자. 가까운 공공도서관의 행사나 프로그램을 알려 주고, 미리 계획을 세워 토요휴업일을 이용해 모둠체험활동을 해 보도록 할 수도 있다.

제천 기적의도서관 프로그램 달력의 예

SUN	MON	TUE	WED	THU	FRI	SAT
			1 독서교실	2 살아 있는 어린이 시교실	3 마술학교신청 접수 시작	4 문화의 순회 대사
5	6	7	8 독서교실	9 살아 있는 어린이 시교실	10	11 마술학교
12	13	14	15 개관기념 행사	16 살아 있는 어린이 시교실	17	18 마술학교/그림책하고놀자
19	20 그림책하고 놀자	21	22 독서교실 국악교실	23 살아 있는 어린이 시교실	24	25 크리스마스
26	27	28	29 독서교실	30 살아 있는 어린이 시교실		

공공도서관 어린이 학습 프로그램의 예

도서관	강좌	대상 · 시기	회원	강사	지도내용
강남	글짓기교실	초등3~4 매주(금) 15:30~17:00	15	김화경	독서토론과 글쓰기
용산	이야기 독서체험	초등 1~3 1~6월 매주(수) 14:00~15:00	25	이혜경	스토리활동과 독후활동
개포	동화구연	7~8세 매주(토) 12:30~13:30	30	안미희	동화구연
양천	리더십 향상을 위한 위인탐구	매주(금) 15:00~16:30	25	박금희 김지완	위인전 읽기와 토론위인탐구
도봉	예비 아나운서	매주(수) 14:00~15:00	36	권효순	음성표현법, 주장발표 방송문, 사회 보기

● 과제학습 해결로 도서관과 친해지기

이처럼 여러 가지 노력을 통해 학교도서관을 알려도, 아이들 가운데는 절대 도서관을 찾지 않는 아이도 있기 마련이다. 이런 아이들을 위해 타율적이기는 하지만 과제를 내 주어 도서관을 찾을 수 있는 계기를 마련해 준다. 도서관을 이용해 해결할 수 있는 과제는 한 달에 한 번 정도 내 주는 것이 적당하고, 처음에

는 '우리 학교도서관에서 가장 마음에 드는 곳 찾아 그림으로 그리기' 등 아이
들이 흥미를 가질 만한 쉬운 주제로 시작하는 것이 좋다. 도서관을 활용한 과제
해결이 익숙해진 아이들에게는 교과와 관련한 주제를 조사해 보도록 하여 스스
로 복습 및 심화학습을 할 수 있게 한다.

도서관을 활용해 해결할 수 있는 과제 내기

자기주도적 학습을 위해 제시해 줄 수 있는 과제는 무궁무진하다. 단, 과제로 제시하고자 하는 내용을
담은 자료가 도서관에 얼마나 있는지 미리 파악하는 것이 중요하다. 주제에 해당하는 자료가 부족하다
면 과제해결 시간을 여유 있게 주거나, 도서관 담당자에게 부탁하여 대출을 하지 않고 도서관에서만 보
도록 할 수 있다. 또 막연히 주제만 던져 주기보다는 꼭 조사해야 하는 항목을 구체적으로 제시해 아이
들이 좀더 쉽고 빠르게 과제를 해결할 수 있도록 도와야 한다.

- **좋아하는 작가 조사하기** – 좋아하는 작가의 간단한 이력과 대표작, 그리고 그 작품의 주인공 조사해
  보기
- **여행 가고 싶은 나라 조사하기** – 위치, 화폐단위, 관광명소 3가지, 유명인사 3명 등
- **김치에 대해 조사하기** – 김치의 어원, 역사, 종류, 지역별 김치의 특징
- **고궁답사 자료 조사하기** – 서울 시내에 있는 고궁 이름, 위치, 역사, 특징
- **우리나라 전통놀이 조사하기** – 전통놀이 한 가지와 그 방법 알아 오기
- **월드컵 출전국 조사하기** – 2006 월드컵 출전국의 이름과 국기 조사, 대진표 그려 보기
- **우리나라 전통화폐 조사하기** – 고려시대와 조선시대의 화폐 모양과 재료, 특징 알아보기
- **계절별 별자리 조사하기** – 봄, 여름, 가을, 겨울에 보이는 대표적 별자리 3개와 관련된 이야기 조사

 책 읽어 주는 선생님

아이들은 눈으로 책을 읽는 것보다 귀로 듣는 것을 더 좋아한다. 《어린이와 그
림책》을 쓴 작가 마쓰이 다다시는, 아이들은 읽어 주는 이야기를 들으면서 눈에
보이지 않는 세계를 자신의 마음속에 영상으로 그려 보고 상상력을 키워 간다
고 했다. 이야기를 많이 듣다 보면 아이들은 자연스럽게 책에 대한 흥미를 갖고
책과 친구가 된다.

이를 위해 교사는 관심과 정성을 기울여 책을 읽어 주면 된다. 처음에는 분량이

적은 그림책 등을 읽어 주고, 분량이 긴 글도 날마다 조금씩 읽어 주면 아이들이 다음 내용을 궁금해하며 기다리기도 한다. 책 읽어 주는 것을 듣는 것만으로도 아이들은 많은 양의 책과 만날 수 있고 좋은 책을 보는 눈을 기르게 된다. 교사는 아이들과의 공통 관심사와 대화 소재가 생겨 아이들과 새롭게 만날 수 있고 자연스럽게 어린이책에 애정을 갖게 된다. 이를 통해 1년 동안 조금씩 책과 가까워지는 아이들을 보는 것은 교사로서 정말 행복한 일이다.

독후활동은 읽은 책에 대해 느낌을 나눠 보는 정도로 하고, 한 달에 한 번쯤 '학급 독서퀴즈 대회'나 '독서토론회'를 열 수도 있다. 독서퀴즈도 '도전! 골든벨'이나 '모둠 대항' 등 여러 가지 방법으로 해 보면 좋겠다.

선생님이 책을 읽어 주면 학급의 모든 아이들이 함께 듣게 되어, 학급 인원수만큼의 책을 갖고 있는 것과 같은 효과를 지니게 되며 자연스레 함께할 수 있는 활동도 많아진다. 여기 소개된 내용은 강백향 선생님의 홈페이지에서 많은 도움을 받았음을 밝혀 둔다.(http://www.mymei.pe.kr)

● 날마다 책 읽어 주기

아이들이 흥미를 가질 만한 재미있고 쉬운 책들을 아침 시간이나 자투리 시간에 읽어 준다. 잘 만들어진 좋은 그림책이라면 학년과 상관없이 대부분의 아이들이 좋아하고, 어른도 두고두고 간직하면서 읽고 싶어한다. 가끔 시각적 효과와 집중을 위해서 OHP나 실물화상기를 이용할 수도 있고, 커텐을 치고 어두운 분위기에서 듣거나 학교 나무 그늘에서 책을 읽어 주는 등 변화를 주는 것도 재미있다. 책을 읽어 주는 데는 특별한 기교가 필요하지 않다. 교사 스스로 책을 재미있고 즐겁게 느낀다면 자연스럽고 실감 나게 읽어 주게 된다. 아이들에게 꾸준히 책을 읽어 주다 보면 어느새 훌륭한 구연가가 되어 있는 교사 자신을 발견하게 될 것이다.

● 책달력 – 읽어 준 책들의 목록 붙여 두기

큰 달력을 만들어 두고, 메모지를 이용해 그날 읽어 준 책 목록을 붙여 간다. 이렇게 하면 그달에 읽어 준 책을 한눈에 볼 수 있어 어떤 책을 읽었는지 되새겨 볼 수 있고, 교사에게는 지속적으로 책을 읽어 주게끔 강제할 수 있는 방법이 된다. 읽어 준 책에 대해 독후감을 쓰는 부담스러운 활동을 피하면서, 아이들에게 깊은 인상을 남긴 책은 다시 한 번 읽어 보는 계기를 만들어 줄 수도 있다.

● 책나무 꾸미기

교실 환경판에 나무를 만들어 두고, 책을 읽어 주고 난 뒤 작은 메모지에 쓴 감상지를 덧붙여 나간다. 반 아이들 모두 자리를 정해 나뭇잎처럼 붙여 두면 1년간의 귀한 기록이 되고 교실 환경도 멋지게 꾸밀 수 있다. 학교 독서의 달 행사에서 독서우수아를 시상하거나 결과물 전시회를 할 경우, 꾸준히 모아 둔 책 메모지로 개인별 책나무를 꾸며 보면 훌륭한 작품이 된다.

▲ 교실 환경판-책달력

▲ 교실 환경판-책나무

● 학급 홈페이지 이용

아이들에게 학급 홈페이지에 독서퀴즈 문제를 내 보게 하거나, 느낀 점을 자유롭게 쓰도록 한다. 독서릴레이를 할 때도 학급홈페이지 독서란에 올리게 하면 자연스럽게 돌려 읽기가 가능하고, 선생님이나 친구들이 별표로 평점을 매기거나 댓글을 달아 함께 참여할 수 있다. 도서부에 역할을 주어 챙기게 하면 꾸준히 이어 갈 수 있다.

아이들이 꾸준히 책에 대한 관심을 갖도록 권장도서 목록, 신간 안내, 책에 대한 신문기사나 정보, 인터넷에 실린 도서정보 등을 붙여 두고 책에 대해 지속적인 관심을 갖도록 여건을 만들어 준다. 아이들이 책에 대한 안목을 키워 가는 데 큰 도움이 될 것이다.

학예회 때는 1년간 아이들과 함께했던 다양한 독서활동들을 발표해 본다. 먼저, 아이들이 그린 장면화를 엮어 큰 책으로 만들고, 그 책을 가지고 부모님들에게 이야기를 들려줄 수 있다. 또 아이들이 직접 만든 책이나 부모님, 친구들에게 보내는 책 소개 편지 등을 전시하고 감상하는 방법도 있다. 그 밖에 아이들에게 가장 인기가 좋았던 책의 내용을 활용하여 모둠별 연극을 해 보거나, 같은 주제를 다룬 여러 가지 책을 읽고 그 내용을 조사한 뒤 발표해 보는 것도 재미있는 방법이다. 예를 들면, 장애우에 대한 책을 두세 권쯤 읽고 나서 그 느낌과 함께 자신의 생각을 적어 보거나, 실제로 길에서 만난 장애우들을 도와주는 경험을 해 보고 느낌을 발표하는 것이다.

이렇게 독서활동을 중심으로 학예회 프로그램을 꾸미면, 독서를 통해 아이들이 성장한 모습을 눈으로 볼 수 있을 뿐 아니라, 재주 있는 아이들 몇 명을 위한 학예회가 아닌 반 전체가 참여하고 즐기는 학예회를 만들 수 있어 의미가 크다.

▲ 책 읽어 주는 선생님

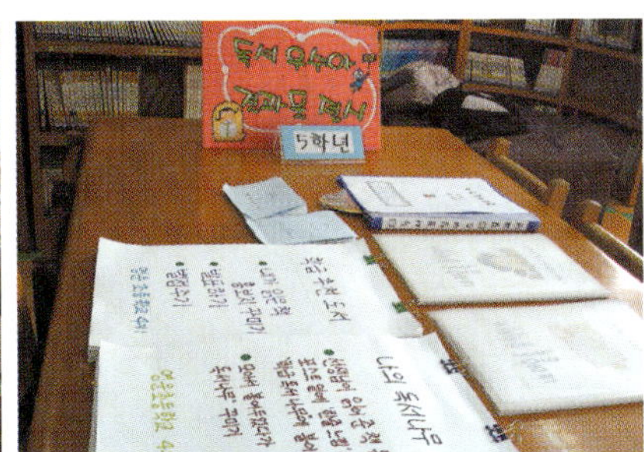

▲ 독서우수아 결과물 전시회

아침 10분 독서

아이들에게 독서습관을 심어 주기 위한 가장 좋은 방법은 아침 10분 독서이다. 독서습관이 아이들의 마음과 몸에 천천히 스며들어 확실하게 자리 잡을 수 있는 효율적인 방법인 것이다. 아침마다 첫 수업 10분 전에 독서를 시작해서 독서가 끝날 때쯤 자연스럽게 수업을 시작하면, 수업 역시 집중이 잘되고 분위기가 흐트러지지 않아 일석이조의 효과를 거둘 수 있다. 또 아침 10분 독서를 하면 자연스럽게 도서관 이용도 잦아진다. 늘 읽을 책을 한 권씩 지니고 꾸준히 읽기 때문에 독서량이 늘고 자연스레 새롭고 재미있는 책을 찾아 도서관으로 향하게 되는 것이다.

아침 10분 독서는 학급보다는 학년이 모두, 나아가서는 학교 전체가 다 함께 실천해야 짧은 시간에 정착할 수 있다. 10분 독서를 제대로 진행하기 위해 아이들과 해야 할 약속이 있다. 일본 전역에서 실시된 아침독서운동의 사례집(《아침독서 10분이 기적을 만든다》, 한상수 옮김)에서 밝힌 네 가지 원칙이 그것인데, 이는 실천하기에 어렵지 않으며 교사 자신을 위한 것이기도 하다.

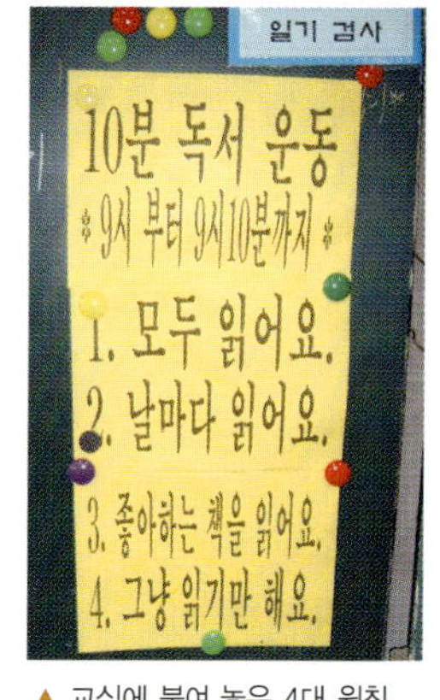

▲ 교실에 붙여 놓은 4대 원칙

● 모두 읽어요

학생과 선생님 모두 책을 읽는다. 학교에서 친구들과 선생님이 함께 책을 읽으면 아이들은 선생님의 모습에 동질감이나 친밀감을 느끼게 된다. 업무가 아무리 많고 바빠도 아침시간 10분만큼은 아이들과 함께 책을 읽어 보자. 아이들은 책 읽는 선생님을 보며 신뢰감을 느끼고 자연스레 선생님을 따르게 된다. 물론 선생님 스스로에게도 책 읽는 재미를 알 수 있는 기회가 될 것이다.

● 날마다 읽어요

하루도 빼지 말고 10분씩 읽는다. 우리가 때마다 밥을 먹는 것처럼 독서 역시 꾸준하게 책 읽는 시간을 가져야 한다. 10분에 불과한 짧은 시간이지만 아침마

다 되풀이하면 서서히 아이들에게 습관이 형성되어 어느새 밥을 먹지 않으면
배가 고파지는 것처럼 책을 찾게 된다.

● 좋아하는 책을 읽어요

자기가 좋아하고 원하는 책을 읽게 한다. 아이들은
부모님이나 선생님, 매스컴이 권하는 책의 홍수 속에
있다. 목적을 가지고 책 읽기를 강요하면 아이들은 책
을 거부하기 쉽지만, 좋아하는 책을 골라 읽으라고 하
면 편안한 마음으로 책을 만날 수 있다. 아이들 스스
로 좋은 책을 고를 수 있을 때까지 기다려 주는 마음가

짐이 필요하다. 단, 만화책과 잡지는 읽지 않도록 지도해야 한다. 학급이나 학교
도서관에 좋은 책을 준비해 놓으면 어떤 책을 고르든 안심할 수 있을 것이다.

● 그냥 읽기만 해요

아침 10분 독서 시간에는 다른 독후활동은 하지 말고 그냥 읽기만 한다. 아무리
좋은 독서라도 독후활동을 하라고 하면 책 읽기가 부담스러워진다. 따라서 조급
하게 독후활동과 연관 지으려 하지 말고 순수하게 책 읽기에만 집중할 수 있도
록 해야 한다. 책을 꾸준히 읽고 차차 깊이가 더해지면 자연스럽게 표현욕구가
생길 것이다.

 여러 가지 독서활동

● 개인별 독서 프로그램 짜기 / 나만의 독서공책

아이들이 자기 능력과 흥미에 맞게 한 해 독서계획을 세울 수 있는 힘을 갖게
해야 한다. 어른들이 시키는 대로 읽고 하는 독후활동은 검사를 받기 위해 억지
로 쓰는 일기와 다를 바가 없다. 억지로 쓰는 일기 때문에 아예 일기와 담을 쌓

▲ 독서공책

아 버리는 것처럼 시키는 대로 책을 읽도록 하면 책 읽는 습관과 즐거움을 갖기 어렵다.

개인별 독서공책은 철저히 준비하고 꾸준하게 관리하지 않으면 성공하기 어려운 프로그램이다. 독서공책은 담임교사가 빈 공책에 짧은 편지를 적어 선물로 주고 내용을 채워 나가게 할 수도 있고, 학생이 직접 '나만의 책'을 만들어 독서공책으로 활용하는 것도 좋다. 독서공책에 자기 나름대로 이름을 붙여 보게 하면 공책에 애착을 가지게 된다.

독서공책의 맨 앞 페이지에는 '올해의 책 읽기' 계획을 세우는데, 올 한 해 얼마나 책을 읽을지, 하루에 얼마나 읽을지, 언제 어떤 방법으로 읽을지, 읽고 나서는 어떻게 할지를 구체적으로 생각하고 계획할 수 있도록 해야 한다.

잠깐!

독서공책의 내용을 채울 때는 학년 간의 차이를 생각해야 한다. 저학년의 경우에는 교사가 독서기록 카드나 한 줄 독서록 등의 간단한 양식을 복사해 두어 필요할 때 이용하도록 하고, 그 밖에는 자유롭게 그림을 그리거나 쓰게 한다. 고학년은 독서일기장 꼴로 계획 단계부터 독후활동까지 스스로 창의성 있게 기록해 나가도록 하는 것이 좋다.

● 책 읽고 명상하기(눈 감고 생각하기)

책을 읽고 난 다음 가장 기억에 남는 장면이나 인물을 정하게 한 뒤 눈을 감고 마음속으로 그 장면이나 인물에 대해 생각해 보게 하자. 장면과 인물에 대해 생각하고 이어질 뒷이야기를 상상해 보는 것은, 책 읽는 맛을 살리는 동시에 책의 내용을 정리하는 기회도 된다. 연필로 공책에 쓰거나 그리는 것을 부담스러워하는 아이들도 있으니, 종이 위에 무언가를 남기게 하기보다 눈을 감고 편안하게 상상할 시간을 단 몇 분이라도 갖는 것이 좋다.

● 손바닥 시집 만들기

가장 인상 깊게 읽은 책을 골라 내용을 시로 쓰고, 아이들과 선생님 시를 모아 손바닥 시집으로 펴내는 것이다. 서로 돌려 읽으며 책 읽은 느낌과 경험을 나누기에도 좋다. 책을 읽고 글을 쓰면서 삶을 가꾸고 나누는 감동을 함께하자.

4학년 무렵 토론을 배우기 시작하면 의외로 아이들은 참 재미있어한다. 한 해 동안 아이들에게 들려줄 이야기와 모두 함께 읽어야 할 책 목록을 정해 두고, 그 내용을 활용하여 한 달에 한 번씩 토론을 해 보자. 아이들 자신의 삶, 식구, 사회, 환경, 나라에 이르기까지 갖가지 내용에 대해 아이들이 함께 읽고 생각과 이야기를 나누는 시간이 될 수 있다.

완성되지 않은 이야기, 혹은 결말이 잘 알려지지 않은 이야기를 들려주고 결말 부분을 완성해 보는 활동이다. 초등학생의 경우 혼자서 이야기를 완성하기는 어려우므로 모둠활동으로 진행하는 것이 좋다. 모둠원들이 머리를 맞대고 토의하여 대충의 줄거리를 정한 후 이를 글로 써 보게 하거나, 도화지에 4컷이나 6컷 정도의 그림으로 표현해 보게 한다. 완성된 이야기를 발표하는 시간이 되면, 같은 이야기를 가지고 다른 결말을 만들어 낸 친구들의 이야기를 듣느라 웃음이 끊이지 않는다.

〈알 게 뭐야〉를 읽고, 뒷이야기 만들기

● 시 감상과 노래 부르기

| 시로 만든 노래 부르기 |

아이들은 또래 아이들이 쓴 시를 재미있게 읽는다. 시집 가운데는 어린이가 쓴 시를 엮은 것이 많고, 이런 시에 곡을 붙여 나온 음반도 많다. 시(노랫말)를 공책에 써 보고 음반으로 나온 노래를 따라 불러 보면서, 그 느낌을 시화처럼 그려 본다.

| 시로 음악 만들기 |

감상한 시 가운데 한 편을 골라 노래로 만들어 보게 하자. 음표를 써 작곡하는 것이 아니라 흥얼거림만으로도 만들 수 있다. 노래가 익혀지면 악기를 만들어 연주하거나 율동을 하며 불러도 좋다. 쉽고도 흥겨운 종합음악 활동이다.

| 시로 뮤직비디오 만들기 |

시를 장면별로 나누어 그림을 그리고 음악파일과 함께 동영상으로 만들어 같이 불러도 좋다.

● 우리 도서관 책 이름 100가지 적기 / 저자 알아맞히기

도서관을 자주 찾다 보면 어느새 학교도서관에 대한 사랑이 커진다. 이런 관심과 사랑을 한 번 더 환기하는 의미에서, 우리 도서관에 있는 책 이름 100가지 적어 보기(낮은 학년은 모둠별 대항으로 진행할 수도 있다.)와 책의 저자 알아맞히기를 하여 가장 많이 적은 사람에게 선물을 주는 것도 좋겠다.

● 여러 가지 책 만들기

오침안정법으로 옛책 만들기, 병풍책 만들기, 아코디언책 만들기, 입체책 만들기 등 종이를 간단히 접거나 오려서 할 수 있는 다양한 책 만들기 방법이 있는데, 책을 잘 만드는 것보다는 만드는 과정을 통해 '책'과 친숙해지는 것이 더욱 중요하다.

책을 완성한 후에는 내용을 채우는 활동도 함께 해 보자. 앞서 말한 대로 직접 만든 책을 자기의 독서공책이나 일기장으로 활용할 수 있고, 친구에게 권하고 싶은 책과 간단한 내용, 편지를 적어 선물할 수도 있다. 평소에 좋아하던 책과 표지 디자인을 비슷하게 꾸미고 내용도 간단히 요약해 넣으면 재미있는 미니북이 된다.

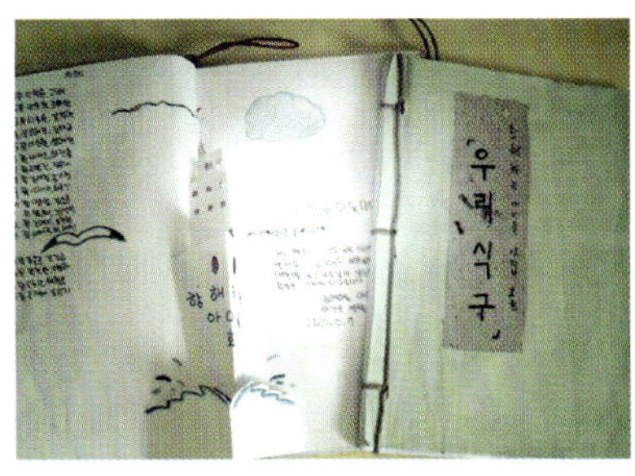
▲ 입체책과 옛책으로 엮은 시집

▲ 병풍책 만들기

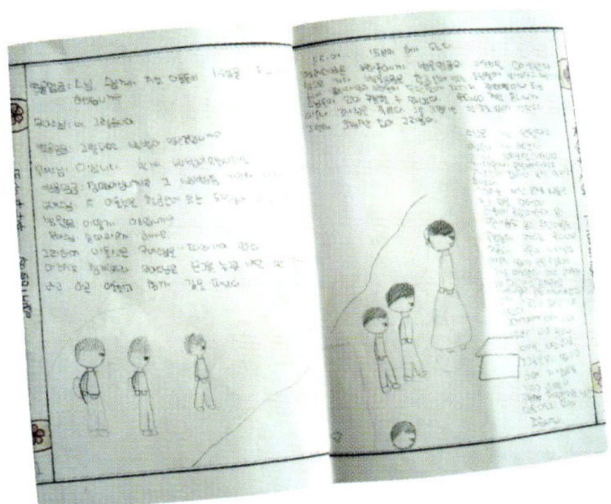
▲ 옛이야기 듣고 줄거리 쓰기

▲ 옛책 엮기

중학교 재량활동 시간을 이용한 독서교육

창의적 재량활동이나 국어교과 재량활동 시간을 이용한 독서교육은 정규수업이므로 더욱 알차게 진행될 수 있고, 학생들도 독서가 취미활동이 아닌 수업으로 이루어진다는 점에서 새로운 마음가짐을 가지게 된다. 반면에 즐거워야 할 독서활동이 수업을 통해 이루어져 자칫 지루하거나 어렵게 느끼는 학생이 생길 수 있고 독서활동이 평가로 연결될 경우에는 독서의 순수한 의미를 훼손할 수도 있다. 이런 점을 극복하여 재미있고 알찬 수업을 만들어 가기 위해서는 교사들의 연구와 노력이 절대적으로 필요하다.

 독서흥미 유발하기

독서수업의 1단계에서는 학생들이 독서에 대한 거부감을 버리고 재미를 느낄 수 있도록 하는 것이 중요하다. 독서의 중요성을 알려 주는 영상자료나 인쇄자료를 보고 독서활동을 위해 도서관 이용방법을 알도록 하는 것이 주된 내용이 된다. 더불어 학생들이 이제까지 했던 독서활동이 어땠는지 생각해 보고 새로운 마음가짐을 갖도록 한다. 이 과정을 통해 학생들은 독서의 중요성에 대해 알고, 책을 읽고 싶은 마음을 조금씩 갖기 시작할 것이다.

● 독서의 세계로 유혹하기

학생들을 독서의 세계로 유혹하기 위해서는 독서와 관련된 흥미롭고 다양한 자료가 필요하다. 영상물에 익숙한 세대인 만큼 독서의 중요성을 알리는 영상물(KBS 〈TV 책을 말하다〉에서 만든 〈책 읽기의 유혹〉, 〈그들은 책을 읽었다〉 등)

을 보여 주면 평소와는 달리 집중하여 흥미롭게 본다. 또 영상물을 보지 않고 세계의 도서관이나 독서로 성공한 사람들의 이야기를 직접 조사해 보도록 하는 것도 좋은 활동이 된다. 이러한 과정을 통해 학생들은 독서의 중요성에 대해 다시 한 번 생각해 보면서 책을 읽고자 하는 마음을 가질 수 있다.

● 도서관 이용방법 알기

책과 도서관, 독서와 도서관은 떼려야 뗄 수 없는 관계에 있다. 특히 학교도서관에는 학생들을 위한 좋은 자료가 많이 있으므로 학교도서관을 적극적으로 이용할 수 있도록 학교도서관 이용방법을 알아보는 시간을 갖는다. 학기 초 도서관 이용교육이 이루어진 상태라면 간단하게 그 내용을 복습해 보거나 직접 실습을 해 보는 정도로 진행하면 무리가 없을 것이다. 다만, 도서관 이용 자체에 거부감을 느끼면 독서활동도 즐거울 수 없다는 점을 기억하고, 도서관이 재미있고 즐거운 곳이라는 인상을 심어 줄 수 있어야 한다.

● 책, 너는 누구냐

독서의 대상인 책에 대해 알아보는 시간이다. 실제로 대부분의 학생들이 '책'이라는 사물에 대해 별다른 지식을 가지고 있지 않다. 지피지기면 백전백승! 즐거운 독서활동을 위해 '책'을 꼼꼼하게 뜯어보고 살펴보자. 가능하다면 책이 만들어지는 과정까지 알아보는 것도 좋겠다. 이런 과정을 통해 '책'에 대해 알게 된 학생들에게, '책'은 이전과 다른 대상으로 다가올 것이다.

> ※ 아래 내용은 책의 부분별 명칭에 관련된 자료로 실제 수업시간에 활용할 때는 중간중간에 괄호를 쳐 두고 설명을 들으며 내용을 채워 가는 방식으로 진행해 볼 수 있다.

★ 책(도서)의 부분별 명칭 ★

① **표지**

- 앞표지 : 제목, 지은이, 출판사, 간략한 안내글 등을 통해 책의 성격과 특징을 알려 준다. 독자가 책을 볼 때 가장 먼저 만나게 되는 부분이므로, 표지 디자인에 특히 신경을 써야 독자의 관심을 끌고 책의 성격을 온전히 전달할 수 있다.

– 뒤표지 : 책에 대한 안내글, 책의 성격을 잘 드러내는 본문 일부, 추천의 글 등을 담아 책의 내용을 전달한다. ISBN을 담은 바코드, 책의 가격 등도 뒤표지에 들어간다.
– 책등 : 책을 책꽂이에 꽂아 놓았을 때 제목과 지은이, 출판사를 확인할 수 있다.
– 띠지 : 출판사에서 특별히 드러내고 싶은 홍보내용이나 일시적인 마케팅전략이 있을 때 사용하는 것으로, 모든 책에 띠지가 있는 것은 아니다.

② 날개

– 표지에 부피감을 주어 고급스러운 느낌을 갖게 하고, 날개 없는 책에 비해 표지의 손상을 좀더 막을 수 있다.
– 앞날개 : 주로 지은이, 옮긴이, 그린이의 소개가 들어간다.
– 뒷날개 : 표지 겉면이나 앞날개에 넣지 못한 책과 지은이에 대한 소개가 들어가기도 하고, 일반적으로는 출판사에서 펴낸 책 가운데 이 책과 유사한 종류의 책 목록을 소개하는 데 쓰인다.

③ 면지

표지와 본문을 이어 주는 역할을 하며, 표지 및 본문의 분위기와 어울리는 색깔의 색지를 사용한다. 앞뒤에 2장씩 4장이 들어간다.

④ 속표지(표제지)

본문의 맨 앞장. 표지에 나온 제목과 지은이, 출판사 등을 한 번 더 알려 주는 역할을 한다. 보통 1쪽에는 제목만 적은 표제지, 2쪽에는 판권지, 3쪽에는 제목과 함께 지은이, 출판사 등을 적은 표제지가 한 번 더 나오는 이중 속표지의 책들이 많다.

⑤ 판권(저작권 표시)

표제지 뒷면이나 책의 맨 뒤에 적는다. 서명, 출판연월일, 출판사, 지은이, 발행인, 출판사의 주소 · 전화번호 · 등록번호, ISBN 등과 함께 책에 대한 저작권 표시를 한다. 요즘에는 편집자 등 책을 만든 사람에 대한 정보도 함께 적는 경우가 많고, 가격은 경우에 따라 표시된다.

※ ISBN (국제표준도서번호, International Standard Book Number)

국제적으로 표준화된 방법에 따라 전 세계에서 생산되는 도서에 부여된 고유번호로 책에 대한 국제적인 주민등록제도라고 할 수 있다. 도서관 활동의 실무나 국제적인 교류를 하는 데 편리하고, 출판업계의 유통개선을 위한 전산화와 정보 · 관리의 일원화를 목표로 하고 있다.

● 독서습관 점검하고 계획 세우기

간단한 설문지를 통해 자신의 독서습관을 점검해 보고 이를 바탕으로 앞으로의 독서계획을 세워 본다. 독서습관을 점검할 수 있는 설문은 DLS 홈페이지나 각

종 독서교육 사이트, 관련 도서에서 참고할 수
있다.

독서계획을 함께 만들어 보는 수업은 도서관
에서 진행하는 것이 좋은데, 실제로 도서관 서
가를 둘러보며 읽고 싶은 책을 고르는 과정에
서 독서에 대한 흥미가 높아지기 때문이다. 미
리 권장도서 목록을 나눠 주고 이를 참고해서
계획을 세우는 것도 좋고, 인터넷 서점에 접속
하여 새로 나온 책을 찾아보는 등 자유롭게 계

<table>
<tr><td colspan="6">(예시) 독서계획서</td></tr>
<tr><td colspan="6">☆ 종학고 2학년, 나는 이런 책을 읽는다 ☆</td></tr>
</table>

연번	도서명	저자명	읽은 기간	한 줄 감상문	확인
1					
2					
3					
4					
5					
6					

※ 확인란에는 부모님의 확인을 받아 옵니다.

획을 세워 볼 수도 있다. 계획서는 독서공책 앞면이나 교실 벽에 붙여 둘 수 있
도록 편집을 예쁘게 해서 만들면 아이들이 더 좋아한다. 학기 말에 간단한 소감
과 함께 담임교사나 부모님의 확인을 받아 오는 학생들에게 작은 상품을 주기
로 하고 미리 광고를 해 두면, 좀더 구체적이고 현실적인 계획이 될 수 있고 계
획에만 그치지 않을 수 있어 좋다.

# 다양한 독후활동 체험하기

독서흥미를 유발하고 계획을 세웠으면, 본격적으로 책을 읽고 독후활동을 한
다. 다만 수업시간 내내 책을 읽을 수는 없기 때문에 수업에 앞서 미리 책을 읽
어 오도록 지도하거나 한 시간 안에 읽을 수 있는 읽기자료를 마련하여 활용하
는 것이 좋다. 읽기자료는 되도록이면 너무 길지 않고 학생들의 수준에 맞는 쉬
운 것으로 준비해야 한다. 읽기자료 자체를 이해할 수 없으면 독후활동도 불가
능하기 때문이다. 읽기자료는, 반 전원이 같은 자료를 읽을 수도 있고 모둠별로
각기 다른 자료를 읽고 활동할 수도 있다. 읽기자료를 준비하기가 어렵다면 교
과서에 나오는 지문을 활용해도 된다.
실제로 학생들의 수준과 흥미에 맞는 좋은 책을 권하고 읽을 수 있도록 하는 것

은 독서교육의 성패를 좌우하는 가장 중요한 활동이다. 그렇지만 이에 못지않게 중요한 것이 읽은 책의 내용을 이해하고 온전히 자신의 것으로 만드는 것이며, 독후활동은 이 과정을 도와주는 가장 손쉬운 방법이다. 학생들은 다양한 독후활동을 통해 자신이 읽은 책을 더욱 깊이 이해하고 비판적으로 분석하며, 나아가 자신의 생각을 이용해 재창조해 낼 수 있게 된다.

● 만들기 · 그리기를 통한 독후활동

만들기와 그리기는 독후활동에 가장 많이 활용되는 방법으로, 책을 읽은 느낌을 글로 잘 표현하지 못하는 학생들도 부담 없이 할 수 있다. 활동 결과물은 도서관에 전시하거나 축제 전시물로 활용할 수 있고, 미술교과와 연계하여 범교과적인 독서활동으로 진행할 수도 있다.

| 독서 마인드맵 그리기 |

책의 핵심 낱말을 찾아 의미지도를 만드는 활동이다. 책을 읽으면서 중요하다고 생각되는 단어나 작품을 대표할 만한 낱말을 찾고, 그것과 연관된 다른 낱말들을 계속 찾아서 이어 나가 본다. 이렇게 마인드맵을 그려 보면 이야기의 구조, 중요한 사건, 인물 간의 관계 등을 쉽게 파악할 수 있다. 같은 책을 읽은 학생들끼리 모둠별로, 혹은 학급 전체가 참여하여 한 단어씩을 찾아내는 게임 방식으로 해 보면 더욱 재미있다.

| 책갈피 만들기 |

독서의 중요성을 나타내는 명언이나 인상 깊은 구절, 책 광고, 읽은 책 내용 등을 담아 책갈피를 만든다. 일정한 규격을 정해 주는 것도 좋지만 각자의 개성에 맞게 디자인을 해 보고 자신의 생각을 자유롭게 표현할 수 있도록 하는 것이 좋다.

| 장면화 그리기 |

책 내용 가운데 한 장면을 그림으로 나타내는 활동이다. 때로 책의 내용과 상관

없이 그리기 쉬운 장면을 대충 그리는 학생들이 있으므로, 책의 중심사건과 그 사건이 전개되는 데 중요한 장면이 어떤 것인지 함께 생각해 보고, 그중에서 기억에 남거나 그리고 싶은 장면을 선택해 그리도록 지도해야 한다.

| 책 표지 만들기 |

책의 내용과 특징을 잘 나타낼 수 있는 책 표지를 만들어 본다. '책' 이라는 사물에 대해 알아본 다음이어서 학생들이 책 표지의 역할을 파악하고 있으므로 좋은 작품이 나올 수 있다. 등장인물의 캐릭터를 활용하거나 책을 읽은 후 느낀 감정을 표지로 나타낼 수도 있다. 책 표지에 꼭 들어가야 할 내용(책 제목, 지은이, 출판사)이 무엇인지 알려 주어 책 표지로서 제 기능을 할 수 있는 작품을 만들도록 한다.

| 책 광고 만들기 |

신문이나 잡지의 책 광고들을 보여 주면서 실제로 자신이 읽은 책의 광고를 만들어 보는 시간을 갖는다. 책의 주제가 잘 나타나도록 하고 친구들이 책을 읽어 보고 싶은 마음을 갖도록 설득력 있게 만드는 것이 중요하다. 이 역시 광고에 꼭 들어가야 할 내용이 무엇인지 미리 알려 주어야 한다.

| 십자말풀이 / 독서퀴즈 |

개인별 혹은 모둠별로 읽은 책의 내용을 가지고 십자말풀이를 해 본다. 책의 내용 가운데 키워드를 고른 뒤, 가로세로 20칸 정도의 표에 이 단어들을 배치하여 풀어 보는 것이다. 그런데 실제로 십자말을 만드는 것은 무척 어려운 일이므로, 여의치 않다면 아이들이 직접 문제를 내고 맞히는 독서퀴즈로 진행할 수도 있다. 단, 너무 사소한 것을 문제로 만들기보다는 책의 중심 내용에 관련된 문제를 만들도록 지도하면 학생들은 문제를 만들면서 스스로 내용을 정리하고 탐색하여 완전히 자신의 것으로 만들 수 있게 된다. 문제를 만들 때, 틀리기 쉬운 맞춤법이 있다면 그 내용도 포함하도록 해 맞춤법을 익히면서 자연스럽게 어휘력도 증진시키는 효과를 꾀한다. 학급 전체가 같은 책을 읽은 다음 모둠별로 문제를 만들어 보고 바꿔서 풀어 보면 더 재미있다.

| 독서달력 만들기 |

자신이 읽은 책 내용 혹은 독서계획표에 적어 둔 책의 내용을 바탕으로 독서달력을 만들어 볼 수 있다. 읽었던 책을 소재로 달력을 만들면 책의 내용을 되새겨 보면서 그 감동을 이어 갈 수 있고, 읽고 싶은 책을 소재로 만든 달력은 독서계획을 세우고 실천하는 데 도움이 된다. 달력에 들어가는 그림은 책 표지나 주인공의 그림, 책 속의 한 장면, 기억에 남는 문구 등을 활용하면 된다. 학기 말에 읽고 싶은 책이나 권하고 싶은 책을 테마로 한 독서달력을 만들어 친구들에게 선물로 주는 것도 재미있는 활동이 된다.

| 인물 분석하기 |

책을 읽은 후 등장하는 인물의 특징을 분석해 보는 수업이다. 책 속의 인물은 작가가 나타내고자 하는 주제를 전달해 주는 중요한 존재이다. 따라서 책 속의 인물들을 분석해 보면서 작가가 말하고자 하는 바를 더 확실히 알 수 있으며, 나아가 새로운 인물을 창조해 볼 수도 있다. 인물을 분석할 때는 내용의 중심이 되는 두 명의 대조적인 인물을 택하고, 읽으면서 인물들의 특징을 메모해 두었다가 정리하면 활동이 훨씬 쉬워진다. 교사가 분석해야 할 인물과 항목을 미리 제시해 주는 것도 활동을 쉽게 하는 방법이 된다.

특징	인물1( )	인물2( )	인물3( )
외모			
나이			
성격			
역할			
고민거리			
인물에 대한 생각			

● **글쓰기를 통한 독후활동**

| 저자(주인공)에게 편지 쓰기 |

학생들이 책을 읽은 후 자신이 좋아하는 주인공이나 작가에게 편지를 써 본다.

편지는 편지를 받는 대상에게 하는 '이야기'이기 때문에 감상문처럼 틀에 얽매일 필요가 없어 부담이 적다. 책을 읽으면서 궁금했던 점, 공감했던 이야기, 내가 작가나 주인공이라면 그렇게 하지 않았을 것 같은 부분에 대해 진솔하게 써 내려가는 과정을 통해 책의 내용에 한층 가까워질 수 있을 것이다. 한국에 있는 작가라면 편지를 직접 보내 볼 수도 있다. 때때로 답장을 해 주는 친절한(?) 작가를 만나기도 하는데 이러한 경험은 학생들에게 값진 추억이 된다.

| 독서감상문 쓰기 |

가장 일반적인 활동이지만 학생들이 가장 크게 거부감을 보이는 독후활동이고 교사들 또한 독서감상문이라면 고개를 절레절레 흔든다. 독서감상문을 쓸 때는 읽은 동기, 줄거리 제시, 감상이라는 제한된 틀에 갇히기 쉬운데 중요한 것은 이러한 틀이 아니라 자신의 느낌과 생각을 얼마나 잘 표현하느냐이다. 이를 위해 잘 쓴 감상문을 되도록 많이 읽고 어떤 차이점이 있는지 느낄 수 있도록 하는 것이 가장 좋은 방법이다.

| 책 소개 편지 쓰기 |

자신이 읽은 책 가운데 친구에게 소개하고 싶은 책을 선정하여 책 소개 편지를 쓴다. 책 내용을 간단히 소개하고 왜 친구가 이 책을 읽었으면 하는지도 쓰도록 한다. 편지의 형식을 지키면서 독서감상문도 될 수 있다.

| 주인공에게 표창장 · 고발장 주기 |

책을 읽은 후, 등장인물의 행동을 평가하여 표창장이나 고발장을 만들어 주는 활동이다. 인물 분석하기 수업과 연관 지어서 진행하면 효과가 크다. 상장 내용을 작성하면서 주인공의 성격과 행동 특징을 정확히 파악하고 표현하는 힘을 기를 수 있다. 상장 이름과 모양은 학생들이 자유롭게 만들어 보도록 한다.

책을 읽은 뒤 책 속 주인공이나 작가에게 스스로 질문을 던지고 대답하면서 내용을 좀더 자세히 이해해 볼 수 있는 활동이다. 이를 통해 학생들은 작품에 대한 이해와 더불어 적극적이고 비판적인 사고력을 키워 갈 수 있다. 같은 책을 읽은 학생들끼리 짝이 되어서 서로에게 질문을 하고 대답해 보는 것도 좋은 방법이다.

독서신문은 모둠별 혹은 개인별로 만들어 볼 수 있지만, 독서신문의 내용을 풍성하게 하고 수업시간 안에 완성할 수 있게 하려면 모둠별 활동으로 진행하는 것이 좋다. 신문의 내용은 학생들이 자유롭게 정하되, 교사가 꼭 들어가야 할 내용을 알려 주고 어느 정도 틀을 잡아 줄 필요는 있다. 신문을 만들기 전에 실제 신문의 체계를 살펴보고 특징이 무엇인지 알아본다면 좀더 완성도 있는 신문을 만들 수 있다.

 슬기로운 눈으로 책 속에서 길 찾기

책 속에서 작가가 말하고자 하는 바가 무엇인지를 아는 것만큼, 그에 대한 나의 의견은 어떠한지 비판적인 시각에서 생각해 보고 정리하는 것도 중요하다. 이를 위해 모둠별 혹은 반 전체가 같은 읽기자료를 읽은 다음 책에 대한 이야기를 함께 나눔으로써 각자의 생각을 정리해 볼 수 있다. 학년이 낮을 때는 정리된 줄거리와 생각해 봐야 할 내용이 들어 있는 활동지를 만들어 빈 칸을 채워 가면서 자신의 의견을 정리하도록 하는 것이 좋다. 특히 자유롭게 말하고 생각을 정리하는 것에 익숙하지 않은 학생들에게 이러한 활동지는 좋은 길잡이가 될 수 있다. 수업을 진행할 때는 분위기를 자유롭고 활발하게 유지하여 지루하고 어려운 수업이 되지 않도록 해야 한다.

● 책 읽고 딴지 걸기

책이나 자료를 읽고 난 후 잘 이해되지 않는 내용이나 내가 주인공이라면 그렇게 하지 않았을 것 같은 부분을 찾아보는 것이다. 예를 들면 박완서의 〈자전거 도둑〉을 읽고 나서 '수남이에게 공부를 열심히 하라고 말하면서 정작 공부할 시간은 주지 않는 주인아저씨의 의도는 무엇일까.', '바람이 불어 자전거가 넘어지면서 차에 흠집이 생겼다면 그걸 자전거 주인이 물어 줘야 되는 걸까.' 등의 질문을 생각해 볼 수 있다. 이런 질문에 대해 자신의 의견을 정리해 보면서 책 속의 사건들을 비판적인 시각으로 바라보게 된다. 모둠이나 학급이 같은 자료를 읽은 후 위와 같이 질문거리를 생각해 보고 토론을 통해 그 답을 찾아보는 방법도 가능하다.

● 주제가 같은, 다른 책 비교하며 읽기

같은 주제를 다루고 있는 책을 여러 권 읽어 보고 내용을 비교해 보는 활동이다. 한 권만으로는 알 수 없던 내용들을 발견할 수 있고 생각의 폭을 넓힐 수 있다. 두 권 이상의 책을 읽고 난 후에 활동이 가능하기 때문에 충분한 시간을 두고 진행해야 하며, 간략하게라도 활동지를 만들어서 생각의 틀을 잡아 주는 것이 좋다.

(예시) 〈갈매기의 꿈〉과 〈마당을 나온 암탉〉을 읽고 생각해 보기

꿈을 향한 몸짓, 잎싹과 조나단

삶에 있어서 목표를 정하고 그 목표를 향해 나아간다는 것, 즉 꿈과 희망을 가진다는 것은 매우 중요한 일이다. 목표는 그 자체가 인생의 지침이 되고 방향이 된다. (중략)
여기, 알을 낳기 위해 마당을 나선 '잎싹'이라는 암탉과 더 높이 더 멀리 날기 위해 끊임없이 노력했던 '조나단'이라는 갈매기가 있다. 잎싹과 조나단의 모습을 나와 비교해 보면서, 내가 이루고 싶은 것은 무엇인지 생각해 보고, 목표가 없다면 새로이 목표를 만들어 보자.

1. 조나단과 잎싹은 자신의 무리들과 다른 삶을 선택했다. 책의 내용과 함께 조나단, 잎싹이 각각 가지고 있던 목표와 그 목표를 이루어 가는 과정을 간단히 요약해 보자. (중략)

2. 조나단과 잎싹이 자신의 무리들과는 다른 삶을 선택한 이유는 무엇일까.

❖ 그 일이 의미가 있다고 생각했기 때문. (옳고 그름을 판단할 수는 없다고 생각한다.)

3. 만일 내가 조나단 혹은 잎싹의 무리들 중 하나였다면 그들에 대해 어떤 생각을 가졌을까.

– 초아 : 이해가 안 된다. 무모하다는 생각이 든다. / 정서 : 편하게 살 수도 있는데 왜 그러
는지 이해하지 못할 것이다. / 혜민 : 주어진 운명에 순응하지 왜 튀려고 하는지 모르겠다.
/ 경미 : 미친 짓이다. / 진경 : 겉으로는 쫓아내고 이해할 수 없다고 말하더라도, 속으로
는 조금 부러워했을 것 같다. / 지수 : 잎싹이나 조나단처럼 사는 삶을 이해 못하지는 않겠
지만, 그렇게 살 용기는 없을 것이다.

❖ 잎싹과 조나단을 보면서 처음에는 미쳤다고, 이해할 수 없다고 생각하겠지만 아마도 부
러울 것 같기도 하다. 그렇지만 그들처럼 살아 보고자 하는 용기나 그렇게 할 수 있을 것
같다는 자신감은 없을 것이다.

4. 책을 읽으면서 딴지를 걸어 보자! (《갈매기의 꿈》)

– 조나단은 왜 하필 나는 것을 꿈으로 삼았는가. / 플레처는 왜 다시 살아났는가. / 이름은
왜 조나단인가. / 많은 동물 중 왜 갈매기인가.(세상에서 제일 빠른 치타가 느리게 달리고
싶은 꿈을 가질 수도 있는 것 아닌가?) / 그림은 왜 들어가 있을까? 멋지지도 않고 조나단
이 꿈꾸는 속도감이나 역동적인 느낌을 받을 수도 없다.

5. 《갈매기의 꿈》에서 각 내용들이 가지는 의미에 대해서 생각해 보자.

– 비행 : 어떤 사람이 가진 인생의 목표, 꿈

– 갈매기 무리 : 조나단과 같지 않은 평범한 사람들

– 하늘 : 이상향, 목표를 이룬 정점, 유토피아

– 조나단이 다시 무리로 돌아감

  : 새로운 것을 먼저 받아들인 지식인의 모습을 대변하는 조나단. 그리고 그 지식을 아직
깨우치지 못한 사람들에게 전하는 것이 지식인의 의무 아니었을까.

  : 그것은 좀 잘난 척이 아닐까? 그가 가진 꿈이 다른 사람들에게 필요 없는 것일 수도 있
지 않은가.

  : 조나단이 가진 꿈이 옳은 것이라고 검증되지도 않았고, 그와 다른 목표를 가진 사람도
있을 텐데 그것을 타인에게 강요하는 것은 옳지 않다고 본다.

6. 《마당을 나온 암탉》에 대해서 생각해 보자.

– 정서 : 마지막 부분에 누군가가 잎싹이야말로 진정한 주인공이라고 이야기했는데, 나는
잎싹이 꿈을 이뤘다고 생각하지 않는다. 혼자서 해결한 것이 아무것도 없지 않은가?

– 지수 : 잎싹이 마당에서 병아리와 함께 있는 어미닭을 보지 않았더라면 마당을 나오지도

않았을 것이다. 그런 면에서 잎싹은 무언가를 원하고 계획해 실천했다기보다는 그냥 우연한 계기에 마당을 나온 암탉이 된 것이며 그런 면에서 주인공이라고 보기 어렵다는 말에 동의한다.
- 초아 : 마지막 부분에 왜 족제비에게 가서 물려 죽었는지 좀 의아하다. 그냥 살아남았다면 좋았을 것을.
- 정서 : 마지막 부분에 죽었기 때문에 그나마 주인공 대접을 받을 수 있는 것 아닐까? 족제비와 초록머리 둘을 위한 희생이 있었기에 주인공이라고 할 수 있는 것 같다.
- 혜민 : 족제비도 잎싹만큼 강한 모성애를 가진 인물인데 잎싹을 괴롭힌다는 이유만으로 잎싹에 가려 제대로 된 평가를 못 받은 것 같다.
- 지수 : 잎싹이 모성애가 없지는 않지만, 아주 대단하다고 얘기하기는 어렵다. 잎싹은 자신이 품은 알이 누구의 알인지 알았으며 그 알을 지키기 위해 나그네가 희생되었다는 것을 알고 있다. 만약 그것을 몰랐다면 모성애라고 할 수 있겠지만, 그 알을 위해 희생한 누군가가 있는 것을 알고 있는 이상 누구라도 잎싹과 같이 행동했을 것이다.

7. 마지막으로
이 두 책을 왜 함께 읽으라고 하셨는지 잘 몰랐는데 이제는 알 것 같다.

 생각의 열매 모아 표현하기

책을 열심히 읽고, 읽은 책의 내용을 분석·비판하고 평가해 보았다. 이제는 각자의 생각을 독창적으로 표현해서 재창조하는 과정이 남았다. 실제로 학교 안에서 독서가 중요한 이유는 독서를 통해 자기주도적 학습능력과 사고력, 표현력 등을 기를 수 있기 때문이다. 그러나 이는 책을 읽는다고 해서 자연스럽게 높아지는 것이 아니라 꾸준한 훈련을 거쳐야만 가능한 것이다. 이러한 훈련 가운데 가장 좋은 방법은 바로 직접 글을 써 보는 것이다. 물론 글쓰기가 쉬운 활동은 아니지만 책을 읽고 여러 가지 표현활동을 경험했던 학생들이라면 충분히 가능할 것이다.

세계 명작동화와 신화를 페미니즘 시각에서 패러디한 작품들이 담긴 《흑설공주 이야기》를 활용해 보자. 같은 원작을 패러디한 뒤 결과물을 비교해 볼 수 있고, 패러디된 작품을 먼저 읽은 후 다시 한 번 패러디를 해 볼 수도 있다.

《상상력 먹고 이야기 똥 싸기》(다니엘 페낙 외, 낮은산)라는 책을 참고할 수 있다. 다니엘 페낙과 미셸 투르니에 등 프랑스 유명 작가가 앞부분의 이야기를 제시하고 아이들이 뒷이야기를 지어 응모하는 프랑스 청소년 문예 콩쿠르의 수상작이 담겨 있는 책이다. 앞부분의 미완성된 이야기를 활용할 수도 있고, 활동을 마친 뒤 외국의 청소년들은 어떻게 이야기를 꾸며 냈는지 예시작으로 읽어 주기에도 좋다.

● 작품 패러디하기

작품을 완전히 창조하는 것은 조금 어려울지 몰라도 기존에 있는 이야기를 다르게 써 보는 활동은 학생들이 흥미를 가지고 참여할 수 있다. 패러디의 기본은 책의 내용과 주제, 각 구성요소들의 역할을 충분히 이해하는 데서 시작한다. 따라서 너무 어려운 작품을 패러디하기보다는 누구나 알고 있는 쉬운 이야기에서 출발하는 것이 좋은데, 세계 명작동화를 패러디해 보는 것도 재미있는 방법이다. 시작하기 전에 또래 학생들이 완성한 작품을 읽어 주면 아이들의 동기를 더욱 자극할 수 있다.

이야기 전체를 패러디하기에 시간이 부족하면 책의 내용을 가장 잘 나타내는 한 부분을 발췌하여 활동할 수도 있고, 시간이 넉넉하다면 패러디한 작품을 연극공연으로 발표해 보는 것도 재미있을 것이다.

● 뒷이야기 이어 쓰기

이야기의 결말 부분을 상상하여 써 보는 수업이다. 글 쓰는 것을 싫어하는 학생들도 재미있는 이야기의 뒷이야기를 꾸며 보라고 하면 신이 나서 열심히 써 내곤 한다. 일정한 틀을 주는 것보다 학생들이 마음껏 자신의 상상력을 발휘할 수 있도록 하는 것이 좋지만, 분량은 적당하게 정해 줘야 한다.

하지만 마무리가 되지 않은 미완성 이야기를 찾기가 쉽지는 않은데, 그럴 경우 생각을 조금 바꾸어 이미 완성된 이야기의 결말을 다르게 써 보는 활동을 해 볼 수도 있다. 이때 중요한 것은 앞부분의 이야기가 흥미롭고 학생들의 수준에 맞는 내용이어야 한다는 점이다. 따라서 일반적인 소설보다는 동화나 단편소설 등에서 이야깃거리를 고르는 것이 좋다.

《상상력 먹고 이야기 똥 싸기》 가운데
〈어린이 공화국〉 뒷이야기 꾸미기

풍무중 2학년 이지현 외

아이들은 소바주 선생님을 몰아내기로 했다. 아이들은 작전을 짜기 위해 마을 어귀 공터에 모였다. 아이들이 모두 모이자 마르셀이 소리쳤다. "엑토르, 잠깐 방앗간에서 우리 마실 물 좀 가져다 줄래?" 엑토르는 대답 없이 방앗간으로 향했다. 엑토르가 시야에서 사라지자 마르셀이 말했다. "이 일을 엑토르는 모르게 하자. 우리에게 큰 득이 없을 거야." "그래, 잘못하다간 이야기가 새어 나갈 거야." 쥘도르도 동의했다. 모든 아이들이 쥘도르처럼 동의하는 듯해 보였다.

"어떻게 선생님을 유인하지?" 마르셀이 말했다. "글쎄, 힘으로는 이길 수 없어! 오늘 저녁 포도주를 먹이는 게 어때? 수면제를 타서 말이야!" 자노가 말했다. 자노의 말이 끝나기 무섭게 소바주 선생님이 다가오셨다. "너희들 여기서 뭐하고 있니! 당장 일터로 안 가?!" 마르셀은 반박하고 싶었지만 저녁을 기약하며 아이들과 일터로 향했다. 저녁시간 마르셀은 선생님께 말했다. "선생님, 저희 부모님이 30년간 담가 두신 포도주예요. 드셔 보세요." "포도주? 왜 이런 걸 나한테 주지?" 잔을 받아 든 선생님은 의심쩍게 여겼지만 30년산 포도주의 향을 이길 수 없어 냉큼 마셔 버렸다.

잠시 후 포도주 속 수면제에 취한 소바주 선생님은 아이들에 의해 나룻배로 옮겨졌다. "소바주 선생, 잘 가라구! 가다 폭풍이나 만나지 말라고." 마르셀이 외쳤다. 아이들은 일제히 나룻배를 바다 멀리 밀었다. 철퍽철퍽 선생을 태운 나룻배가 유유히 사라지자 아이들의 환호가 일제히 터졌다. "야호!! 이제 우린 자유다! 어린이 공화국 만세!"

승리의 쾌감에 젖은 아이들에게 마르셀이 소리쳤다. "애들아! 이제 이 섬은 우리의 것이다! 우리의 왕국이라구! 왕국엔 법이 있어야 해. 좋은 의견 있는 사람?" 환호하던 아이들이 일제히 조용해졌다. 그때 평소 조용하던 쥘르가 말했다. "우리가 이제껏 어른들에 의해 자제당했던 것들을 법으로 만들자." 쥘르의 말을 듣던 애들린이 말했다. "맞아, 어른들과 반대로 법을 만들어 보자! 우리 엄마는 늘 내게 양치를 세 번 하랬어. 난 한 번만 닦고 싶은데 말이지." 애들린의 말이 끝나자 아이들은 각자 자신의 이야기를 했다. "우리 엄만 사탕을 두 개 이상씩 먹지 말랬어." "우리 할머니는 고양이를 데리고 자지 말랬어." "변은 왼손으로만 닦으래." "코딱지를 파지 말래." "길에서는 얌전히 걸으래." 아이들이 서로 자신의 말에 바쁘자 마르셀은 아이들을 제지했다. "그래, 모두 좋아. 이제 너희 의견을 이 종이에 적자! 모두 법으로 만들 테니까!" 아이들은 한 사람씩 종이에 자신이 원하는 법을 적었다. 종이는 금세 엉뚱한 법들이 가득한 법전으로 바뀌었다. 종이가 가득 차자 마르셀이 말했다. "사탕은 하루 두 개 이상 꼭 먹기, 고양이는 일주일에 한 번 이상 데리고 자기, 변은 오른손으로 닦기, 코딱지는 정기적으로 파서 분리수거하기, 길을 걸을 때는 세일러문 노래를 부르면서 춤추며 걷기…… 만약 이 법들을 어길 시에는 일주일간 강아지처럼 행동해야 한다. 지금 이 시간부터 이 법들을 어린이 공화국의 국법으로 통과시킨다." 이렇게 어린이 공화국의 이상한 법들은 시행되었다.

첫째 날, 모든 것이 재미있게 흘러가는 듯했다. 거리에서는 아이들의 세일러문 노래가 흘러나왔다. 고양이를 좋아하는 마루카는 고양이 마고와 행복하게 잠을 잤고, 사탕을 유난히 좋아하는 쥘르는 사탕을 마음껏 먹을 수 있어서 좋았다. 또한 다른 아이들도 코딱지를 파도 뭐라고 하는 사람이 없었고, 변을 오른손으로 닦아도 됐다. 어린이 공화국의 밤은 아주 평화로운 듯 지나갔다.

둘째 날, 모든 것이 재미있게 흘러가는 듯했다. 셋째 날, 몇 가지를 제외한 모든 것이 재미있게 흘러가는 듯했다. 도리브라는 아이가 변을 닦을 때 오른손과 왼손이 헷갈려 일주일간 강아지가 되는 벌을 받고, 마리아라는 아이가 사탕을 한 개만 먹어 일주일간 강아지가 되는 벌을 받은 것만 빼고는 말이다. 어린이 공화국의 밤은 보통으로 지나갔다.

넷째 날, 이날 역시 문제가 발생하였다. 아이들이 코딱지를 분리수거하지 않아서 길거리에 코딱지가 가득해졌기 때문이다. 쥘르도 길을 가다 코딱지가 발바닥에 붙어 아침부터 기분이 안 좋다고 투덜거렸다. 이날 코딱지를 제대로 분리수거하지 않은 네 명의 아이들이 일주일간 강아지가 되는 벌을 받았다.

다섯째 날, 이날 역시 문제가 발생하였다. 마르샤는 세일러문 가사를 잊어버려 노래를 안 하고 길을 걷다가 벌을 받았다. 여섯째 날, 이날도 문제가 발생했다. 마을의 아이들 대부분이 사탕이 바닥난 것이다. 사탕이 없는 아이들은 모두 강아지가 되는 벌을 받았다. 그런데 더 큰 문제는 이제 강아지가 아닌 아이가 셋뿐인 것이다. 마르셀, 쥘르, 엑토르, 이 섬에서 셋 이외의 모든 아이는 강아지인 것이다.

일곱째 날, 이날도 문제가 발생했다. 고양이 알레르기가 있는 쥘르가 일주일 내내 고양이와 단 한 번도 자지 않은 것이다. 결국 쥘르마저 강아지가 됐다.

마르셀은 너무도 혼란스러웠다. 자신들이 원했던 것은 이런 왕국이 아닌데 말이다. 단지 자기들은 자유를 얻고 싶었고, 원하는 것을 이루고 싶었을 뿐이다. 하지만 그런 것들엔 그것에 대한 책임이 있다는 사실이 드러났다. 마르셀은 옛 친구들이었던 마을의 모든 강아지들과 엑토르를 마을 공터 어귀로 불렀다.

"얘들아! 이건 우리가 바라던 왕국이 아니잖아! 이런 것은 더 이상 어린이 공화국이 아니야!"　(후략)

● 내 마음속의 시 한 편

학생들이 직접 시를 써 보는 시간이다. 시를 쓰기 위해서는 자신의 생각과 의견을 요약하고 정리하여 정제된 언어로 표현할 수 있어야 한다. 때문에 학생들에게 시란 늘 어려운 것으로 인식되어 있고 직접 시를 쓰는 것도 어려운 활동으로 생각하기 쉽다. 이를 극복하기 위해 우선 학생들의 수준과 흥미에 맞는 시 한 편을 골라 함께 읽고 내용에 대해 이야기 나누는 시간을 가지는 것이 좋다.

학생들이 쓸 시의 내용은 스스로에 대해 생각해 볼 수 있는 내용이나, 주변에서 흔히 일어나는 일상을 다룬 내용들이 적합하다. 기존 시인이나 학생들의 작품 가운데 좋은 시 한 편을 골라 자신의 언어로 바꿔 써 보는 방법으로 진행할 수도 있다.

중학교에서 교과수업 시간에 독서교육하기

장 은 미 _ 강릉 경포고 국어교사

나는 수업시간에 아이들과 함께하는 10분 책 읽기나 독서기록장 적기 같은 걸 잘 하지 못한다. 여러 번 시도는 해 보았지만 매번 한두 번 하다 말았을 뿐이다. 갖가지 업무로 바쁜 상황에서 일상적으로 아이들과 독서활동을 한다는 것은 어려운 일이었다. 그래서 대신 수행평가에 책 읽기 활동을 한 학기에 하나씩 넣어 조금 길게 책 읽기 수업을 진행해 보았다.

아이들은 도서실에서 그냥 풀어 놓고 책을 읽힐 때는 잘 읽으면서 막상 수업시간에 책을 읽고 수행평가를 한다고 하면 싫어한다. 특히 교과수업을 하다 갑자기 책 읽기 수업을 하면 그게 수행평가가 아니라 해도 아이들은 지금까지와는 다른 수업에 불안감을 느낀다. 책 읽기 수업은 교과서 수업 대신 하는 것이라 생각하고, 심한 경우는 선생님이 편하자고 책을 읽힌다고 얘기하기도 한다.

그래서 처음부터 준비되고 계획된 수업임을 분명하게 보여 줄 필요를 느꼈고, 일 년 동안 어떻게 수업이 진행될 것인지, 평가는 어떻게 할 것인지, 내가 중요하게 여기는 것이 무엇인지 연간 수업계획서를 미리 나누어 주고 수업을 진행했다. 이 계획서 덕분에 아이들은 조금은 덜 불안해했고 실제 수업을 할 때의 거부감도 줄일 수 있었다. 책 읽기 수업에 나름대로 기대를 갖는 아이도 생겨 수업이 훨씬 수월하고 재미있게 진행되었다.

'나는 무엇을 읽어 왔나' 먼저 말하기

처음 책 읽기 수업을 시작할 때는 왜 책을 읽어야 하는지, 도서관이 왜 중요한지를 주절주절 설명하는 것으로 문을 열었다. 아무리 지루해도 중요한 건 이야기하고 넘어가야 한다고 생각했기 때문이다. 하지만 그건 내 욕심만 앞세우는 것이었다. 나중에 수업 평가서를 받아 보니 "처음에는 재미없을 것 같았는데 해 보니 재밌었다."는 얘기가 많았다. '처음에는 재미없을 것 같' 은 선입견에 나도 한몫을 한 것이다.

그래서 그 다음에는 왜 책 읽기 수업을 하는지를 자연스럽게 이해시키기 위해 '나는 무엇을 읽어 왔나' 를 써서 아이들에게 나누어 주고 함께 읽었다. 일종의 교사의 자기소개서인 셈인데, 내 이야기를 보여 주는 것만으로도 아이들의 마음을 흔들기에 충분했던 것 같다. 내가 먼저 아이들에게 내 속내를 드러내 보였기 때문인지, 선생님처럼 독서이력을 써 보자는 말에 아이들도 책 이야기를 포함해서 훨씬 솔직한 자신의 이야기를 써 냈다.

아이들이 쓴 글을 살펴보면 아이들의 독서취향과 독서수준을 금방 파악할 수 있다. 또 아이들이 읽은 책을 살펴보고 권장도서 목록을 조정할 수도 있고, 이미 만들어진 목록 안에서 자신이 읽은 책을 표시해 보면서 아이들 스스로가 자기의 독서수준을 알아볼 수도 있다.

나는 무엇을 읽어 왔나

(~7세) 자연을 책 삼아

나의 책은 자연. 나무와 햇빛과 개울물과 개구리와 풀과 돌멩이들이 내 인생의 책.

(8~9세) 책과의 첫 만남

나는 강원도 깊은 산골 탄광마을에 살았다. 우리 마을에는 TV가 있는 집이 딱 한 집이었고 책방은 정선 읍내에 나가야 있었다. 어느 날 정선에 다니러 간 엄마가 네 권의 책을 사 왔다. 그렇게 나와 최초의 만남을 가진 첫 책은 《톰 소여의 모험》이었다. 표지가 두껍고 종이가 하얀 책, 군데군데 삽화가 그려져 있었다. 책이란 게 하도 신기해서 하루 종일 요 안에 뭐가 들었을까 기웃거리고 만지작거리던 기억이 난다.

(10~11세) 나만의 서재, 학급문고를 만나다

강릉으로 전학, 도시학교와 아이들에게 적응하기가 어려웠다. 2년간 나는 말없고 소극적인 아이였다. 하지만 그때 아무도 말 걸어 주지 않는 학교를 다니는 내게도 나만의 즐거움이 있었다. 키가 커서 늘 교실 맨 뒤에 앉았는데 거기 학급문고가 있었다. 집에 있는 책은 이미 닳고 닳도록 보아 다른 책에 몹시도 목말라 있던 내게 학급문고는 한여름 소나기처럼 반가웠다. 나는 학급문고에 있는 책을 처음부터 끝까지 꽂혀 있는 순서대로 다 읽어 나갔다. 학급문고는 내 서재나 다름없었다. 비록 그때 친구들 이름은 하나도 기억나지 않지만 그 책들이 나를 외롭지 않게 한 소중한 친구들이었다.

(아래 줄임)

수업하기

나의 책 읽기 수업은 두레를 조직하여 함께 책을 읽고 느낌을 나누는 방식으로 진행했다. 그리고 그 내용을 바탕으로 두레활동을 하고 이를 수행평가에 반영하였다.

두레 짜기

4~5명씩 마음이 맞는 사람끼리 두레를 짠다. 나는 책 읽기 수업을 할 때는 반드시 원하는 사람과 두레를 짜도록 한다. 중학교 1, 2학년 아이들은 마음이 맞지 않는 아이와 같은 두레가 되면 아무것도 하지 않는다. 아무리 점수로 협박해도 소용없다. 몇 번 그런 일을 겪은 후 나는 친한 사람끼리 짜도 좋다고 했다. 아이들이 많이 떠든다는 부작용이 있지만, 책 읽기 수업은 주로 읽고 쓰는 활동이라 실제로 진행해 보면 그다지 산만하지 않다.

책 소개하기

활동을 시작하기 전에 책을 소개하면 수행평가라는 심리적 부담을 덜 수 있고, 하고 싶은 마음이 들게 하는 동기유발 효과가 있다. 처음에는 책에 대한 아무런 설명 없이 책 제목을 쪽지에 적어 제비뽑기를 해서 정했다. 내가 먼저 읽고 고른 책 목록이니까 어떤 책이든 상관없겠다 생각해서 그런 것이었는데, 아이들은 자신이 뽑은 책에 거부감을 보이며 불만을 토로하기 일쑤였다. 아이들은 책 제목만 보고도 재미없겠다고 할 때도 있고, 또 어떤 책은 제목 덕을 톡톡히 보기도 한다. 《어느 날 내가 죽었습니다》처럼 호기심을 자극하는 책 제목도 있는 반면, 《나는 선생님이 좋아요》 같은 책은 제목 때문에 꼭 수난을 겪는다.

그래서 그 다음에는 책에 대한 짧은 소개글을 나누어 주고 그중 몇 권을 가지고 가 아이들에게 책을 보여 주면서 소개했다. 아이들은 소개글을 보고 읽고 싶은 책을 골랐다. 제비뽑기보다는 스스로 선택할 기회를 주었을 때 아이들은 더 만족스러워했다. 하지만 이때도 어김없이 교사에게 상처를 주는 아이가 있다. "아무 책이나 주세요." 꼭 그런 아이들이 나중에 책도 안 사 오고 같은 두레 아이들에게 협조도 잘 하지 않는다.

그래서 책을 소개하고 고르는 날, 도서관에 데리고 가서 한 시간 동안 책을 가지고 놀 계획을 세웠다. 노는 것이 책을 잘 읽는 것과 직접 관련이 되지는 않지만 나는 이 과정을 가능하면 꼭 집어넣으려고 한다. 무슨 일이든 하고 싶은 마음이 일어야 더 잘하기 때문에 그렇다. 실제로 놀이를 한 후, 아이들에게 두레가 함께 읽을 책을 고르라고 하면 아이들이 훨씬 적극적으로 책을 고른다. 이때 주로 하는 놀이로는 '자음으로 책 찾기'(ㅉ, ㅈ, ㅁ을 제시하면 제목 《짜장면》을 맞히는 게임), '모두 몇 권일까?'(책 제목을 띄어쓰기 없이 길게 쓴 다음 모두 몇 권인지 맞히는 게임 : '나의산에서봄봄소나기' 라고 써 있으면 3권이 정답이다.), '텔레파시로 책 찾기'(모둠별로 도서관에서 마음에 드는 책을 가져오면 '책 제목이 가장 긴 모둠', '페이지 수가 가장 많은 책을 가진 모둠' 등 즉석에서 기준을 만들어 점수를 준다. 교사와 텔레파시가 통한 모둠이 점수를 얻는 것!) 등이 있다.

이러한 과정을 통해 자신이 스스로 책을 고르게 하면, 아이들은 더욱 적극적으로 책을 읽고 활동을 한다.

책 고르고 준비하기

두레 아이들이 의논해서 읽고 싶은 책을 고르게 한다. 앞서 이야기한 것처럼 제비뽑기를 할 경우 불만이 많으므로 되도록 아이들에게 선택의 기회를 주는 것이다.

두레별로 읽을 책을 고른 후에는 일주일 정도 시간을 주어 결정한 책을 구입하게 한다. 처음에는 직접 서점에 가서 사 보는 경험을 했으면 좋겠다는 생각으로 시작했는데, 아이들이 사는 동네에 서점이 하나밖에 없으면 책을 구하기 어려운 경우가 많았다. 책을 쉽게 구할 수 없으면 아이들은 '책을 직접 사서 보는 것은 어렵고 귀찮은 일' 이라고 생각하게 된다. 그러므로 미리 지역의 상황을 잘 살펴야 하고 책을 구하기 어려운 아이들은 신청을 받아 인터넷으로 한꺼번에 주문을 해 줄 수도 있다. 인터넷으로 교사가 주문해 주는 것이 바람직한지는 모르겠지만, 적어도 아이들과 책의 첫 만남이 즐거웠으면 하는 바람이었다.

 ## 수업시간에 책 읽기

수업이 시작되면 먼저 아이들에게 책 읽을 시간을 준다. 수업시간에 함께 책을 읽으면 아이들은 잘 이해되지 않는 부분을 서로서로 물어본다. 교사에게는 선뜻 말하지 못해도 친한 두레 친구에게는 이야기하기가 쉬운가 보다.

책을 읽는 일주일 동안 나는 아이들이 어떻게 읽나 관찰하기도 하고 평소 말을 안 해 본 아이와 이야기를 나누기도 한다. 책이라는 공통 화제가 있어 말 걸기가 훨씬 편하다.

아이들이 책을 읽는 속도와 진도를 알아볼 때는 직접 눈을 맞추며 확인하는 것이 좋은데, 이때 독서 메모를 이용하면 좀더 수월해진다. 끝나는 시간 5분 전쯤 35분 중 몇 분 동안이나 책을 읽었는지, 몇 쪽을 읽었는지를 적고 그날 읽은 부분에 대한 흥미도와 책 교체 의사 등을 적어 보도록 하는 것이다. 이 메모는 쉬는 시간을 이용해 엑셀 파일에 간단히 정리해 두었는데 아이들이 책을 읽는 상황이 한눈에 보여서 좋았다. 이렇게 반 전체 50명이 책을 끝까지 읽었는지 일일이 확인하는 건 꼼꼼하지 못한 내가 유일하게 깐깐해지는 때이다.

 ## 각자 책 읽은 느낌, 생각 정리하기

책에 대한 첫인상과 독서일기(책을 읽은 과정), 누구에게 이 책을 권할까, 등장인물 칭찬하기, 인상 깊은 구절과 그 이유 쓰기 등 간단한 독후활동을 통해 각자의 느낌과 생각을 정리해 보도록 했다. 이때 교사가 어떤 내용을 정리해야 하는지, 어떤 활동을 할 수 있는지 미리 안내해 주면 아이들이 좀더 쉽게

> **책 꼼꼼하게 읽고 정리하기**
> (송승훈 선생님의 블로그(http://blog.naver.com/wintertree91)에서 참조)
>
> **【1쪽】독서일기** : 책에 대한 첫인상, 책을 읽은 과정, 책 이야기, 책을 읽으면서 든 생각을 일기 쓰듯 편안하게 써 보자.
> **【2~3쪽】등장인물 소개** : 등장인물을 그림으로 그리고 어떤 사람인지(나이, 사는 곳, 취미, 성격, 외모, 행동, 별명, 가족관계, 지금 처한 상황, 그 밖의 특징) 소개해 보자.
> **【4쪽】인상 깊은 구절과 그 이유** : 책을 읽다가 가장 인상 깊은 구절 또는 다 읽고 나서 가장 기억에 남는 구절을 옮겨 쓰고 그 이유를 자세하게 쓰자.(20줄)

정리할 수 있다.

책을 읽고 정리하는 힘이 길러지면 책 보고서를 쓰게 한다. 작가와 작품에 대한 조사, 등장인물에 대한 좀더 자세한 소개와 함께, 정식으로 독후감을 써 보도록 한 뒤 책 표지와 비슷하게 표지를 만들어 붙이면 그럴싸한 한 편의 보고서가 된다.

책 보고서에 들어갈 내용

【1쪽】 겉표지 : 책 겉표지를 응용, 실제 겉표지가 되도록 꾸민다.

【2~3쪽】 일지 : 책을 읽은 과정을 일지처럼 쓰되, 이 책이 재미있었다면 그 이유를, 재미없었다면 역시 그 이유를 분석해서 적는다.

【3~4쪽】 자료조사 : 책의 저자에 대하여 조사, 관련 도서 · 비디오 · 음악 찾기

【5~6쪽】 등장인물 그리기 : 등장인물 그리고 소개하기

【7~8쪽】 독후감 : 독후감 자체가 완결된 한 편의 글이므로 제목을 붙여야 한다. 줄거리는 절대 5줄 이상 쓰지 않도록 한다.

이때 역시 어떤 내용이 어떤 분량으로 들어가면 좋을지 가이드라인을 정해 주는 것이 좋다. 잘된 보고서를 몇 편 보여 주면 교사가 따로 설명해야 할 필요도 없이 알아서 잘 해 내는 모습을 볼 수 있다.

하지만 독후감만은 예외였는데, 책 보고서를 쓸 때 늘 아이들이 가장 어려워하는 부분이 바로 독후감을 쓰는 것이다. 아이들에게 독후감을 어떻게 쓰느냐고 물으면 하나같이 '동기–줄거리–감상'이라고 대답하면서도 그렇게 쓴 글이 재밌겠냐고 물으면 당연히 아니라고 한다. 독후감을 어떻게 써야 할지 모르는 것이다. 그래서 책 보고서를 쓰기 전 마지막 단계에서 독후감 쓰기 안내수업을 했다. 독후감 쓰는 방법을 알려 주기보다는 교사로서 틀에 박힌 형식의 독후감을 읽을 때 느끼는 괴로움을 이야기하고, 잘된 독후감의 예를 보여 주면서 한 시간 정도로 진행하고 나니 아이들의 독후감이 한결 나아지는 것을 느낄 수 있었다.

책 보고서 쓰기를 할 때 가장 주의를 기울여야 할 점은 책이 마음에 들지 않거나 어려워서 읽지 못하는 아이들을 살피는 일이었다. 그 덕분에 이때 아이들과 가장 많이 이야기할 기회가 생기기도 했다. 이 활동은 한 학급 아이들이 너무 많으면 하기 힘든 활동이다. 최근에는 두레활동을 중심으로 하고 있어서 책 보고서 쓰기는 하지 못하고 있다.

두레활동

각자의 생각을 정리한 후에는 두레활동을 한다. 처음 두 해는 독후감 쓰기만 하다가,

두레활동을 하면서는 독서노래방, 책 광고, 소설신문 만들기 같은 활동을 했다.

독서노래방

학교를 옮기고 중학교 1학년을 맡아 1학기 수행평가로 했던 활동이다. 두레 아이들이 쉽고 재밌게 할 수 있는 말하기 수행평가로 선택한 것이 바로 독서노래방. 책을 읽은 후 내용과 느낌을 담아 기존에 있던 노래의 가사를 바꿔 불러 보는 것이다. 다른 말하기 활동(인터뷰, 토론, 연극 등)보다는 비교적 쉽게 진행할 수 있다. 노래 가사 바꾸기를 하는 동안 딴 짓을 하는 아이가 별로 없는 걸 보면서, 노래란 역시 사람들의 마음을 모으는 힘이 있구나 생각했다. 두레 협동심을 기르기에 좋은 활동이다.

아이들에게 주의시켜야 할 점 두 가지. 노래 가사에 책 내용을 충실히 담는 동시에 모둠원들의 느낌을 함께 담을 것, 그리고 함께 부르기 좋은 노래를 고를 것. 노래 가운데는 함께 부르기 좋은 노래와 혼자 듣기 좋은 것이 있는데, 아이들이 자신이 좋아하는 노래를 고르다 보면 함께 부르기가 어려워 진행이 제대로 되지 않은 적이 있기 때문이다.

책 광고

1학년 2학기에 '보조자료 활용하여 말하기' 수행평가가 있었다. 같은 학년을 맡은 선생님들이 각자 자신 있게 할 수 있는 것, 하고 싶은 것으로 하자고 이야기해서 나는 책 광고를 하기로 했다. 두레를 짜서 두레끼리 같은 책을 읽고 하는 활동이다.

광고란 뭘까? 물건을 사고 싶게 만드는 것, 마음을 흔드는 것. 책 광고라면 그 광고를 보고 책을 읽고 싶다는 마음이 들게 하면 될 것이라 생각하고 아이들에게도 그렇게 주문했다. 책에 대한 느낌이나 생각을 잘 잡아내어 짧은 글(카피)과 이미지로 표현해 보라고 했다. 나는 쉽게 생각했는데, 아이들은 무척이나 고심하며 광고문구를 만들어 냈다. 너무 힘들어하는 두레에게는, 독서일기나 인상 깊은 구절을 참고해서 생각을 떠올려 보라고 했다.

완성된 광고 뒤편에는 간단한 책 소개와 광고에서 나타내려고 한 것, 만들면서 좋았던

점, 힘들었던 점을 쓰게 했고, 활동을 마친 후 각 모둠이 만든 광고와 책을 아이들에게
보여 주면서 발표를 했다.

소설신문 만들기

중학교 2학년 아이들과 함께 했던 수행평가 활동이다. 같은 학년을 맡은 국어선생님이
수행평가로 '독서신문'을 제안했을 때 좋은 방법이라는 생각 한편으로 내심 걱정이 되
기도 했다. 책 읽기를 꼼꼼히 하지 않으면 진정한 의미의 독서신문이 나오지 않을 것이
라는 생각 때문이었다. 이런저런 고민 끝에 신문 형태를 유지하되 국어과 특성을 살려
'독서신문' 대신 '소설신문'으로 주제를 한정해 진행하기로 했다. 화려하게 겉멋을 부
리고 꾸미는 데 집중하는 것을 막기 위해 신문편집과 기사에 대한 안내수업을 하고 일
정한 형식에 맞추어 신문을 만들도록 했다. 분량은 B4 2면으로 하였는데 중학교 2학년
이면 그 정도가 알맞다.

이상과 같이 두레별로 해 볼 수 있는 독후활동은 무척 다양하다. 그런데 이 두레활동을
숙제로 내 주면 아이들은 인터넷에서 베껴 만들기 일쑤이고, 이것저것 꾸미는 데만 관
심을 보일 뿐 글 자체는 알맹이가 없는 경우가 많다. 그래서 가능하면 수업 중에 하도
록 하고 조금 보잘것없어 보여도 정성 들여 자기 손으로 만든 결과물이 가장 중요한 것
임을 강조해야 한다. 책 읽기를 활동수업과 연결해서 특히 좋았던 점은, 이런 활동을
통해 아이들이 책을 제대로 이해하기 위해 애쓰는 모습이었다. 앞에서 미리 책을 읽고
정리하는 활동을 하지만, 활동수업을 하면 아무래도 책에 더 집중하게 되는 것 같다.
책을 여러 번 뒤적거리기도 하고 아예 처음부터 다시 읽어 보는 아이들도 있다. 두레활
동을 위해서는 《교과서를 던져 버린 살아 있는 국어수업》(이우경, 해오름), 《신문 가지
고 놀기》(공규택, 나라말)를 참고해 볼 만하다.

발표수업을 하면 책 홍보 효과가 무척 크다. 그런 만큼 나에게는 이 발표수업이 가장 큰 의미로 다가온다. 다른 두레 아이들이 발표하는 걸 보는 동안 각각의 책들이 아이들에게 깊은 인상을 남기기 때문이다. 또 아이들은 자기 두레가 선택한 책이 정말 재미있다고 열변을 토하기 마련이어서, 친구가 권하면 흥미를 갖는 아이들에게는 더없이 좋은 홍보가 된다.

발표수업을 하는 날에는 수행평가에 대한 부담감은 지우고 잔칫날처럼 분위기를 띄워 줘야 한다. 아이들은 다 끝났다는 해방감과 완성했다는 뿌듯함으로 즐거워한다. 고생해서 만든 결과물인 만큼 진지한 표정으로 발표를 하는 아이들의 모습을 보는 것, 그것만으로도 교사는 행복해진다.

많은 교사들이 책 읽기 수업을 하면서 빠지기 쉬운 함정은 뭔가 멋있게 해야 할 것 같다는 생각이다. 하지만 멋있게 하려고 하면 진짜 중요한 게 보이지 않는다. 책 읽기 수업에서 가장 중요한 것이 무엇인지, 무엇을 해야 하는지, 아무것도 생각할 수가 없다. 중요한 것은 '멋있는 수업'이 아니라 '정성이 담뿍 담긴' 수업이다. 조금 어설프더라도 정성을 들여 준비하고 아이들에게 다가갔을 때, 비로소 아이들의 마음이 움직이는 것을 여러 번 경험할 수 있었다. 내가 마음을 다해 애쓰고 있다는 걸 보여 주면, 아이들도 열심히 책을 읽고 생각을 펼치는 모습을 보여 준다. 그렇게 천천히 조금씩 걸음을 내딛다 보면 나름의 방법과 노하우를 쌓아 갈 수 있을 것이며, 결국에는 처음 원하던 멋진 수업을 해낼 수 있는 것이 아닐까 싶다.

즐거운 독서교육을 위한
도서목록 이야기

– 도서목록 선정에 귀 기울여야 하는 이유 –

박 홍 진 _ 대구교육청 장학사

학교도서관 활성화 사업이 진행되면서 학교도서관에 대한 관심이 부쩍 높아졌다. 연간 도서구입비가 몇십 만원이 고작이던 때에는 담당교사 혼자서 큰 서점을 둘러보는 것만으로 한 해 구입도서를 전부 고를 수 있었다. 하지만 이제는 학교도서관의 연간 도서구입비가 천만 원을 넘어 학생들이나 교사들이 원하는 책 대부분을 구입해도 될 정도다. 도서관에서 구입할 책을 선정하기 위해, 그리고 학교 구성원들의 관심을 도서관으로 이끌기 위해서는 교사나 학생들이 원하는 책을 도서관에 비치해야 한다. 하지만 교사들이 추천하는 책 가운데는 학생들의 수준에 맞지 않는 어려운 책이 많고, 학생들은 주로 만화, 팬픽, 판타지 등 흥미 위주의 책을 신청하기 마련이다. 그러다 보니 학교 구성원들의 신청을 받아 도서목록을 꾸리기가 쉽지만은 않고, 신청 자체가 그리 많지 않은 것도 도서구입을 어렵게 한다.

이런저런 이유로 학교도서관에 도서를 구입할 때에는 여러 기관에서 발행한 목록을 참고하게 되는데, 이 가운데 학교도서관의 상황에 맞는 목록도 있고 그렇지 않은 목록도 있다. 공공도서관의 목록은 신간에 지속적으로 관심을 갖는 전문가(사서)가 작성한 목록이라는 점에서 신뢰할 만하다. 하지만 자료구입 전체를 의지하기에는 분량이 너무 적고 학교 현장의 상황이 제대로 반영되지 않아 학교도서관에 구입하기에 적합하지 않은 책도 많다. 각종 독서단체에서 만들어 내는 도서목록의 경우, 책 제목·작가·출판사만 소개된 것이 많아 예비독자들의 지적 호기심을 자극하기 어렵다.

이렇듯 구입도서를 선정하는 것이 쉽지만은 않을 때, 이럴 때마다 학교도서관에 딱 맞는 도서목록의 존재가 간절해진다.

직접 만드는 도서목록

아이들에게 유기적이고 체계적인 독서교육을 하고 싶지만 알맞은 독서교육 매뉴얼도, 학생들에게 꼭 맞는 도서목록도 없어 늘 겉도는 느낌을 받아 오던 어느 날, 도서목록을 직접 만들어 보는 것은 어떨까 생각하게 되었다. 여기저기서 만들어진 목록을 따라 독서교육을 하는 것이 아니라 나의 상황에, 우리 아이들의 상황에 꼭 맞는 도서목록을 만들어 보기로 마음을 먹은 것이다.

소박한 바람으로 시작한 첫 목록작업

한 사람의 학교도서관 담당교사가 쏟아지는 많은 책들 속에서 도서관에 적합한 책을 고르는 것은 거의 불가능하다. 그래서 처지가 비슷한 교사들이 함께 모임을 만들었다. 주제별로 영역을 나누어 각자의 영역에서 발간된 신간서적을 읽고, 학교 급별로 학생들이 읽기에 적합한 책을 선정한 것이다. 이 결과를 공유함으로써 교사 개개인이 모든 영역의 책을 살펴야 할 때에 비해 훨씬 수월하게 작업을 진행할 수 있었지만, 이 역시 어려움이 전혀 없었던 것은 아니다.

책 디자인이나 인쇄기술은 하루가 다르게 발전하기 때문에 발간한 지 3년 정도 지난 책은 내용에 앞서 디자인에서 낡은 것이 되어 버리고, 이런 책들은 독자인 청소년들에게 관심의 대상이 되지 못한다. 그래서 도서를 선정할 때는 끊임없이 신간정보를 입수하고 발 빠르게 대처할 수 있어야 한다.

또 다른 문제는 분야에 관한 것이다. 학교도서관 담당교사들이 대부분 국어교사여서 문학 관련 책을 선정할 자원은 풍부하지만 다른 영역을 담당할 교사들은 드물다. 역사와 예술에 조예가 깊은 사람이 거의 없는 상황에서 담당자들이 분업을 하더라도 과학·철학·종교 관련 책을 선정하는 일은 미흡할 수밖에 없다. 모든 영역에서 균형 잡힌 도서목록을 만들기 위해서는 학교도서관 담당교사 이외에 각 교과별로 한두 분의 선생님이 포함되어야 한다. 시간이 지나면서 각 교과별로 책에 관심 있는 교사들이 모여들어 영역 문제는 자연스레 해결되었고, 초등 선생님들은 학년별로 담당자를 정해 작업하기로 하였다

추천도서 맛보기

우리가 초중고 전 학교 및 모든 교과의 도서선정 작업을 기획한다는 정보를 접한 대구동부도서관에서 공동 목록작업을 제의해 왔다. 그것이 바로 '추천도서 맛보기' 사업의 시작이다. '현장교사가 선정한' 이라는 부제가 붙은 '추천도서 맛보기'는 23명 교사위원이 1년에 걸쳐 노력한 끝에 2003년 말 그 첫 번째 책이 발간되었고, 이후 한 해에 한 권씩 3집까지 발간되었다. 대구동부도서관에서 기획과 재정을 담당하였고 책 선정에 관한 일체의 권한과 책임은 현장교사들이 맡았다.

상업적 목적이 아닌 순수한 의도로 교육의 본질에 좀더 가까이 다가서기 위해 모인 23명의 교사들은 가치 있는 일을 한다는 자부심으로 작업을 시작하였으나, 도서를 선정하고 추천사를 쓰는 방법에 대해서는 전문성이 부족하였다. 그래서 우선 독서전문가를 초빙하여 강연을 듣는 일부터 시작하였다. 도서선정 위원들이 쓴 추천사를 돌려 읽으면서 추천사를 쓰는 방향과 좋은 책의 조건에 대해 난상토론을 하기도 했다.

도서선정 위원은 중등과 초등으로 나누어 중등 16명, 초등 7명, 총 23명으로 구성하였다. 초등교사들은 한 달에 두 차례 함께 모여 토론을 하면서 방향을 잡아 나갔고, 중등 교사들은 도서관 자료의 각 영역별로 팀을 나누어서 함께 책을 읽고 논의를 전개하였다. 초등 관련 서적은 읽기가 쉬워 도서선정 작업이 순조로웠다. 그러나 중등 관련 책은 내용을 파악하는 데 많은 시간이 소요되었고 같은 영역을 담당하는 선생님들이 함께 읽고 토론하는 일이 쉽지 않았다. 결국 각 위원들이 개별적으로 책을 읽고 나름의

기준에 따라 추천도서를 선정하고 추천사를 쓸 수밖에 없었다.

이렇듯 우여곡절 끝에 세상에 태어난 '추천도서 맛보기'는 우선 학교도서관을 경영하는 도서관 담당교사들에게 큰 도움이 되었고, 일반 교사·학생·학부모 등 교육과 관련된 많은 사람들에게서 긍정적인 반응을 끌어냈다. 또한 여기에는 공공도서관에서 근무하는 사서들의 격려가 큰 힘이 되었다.

'추천도서 맛보기'를 발간한 후 우리는 이 목록을 가장 즐겨 활용해야 할 사용자인 학생들의 반응을 살펴보기로 했다. 도서목록을 학교도서관에서 가장 눈에 잘 띄는 곳에 비치하고 수업시간에 이 책의 의도와 이 책이 어떤 과정에서 탄생하였는지를 소개하였다. 그럼에도 불구하고 이 목록을 이용해서 읽을 책을 정하는 학생들은 그다지 많지 않았다. '추천도서 맛보기'를 들춰 보고 그곳에서 책을 골라 읽는 것 자체가 아이들에게는 번거롭게 느껴지는 듯했고, 추천된 책에 대한 정보가 너무 소박한 데다 소개글 자체가 학생들의 눈높이에 맞지 않았기 때문인 것 같다. 어쩔 수 없이 '추천도서 맛보기'는 학교도서관을 담당하는 교사들의 도서선정에 기여하는 것으로 만족해야겠다는 생각이 들었다.

어쨌든 이러한 맹점을 보완하기 위해 추천도서 맛보기 4집에서는 소개할 책의 권수를 줄이고 각 책의 추천사도 길게 쓰도록 의견을 모았다. 예비독자인 학생들에게 좀더 가까이 다가가려는 의도에서다.

아이들의 눈으로 만드는 도서목록

도서부 학생들이 만든 추천도서 목록

2005년 말 대구에 있는 도서부 학생들의 모임인 '대구학교도서관학생연합' 소속 학생들이 직접 추천도서 목록을 만들기로 했다. 이름하여 '도서부 학생이 권하는 책'. 동부도서관에서 만든 '추천도서 맛보기' 형식을 그대로 가져오되, 목록을 도서부 학생들이 고르고 추천사 역시 직접 학생들이 쓰는 것이다. 교사가 학생의 눈높이를 고려해 선정한 도서목록이 '읽히고 싶은 책 목록'이었다면, 학생이 선정주체가 되어 고른 목록은 '읽고 싶은 책 목록'이 된다. 조금은 서툴더라도 학생들이 직접 책을 고르고 추천글을 쓰는 것은 무척 의미 있는 일이 될 것이라 생각했다.

중고등학교에는 도서부가 잘 조직되어 있어 별 문제가 없었지만, 도서부 활동이 미흡한 초등학교는 사서교사가 학생들이 쓴 추천사를 모으기로 하였다. 도서부 학생들의 적극적인 활동을 이끌어 내기 위해 원고료 대신 동아리 활동비를 지원하였다.

학생들이 책을 고를 때는 선정한 책이 일반 학생들에게 권장할 만한 대표성이 있는가를 따져야 한다. 먼저 많이 읽히는 책(대출빈도가 높은 책)을 고른 다음에 그 책을 읽고 독후감이나 추천사를 쓰도록 하면 좀더 대표성이 높은 책을 선정할 수 있다.

도서부 학생들과 함께 목록작업을 하면서 몇 가지 문제점이 있었는데, 교사들의 작업과 마찬가지로 가장 큰 문제는 영역을 어떻게 나누는가 하는 것이었다. 각 학교에 한 영역씩 배정하면 철학이나 종교, 사회과학처럼 학생들이 좋아하지 않는 영역을 배정받은 학교의 학생들이 꺼리게 마련이다. 하지만 추천도서 작업을 지속적으로 하다 보면 각 학교 도서부마다 해당 영역에 대한 전문성을 가질 수 있을 것이라는 믿음을 갖고, 학생들의 의견을 수렴하여 학교별로 영역을 배정하였다. 초등학교에서는 800번대의 책이 대부분을 차지하는 상황을 고려해 영역 구분을 하지 않기로 했다.

도서부 학생들은 책에 대한 안목이 또래 집단 가운데서는 앞서지만, 그렇다고 해서 책을 고르고 추천사를 써 낼 만큼의 능력을 갖추고 있다고는 할 수 없다. 부족한 부분은 교사들이 채워야 한다. 하지만 어떤 책을 선정할 것인가를 판단할 때 교사가 개입해서는 안 된다. 도서부의 부족한 독서능력을 보완하기 위해서 도서부 학생이나 도서부 지도교사가 추천하는 각 학교의 '독서왕'들을 선정작업의 도우미로 활용하도록 권장하기도 했다.

시행착오 끝에 도서목록을 만들어 내고 각 학교에 두 권씩 목록을 배포했다. 예산문제 때문에 한정된 숫자만을 배포한 것인데, 모든 학교의 전체 학급에 한 권씩 배포하여 또

래들이 추천하는 책을 맛볼 수 있게 기회를 제공하지 못한 것이 아쉬움으로 남는다. 도서부 학생들과 함께해 본 목록작업은 서툴고 어렵게 진행되었지만 도서부가 아닌 다른 학생들에게는 분명 소중한 자료로 다가왔을 것이다. 교사들이 전달해 주는 목록보다 훨씬 신선하고 친근하게 느껴져 학생들의 독서의욕을 높여 주었으리라 믿는다.

우리 학교 사람들이 권하는 책 100권

'도서부 학생들이 추천하는 책'은 시내 전체 학생들을 대상으로 만든 것이다 보니 각각의 상황에 맞는 도서목록이라고는 할 수 없다. 같은 대구시에서도 남녀공학, 남·여학교, 인문계, 실업계 등에 따라 미묘한 차이가 있고 관심사가 다를 수밖에 없으며, 교육환경이 좀더 나은 곳과 상대적으로 열악한 지역이 있다. 주변환경에 따라 개인의 인성과 미래에 대한 꿈이 달라지고 그 때문에 독서에 대한 열의나 읽고자 하는 책의 종류도 다를 것이다. 그러므로 '도서부 학생들이 추천하는 책'이나 '추천도서 맛보기'와는 다른 차원에서, 학교 단위의 도서목록을 만들 필요가 있다.

내가 속해 있던 성화여고에서는 '우리 학교 사람들이 권하는 책 100권'을 포켓북 형식으로 만들어 모든 학생들에게 나누어 주었다. 책의 크기를 작게 하여 가방에 넣고 다녀도 부담스럽지 않게 하였고, 소개한 책의 양도 100권 정도로 하였다. 모든 학생들에게 한 권씩 나누어 주었으니 필요할 때 언제든 꺼내서 볼 수 있을 것이다. 또한 그보다 더 의미 있는 사실은, 이 책에는 내가 아는 누군가의 목소리로 된 소개글이 있다는 점이다. '도서부 학생이 권하는 책'을 접할 때는 책을 먼저 읽은 사람, 즉 추천사를 쓴 사람이 나와는 다른 사람일 것이라는 막연한 생각을 갖게 된다. 반면 '우리 학교 사람들이 권하는 책 100권'에서는 내 옆자리의 친구, 우리 반 선생님이 쓴 글을 접한다는 점에서 학생들의 호기심을 끌기에 충분하다.

조금 더 욕심을 내면 – 필요한 도서목록

주입식 입시교육의 문제점을 보완하려고 시행한 논술제도가 '논술학원'이라는 사교육을 낳았다. '독서'를 통해 공교육 정상화를 꾀하자고 했더니 '독서인증제'와 '독서이력철'이라는 엉뚱한 발상이 독서마저 입시의 수단으로 전락시키려 하고 있다.

독서를 발판으로 공교육을 정상화하려면, 학교도서관 시설을 근대화하고 사서교사를 배치하는 일이 선행되어야 한다. 동시에 그와는 다른 차원에서 독서교육의 초석이라 할 수 있는 도서목록을 다잡는 일도 뒤로 미룰 수 없다.

아이들은 책을 읽으면서 여러 가지 간접체험을 한다. 학생들의 다양한 정서와 개성을 가꾸어 주는 간접체험을 위해 학교도서관에는 양질의 책이 준비되어야 한다. 학생 개개인의 교양을 드높이거나 학생들의 지적 호기심을 충족시키는 수준의 전문적인 책들, 그리고 학생들의 다양한 개성을 드러내는 데 도움이 되는 책들로 도서관이 채워져야 한다. 이를 통해 학교도서관은 교육의 궁극적인 목표인 전인적인 인격체를 만드는 소중한 장소로 자리매김할 수 있다.

도서목록은 좋은 책을 독자에게 소개하는 매개체다. 동시에 출판업자에게 좋은 책을 만들도록 채찍을 가하는 노릇도 할 수 있다. 예비독자와 유사한 환경에 처한 사람들이 먼저 읽고 쓴 추천사가 곁들여진 친절한 도서목록은 독서에 대한 관심을 불러일으킨다.

따라서 교육청이나 독서단체에서 만든 도서목록뿐만 아니라 학교나 학급에서 만든 도서목록도 필요하다. 사서교사들의 검증을 거친 도서목록이 절실히 요구되듯이, 전국의 독서 마니아 학생들의 추천사를 모아 엮은 도서목록도 도서부 학생들이 만든 도서목록과 같은 위력을 발휘할 것이다.

4장

학교도서관에서 즐기기

Ⅰ. 온몸과 마음으로 즐기는 학교도서관

학교도서관에서 즐긴다?! 도서관은 조용히 책 읽는 곳이라고 생각하는 많은 이들에게 이 말은 조금 낯설게 들릴 것입니다. 하지만 학교도서관 환경이 많이 변화한 지금, 학교도서관에서 책을 읽고 독서토론을 하는 데만 그칠 수는 없습니다. 도서관을 즐겁게 느끼기 위한 다양한 활동들이 필요한 것이지요. 예전에는 독서의 달이 되면 어쩔 수 없이 몇 가지 기본적인 행사를 치르곤 했지만, 이제는 연중 다양한 행사들이 열리고 이를 통해 학생들이 다채로운 경험을 가질 수 있도록 하는 체험의 장으로서, 도서관은 그 역할을 톡톡히 해 내고 있습니다.

온몸으로 즐기기

도서관에는 눈으로, 귀로, 손으로 즐길 것들이 다양하고, 함께 할 수 있는 도서관 관련 놀이들도 많다. 지루하기만 한 도서관이 아니라 신나고 즐거운 도서관을 만들어 줄 다양한 즐길거리. 그 속에서 아이들은 도서관을 더욱 친근하게 느끼는 동시에 책의 세계에 한 걸음 더 다가설 수 있을 것이다.

눈으로 즐기기

아이들의 발걸음을 학교도서관으로 향하게 하려면 우선 아이들의 시선을 잡아 끌어야 한다. 그러기 위해 꼭 돈을 들여 새단장을 할 필요는 없다. 도서관의 빈 공간을 꾸미고 전시공간으로 활용하는 등 작은 변화를 주는 것만으로도 충분히 아이들의 시선을 모을 수 있다.

▲ 도서관 복도에 꾸며 놓은 작가소개

▲ 책 읽는 사진 콘테스트

▲ 책 겉표지의 변신

도서관에서 가장 활용하기 좋은 공간은 도서관 앞쪽 복도이다. 도서관이 교실 두세 칸 정도 크기이므로 복도 역시 꽤 크고 넓다. 여기에 학교도서관 소개, 이용안내, 추천도서 목록 등을 예쁜 게시판으로 만들어 걸어 둘 수 있고, 그때그때 도서관의 소식을 알리는 알림판을 마련할 수도 있다. 유명작가의 사진이나 책 표지를 설명과 함께 멋진 판넬로 제작해서 전시하면 문학관에 온 것 같은 기분이 들 것이다. 또 게시판 한쪽에 새 책을 정리할 때 벗겨 낸 책 커버(겉표지)를 전시하면 신간입수 소식을 전하고 책 홍보도 하는 일석이조의 효과를 거둘 수 있다. 특히 겉표지는 책 자체의 표지보다 더 화려하고 매력적이기 때문에 시각적 이미지에 민감한 학생들(특히 여학생)의 눈을 집중시킬 수 있다.

복도를 이용해 즐거운 이벤트를 개최해 보는 것도 좋다. 몇 장의 큰 종이를 붙여 놓고 삼행시 짓기나 방학에 읽을 책에 대한 추천글을 적어 보도록 하는 것이다. 내가 재미있게 읽었던 책, 나를 울린 감동의 한 줄, 도서관에 전하고 싶은 한마디 등 종이 위에 표현해 볼 수 있는 주제는 무궁무진하다. 그 밖에 책 읽는 사진 콘테스트나 주인공 그리기 등을 통해 복도의 빈 벽은 다양한 모습으로 변신할 수 있다.

그렇다면 도서관 내부는 어떻게 활용할 수 있을까? 도서관 안에는 학생들의 작품을 전시하면 좋은데, 되도록 많은 학생의 작품이 걸릴 수 있게 하자. 책갈피를 만들

▲ 직접 만든 책갈피 전시

어 걸어 두거나, 예쁜 엽서 만들기, 책 표지 그리기, 주인공 캐릭터 그리기 등의 작품을 전시하는 것인데, 도서관을 이용하는 학생들에게 또 다른 재미를 줄 수 있다.

서가의 빈 공간에는 매달 그 서가의 대표도서 한 권을 뽑아 간단한 설명과 함께 전시해 두면 아이들의 시선을 사로잡으면서 책에 대한 정보를 제공할 수 있다. 서가의 받침대 부분에는 마음에 와 닿을 만한 명언이나 책 속의 구절을 적어 두면 서가 사이를 방황하는 아이들에게 작은 나침반이 될 수도 있을 것이다.

학교도서관의 첫 인상을 위해서도 전시공간을 활용하는 것은 무척 중요한 일이다. 여러 전시물이나 게시판을 통해 학교도서관의 기능과 활동을 아이들에게 전달하고 도서관에 대한 호기심을 유발하여, 아이들이 학교도서관에 좀더 친근하게 다가올 수 있도록 해야 한다.

 ## 귀로 즐기기

최근 리모델링을 통해 새로워진 도서관에는 대부분 '영상자료 공간'이 있다. 개인별로 이용할 수 있도록 꾸며져 있는 곳도 있고 아예 소규모 무대를 만들어 놓은 곳도 있다. 활용방법을 몰라 잠자고 있는 시간이 더 많은 곳이지만 잘만 활용하면 즐거운 도서관을 만드는 데 더없이 좋은 공간이 될 수 있다.

▲ 그림책에 푹 빠져 있는 아이들

책이나 도서관과 관련하여 귀로 즐길 수 있는 프로그램 가운데 가장 일반적인 것은 '동화책 읽어 주기'이다. 동화책을 읽어 줄 때 도서관의 영상자료 공간을 활용해 보는 것이다. 암막시설이 되어 있고, 프로젝터 및 음향시설이 완비돼 있어 실감 나게 책을 읽어 주는 데는 안성맞춤이다. 실제로 초등학교 아이들에게 무서운 이야기의 그림책을 읽어 주면 아이들이 먼저 나서서 커튼을 치자고 한다. 무서운 이야기를 즐기기 위해 분위기를 잡을 줄도 알고, 도중에 귀를 막거나 눈을 가리고 소리를 지르며 호응을 한다. 일반 교실에서라면 옆 반에 방해가 될까 봐 조용히 시키기에 바빴던 선생님도 함께 웃고 큰 소리로 이야기를 들려줄 수 있다. 학급 담임이 주체가 되어 아이들을 도서관으로 데리고 와서 진행해 보는 것도 좋고, 매주 특정한 요일에 도서관에서 진행하는 프로그램으로 운영해 볼 수도 있다.

그림책, 어떻게 읽어 줄까

1. 아이들에게 그림을 잘 보여 주어야 한다.
그림책에서는 그림이 중요하기 때문에 아이들이 그림을 다 볼 수 있도록 해 주어야 한다. 하지만 모든 학생들에게 보여 주기 위해 실물화상기 등을 사용하면 색감이 달라지고 지면의 그림을 직접 대하는 설렘이 줄어들 수 있다. 가능하다면 러그미팅 형태로 앉아 책을 읽어 주고, 다 읽은 후에는 자세히 보지 못한 학생들이 한 번 더 살펴볼 수 있도록 잘 보이는 장소에 책을 놓아두도록 한다.

2. 교사부터 재미를 느껴야 한다.
교사가 성의 없이 대강 책을 읽어 주면 아이들이 먼저 알아차리기 마련이다. 반면 교사가 정말 재미있어하면서 읽어 준다면 아이들은 금세 책 속으로 빨려 들어간다. 또 그림책을 읽어 주는 중간중간 책 속의 감정에 맞는 표정을 지으면서 아이들과 눈을 마주쳐 주면 아이들의 호기심과 재미를 확인하고 서로의 마음을 나눌 수 있어 더욱 좋다.

3. 그림책을 읽으면서 책 내용이나 그림에 관한 이야기를 아이들과 함께 나눠 본다.
아이들은 그림책을 보면서 느낀 점이나 알게 된 점, 그림 속에서 새롭게 발견한 것, 공감 가는 내용에 대해 표현하고 확인받고 싶어한다. 그림책의 흐름을 크게 방해하지 않는다면 그때그때 기회를 주고 그림책 읽기에 활력을 불어넣는 것이 좋다.

4. 그림은 오랫동안 보여 주고, 글은 내용에 따라 읽는 속도를 달리해 보자.
그림책에서 중요한 것은 '그림'이므로 그림을 유심히, 천천히 보도록 하는 것이 중요하다. 반면 이야기를 읽어 줄 때는 내용의 흐름에 따라 서술이나 묘사는 천천히, 긴박한 부분은 빨리, 의성어·의태어는 실감 나게 읽어 주는 완급조절이 필요하다.

5. 작가를 친근하게 느끼도록 해 주자.
모든 작품에는 작가가 있고, 책 속에는 작가의 생각이 고스란히 담겨 있다. 그러나 책을 읽어 주면서 대부분은 작가에 대한 설명을 잘 하지 않는데, 이럴 경우 작가는 아이들에게 아무런 의미가 되지 못한다. 작가의 탄생, 환경, 실패담, 성공담, 기쁨, 슬픔, 고통 등에 대한 일화를 들려주면 그제야 그 작가는 아이들에게 의미가 되고, 이렇게 작가를 눈여겨보기 시작한 아이들은 같은 작가의 다른 책도 의미 있게 받아들이게 된다.

영화상영 또한 이미 많은 학교에서 시행하고 있는 도서관 활용 프로그램의 하나이다. 특히 영화 한 편을 보는 일이 연례행사나 다름없는 문화소외 지역의 아이들에게 각종 기자재와 훌륭한 음향시스템을 가진 도서관이 작은 영화관의 역할을 해 준다면, 아이들에게 도서관은 더없이 친근하고 고마운 존재가 될 것이다. 상영할 영화를 고를 때는 학생들의 의견이나 신청을 받되, 상영 가능한 영화에 대한 명확한 기준을 마련해 두어야 한다. 학교에서 보여 주는 것이니만큼 너무 폭력적이거나 선정적인 영화는 배제해야 하기 때문이다.

영상자료 공간에 무대가 설치되어 있다면, 반별로 혹은 동아리별로 학생들이 직접 공연을 하는 공연장으로 활용해 볼 수 있다. 늘 함께하는 도서관에서의 공연은 공연을 하는 주인공도 관람하는 아이들도 자유로운 분위기 속에서 그야말로 '즐기는' 공연이 될 수 있다. 또한 가끔은 나와 나의 친구들이 주인공으로 섰던 무대에 좀더 전문적인 합창단이나 연주단을 초청해 무대를 꾸며 보는 것도 아이들에게 멋진 경험이 될 것이다.

▲ 도서관 작은음악회

▲ 도서관 영화제

# 손으로 즐기기

도서관에서는 다양한 소재와 방법으로 여러 가지 만들기 활동을 할 수 있다. 도서관 문화제나 축제 때 많이 활용되는 독서감상화, 책 광고 만들기, 책 표지 그리기, 책자리표 만들기, 스토리큐브 만들기, 북아트를 이용하여 다양한 책 만들기, 책갈피 만들기, 책 퍼즐 맞추기 등등 도서관에서 함께할 수 있는 프로그램은 계속 개발되고 있다. 손으로 즐기는 프로그램은 가만히 앉아서 보고 듣는 것에 그치지 않고, 보고 들은 것을 자기 손으로 직접 체험해 보면서 감각적으로 도서관과 책을 받아들일 수 있는 기회가 된다.

여기에서는 독후활동으로 많이 활용하고 있는 프로그램은 생략하고 다양한 형태의 책을 직접 만들어 보는 프로그램을 중심으로 설명하고자 한다. 이 세상에 하나뿐인 나만의 책을 갖는다는 것, 혹은 그 책을 누군가에게 선물로 준다는 것은 생각만으로도 가슴 설레는 일이다. 최근 다양한 형태와 재질의 책을 직접 만드는 북아트가 유행하고 있고 관련 서적도 많이 출판되어 있다. 그 가운데 학교 도서관에서 한두 시간 정도를 활용하여 간단하면서도 재미있게 만들 수 있는 몇 가지를 소개한다.

● 스토리큐브 만들기

책이 딱딱한 네모 형태라는 고정관념을 깰 수 있는 활동이다. 접었다 펴기도 하고 돌려 가면서 읽을 수 있는 큐브 형태의 책을 만들어 보는 것. 각각의 면에 책에 관한 그림을 넣거나 이야기를 만들어 책을 만들 수 있고, 글과 그림이 어우러지게 꾸밀 수도 있다.

스토리큐브 만들기는 미술과 수학의 통합활동이라고 볼 수 있는데, 미술시간 주제는 입체북 만들기가 되고, 수학시간에는 전개도 그리기와 육면체 만들기를 통해 입체도형에 대한 감각을 기를 수 있다. 스토리큐브를 우드락이나 하드보드지를 이용하여 대형으로 만들면 온몸을 사용해 읽을 수 있는 이야기 상자가 되는데 축제 때 이용하기에 좋다.

▲ 전개도와 각각의 큐브

▲ 8개의 작은 큐브를 이어 붙인 작품

▲ 다양한 모양의 스토리큐브

● 입체책 만들기

보통 책이라고 하면 사각형의 납작한 모양을 떠올린다. 하지만 생각을 조금 바꾸어 보면 아래 사진과 같은 형태의 책도 얼마든지 가능하다. 기존의 책 모양에서 벗어나, 손으로 직접 만져 보고 요리조리 돌려 가며 3차원으로 읽어야 하는 책들을 입체책이라 할 수 있다.

《나의 라임오렌지나무》라는 두툼한 책을 펼쳤을 때 그 안에 제제가 사랑했던 뽀르뚜까 아저씨와 밍기뉴의 모형이 들어 있다거나, 라임오렌지나무가 튀어나

스토리큐브 및 입체책, 그 외 각종 재미있는 책 만들기의 종류와 방법은 시중에 나와 있는 다양한 북아트 관련 도서를 찾아보면 쉽게 알 수 있다. 그 가운데 《생각이 자라는 즐거운 책 만들기》(박정아 · 안미정, 예경), 《책 만들며 놀자》(곽계현, 문화숲속예술샘)의 내용들이 쉽고 재미있다.

▲ 내용이 모형으로 들어 있는 입체책

▲ 별 모양 입체책

▲ 선반 모양 입체책

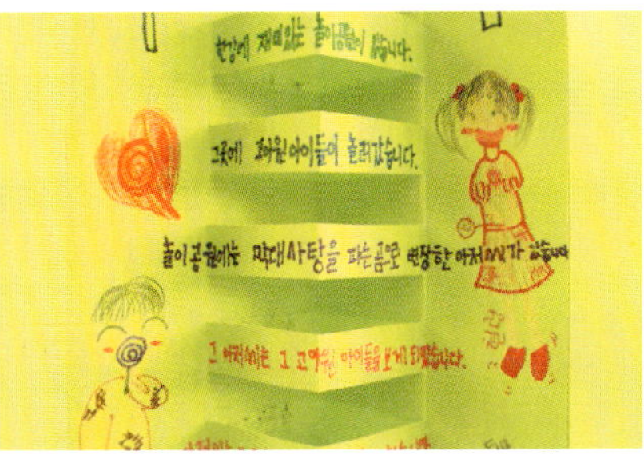
▲ 빌딩 모양 팝업책

오게 만들어진 방식, 혹은 펼친 책의 모습이 둥근 공이나 별 모양, 병풍 모양이 되는 책 등도 모두 입체책의 한 종류이다. 입체책은 만드는 과정도 재미있고 만들고 났을 때의 신기함과 뿌듯함이 커서 아이들이 좋아하는 활동 가운데 하나이다.

● 오침안정 한장본 만들기

양장본이란 말은 많이 들었지만 한장본이라는 말은 낯설 것이다. 한장본은 양장본과 대조되는 우리나라 전통의 제본법을 말한다. 한장의 방법에도 여러 가지가 있지만 우리나라에서 가장 많이 사용되었던 오침안정법을 이용하여 책을 만들어 보자. 오침안정법이란 다섯 개의 구멍을 뚫어 실로 꿰매 단단하게 고정하여 오래 보존할 수 있도록 하는 방법이다. 황지홍사(黃紙紅絲)라 하여 누런 종이의 겉표지에 빨간색의 실로 묶어 만드는 것이 보통이다.

만드는 방법이 복잡하게 보이지만 한 번만 만들어 보면 그 다음부터는 쉽게 할 수 있으며, 한번 풀칠해서 묶어 버리면 더 이상의 추가나 삭제가 힘들었던 양장본과는 달리 한장본은 바느질을 풀어 언제든 책의 내용을 넣었다 뺐다 할 수 있다는 장점을 가지고 있다.

〈만드는 방법〉

① 원하는 책 크기에 맞게 속지를 준비하고, 표지로 쓸 종이는 조금 두꺼운 것으로 준비한다. 실은 표지 대각선 길이의 3배 정도가 적당하다.

② 책등과 양끝 쪽으로 1~1.5cm 정도의 여백을 두고 같은 간격으로 5개의 구멍을 뚫은 뒤, 표지 한 장을 들어 실을 가운데 있는 구멍(편의상 왼쪽부터 ⓐ, ⓑ, ⓒ, ⓓ, ⓔ번이라 이름 붙일 때 ⓒ)에 끼워 아래로 빼낸다. 이때 실 끝을 4~5cm정도 남겨 두어야 하는데 그래야 나중에 매듭을 지을 수 있다. 표지와 속지 사이에서 엮기를 시작하는 것은 매듭을 지었을 때 겉으로 보이지 않게 하기 위해서이다.

③ 표지와 속지 사이의 실을 단단히 잡고 이번에는 표지를 포함하여 ⓒ의 위에서 아래로 꿰매 단단히 잡아 준 뒤 그대로 오른쪽으로 당겨 ⓓ의 아래에서 위로 꿴 뒤, 책등을 지나도록 다시 한 번 아래에서 위로 꿰어 책등 쪽을 감아 준다.

④ ⓓ의 위쪽으로 나와 있는 실을 ⓔ의 위에서 아래로 꿴 뒤, ③번 과정에서와 마찬가지로 책등을 지나도록 위에서 아래로 다시 한 번 통과시켜 준 다음, ⓔ의 아래쪽으로 나와 있는 실을 책머리 쪽을 지나도록 하여 위에서 아래로 꿰어 준다.

⑤ ⓔ 아래쪽으로 나와 있는 실을 왼쪽으로 당겨 ⓓ의 아래에서 위로 꿴 뒤, 다시 왼쪽으로 당겨 ⓒ의 위에서 아래로 통과시킨다. 이제까지의 과정을 통해 가운데 구멍 ⓒ를 중심으로 오른쪽 부분 꿰매기가 완성되었다. 왼쪽 부분 꿰매기는 오른쪽과 같은 방법으로 진행된다.

⑥ ⓒ의 아래쪽에 나와 있는 실을 왼쪽으로 당겨 ⓑ의 아래에서 위로 꿴 뒤 책등 쪽을 지나도록 아래에서 위로 한 번 더 꿰매고, ⓑ의 위쪽으로 나와 있는 실을 다시 왼쪽으로 당겨 ⓐ의 위에서 아래로 통과시켜 준 뒤, 책등을 지나도록 다시 한 번 위에서 아래로 꿰어 준다.

⑦ ⓐ의 아래쪽에 나와 있는 실을 책바닥을 지나도록 하여 다시 한 번 위에서 아래로 꿰어 준 뒤 실을 오른쪽으로 당겨 ⓑ의 아래에서 위로, 다시 오른쪽으로 당겨 ⓒ의 위에서 아래로 꿰는데, 마지막에 꿴 실은 표지 바로 아래쪽으로 빼내서 처음에 남겨 두었던 실과 함께 매듭을 묶고 남은 실은 잘라 내면 책이 완성된다.

⑧ 완성된 책의 표지를 꾸미고 내용을 채운다.

완성된 나만의 책

책을 만든 후 내용을 꾸밀 수 있는 아이디어

도서관에 있다 보면 각 출판사로부터 끊임없이 도서목록이 배달되어 온다. 그 목록들은 필요한 선생님들께 드리거나, 도서관에 따로 비치대를 두어 보관하거나, 때로는 폐휴지함으로 직행하기도 한다. 버리자니 아깝고 쓰자니 마땅히 쓸 만한 곳을 못 찾았던 바로 이 도서목록을 활용하여 책을 알차게 꾸밀 수 있다. 도서목록에서 칼라로 인쇄되어 나온 책 표지를 오려(보통 4∼5cm 크기로 책의 표지가 인쇄되어 있다.) 준비한 종이에 붙이고 그 책에 대한 소개글을 적어 내용을 꾸미는 것이다. 서평 쓰기 연습으로도 좋고, 밋밋했던 나만의 책을 화려하게 만들 수 있는 방법이 된다.

● 독서퍼즐 만들기

책 표지나 아이들이 좋아하는 한 장면을 골라 그림을 그리고 이것을 조각내어 퍼즐로 만든다. 간단하게 만들 때는 종이에 그림을 그리고 오려서 해도 되고, 그림을 두꺼운 종이나 우드락에 붙여서 조각내면 좀더 그럴듯한 그림퍼즐이 된다. 잘 만들어진 퍼즐은 접착 시트지 등을 활용하여 반영구적으로 사용할 수 있게 만들어서 도서관에 비치해 놓아도 좋다. 퍼즐을 맞추면서 책 표지에 익숙해지면 그 책을 읽어 보고 싶은 마음까지 들게 되므로 좋은 독서교육 재료가 된다. 그러므로 퍼즐을 맞추는 것에만 집중하지 말고, 퍼즐 그림이 들어 있는 실제 책을 소개해 주는 것도 잊지 말자.

▲ 독서퍼즐

● 책자리표 만들기

▲ 책자리표

책자리표는 책을 빼낸 자리에 꽂아 두었다가 책을 읽은 다음 자리표가 끼워진 자리에 책을 다시 꽂아 넣을 수 있도록 하는 것으로 '서표'라고 부르기도 한다. 적당한 크기의 종이를 아이들에게 나눠 주고 만들게 하는데, 한 장은 '책을 제자리에 꽂아 주세요.'라는 문구가 들어가 있는 것, 다른 한 장은 빈 종이를 나눠 주면 된다. 아이들이 빈 종이에 자기가 원하는 그림이나 글 등을 써넣어 꾸미면 교사가 두 장의 종이를 코팅한 후 사이에 우드락을 끼워 붙여 완성한다. 특히 초등학교 저학년 아이들은 분류번호와 청구기호 순서대로 책을 꽂고 찾는 일을 어려워하기 때문에, 이럴 때 자신이 직접 만든 제자리표를 활용하면 좋다.

놀이로 즐기기

이제 눈과 귀와 손으로 즐기는 활동을 넘어서서, 도서관을 재료 삼아 즐거운 놀이마당을 만들어 보자. 플래시몹, 학교도서관 3종 경기 등을 진행해 볼 수 있다.

● 플래시몹

플래시몹이란 플래시 크라우드(순간적으로 접속자가 폭증하는 현상)와 스마트몹(같은 생각을 가지고 행동하는 집단)의 합성어로서, 불특정 다수가 이메일과 인터넷 등을 이용해 '지령'을 받고 정해진 시간과 장소에 모여 짧은 시간 동안 같은 행동을 한 뒤 곧바로 흩어지는 것을 말한다.

4월 23일 '세계 책의 날' 같은 특별한 날이나, 나른한 봄날, 더위에 지친 여름날 신청자를 모아 은밀하게 이벤트를 진행해 보자. 학교도서관과 책을 주제로 다양한 메시지를 주는 것과 동시에 신나는 문화체험을 할 수 있다. 예를 들면 점심시간에 아이들이 많이 모이는 장소인 운동장, 급식실, 매점 등에서 미리 사전에 약속한 아이들이 주위에 모여 있다가 호루라기나 징소리 등 신호와 함께 일제히 그 자리에 주저앉아 책

400여 명의 도서동아리 학생들 용산역서 책 읽기 퍼포먼스 진행

지난 5월 28일 용산역 앞 광장은 책을 읽는 사람으로 가득 찼다. 바로 '도심 속 책 심기'라는 행사가 열린 것이다.

'도심 속 책 심기'는 '청소년문화예술센터'가 주관하고 여러 학교의 도서동아리 학생들이 참여한 행사이다. 이번 행사에는 경인중, 선린인터넷고, 송곡여고, 미래산업과학고를 포함한 많은 학교의 학생 400여 명이 참석했다. '도심 속 책 심기'를 시작한 이래 이번 행사처럼 많은 학생이 참여한 적이 없었다. '도심 속 책 심기'는 말 그대로 도심 속에 책을 심는다는 의미인데 식목일에 나무를 심듯이 어느 한 날은 삭막한 도심 속에 독서의 재미를 심어 보면 어떨까 하는 생각에서 만들어진 것이다. 이번 플래시몹은 계단에 한 사람씩 앉아 '도, 심, 속, 책, 심, 기'라는 큰 글씨를 만드는 것과 광장에서 큰 원을 만들고 그 안에서 부채춤을 하는 듯한 퍼포먼스로 이루어졌다.

오늘 책 심기에 참가한 휘경여고 2학년 이혜정 학생은 "책을 잘 읽지 않는 사람들이 책을 읽도록 하는 것이 뿌듯했고 좋은 추억을 만들 수 있어서 좋았다."라고 말했으며 선린인터넷고 2학년 송민근 학생은 "도심 속 책 심기를 하면서 책에 대한 잘못된 인식을 바로잡고 아울러 사람들이 책에 더 가까이 갈 수 있게 했다는 점에서 보람을 느꼈고 다음에 또 참가하고 싶다."고 말했다.

이번 행사를 지켜본 사서지망생 정화(대진대 문헌정보학과 3학년) 씨는 "사서가 된다면 독서퀴즈 같은 여러 행사를 하겠지만 이런 행사는 절대 놓치고 싶지 않다."며 미소를 지었다. 구경을 하던 구일고 1학년 김지원 학생은 "굉장히 의미 있는 플래시몹을 봐서 기분이 좋다. 앞으로도 이런 행사를 자주 열었으면 좋겠다. 하지만 우리나라 사람들보다 외국인들이 더 관심을 갖는데 그에 대한 외국어 안내가 없었고, 큰 글씨를 적은 인원으로 만들어서 잘 보이지 않아 아쉬웠다. 앞으로는 이런 행사에 더 많은 사람이 참석해서 정말 도심 속에 책을 심었으면 좋겠다."라고 말했다.

이번 행사는 4시 30분에 시작하여 20분 동안 진행되었다. '도심 속 책 심기'는 앞으로도 여러 번 열릴 예정이며 장소는 우리가 사는 도심 속 어딘가로 정해질 것이다.

을 읽는다든지, 학교축제 등으로 도서관에 사람이 많이 몰려든 날 도서부원들이 학생들 사이에 숨어 있다가 정해진 시간에 큰 소리로 구호를 외쳐 보는 것 등이다. 5~10분 정도의 플래시몹을 통해 학교도서관과 책에 대한 잊지 못할 추억을 만들어 볼 수 있다.

이때 중요한 것은, 단순히 집단행동을 하는 것이 아니라 그 안에 의미를 담을 수 있어야 한다는 점이다. 원래 플래시몹은 아무런 의미 없이 재미만을 위해 하는 놀이의 한 종류이지만, 학교와 도서관 안에서 하는 플래시몹은 책, 그리고 학교도서관과 관련된 의미를 가지고 있어야 한다. 물론 그 의미는 거창하지 않아도 된다. 자신이 좋아하는 책을 들고 나와 아무렇지 않은 듯 여기저기 앉아 조용히 책 읽는 모습을 보여 주는 것만으로도 일상에서의 지루함을 떨쳐 내는 동시에 독서에 대한 생각을 조금이나마 심어 줄 수 있을 것이다.

● 학교도서관 3종 경기

학교도서관 3종 경기는 말 그대로 학교도서관과 책을 주제로 한 세 가지 게임을 함께 진행하는 것으로 필요에 따라 게임 내용을 바꿀 수 있다. 도서관 이용교육을 할 때나 도서부 동아리교실 등에 활용하면 좋다.

3종 경기를 위해서는 먼저 모둠을 편성하는데 한 모둠당 인원은 6~8명 정도로 한다. 모둠 편성이 끝나면 학교도서관 3종 경기가 모둠별 대항임을 알려 준 뒤 칠판에 모둠별 점수판을 만들어 참가자들의 관심을 집중시킨다. 매 경기마다 새로운 선수들이 출전하여 모둠원들이 골고루 참여할 수 있게 하는 것이 중요한데, 각 경기를 시작할 때마다 모둠원들이 서로를 알아 갈 수 있는 방법으로 새 선수를 선발하게 하는 것이 좋다. 예를 들면 모둠원 가운데 생일이 가장 빠른 사람, 가족이 제일 많은 사람, 머리가 가장 큰 사람, 발이 가장 큰 사람, 집이 가까운 사람 등 다양한 방식으로 선수들을 선발한다. 매 경기 시작 전에 선수 선발을 하면 참가자들의 긴장감도 높일 수 있어 더욱 좋다.

| 도전, 책 제목을 찾아라! |

도서관에 있는 수많은 책을 활용한 게임이다. 서가에 있는 책 중 제목이 가장 긴(짧은) 책 5권 찾기, 동물 이름이 들어간 책 찾기, 사람 이름이 들어간 책 찾기 등 책 제목을 활용하는 방법은 무궁무진하다. 도전과제를 던져 주고 2분 정도의 시간이 지난 뒤 찾아온 책의 제목을 확인하여 점수를 매긴다. 긴 책 제목을 찾는 과제를 주었을 때는 제목의 글자 수를 모두 더해 그 수가 가장 많은 모둠부터 차례로 점수를 준다. 반대로 짧은 제목을 찾는 과제에서는 제목의 글자를 더한 수가 가장 적은 모둠부터 점수를 주면 된다. 동물이나 사람의 이름이 들어간 제목의 책을 찾았을 때는 이름의 글자 수를 더하여 점수를 계산하거나 몇 개의 이름이 등장하는지를 따져서 점수를 계산할 수도 있고, 찾아온 책의 권수로 점수를 줄 수도 있다. 또, 각 해의 띠에 맞추어 2007년에는 돼지와 관련된 책을 찾아온 모둠에 보너스 점수를 주는 등의 방법도 있다. 책 제목으로 진행하는 게임은 도서관에 자주 오고 평소 책에 관심을 많이 가지고 있는 아이들에게 유리하다.

| 책 순서 맞히기 |

모둠별로 20~30권 정도의 책을 나눠 주고, 청구기호에 따라 책을 정리해 보는 것이다. 서가를 돌아다니면서 진행하면 게임 진행이 어려우므로 모둠별로 주어진 책의 순서를 맞혀 보는 정도로 진행하는 것이 좋다. 2~3분 정도 안에 주어진 책의 순서를 정한 후 이것을 종이에 적어 내면 그 결과에 따라 점수를 낼 수도 있고, 시간제한 없이 가장 빨리 정리한 모둠부터 차례로 점수를 주는 방법도 있다. 도서부들과 함께하기에도 좋은 게임이며, 학기 초 이용교육 마지막 순서로 진행하면 아이들이 도서관 책을 정리하고 찾는 방법을 더 잘 알 수 있다. 이 게임을 위해서는 각 모둠에 도서부원이 고르게 분포되도록 미리 조정을 해 줘야 한다.

| 추천도서 스피드퀴즈 |

TV의 오락프로그램에서 흔히 하는 스피드퀴즈의 문제를 도서관이나 책 내용으로 출제하여 진행하는 게임이다. 모둠에서 한 사람이 설명하고 다른 사람이 답을 맞히되, 설명하는 사람의 부담을 덜기 위해 답을 맞힌 사람이 그 다음 문제를 설명하는 식의 릴레이로 진행하는 것이 좋다. 이렇게 하면 문제를 설명하는 사람도 맞히는 사람도 부담이 없고 모둠원 전부가 참여할 수 있어 더욱 좋다. 정해진 시간 동안 맞힌 문제의 수를 점수로 계산한다.

| 듣고 제목 맞히기 |

책의 내용을 활용한 게임이다. 진행자가 유명한 시나 책의 한 구절을 읽어 주면 모둠원들이 머리를 모아 어떤 책에 나왔던 내용인지 생각하여 정답을 쓴다. 독서신문이나 축제 때 하는 '책 속 보물찾기'의 또 다른 버전이다. 대개 10문제 정도를 내는데 너무 어려운 문제를 내면 흥미가 반감되므로, 책의 제목이나 주인공의 이름이 들어간 부분을 발췌하는 것이 중요하다. 시를 문제로 낼 때는 그 시를 가사로 하여 만들어진 노래를 들려줄 수도 있고, 정답은 시집의 제목이 아니라 시의 제목을 쓰도록 하면 된다. 역시 맞힌 문제의 수를 점수로 계산한다.

| 너의 행운을 믿어 봐! |

이 게임은 그야말로 운에 따라 점수가 나뉘는 게임이다. 모둠별로 대표선수를 한 명씩 선발한 뒤 아무 책이나 한 권씩 선택하도록 한다. 진행자가 가지고 있는 문제함에서 봉투 하나를 꺼내면 그 안에는 '제목이 가장 긴 모둠에 50점', '책의 두께가 가장 두꺼운 모둠에 100점' 등 점수를 정하는 기준이 들어 있다. 때로는 책의 아무 페이지나 펼치도록 하고 '페이지에 있는 숫자 모두 곱하기 또는 더하기', '페이지에 있는 글줄 수 세기' 등의 지령에 따라 계산한 후 그 숫자를 그대로 점수에 더하는 방법도 있다. '곱하기'로 할 경우 0점이 나올 수 있으므로 모둠별 점수 차가 아주 많이 벌어졌을 때 역전의 기회로 활용하기에는 좋지만 이 때문에 의욕을 상실하는 모둠이 생길 수도 있다는 점을 감안하자.

봉투에서 점수 지령을 꺼내는 대신 진행자가 즉흥적으로 지령을 이야기하는 방법도 있는데, 가끔 게임 진행이 공정하지 못하다며 항의하는 아이들이 생길 수 있으므로 미리 봉투 안에 점수 기준을 적어 준비해 두는 것이 좋다.

이 밖에도 학교도서관 3종 경기로 진행할 수 있는 게임은 수없이 많다. 교사들이 학창시절 수학여행이나 MT 때 했던 게임들의 소재를 도서관이나 책으로 대체하여 활용할 수도 있다. 단, 학교도서관을 좀더 잘 알고 친해질 수 있는 계기가 되도록 하는 것, 모두 함께 즐거울 수 있는 게임이 되도록 하는 것이 목적임을 잊지 말자.

Ⅱ. 학교도서관에서 어우러지기

학교도서관의 역할은 무궁무진하게 열려 있습니다. 그 안에서 우리는 책을 읽기도 하고, 수업을 하기도 하며, 때로는 즐거운 놀이를 펼치기도 합니다. 도서관은 다양한 활동을 가능하게 하는 장이며, 우리는 그곳에서 서로 어우러지며 하나가 될 수 있습니다.

도서관을 통해 교사와 학생이, 친구와 친구가, 후배와 선배가 함께 어우러질 수 있는 프로그램은 무척 다양합니다. 독서교실, 독서캠프, 문학기행, 도서관 축제……. 이렇듯 다양한 행사를 펼치는 과정에서 도서관은 진정한 독서의 장으로, 가슴 벅찬 소통의 장으로 거듭날 것입니다.

독서교실, 독서캠프

평소 학교생활에 쫓겨 도서관이나 책 읽기에 대해 깊이 있게 경험하지 못한 학생들을 위해 좀더 집중적이고 체계적인 프로그램을 꾸리고 싶다면, 방학을 이용해 독서교실이나 독서캠프를 진행해 볼 수 있다.(독서교실과 독서캠프의 차이는 프로그램 안에 숙박이 포함되는가 아닌가로 구분한다.) 두 프로그램 모두 평소 학교 교육과정에서 다루지 못했던 학교도서관에 관한 모든 것을 보여 주고 체험할 수 있는 장으로, 이 과정을 통해 학생들은 학교도서관에 대해 좀더 깊이 알게 되고 제대로 된 책 읽기를 배워 갈 수 있다.

 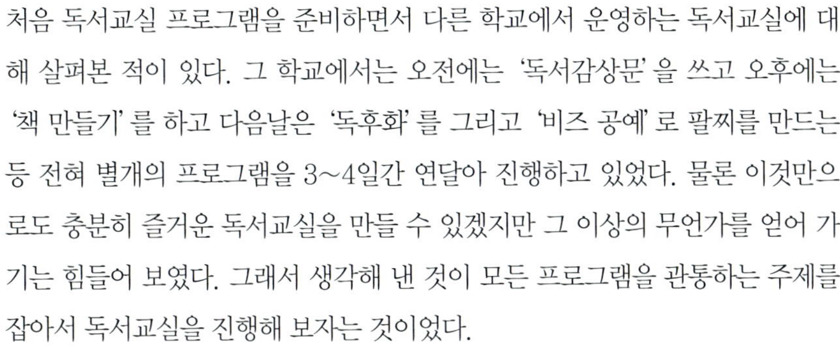

주제가 있는 독서교실 (부천 성곡중)

잠깐!

독서교실과 독서캠프에 대한 설명은 각각 부천 성곡중과 인천 서운중의 사례를 중심으로 살펴보고자 한다.

처음 독서교실 프로그램을 준비하면서 다른 학교에서 운영하는 독서교실에 대해 살펴본 적이 있다. 그 학교에서는 오전에는 '독서감상문' 을 쓰고 오후에는 '책 만들기' 를 하고 다음날은 '독후화' 를 그리고 '비즈 공예' 로 팔찌를 만드는 등 전혀 별개의 프로그램을 3~4일간 연달아 진행하고 있었다. 물론 이것만으로도 충분히 즐거운 독서교실을 만들 수 있겠지만 그 이상의 무언가를 얻어 가기는 힘들어 보였다. 그래서 생각해 낸 것이 모든 프로그램을 관통하는 주제를 잡아서 독서교실을 진행해 보자는 것이었다.

'주제가 있는 독서교실' 을 꾸리기 위해, 우선 주제를 정하고 그와 관련된 책을 몇 권 선정하였다. 지정도서를 한 권으로 정하면 짧은 시간 안에 독서교실에 참여하고자 하는 학생들 전부가 같은 책을 읽는 것이 힘들고, 책을 구입해서 읽으라고 할 경우엔 경제적 부담이 될 수도 있기 때문에 비슷한 주제를 가진 여러 권의 책을 선택했다. 독서교실에 참여하고자 하는 학생들은 그중 한 권 이상의 책을 읽고 오면 된다.

독서교실에서는 읽은 책에 대해 간단히 이야기를 나누고 내용을 정리하는 의미에서 자유롭게 독후활동을 한 후에, 책의 내용을 자신에게 혹은 자신을 둘러싸고 있는 주변과 사회에 적용시키고 생각해 보는 활동을 했다. 그런 다음 그 내용을 바탕으로 책 만들기 등의 체험활동을 하면서 확장된 사고를 다시 자신의 것으로 정리한 뒤 모둠별 퀴즈대회로 마무리를 지었다. 이렇듯 학생들이 단순히 책을 읽고 표현하는 데 그치는 것이 아니라, 책 안에서 자신을 발견하고 사회를 이해하며 그 과정에서 생각의 폭을 넓혀 가게 하는 것이 바로 '주제가 있는 독서교실' 의 목표였다.

● 주제와 지정도서 정하기

아이들에게 목표가 없으면 하루 종일 앉아서 공부해야 하는 지금의 상황이 결코 즐거울 수가 없다. 책을 통해 자신의 꿈과 목표를 찾아볼 수 있는 기회를 만들어 주고자 '꿈을 찾아 떠나는 여행' 이라는 주제를 선택했다. 지정도서는 목표를 향해 끊임없이 노력하는 주인공이 나오는 《갈매기의 꿈》과 《마당을 나온 암탉》을 골랐다. 두 권 다 평소 학생들에게 꾸준히 대출되었던 책이라 지정도서로 정하는 데도 무리가 없었다. 그 밖에도 진로와 직업에 관련된 책 대여섯 권을 참고도서로 정해 두었다.

● 프로그램 세부 운영계획 짜기

모든 프로그램은 모둠별로 진행하는 것을 기본원칙으로 하였다. 친구와 함께 독서교실에 참여하는 학생들은 별 무리가 없지만, 혼자서 독서교실에 참여한 학생들에게는 3일간 혼자서 활동해야 하는 것이 부담스러울 수도 있다는 생각 때문이었다. 모둠은 우선 아이들의 의견을 존중해 대강의 모둠을 나누고, 한 모둠으로 인원이 몰릴 때만 조정해 주었다.

총 3일간 진행한 프로그램은 다음과 같다.

시간	첫째 날	둘째 날	셋째 날
9:00~9:30	개강식 조 편성 및 조별 게임	2040 그날에 우린 (미래 자신의 모습 상상해서 기사 쓰기)	골든벨을 울려라 (지정도서 및 활동에 대한 퀴즈대회)
9:30~10:00			
10:00~10:30	느낌이 좋아! (독후활동 하기)		
10:30~11:00			
11:00~11:30		감상 및 평가	
11:30~12:00			폐강식
12:00~12:30	중식	중식	
12:30~13:00			
13:00~13:30	나의 꿈 이야기 (내게 적합한 직업 찾기 —홀랜드 진로탐색 검사)	희망 다이어리 만들기 (꿈을 이루기 위한 계획)	집으로
13:30~14:00			
14:00~14:30			
14:30~15:00			

첫날 오전의 독후활동과 마지막 날의 퀴즈대회는 독서교실의 테마가 계속 바뀌어도 유지할 수 있는 프로그램이며, 나머지 프로그램들은 주제가 바뀌면 그에 따른 적절한 프로그램을 새로이 고민해야 하는 부분이다. 이때는 주제가 꿈, 진로와 관련된 것이었기 때문에 '나의 꿈 이야기'에서는 '홀랜드 진로탐색 검사'를 실시하여 자신의 적성과 가능한 진로에 대해 알아보는 시간을 가졌다. 실제 자신의 장래희망과 비교해 본 후 일치하는 직업(혹은 평소에 관심이 있었던 직업)을 선택하고, 도서자료와 인터넷을 이용하여 해당 직업에 대한 자세한 내용과 대표적 인물에 관해 알아보면서 미래에 대한 구체적인 계획을 세워 보도록 했다.

그 다음에는 구체화된 자신의 미래 모습을 상상하여 신문의 한 면을 장식할 자신의 업적에 대한 기사를 작성해 보고 조별로 기사를 모아 완성된 인물신문을 만들어 보았다. 그리고 자신이 생각한 미래의 모습을 만들어 가기 위해 나만의 다이어리를 만들어 보는 시간을 가졌다. 다이어리 만들기는 책 만들기 중 시간이 오래 걸리지 않고 간단하게 만들 수 있는 방법으로 하였으며, 5년 단위로 인생계획을 세워 내용을 채우도록 하였다.

● 진행 시 유의점

독서교실은 방학 중에 이루어지는 것이니만큼 자유로운 분위기에서 재미있고 즐겁게 진행하는 것도 좋지만, 겉핥기식의 활동 중심, 흥미 중심으로 진행하는 것은 바람직하지 않다. 모든 활동에 있어 충분한 시간을 가지고, 책의 내용에 대해 진지하게 생각해 보고 표현할 수 있는 기회로 삼는 것이 중요하며, 이를 위해서는 도서관 담당교사 외에 1~2명의 교사가 함께 참여하여 진행하는 것이 좋다.

 ## 독서캠프–책으로 여는 세상, 함께 열어 보자
(인천 서운중)

학교에는 도서관 외에도 가사실, 미술실 등 특별실이 많이 있지만, 방학이 되면

이 모든 시설은 굳게 닫힌 채 잠들어 버린다. 특히 중학교의 방학은 참 적막할 정도다. 이럴 때 학교의 여러 시설을 이용해 독서캠프를 진행해 본다면, 학교시설의 활용도를 높이는 동시에 캠프 내용도 더욱 풍부하게 꾸밀 수 있어 일석이조의 효과를 거두게 된다. 2002년 여름, 이러한 의도에서 시작한 우리 학교의 여름 독서캠프(2002년에는 '문학캠프'라는 이름으로 시작하였다). 벌써 5회에 걸친 캠프가 열렸고 교사도 학생도 그 속에서 많은 즐거움을 느낄 수 있었다. 특히 학교에서 잠을 자면서 학교의 시설을 마음껏 활용하고 책에 관한 이야기를 나누는 것이 아이들에게 참 매력적인 일로 다가왔던 것 같다. 독서캠프는 아이들에게 영원한 추억의 시간을 만들어 줄 수 있다.

● 프로그램 구성과 역할 분담

독서캠프는 사서 혹은 도서관 담당교사 혼자 할 수 있는 일이 아니다. 학교도서관에 관심이 있는 교사들과 함께 행사준비를 해야 하고, 더 나아가서는 아예 독서캠프를 교과행사로 잡아 놓을 수도 있다. 함께할 교사들이 꾸려지면 어떤 프로그램으로 캠프를 운영할 것인지, 그리고 각자 할 수 있는 것이 무엇인지를 서로 협의해서 결정해야 한다.

프로그램을 만들 때는 각 프로그램 사이에 연계성이 있도록 해야 한다. 독서캠프란 독서에 대한 친화력을 높이는 것이 가장 큰 목적이지만, 일단 캠프에 참가한 학생들은 이미 독서에 대한 관심이 매우 높기 때문에 더더욱 프로그램을 산만하게 구성해서는 안 된다. 일반 학생들을 대상으로 하는 프로그램보다는 심화단계의 프로그램을 선택할 필요가 있다.

우리 학교에서 진행했던 독서캠프 일정 가운데 1박 2일 일정과 이를 확대한 5일 1박의 일정, 그리고 학교에서 잠을 자는 대신 문학기행을 떠나 보는 4일 일정의 프로그램을 소개한다.

여름 1박 2일 독서캠프는, 학교 주변을 돌아보며 '자기 상징물 찾기'를 하는 것, 책과 영화, 사는 이야기로 밤을 밝혀 가며 하룻밤을 지낼 수 있도록 하는 야

도서관 담당교사(사서교사)는 독서캠프에서 해 볼 수 있는 프로그램을 많이 준비하여 소개하고, 동참하는 교사들이 자신의 능력에 맞게 선택하도록 하는 것이 좋다. 다른 교사들이 직접 프로그램까지 개발하게 하는 것은 부담만 줄 뿐이다. 프로그램 진행을 어려워하는 교사에게는 무리하게 권하지 말고 보조진행을 맡겨 부담을 줄여 줄 수도 있다.

여름방학 1박 2일 프로그램

일	시간	프로그램	장소	진행자
1일	10:00~10:30	캠프 안내	시청각실	김○○
	10:30~12:00	도서관문화제(책도장 만들기/독서퀴즈대회)	미술실	최○○
	12:00~13:00	점심식사	가사실	이○○
	13:00~14:00	자연추적 놀이 – 자기 상징물 찾기 (자연과의 대화, 학교 주변 관찰)	교 정	김○○
	14:00~17:00	작가초청 강연	도서관	박○○
	17:00~17:30	공동체 놀이	운동장	국○○
	17:30~18:30	저녁식사	가사실	모둠별
	18:30~21:30	영화상영 및 감상내용 토론(모둠활동)	도서관	구○○
	22:30~24:00	도서관 문화제 – ‘오늘은 우리가 별’	다목적실	신○○
2일	05:00~06:00	아침 산책(학교 주변 계산천)	계산천	이○○
	07:00~08:00	아침식사	가사실	모둠별
	09:00~11:00	작은 책 만들기 및 작품평가	컴퓨터실	권○○
	11:00~11:30	닫는 마당	도서관	송○○

여름방학 5일 1박 프로그램

구분	시간	프로그램	담당자	준비물	장소
1일	09:30~09:50	여는 마당	송○○	일정표	도서관
	09:50~12:30	책이 내게로 왔다(읽은 책 소개하기)	신○○	엽서, 필기도구	〃
2일	09:30~12:30	작가초청 강연(박상률)	박○○	작가소개 포스터	〃
3일	09:30~12:30	독서토론	이○○	논제 및 학습지	〃
4일	09:30~12:30	책 속 보물찾기	최○○	학습지	도서관
	12:30~13:50	점심 해 먹기	모둠별	모둠별 식단	가사실
	14:00~17:00	시와 함께	권○○	시모음 자료	도서관
	17:00~18:50	저녁 해 먹기	모둠별	모둠별 식단	가사실
	19:00~21:00	영화 속의 책 이야기	김○○	비디오	시청각실
	21:00~23:00	도서관 문화제 – ‘시와 노래와 꿈과’	국○○	간식	도서관
5일	05:00~06:00	아침 산책	이○○	운동복	계산천
	07:30~09:30	아침 먹고 뒷정리하기	모둠별	모둠별 식단	가사실
	09:30~11:00	독서캠프 평가	송○○	평가서	컴퓨터실
	11:00~11:30	닫는 마당	송○○	도서상품권	도서관

겨울방학 4일 프로그램

구분	시간	프로그램		담당자	준비물	장소
1일	09:30~09:50	여는 마당		송○○, 권○○	일정표	도서관
	09:50~12:30	상황별 도서목록 만들기(읽은 책 소개하기)		신○○, 국○○	필기도구	〃
2일	09:30~12:30	다포 만들기		박○○, 송○○	필기도구	〃
3일	09:30~12:30	내가 알고 싶은 세상		김○○, 구○○	필기도구	〃
4일	08:30~11:30 (학교 출발)	문 학 기 행	아리랑문학관을 향해	최○○,이○○	자료집 비디오	아리랑 문학관 · 채만식 문학관
	11:30~12:30		점심 먹기			
	12:30~14:30		아리랑문학관과 벽골제농업박물관 탐방			
	14:30~15:30		채만식문학관 탐방			
	15:30~18:00 (학교 도착)		인천을 향해			

※ 문학기행 장소 선정이유 : ‘아리랑문학관’은 작가 조정래의 집필과정에 대한 자료가 무척 많이 전시되어 있으며, 벽골제농업박물관은 농경문화와 관련된 문화재가 전시되어 있어서 학생들의 견문을 넓힐 기회가 될 것임.

간문화제, 밝아 오는 새벽맞이를 모두 같이 해 보는 프로그램 등으로 구성해 보았다. 도서관 이외의 특별실을 사용할 경우 담당자에게 미리 양해를 구해 놓아야 하고, 가사실을 사용할 경우에는 행정실 기사에게도 알려 주는 것이 좋다.

두 번째는 1박 2일 프로그램을 확대하여 5일 1박의 프로그램으로 재구성해 진행한 것이다. 독서캠프 일정이 이틀 이상일 때는 오전에만 프로그램을 하는 것이 좋다. 오후에는 다음 날 프로그램 준비를 하고, 주 진행교사를 중심으로 한 워크샵을 진행한다. 이것은 도서관 행사 프로그램에 대한 교사 자체연수로서 다음 프로그램 준비를 위해 반드시 필요한 과정이다. 또 작가초청 강연이 끝난 후에는 교과협의회비를 미리 책정하고 시간을 마련해 작가와 교사들이 함께 간담회를 여는 것이 좋다. 아이들을 대상으로 한 강연에서 듣지 못한 작가의 또 다른 이야기를 들을 수 있는 기회가 된다.

겨울방학에는 학교에서 잠을 잘 수 없으므로, 그 대신 문학기행을 떠나는 4일 일정의 프로그램을 진행해 보았다. 문학관까지 가는 길에는 문학에 조예가 깊은 강사를 초청, 작가에 대한 소개와 함께 작품의 내용, 시대적 배경, 역사적 상황 등에 대한 강의를 진행하여 학생들의 이해를 높이도록 하였다. 강사를 초청하는 것이 어렵다면 교사 중 한 사람이 준비하여 진행해도 좋고, 상황이 허락하지 않는다면 자세한 프린트물을 미리 나누

어 주고 읽어 보게 한다. 어떤 방법으로든 작가와 작품에 대해 이해할 수 있는
기회를 최대한 마련해 주는 것이 중요하다.

● 학생모집과 모둠편성

독서캠프를 알리는 포스터를 미리 제작하여 기말고사가 끝나자마자 학교 곳곳
에 붙인다. 전교생을 대상으로 공고해야 하지만, 독서캠프의 취지를 잘못 이해
하여 놀러 오는 아이가 있는 경우 진행에 어려움이 생길 수 있다.

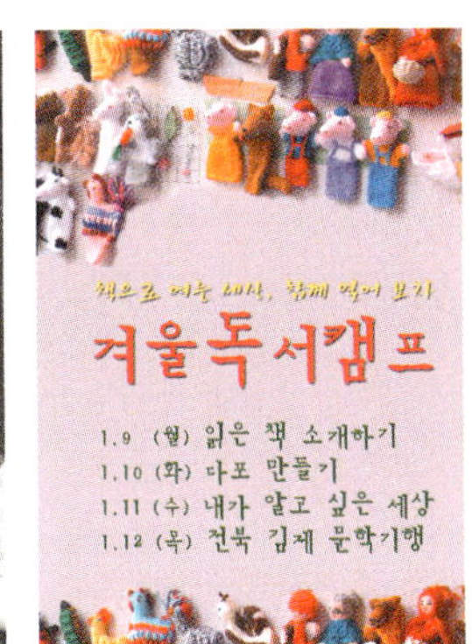

▲ 독서교실 및 독서캠프 홍보포스터

참여하려는 학생이 많을 경우에는 담당 국어교사의 추천을 받아 오는 방법으로
인원을 선발할 수도 있다. 또, 한번 캠프에 참석한 학생은 졸업 때까지 계속 참
여하려고 하는 경우가 있으므로 2회 이상 참여를 제한하는 것도 좋다. 캠프에
참가하는 학생들에게는 가정통신문을 발송하여 학부모 동의를 반드시 받아 놓
아야 한다. 그리고 캠프 사전과제를 성실히 이행할 것을 주지시켜야 진행에 무
리가 없다.

모둠편성은 1,2,3학년이 고루 섞일 수 있도록 해야 하며, 되도록이면 원하는 사
람과 같은 모둠에서 활동할 수 있도록 하는 것이 좋다. 모둠을 편성하고 나면
모둠별로 다른 색깔의 이름표를 달고 모둠명을 짓거나 구호를 만들어 보는 활
동, 서로의 모둠명을 익히기 위한 게임을 진행한다. 낯선 친구들과의 서먹함이
사라지고 독서캠프의 분위기를 고조시킬 수 있는 방법이다.

잠깐!

방학 중이라 가족행사 때문
에 불참하는 학생이 생기기
도 하므로, 참가신청을
10% 정도 여유 있게 받아
놓는 것이 좋다.

책으로 여는 세상, 함께 열어 보자

세상 곳곳이 푸름으로 가득한 여름입니다.

여름방학을 맞이하여 더욱 깊이 있는 독서교육을 해 보고자 여름 독서캠프를 마련하였습니다.

성장소설 《봄바람》의 작가 박상률 님을 초청하여 성장기의 갈등과 희망에 대해 이야기해 보려 합니다.

그리고 독서토론과 다양한 독서표현 활동을 통해 책 읽기의 중요성과 소중함을 느끼게 해 주는 자리가 될 것이며, '친구들과 함께 나를 찾아 떠나는 시간'이 될 것입니다.

1. 시간 : 7월 18일(월)부터 7월 22일(금)까지(목요일 밤은 학교에서 잡니다.)
2. 장소 : 본교 도서관
3. 대상 : 희망자 60명(희망자가 많을 경우 모든 일정에 참여하는 학생을 우선함)
4. 세부내용

구분	시간	프로그램	담당자	준비물	장소
1일	09:30~09:50	여는 마당	송〇〇	일정표	도서관
	09:50~12:30	책이 내게로 왔다(읽은 책 소개하기)	신〇〇	엽서, 필기도구	〃
2일	09:30~12:30	작가초청 강연(박상률)	박〇〇	작가소개 포스터	〃
3일	09:30~12:30	독서토론	이〇〇	논제 및 학습지	〃
4일	09:30~12:30	책 속 보물찾기	최〇〇	학습지	도서관
	12:30~13:50	점심 해 먹기	모둠별	모둠별 식단	가사실
	14:00~17:00	시와 함께	권〇〇	시모음 자료	도서관
	17:00~18:50	저녁 해 먹기	모둠별	모둠별 식단	가사실
	19:00~21:00	영화 속의 책 이야기	김〇〇	비디오	시청각실
	21:00~23:00	도서관 문화제 – '시와 노래와 꿈과'	국〇〇	간식	도서관
5일	05:00~06:00	아침 산책	이〇〇	운동복	계산천
	07:30~09:30	아침 먹고 뒷정리하기	모둠별	모둠별 식단	가사실
	09:30~11:00	독서캠프 평가	송〇〇	평가서	컴퓨터실
	11:00~11:30	닫는 마당	송〇〇	도서상품권	도서관

5. 사전과제 : 박상률 선생님의 《봄바람》, 《나는 아름답다》, 《밥이 끓는 시간》을 미리 읽고 '작가와의 만남' 시간에 질문할 내용 뽑아 오기
6. 참가비 : 없음

- -

〇〇년 여름 독서캠프 참가신청서

참가학생	학년 　 반 　 번	이름 :
전화번호	학부모 휴대전화(긴급연락시)	
학부모 동의	〈참가를 허락합니다〉	(인)

● 준비물 챙기기

학생 개인별로 준비할 것과 학교에서 준비할 것을 나누어서 챙겨야 한다. 학생이 준비해야 할 물건은 신청을 위한 가정통신문에 미리 밝혀야 수고로움을 덜 수 있다.

(예시) 독서캠프 준비물

- **학생 개인별** : 세면도구, 간단한 평상복, 필기도구, 개인복용 의약품, 수저, 초청작가 책(사인 받을 책)
- **학생 모둠별** : 모둠별 식단(3끼)에 맞춰 먹거리 준비하기, 코펠 1세트
- **학교 준비물**
- 물품 : 도서상품권(영역별 우수활동학생 시상용) 20장, 색상지 10묶음, 색연필 10세트, 사인펜 10세트, 우드락 4개, 현수막 2개, 비디오테이프 2개, 학생·교사 이름표, 독서캠프 홍보포스터, 초청작가 홍보포스터, 디지털 카메라, 캠코더, 방송시설, 생수, 의약품, 모둠별 활동상황 기록용 화이트보드
- 간식 : 과자류, 과일(수박, 복숭아), 라면, 삼겹살(저녁식사 모둠별 지급)

● 사진과 함께 보는 프로그램 진행방법

| 책 소개하기 – 책이 내게로 왔다 |

여는 마당으로, 자기가 읽은 책을 하나씩 소개하는 프로그램이다. 모둠별로 그냥 책을 소개할 수도 있고, 다섯 고개 책 퀴즈 형식으로 진행할 수도 있다.(중요한 키워드, 작가, 읽은 느낌, 책 제목 자음, 자음 띄어쓰기)
또, 책엽서 만들기, 책그림 판화 찍기, 상황별 도서목록 만들기 등을 진행한 다음 캠프 후에 도서관에 전시하여 다른 학생들에게 홍보하는 자료로 이용할 수 있다.

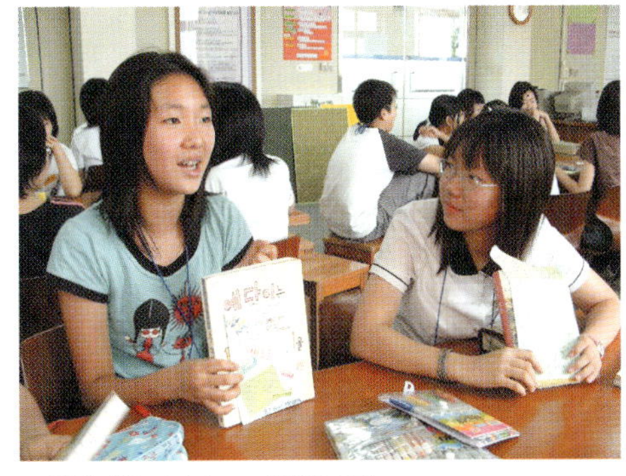

▲ 책에 대한 이야기로도 행복한 아이

▲ 상황별 도서목록 만들기

▲ 책판화 만들기

▲ 자기가 소개하고 싶은 책을 엽서 크기로 만들어 자유롭게 붙인 판넬

| 작가초청 강연 |

학생들이 만나고 싶은 작가를 조사해서 결정하는 것이 좋으며, 초청작가가 선정되었을 때 미리 작가의 책을 읽게 하고 질문할 것을 찾아보도록 해야 한다. 또 교사가 하루 전날 질문지를 나눠 주고 질문 내용을 확인해 보아야 한다. 강연이 끝난 다음 좋은 질문을 한 학생이 있는 모둠에 가산점을 주는 방법도 있다. 캠프가 끝난 후, 사진이나 작품집이 나오면 작가에게 보내 주는 것도 좋겠다.

▲ 문학과 삶에 대해 말하다

| 독서토론 |

독서토론은 초청강연과 연계해서 지도한다. 미리 활동지를 작성한 후 모둠별 토의, 모둠별 대표자 발표를 거쳐 가장 많은 지지를 얻은 토론주제를 선정하여 전체토론을 진행하면 된다. 박상률 작가를 초청한 경우 '청소년기의 가출, 어떻게 볼 것인가?' 라는 주제로 열띤 토론을 벌였다. 토론진행은 반드시 교사가 해야 하며, 전체평가를 할 때에는 토론 참여자 수가 가장 많은 모둠에게 가산점을 주는 것이 좋다.

(예시) 독서토론 준비 활동지

책 읽고 이야기 나누지 않으면 무슨 재민겨

모둠	학년	반	이름 :	
이 책의 핵심은 무엇일까?			왜 그런가?	
가장 인상적인 부분은?			왜 그런가?	
같이 나눠 보고 싶은 이야기가 있다면?			왜 그런가?	

함께 나눈 말, 가슴 속에 남아 있는 말

(전체토론이 끝난 후 기록)

▲ 모둠별 대표자 발표

▲ 전체토론

▲ 말하는 사람에게도 듣는 사람에게도 인상적이었던 독서토론 시간

잠깐!

전체토론을 할 때 마이크를 아이들이 앉은 자리 가운데 놓고, 발언하고 싶은 사람이 나와서 마이크를 잡도록 했다. 이 과정이 아이들에게는 부담이 되기도 했지만, 덕분에 토론을 진지하게 끌어 갈 수 있었고, 발언을 한 아이나 하지 못했던 아이들 모두에게 의미 있는 진행으로 남을 수 있었다.

아이들이 직접 찾은 책에 대해 소개하는 시간을 가지는 것 외에 교사가 간단한 책 소개를 덧붙여 주면 학생들이 책에 대해 좀더 관심을 가질 수 있다.

| 책 속 보물찾기 |

학생들에게 권하고 싶은 책을 '보물찾기' 라는 놀이를 통해 접근해 보는 프로그램이다. 책의 내용과 주제를 잘 표현하는 지문(보물)을 골라 모둠 수만큼 복사해 나눠 주거나 도서관 곳곳에 게시해 함께 보고 보물이 들어 있는 책을 찾게 한다. 지문을 고를 때는 한 부분만 읽고도 책의 분야나 제목을 짐작할 수 있는 곳을 골라야 한다. 학생들은 보물을 찾으면 정답 카드(찾은 사람, 책 제목과 출판사 등의 내용 기록)에 적어 교사에게 제출하는데, 보물을 찾아낸 순서나 정해진 시간 안에 찾아낸 보물의 숫자로 순위를 정하면 된다.

▲ 보물찾기 1단계 – 지문 돌려 읽기

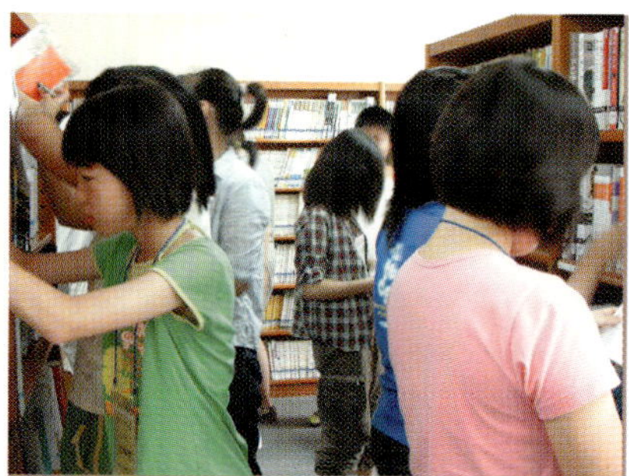

▲ 보물찾기 2단계 – 서가 활동

▲ 보물찾기 3단계 – 정보 나누기

▲ 보물찾기 4단계 – 찾은 책 소개하기

| 도서관 문화제와 함께 지샌 밤 |

독서와 직접적인 관련이 없더라도 다양한 프로그램으로 진행하는 것이 좋다. 모둠별 장기자랑, 영화감상, 참여교사들의 라이브 콘서트 외에 사전에 전문적으로 악기를 연주하는 학생들을 초청해서 바이올린이나 플루트 연주를 들어 볼 수도 있다.

그중에서도 TV 프로그램 '쟁반노래방' 형태를 빌린 '모둠별 시암송 대회'는 준비하는 과정도 진행하는 과정도 즐거웠던 프로그램이다.

'모둠별 시암송 대회'를 하려면, 우선 캠프에 맞는 시를 골라야 하는데 길이는 조금 길어도 좋다. 모둠별 연습시간을 20분 정도 주고 제비뽑기로 발표순서를 정한다. 암기방법은 쟁반노래방을 활용하는데 쟁반이 떨어

▲ 찬조출연으로 밤은 더욱 빛나다

〈함께 암송한 시〉

여 름 밤

이준관

여름밤은 아름답구나.
여름밤은 뜬눈으로 지새우자.
아들아, 내가 이야기를 하마.
무릎 사이에 얼굴을 꼭 끼고 가까이 오라.
하늘의 저 많은 별들이
우리들을 그냥 잠들도록 놓아 주지 않는구나.
나뭇잎에 진 한낮의 태양이
회중전등을 켜고 우리들의 추억을
깜짝깜짝 깨워 놓는구나.
아들아, 세상에 대하여 궁금한 것이 많은

너는 밤새 물어라.
저 별들이 아름다운 대답이 되어 줄 것이다.
아들아, 가까이 오라.
네 열 손가락에 달을 달아 주마.
달이 시들면
손가락을 펴서 하늘가에 달을 뿌려라.
여름밤은 아름답구나.
짧은 여름밤이 다 가기 전에
(그래, 아름다운 것은 짧은 법!)
뜬눈으로 눈이 빨개지도록 아름다움을 보자.

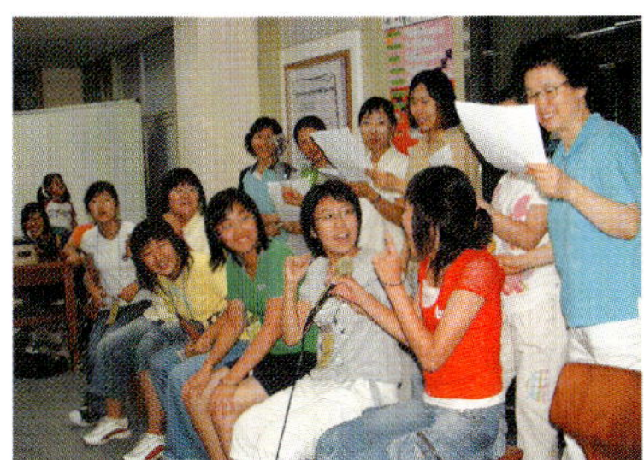

▲ 모둠별 시암송

▲ 모둠별 시암송을 위한 교사협의

잠깐!

밤샘을 하는 아이들이 많으므로 밤참으로 먹을 과일이나 간식을 미리 준비해 두는 것이 좋으며, 반드시 교사가 함께해야 한다.

지는 세트를 빌려올 수는 없으므로 교사가 뒤에 서서 빈 페트병으로 틀린 학생의 어깨를 두드리는 방식으로 진행했다. 가장 짧은 시간에 암기를 끝낸 모둠이 우승하는 것이다.

<작품집 만드는 과정>

- 컴퓨터실을 이용해 아이들이 각자 글을 쓴다. (편집용지는 B5가 적당하다.) 이때 전체 프로그램 가운데 한두 꼭지를 선택해서 글을 쓰도록 해야 한다. 그렇지 않으면 아이들은 대개 캠프 전체에 대한 인상만을 쓴다.
- 1시간 정도 글을 쓴 다음 출력해서 모둠별로 고쳐쓰기를 하고, 각 글에 맞는 그림도 찾아 넣어 편집한다.
- 완성된 작품을 자기 메일과 교사 메일로 발송한다.
- 캠프 후 3일 정도 수정시간을 준다. 방학 동안이므로 수정 마감일을 정확하게 인식시켜야 한다.
- 원고가 다 모아지고 수정이 끝나면 교사가 편집을 한다. 찍어 놓은 사진을 풍부하게 실어 생동감 있게 구성한다.
- 도서부 학생 몇 명과 함께 최종편집을 해서 방학 동안 인쇄를 마친다.
- 개학 후 캠프 참가자를 도서관으로 불러 작품집 출판기념회를 갖는다.
- 출판비용은 도서관운영비, 교과행사비로 미리 책정해 놓아야 한다.

| 작품집 만들기 |

독서캠프 마지막 프로그램으로 컴퓨터실을 이용하여 작품집을 위한 글을 쓰게 한다. 영역별로 평가서를 받을 수도 있지만, 이렇게 하면 학생들에게 전체 프로그램에 대한 평가를 글로 받을 수 있어서 좋다.

글을 길게 쓰지는 못하는 요즘 아이들이지만, 짧은 글 속에 자신의 생각을 잘 표현해 내기도 한다. 아이들의 글 속에는 버리기에는 아까운, 그리고 먼 훗날 오늘의 추억을 되짚어 줄 수 있는 이야기가 많다. 이 글들을 모아 문집으로 편집해서 방학이 끝난 후 독서캠프에 참가한 아이들에게 한 권씩 나눠 주면 고개도 들지 않고 그 자리에서 읽어 낸다. 문집을 읽으며 행복해하는 그 모습을 보는 것만으로도 교사로서의 보람은 충분하다.

▲ 학생작품 모음집

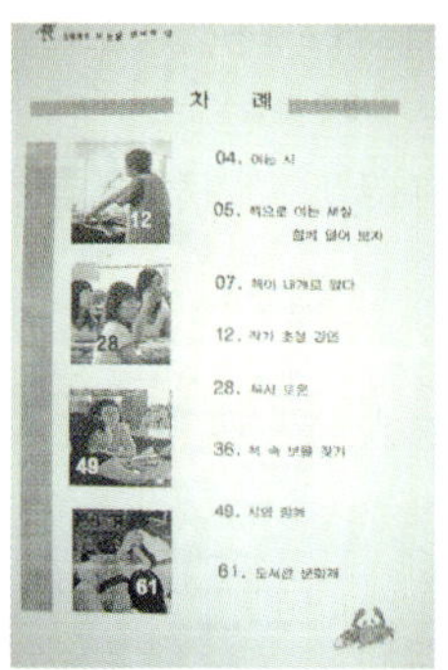

▲ 독서캠프 차례

● 독서캠프를 마치고

다섯 번의 독서캠프를 준비하고 진행하면서 무척 고되고 힘들었지만 많은 것을 얻었다는 기쁨이 더 크다. 그중에서도 작년까지만 해도 자신이 맡은 프로그램에 대해 막막해하던 교사들이 올해 들어서는 프로그램을 적극적으로 선택하고 그 프로그램만큼은 확실한 전문가가 되어 캠프를 진행하는 모습을 보며 무척 기뻤다. 교사의 전문성이 무엇인가를 확실히 알게 되었고, 단위 학교에서 교과 협의회의 활성화가 얼마나 중요한지를 새삼 느낄 수 있었다.

학생들은 독서캠프의 다양한 독서활동을 통해 독서를 좀더 친근하게 느낄 수 있었다. '책 속 보물찾기' 같은 즐거운 놀이부터 책 읽기의 꽃이라 불릴 수 있는 '독서토론'까지 8개에 이르는 활동을 함께해 보았다. 학생들은 프로그램마다 선호도를 확실히 드러냈고, 자신이 부족한 점에 대해서는 다른 학생의 활동을 보고 서로 자극을 받기도 하였다.

무엇보다도 이 프로그램이 의무적이거나 겉핥기로 진행된 것이 아니라, 교사들의 모든 역량을 쏟아 부은 집중적인 독서지도 프로그램이었다는 점에서 큰 의미를 찾을 수 있다. 사전에 책을 선정하여 미리 읽게 하고, 독서퀴즈를 통해 관심을 높인 다음 작가초청 강연을 듣게 함으로써 좀더 내실 있게 행사를 운영했다는 생각이 든다. 작가초청 강연 후에는 질문할 시간을 충분히 가졌으며, 다음 날에는 초청작가의 작품을 가지고 독서토론을 해 보았다. 이를 통해 독서가 개인 차원의 읽기가 아니라, 다른 사람과의 의사소통이 더 중요한 또 하나의 문화임을 깨달을 수 있었으리라 생각한다.

방학 동안 쉬고 있는 특별실을 활용하여 행사를 진행한 점도 의미가 있다. 주로 도서관에서 많은 활동을 하였지만, 가사실에서 아이들 손으로 소박한 밥상을 차리고, 다목적실과 운동장에서는 공동체 놀이로 즐거움을 더하고, 시청각실을 이용하여 영화를 상영하였다. 그리고 프로그램 마지막에 독서캠프에 대한 소감문을 쓸 때는 컴퓨터실을 이용했다. 이런 활동은 다른 교과에서도 활용 가능할 것이라 생각한다.

작가와의 만남

작가를 만나는 일은 누구에게나 흔치 않은 소중한 경험이다. 작가와의 만남은 아이들과 교사, 학부모 모두에게 그 책에 대한 이해를 높여 주는 동시에, 작가의 눈을 통해 세상을 볼 수 있게 하고 새로운 영감을 주기도 한다. 이런 경험을 계기로 또 다른 작가가 탄생한다면 더욱 뜻 깊은 자리가 될 것이다.

 ## 작가초청 강연

학교도서관을 담당하는 교사라면 누구나 한 번쯤 학교도서관에서 작가를 초청해 보고 싶다는 바람을 갖는다. 하지만 그 방법을 잘 몰라 망설이는 경우가 많은데 작가를 학교로 초청하는 일은 생각만큼 어렵지 않다.

● 작가초청 강연 계획하기

연초에 학교도서관 운영계획서를 작성할 때 작가초청을 독서교육 프로그램으로 반영하는 것이 좋다. 물론 예산은 전년도 12월에 부서별 예산신청을 할 때 신청하도록 한다. 전년도 예산에 책정되어 있지 않으면 추가경정예산으로 편성하면 된다. 국어과나 다른 교과와 협의해서 공동으로 준비하면 더욱 좋다. 강사비 책정은 학교 예산지침에 기준으로 명시되어 있는데 행정실에 문의하면 자세하게 알 수 있다. 책정비용이 너무 적은 경우 원고료를 첨부하는 방식으로 맞출 수도 있다. 강사비에 관한 부분은 작가에게 미리 양해를 구하면 대부분 이해를 해 준다.

● 작가 섭외하기

작가를 초청할 때 아이들의 요구와 교사들의 요구가 다른 경우가 많다. 물론 아이들의 요구를 따르는 것이 좋지만, 아이들이 아는 책과 작가에는 한계가 있기 때문에 담당자가 어느 정도 준비를 해 두고 있어야 한다. 우선 학교도서관에서 이용자들에게 호응도가 좋은 책, 교과서에 나오는 책, 학교마다 있는 권장도서 목록에 있는 책 등을 쓴 작가를 조사하여 명단을 확보한 후 그중에서 아이들과 교사들이 어떤 작가를 가장 만나고 싶어하는지 의견을 반영하는 것이 좋다. 초대하는 작가가 문학 분야에만 집중되지 않도록 고려하는 것도 중요하다.

초대할 작가가 정해지면 작가에게 연락해 세부일정을 잡는데, 책을 낸 출판사에 연락을 하면 작가의 전화번호나 이메일 주소를 친절하게 알려 준다. 유명작가의 경우 일정을 잡기가 어려울 수도 있는데, 이럴 때는 약간의 노력이 필요하다. 아이들이 정성스럽게 쓴 편지나 책에 대한 감상문, 서평 등 작가의 마음을 움직이는 방법을 찾아봐야 한다. 보통 행사 한두 달 전에는 미리 연락을 하는 것이 좋고, 일부 작가의 경우에는 여섯 달 전에 미리 해야 할 때도 있다.

● 참가자 모으기

때로는 작가초청 강연이 아이들과 교사들, 작가 모두에게 유쾌하지 못한 기억이 될 수도 있다. 어렵게 모신 작가와의 귀중한 만남을 모든 아이들과 함께하고 싶은 마음에 전체 학년을 강당에 빼곡히 들어앉게 하거나 교실에 방송으로 내보내는 경우가 그렇다. 자신의 의사와 무관하게 강의를 듣는 아이들은 그 만남에 흥미가 있을 리 없다. 시간이 흐르면서 조는 아이들, 떠드는 아이들, 문자를 주고받는 아이들이 생겨나고 이러한 분위기가 민망한 교사들은 각종 도구를 이용하여 아이들을 깨우기 시작한다. 그러다 보니 일부 작가들은 중고등학교에서 강의하는 것을 꺼리기도 한다.

참가학생을 작가의 작품을 읽은 아이들로만 제한할 수도 있지만, 책을 읽지 않은 아이들 가운데 열의를 보여 참여시켜 보면 의외로 더 열심히 강연을 듣기도 한다. 행사가 끝난 후에 미처 읽지 못했던 작가의 작품들을 찾아서 읽고 친구들에게 권해 주는 모습도 볼 수 있는데, 이렇듯 작가와의 만남은 아이들에게 새로운 계기를 만들어 주는 기회가 된다.

작가와의 대화에 참여하는 사람은 학생, 교사, 학부모 등 학교 구성원 전체를 대상으로 신청을 받아 선발하는 것이 좋다. 적정 인원은 40~50명인데 행사를 진행할 공간에 따라 융통성 있게 정하면 된다. 장소는 학교도서관이나 시청각실 등 아늑한 공간이 좋고, 인원이 너무 많거나 공간이 너무 크면 작가가 이야기를 하기도 어렵고 학생들도 집중을 하지 못한다. 사전에 참여신청을 받을 때는 미리 작가의 책을 읽고 간단한 감상을 적도록 하거나 질문하고 싶은 점, 작가와의 만남에 꼭 참여해야 하는 이유 등을 적어 보도록 한다. 책 제목으로 다행시 짓기, 책 패러디 등도 즐겁게 할 수 있는 신청방법 중 하나이다. 특히 작가에게 질문하고 싶은 내용을 신청 때 미리 조사했다가 작가에게 알려 주면 작가가 학생들에게 들려줄 이야기를 준비하기가 훨씬 쉬워진다.

● 작가초청 강연 진행하기

작가와의 만남은 보통 학교장 인사와 간단한 작가소개, 강의, 질의 및 응답, 기념촬영 순으로 진행된다. 기본적인 진행은 이에 따라 하면 되지만, 여기에 약간의 변화를 줄 수도 있다. 시인을 초대할 경우 간단한 연주와 음악회, 시낭송을 준비하거나, 작가에게 쓴 편지를 낭송해 보는 것이다. 그 밖에 독후활동 전시회 및 심사와 시상, 독서퀴즈를 작가와 함께 진행할 수도 있다. 작가가 심사를 하고 작가의 자필사인이 된 책을 상으로 받는 것은 아이들에게 잊지 못할 추억이 된다. 앞서 이야기한 것처럼 간혹 작가와의 대화를 여러 사람에게 보일 생각으로 학교 내 방송시설을 이용해 교실마다 실황중계를 하는 경우가 있는데, 이런 방식은 아이들이 지겨워하기 마련이다. 필요하다면 작가의 강의를 녹화한 후 관련 교과수업 시간에 책과 작가에 대한 배경지식 설명과 함께 시청을 하게 하는 것이 좋다.

▲ 작가에게 보내는 엽서 전시

▲ 책 속에서 뽑은 위로의 한 줄, 공감의 한 줄

▶ 짧은 감상문 전시

▲ 아이들의 작품을 보는 작가

작가와의 대화를 진행할 때는, 일방적인 강의 뒤 질의를 하는 방식이 있고, 사전에 질문지를 전달하여 이에 대해 답을 하는 대화식이 있다. 시인과 소설가의 경우에는 중간중간에 작품을 낭독하는 것도 좋은 방법이다. 진행방법은 작가와 참여하는 학생들의 성향을 잘 분석해서 결정해야 한다. 작가 가운데는 강의보다는 질의·응답 방식을 선호하는 사람이 있고, 질문이 없어도 술술 달변을 풀어내는 사람도 있다. 또 참여하는 학생들이 수줍음 많은 중학생이라면 질문내용과 질문할 사람을 어느 정도는 준비해 두는 것이 좋다. 그렇지 않으면 질문시간에 아무도 손을 들지 않아 난감한 상황이 생길 수 있다. 인위적인 연출이 아닐까 고민된다면 앞서 조사한 내용 중 학생들이 가장 궁금해하는 내용을 질문하는 것이라고 생각하면 될 것이다. 강의와 질의·응답이 모두 끝난 후에는 대체로 작가 사인회나 사진촬영 등으로 행사를 마무리한다.

▲ 강의를 듣는 아이들

▲ 작가에게 사인 받기

● 새로운 만남으로 만들기

모든 순서가 끝난 뒤 그 느낌을 글로 표현하여 도서관 홈페이지나 작가의 홈페이지에 올리게 한다. 이렇게 해서 인연의 끈을 계속 이어 나가는 것이다. 아니면 작가를 만난 느낌을 각자 엽서에 적어 한꺼번에 작가에게 보낼 수도 있다. 행사 때 찍은 사진으로 학교도서관에서 작은 전시회를 여는 것도 좋은 추억을 오래 간직할 수 있는 방법이다.

선생님과 함께하는 문학기행

작가를 직접 학교로 초청할 수 없는 경우에는 작가의 고향, 문학관이 있는 곳, 작품이 배경이 되었던 곳 등으로 문학기행을 떠나 볼 수 있다. 초등학교에서는 어렵겠지만 중고등학교에서는 꼭 해 볼 만한 프로그램이다. 문학기행은 비단

책읽는사회만들기국민운동(www.bookreader.or.kr), 학교도서관문화운동네트워크(www.hakdo.net) 등 여러 단체에서는 작가와 학교를 이어 주는 사업을 펼치기도 한다. 이런 기회를 잘 활용하면 여건이 안 되는 지역에서도 예산부담 없이 작가와의 즐거운 만남을 계획해 볼 수 있다.

작가를 만나는 것뿐 아니라, 학교도서관이 매개가 되어 문학과 역사, 문화라는 주제를 가지고 교사와 학생, 학부모가 함께 생각을 나누고 기쁨과 감동을 느끼는 자리이다. 여건이 된다면 1년에 한 번 정도 문학기행을 다녀오는 것이 좋다. 도서부 중심으로 진행할 수도 있고, 전교생에게 안내문을 돌리고 신청자를 받아서 다녀올 수도 있다.

문학기행을 위해서는 사전에 기행장소에 대한 정보를 꼼꼼히 챙겨야 하며 차량예약부터 숙박, 기행 중에 해야 할 프로그램 기획까지 혼자 감당하기 힘든 일들이 많으므로 주위 선생님들께 도움을 요청해서 함께 준비하는 것이 좋다. 문학기행을 통해 학생들은 학교도서관이나 책과의 거리를 좁히게 되고, 교사는 학교 밖에서 아이들과 함께하는 다양한 활동 속에서 학생들과 새로운 관계를 맺을 수 있다.

● 문학기행의 첫 단추, 연간 운영계획서

문학기행은 일회적이고 즉흥적인 행사가 아니라 학교의 연간 운영계획에 따라 준비되고 진행되어야 한다. 예산상의 문제 때문에도 그렇고, 문학기행을 할 수 있는 행정상의 근거를 마련하기 위해서라도 이는 필수적인 절차이다. 문학기행을 떠나기 위해서는 적지 않은 예산이 소요된다. 비용문제로 함께하지 못하는 학생들이 있어서는 안 되고, 각종 독서교육 및 도서관 행사와 관련지어 진행되는 것이기에 예산확보는 필수이다. 이를 위해서는 전년도 학교교육 계획서를 작성할 때 학교도서관 연간 운영계획에 포함시켜 예산을 편성해야 한다. 국어과와 협의하여 연간 운영계획에 들어가도록 하는 것이 좋다. 학생들의 숙박이 필요한 행사는 안전상의 문제로 학교에서 허가하지 않는 경우가 있다. 이런 상황에 대비하기 위해서라도 문학기행을 사전에 계획하고 준비해야 한다.

● 다양한 독서프로그램과 연계된 문학기행

학기 초 학생과 교사들에게 도서관 1년 운영계획과 독서행사를 홍보하면서 문학기행에 대해 알린다. 다독자, 학교에서 시행하는 독서감상문 쓰기 대회나 독서퀴즈대회 우수자, 기타 다양한 독서프로그램 참가자 등에게 문학기행의 기회가 주어진다는 사실을 널리 홍보하고 학생과 교사들이 관심을 갖도록 한다. 많은 학생들이 함께 가면 좋지만 예산과 프로그램 진행상 어려움이 따르기에 인원을 한정해야 한다. 학교 내의 독서소모임, 독서토론 동아리, 문학동아리, 도서부 등에 문학기행의 기회를 주는 것도 좋다.

● 문학기행, 이렇게 준비해 보자!

| 문학기행 준비모임 구성 |

도서관 담당교사와 국어교사 등 관심 있는 교사를 중심으로 문학기행 준비모임을 구성한다. 이 모임에서는 작가 및 답사지 선정, 다양한 독서행사, 자료집 제작 등의 업무를 계획하고 실행한다. 단순히 실무가 많아서라기보다는, 함께 준비하고 만들어 가는 행사일수록 그 효과와 감동이 크기 때문에 많은 교사와 같이 준비하는 것이 좋다.

| 작가 및 답사지 선정 |

문학기행 장소는 교과서에 나오는 유명한 곳도 좋지만 가능하면 현존하는 작가가 있는 곳으로 선정하도록 한다. 문학기행의 참맛은 작가와의 만남을 통해서 더욱 풍부해지기 때문이다. 작가는 학생들에게 어느 정도 알려진 작가일수록 더 좋다. 작가 연락처는 초청강연 때와 마찬가지로 작가의 작품이 출간된 출판사에 전화를 걸어 알아볼 수 있다. 문학기행 장소는 작가 또는 그 지역을 잘 알고 있는 분과 상의해서 결정한다.

문학기행의 성격과 프로그램은 거리와 장소에 따라서 다양하게 꾸며 볼 수 있다. 거리가 멀 경우에는 하루 일정보다는 1박 2일로 계획해 다양한 독서행사를 진행할 수 있고, 그 지역 특성 및 주제와 관련된 문화체험을 할 수 있다. 작가와 답사지가 선정되었다면 그 다음에는 예비답사를 가도록 한다. 특히 하루 일정이 아닐 경우 예비답사는 필수이고, 그중에서도 숙소는 꼼꼼히 챙겨야 한다. 문학기행 프로그램은 전체 주제를 설정하고 그 주제에 맞게 작가와의 대화, 문학 관련 유적지 견학, 문화체험 및 모둠활동이 적절하게 이루어져야 한다.

| 홍보 및 참가대상자 선정 |

작가와 답사지, 프로그램이 선정되면 문학기행 참가자를 선발한다. 희망자는 많고 예산은 한정되어 있기 때문에 선발절차를 거쳐야 하는 경우가 있다. 앞에서 이야기했듯 각종 독서 및 도서관 관련 행사 우수자를 우선 참가자로 하고, 독서 관련 모임이나 교직원과 학생들 중 희망을 받아 인원을 꾸린다. 선발기준은 자체적으로 정하면 된다.

| 사전 자료조사 및 자료집 제작 |

문학기행 참가자를 모둠으로 편성한 후, 학생들에게 해당 작가와 작품 등 문학기행에 대한 사전보고서를 써 오도록 과제를 내 준다. 문학기행 준비모임에서는 별도로 문학기행 자료집을 만든다. 사전에 그 작가와 작품에 대해 알아본 다음 문학기행을 떠나면 그 내용은 훨씬 더 풍부해질 것이다.

● 문학기행을 마치고

문학기행 전 과정은 영상자료나 사진자료로 기록하고 보관한다. 문학기행의 감동이 가시기 전에 참가자를 중심으로 감상문을 쓰는 것도 좋다. 1박 2일 일정인 경우에는 숙소에서 모둠별로 토론을 해 볼 수도 있다. 토론과정과 내용은 모둠별로 서기를 뽑아 기록한다. 문학기행이 끝난 뒤 활동내용을 책으로 묶는 것도 좋은 방법이다. 문학기행이 시작되기 전 개인마다 공책을 나눠 준 뒤 문학기행 기간 동안 그 내용을 채우게 하는 것이다. 이렇게 하면 문학기행이 끝난 다음 모든 참가학생은 추억이 가득 담긴 책 한 권을 선물로 갖게 된다.

▲ 이효석 생가 탐방

▲ 시와 노래의 밤 – 이지상과 함께

▲ 광한루원 탐방

▲ 김용택 시인과의 만남

높이 뛰기

가 볼 만한 문학기행 장소

충청권
부여 – 신동엽 생가
당진 – 심훈 생가
옥천 – 정지용 생가, 정지용문학관
보령 – 이문구 생가, 〈관촌수필〉 현장
홍성 – 한용운 생가

전라권
전주 – 혼불문학공원
벌교 – 조정래 〈태백산맥〉 기행
순천 – 김승옥 〈무진기행〉 현장
장흥 – 이청준, 송기숙, 한승원, 이승우
　　　 작가의 고향
하동 – 섬진강 시인 김용택의 마암분교
고창 – 판소리박물관, 서정주 생가
김제 – 아리랑문학관
옥구 – 채만식 생가

강원권
원주 – 토지문학공원, 토지문화관
봉평 – 이효석 생가, 이효석문화마을
춘천 – 김유정문학촌
강릉 – 허균 · 허난설헌 생가
인제 – 박인환 시비
정선 – 김원일 〈아우라지 가는 길〉 현장,
　　　 정선아리랑 발상지

경상권
안동 – 이육사 생가, 이육사문학관
창원 – 이원수문학관
통영 – 청마문학관
부산 – 추리문학관
영양 – 조지훈 생가, 조지훈 · 이문열 작
　　　 가의 고향

맨 처음의 떨림을 항상 새로움으로
- 김용택 시인을 찾아서

1. **일 시** : ○○년 11월 26일(일요일)
2. **장 소** : 전라북도 임실군 진메 마을(마암분교)
3. **작 가** : 김용택 시인과의 만남
4. **참여인원**

   ① 1, 2학년 중 독서감상문 우수자

   ② 책두레 어머니회 회원

   ③ 희망교사

   ④ 도서반 두레지기

   ⑤ 다독자

5. **신청방법** : 11월 17일까지 담당교사에게 제출
6. **준비일정**(참가자 모집)
   - 11월 9일 : 세부계획 및 기안(계획 전 예산확인)
   - 11월 10일 : 독서감상문 우수자 확인 및 학부모 안내문 발송
   - 11월 11일 ~ 11월 17일 : 신청
   - 11월 18일 ~ 11월 25일 : 참가자 공고 및 준비(자료집이나 책 읽기)
7. **기타 준비일정**
   - 11월 8일 : 세부일정 계획
   - 11월 9일 : 결재 후 작가 연락
   - 11월 10일 ~ 11월 17일 : 자료집 제작 및 차량확인
   - 11월 18일 ~ 11월 25일 : 제반 실무준비(카메라, 캠코더, 식사, 세부일정 등)
8. **세부일정**(11월 26일 당일 계획)

   07 : 00 백운역 집결

   07 : 00 – 12 : 00 전북 임실군 진메 마을 도착

   12 : 00 – 13 : 00 점심

   13 : 00 – 14 : 00 김용택 시인과의 만남(마암분교)

   14 : 00 – 16 : 00 진메마을 탐방(시인의 마을)

   16 : 00 – 22 : 00 집으로

우리 주변의 작은 이야기들이 시가 되고 노래가 되는

첫째 날(8.16)		둘째 날(8.17)		셋째 날(8.18)	
08:00~09:00	시청 앞 집결	08:00~09:00	아침식사	08:00~09:00	아침식사 및 돌림쪽지
09:00~13:00	출발 및 이동	09:00~13:00	두레별 방언 및 민요 채록하기, 전통문화 체험	09:00~09:30	닫는 마당
				09:30~11:00	이동
				11:00~13:00	청령포 탐방 (단종 유배지)
13:00~15:00	이효석 문화마을 (평창)	13:00~17:00	점심식사, 정선 5일장 탐방 및 창극 관람	13:00~14:00	점심식사 및 이동
				14:00~15:00	책 박물관 견학
15:00~16:00	이동			15:00~	집으로 출발
16:00~18:00	숙소 도착, 여는 마당 (방 배정 및 공동체놀이)	17:00~18:00	숙소 이동		
18:00~19:30	저녁식사 및 산책 (두레별 시간)	18:00~19:30	저녁식사 및 문화제 준비		
19:30~21:00	정선아리랑 배우기 (이론 및 실기)	19:30~24:00	문학캠프 문화제 · 노래 만들기 · 시와 노래의 밤 (시인, 가수와의 만남) · 독서퀴즈대회 · 문학작품 속 등장인물 코스프레 · 캠프파이어		즐거웠던 추억을 뒤로 하고
21:00~22:00	이효석 문화마을 꾸미기				
22:30~24:00	두레별 시간 (방언 및 민요 채록 계획 짜기, 코스프레, 정선아리랑 만들기 준비)				

※ 참가인원 : 총 130명 / 교사 20, 학생 100(중학생 50, 고등학생 50), 캠프 도우미 10
※ 참가비 무료, 기념품 제공(단체 옷, 책 등)
※ 모든 활동은 두레별 활동(두레별 교사 2인, 학생 10인)
※ 캠프주제 : 우리 주변의 작은 이야기들이 시가 되고 노래가 됨, 이야기와 노래의 만남
※ 민요 및 방언 채록은 두레별로 마을로 들어가 활동
※ 마을에서 정선 5일장 이동 시 두레별 대중교통 이용
※ 점심은 정선장터에서 두레별로 먹음(토속음식 맛보기)
※ 정선장터에서의 활동(2,000원으로 추억의 장보기, 정선장터를 주제로 짧은 글쓰기)
※ 시와 노래의 밤(시인과 가수가 함께 만들어 가는 자리)
※ 정선장터에서 아이들이 지은 시로 노래 만들기
※ 문학작품 속 등장인물 코스프레(메밀꽃 필 무렵, 느낌표 소개 책)

길목의 도시 인천, 그 역사와 사람들

첫째 날(8.12)		둘째 날(8.13)		셋째 날(8.14)	
09:00 ~ 09:30	참가 접수	07:00 ~ 08:30	잠 깨기 및 아침식사	08:00 ~ 09:00	잠 깨기 및 아침식사
09:30 ~ 10:30	여는 마당 및 두레활동	08:30 ~ 12:00	도시탐방 (주제별 도시탐방으로 르포기사 및 사진, 인터뷰, 문학지도 등 다양한 방식)	09:00 ~ 12:00	두레별 작은 책 만들기
10:30 ~ 12:00	인천의 과거, 인천석금을 중심으로				
12:00 ~ 13:30	점심식사 및 탐방장소 이동	12:00 ~ 13:30	두레별 점심식사 및 이동	12:00 ~ 13:00	작은 책 전시회 및 닫는 마당
13:30 ~ 18:00	근대개항지 탐방 (4개 두레)	13:30 ~ 16:00	두레별 휴식 및 탐방내용 정리	13:00 ~ 14:00	점심식사
		16:00 ~ 18:00	남궁산의 장서표 이야기	14:00 ~ 17:00	생태이야기 (영종도, 강화도)
18:00 ~ 19:30	중국인거리에서의 저녁식사 및 이동	18:00 ~ 19:00	저녁식사	17:00	집으로
19:30 ~ 20:00	두레별 휴식	19:00 ~ 20:30	작가와의 대화 (김중미)		
20:00 ~ 21:30	작은 책 만들기	20:30 ~ 21:00	문학캠프 문화제 준비		
21:30 ~ 23:00	이동 및 두레별 탐방 계획 세우기	21:00 ~ 23:00	문학캠프 문화제 (독서퀴즈대회, 내가 만든 장서표, 탐방 발표)	즐거웠던 추억을 뒤로 하고	

※ 참가인원 : 140명 / 교사 20, 학생 120

※ 모든 활동은 두레별 활동(두레별 교사 2인, 학생 10인)

※ 캠프주제 : 길목의 도시 인천, 그 역사와 사람들

※ 주제도서 : 《괭이부리말 아이들》(김중미), 《인천석금》(고일), 《중국인 거리》(오정희)

※ 숙소 및 캠프장소 : 인하대 기숙사, 인천 청소년수련관

※ 참가비 없음

학교도서관 축제

도서관은 학생들이 지친 몸과 마음을 쉬게 하고 새로운 삶의 의욕을 찾을 수 있는 곳이어야 한다. 도서관이 학습공간인 동시에 문화공간이 되어야 하는 이유가 여기에 있다. 마땅한 청소년 문화를 가지지 못한 우리 아이들에게, 도서관은 그 대안을 제시하고 새로운 문화를 만들어 가는 곳이 될 수 있다. 물론 책과 정보를 중심으로 하는 곳이기 때문에 일정한 한계가 있지만, 이 또한 다양한 모색을 통해 극복할 수 있다. 모두의 마음과 머리를 모아 청소년들이 함께 공유할 수 있는 그들만의 문화를 만들어 내야 할 것이며, 그 하나의 방법으로 학교도서관 축제를 제안하고자 한다.

 ## 학교도서관 축제 마당별 행사

학교도서관 축제는 크게 '여는 마당, 전시마당, 참여마당, 닫는 마당' 으로 나눌 수 있다. 지역축제나 규모가 있는 학교의 경우 이 네 가지 형식에 맞추어서 축제를 진행하지만, 대부분의 학교는 전시마당과 참여마당을 중심으로 몇 가지 프로그램을 진행하고 있다. 여기서는 인천 지역에서 '애들아! 학교도서관으로 놀러가자.' 라는 주제로 열린 학교도서관 문화제를 예로 들어 학교도서관 축제를 살펴보고자 한다.

● 여는 마당

여는 마당은 개회사, 내빈소개, 행사안내 등의 기본절차 이외에 영상과 공연을 함께 배치하여 축제를 흥겹게 여는 것이 중요하다. 엄숙한 식순에 따라 진행하면 자칫 학교도서관 축제에 대한 흥미가 떨어질 수 있다. 사전에 학생들을 대상으로 책과 도서관을 소재로 한 뮤직비디오나 영상광고 공모를 받아도 좋고, 교사나 학부모와 함께 '나를 움직인 책'이라는 주제로 자신을 변화시킨 책을 소개하는 동영상을 만들어 상영하는 것도 좋은 방법이다. 예산이 허락한다면 판소리 동화, 빛그림, 시노래 콘서트 등의 초청공연을 함께 기획해 볼 수도 있다. 예산이 없는 경우에는 학교중창단, 문학동아리, 학교밴드와 함께 책과 도서관을 주제로 한 공연(시낭송회나 음악회)을 준비하면 된다.

● 전시마당

학교도서관 및 도서부활동 전시회, 독서공책 · 독서자료 전시회 등을 통해 학교도서관에서 이루어졌던 다양한 활동을 정리해 보는 마당이다. 이 밖에도 아시아 평화기행 사진전, 점자책 전시, 소장도서 자유판매 등의 특별전시를 꾸미는 것도 좋다. 학생들이 함께하는 전시행사로는 영화를 패러디해 만든 독서권장 포스터 전시회, 학교도서관을 배경으로 찍은 학교도서관 멋짱 사진 콘테스트, 책 속 주인공 닮은 선생님 찾기 등 다양한 참여행사를 만들 수 있다. 참여형 전시행사가 많을수록 전시마당은 풍성해진다. 자신이 아는 친구와 교사들의 작품이나 얼굴이 많이 나올수록 관심과 참여도는 높아지게 마련이다.

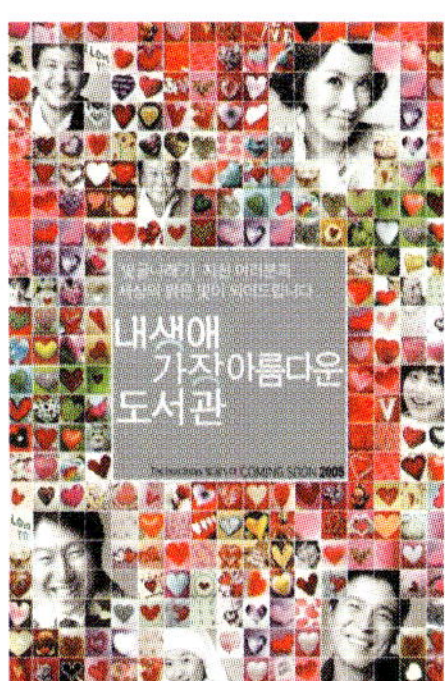

▲ 영화 패러디 독서권장 포스터

● 참여마당

참여마당은 말 그대로 학교도서관 곳곳에서 열리는 행사에 학생, 교사, 학부모들이 참여하는 것으로 학교도서관 축제의 꽃이라고 할 수 있다. 참여마당에서 진행하는 프로그램은 축제의 주제에 따라, 지역적 특성에 따라 다양하게 마련할 수 있다. 다음 표에 제시된 프로그램은 학교도서관에서 사용하는 한국십진분류법(총류(000)부터 역사(900)까지)의 분류번호에 맞게 10개의 참여마당을 기획하여 참여마당 행사 자체가 하나의 커다란 학교도서관이 되도록 구성한 것이다.

분류	활용 가능한 프로그램
총류(000)	북아트, 내가 만드는 나의 책(책공방), 정보검색대회, 사전 빨리 찾기 등
철학(100)	독서심리 테스트, 명언이 담긴 나만의 책갈피 만들기 등
종교(200)	책 읽어 주고 장승 만들기, 신화의 주인공 그리기 등
사회과학(300)	할머니가 읽어 주는 책, 빛그림 이야기, 민속놀이 체험 등
순수과학(400)	약이 되는 우리 풀, 꽃, 나무(+건강약초 시음회), 우리 별자리 지도 그리기 등
응용과학(500)	잎싹과 함께하는 요리 만들기, 건강진단 및 상식 테스트 등
예술(600)	사포그림 만들기, 책 표지 그리기, 책도장 만들기, 명화로 이야기 만들기 등
언어(700)	도서관 물품에 우리말 이름 붙여 주기, 올바른 우리말 찾기, 콩글리시 바로잡기 등
문학(800)	보드게임 북카페, 책 내용으로 노래 개사하기, 책 속 주인공 되어 사진 찍기 등
역사(900)	고구려 역사 사진전, 역사적 인물 대형 판넬 전시 및 영상물 상영, 세계 지도에 각 나라의 국기 및 전통의상 그리기 등

이렇게 참여마당을 구성하면 각 분류 내에서 다양한 세부 프로그램을 꾸릴 수 있어 매년 색다른 프로그램으로 참여자들에게 다가갈 수 있다. 또 십진분류법이 거의 모든 주제를 다루고 있으므로 도서관과 책에만 국한되지 않고 다양한 프로그램을 준비할 수 있다. 학교도서관 축제에 걸맞게 축제에 참여하는 동시에 자연스럽게 도서관 이용교육이 이루어지는 것도 장점 중 하나이다.

| 사전 빨리 찾기 |

스톱워치와 몇 권의 백과사전을 준비하여 주어진 문제지의 항목을 찾아 그 내용을 옮겨 적는다. 내용 대신 페이지 수를 옮겨 적는 것도 좋다. 시작부터 끝까지 걸린 시간을 기록하여 빨리 찾은 학생들에게 작은 사탕이나 책갈피 등을 선물로 준다.

| 독서심리 테스트 |

심리 테스트와 같이 '예' 혹은 '아니요'로 대답을 해 나가다 보면 자기의 독서 습관이나 태도를 알 수 있는 설문지를 만들어 보는 것이다. 이용교육 시간에 하

던 독서습관 진단지 등을 적절히 변형해 활용할 수 있다.

| 명화로 이야기 만들기 |

유명한 화가의 작품들에 말풍선을 그리고 그 안을 채워 새로운 이야기를 만들어 보도록 하는 것이다. 최근 아이들이 인터넷에서 포토샵을 이용하여 즐겨 하는 활동이므로 재미있게 진행할 수 있다. 같은 그림이라도 서로 다른 이야기가 만들어지기 때문에 다른 사람이 채워 넣은 말풍선을 감상하는 즐거움도 맛볼 수 있다.

| 도서관 물품에 우리말 이름 붙이기 |

도서관 물품 가운데는 북트럭, 북엔드 등 외국어로 된 이름을 가진 것이 많다. 이런 용어들을 순 우리말로 바꾸어 보는 것인데, 북트럭은 책나름이, 북엔드는 책버팀이 등으로 바꿀 수 있다.

| 보드게임 북카페 |

‘학교도서관 윷놀이’, ‘책으로 만나는 할리갈리’, ‘도서관 젠가’ 등이 있다. 학교도서관 윷놀이는 주사위를 던져 말을 움직이는데 중간에 ‘도서관에서 잠자기-뒤로 2칸’, ‘거꾸로 된 책 바로 정리-앞으로 2칸’ 등의 지시를 적어 둔 윷판을 활용하는 것이다. ‘책으로 만나는 할리갈리’는 보드게임 중 ‘할리갈리’의 그림을 과일 대신 책 표지로 바꾸고, 종을 치고 카드를 가져가기 위해서는 반드시 그 책과 관련한 문제를 맞힌 다음에 가져갈 수 있도록 하는 것이다. 마찬가지로 젠가 블록의 좁은 모서리에 책 표지 그림을 붙인 다음 주사위를 던져 같은 표지의 블록만 빼낼 수 있도록 하면 바로 ‘도서관 젠가’가 된다. 더 자세한 설명과 게임재료의 실물은 학교도서관문화운동네트워크(www.hakdo.net)의 홈페이지를 참고하기 바란다.

이 밖에도 전교생이 참여하는 독서퀴즈 대회, 주제별 독서토론 대회, 책 속 보물찾기, 스토리큐브 만들기, 책 퍼즐 맞추기 등의 다양한 참여 프로그램을 진행할 수 있다. 더욱 많은 아이들이 함께할 수 있게 하려면 참여할 때마다 마당별로 도장을 받을 수 있는 카드를 만들고, 이것을 나중에 추첨하는 행운권으로 활용할 수 있도록 하면 좋다.

▲ 책도장 만들기

▲ 독서퀴즈 대회

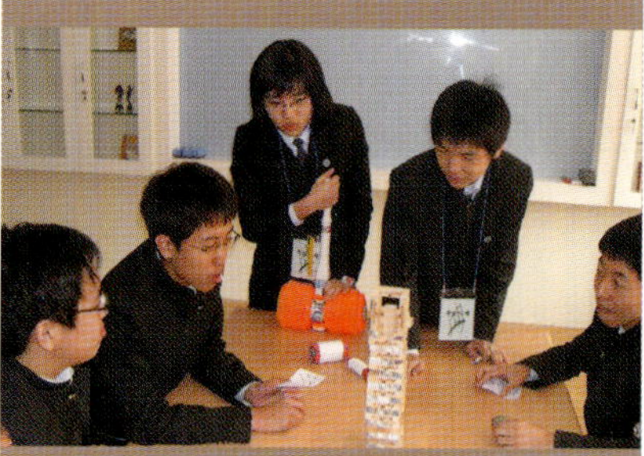

▲ 보드게임 북카페, 도서젠가

● 닫는 마당

닫는 마당은 학교도서관 축제를 정리하는 행사로, 특별한 식을 하기보다는 작가와의 대화나 마무리 공연 등으로 정리하는 것이 좋다. 축제가 끝난 뒤 참가자들을 대상으로 설문지나 앙케트 등을 받아 내년 축제 준비에 반영한다.

# 학교도서관 축제, 새로운 모색

몇 년 전까지만 해도 별도의 학교도서관 축제가 활성화되어 있는 곳을 찾기는 어려웠다. 학교축제가 열리면 도서부를 중심으로 책 전시회, 시낭송회, 북카페, 주인공 닮은 선생님 찾기 등의 행사를 하거나, 도서관과 무관한 점성술, 타로카드 등 별 특색 없는 프로그램을 진행하는 것이 고작이었다. 방송부는 방송제라는 부서 특성에 맞는 축제를 전통적으로 이어 오고 있는 반면 학교도서관은 자기만의 색깔을 가지지 못한 채, 도서부 중심의 발표회나 전시회가 주를 이뤄 왔다. 이제 조금씩 학교도서관 축제들이 제 모습을 찾아 가고 있긴 하지만, 여전히 그 수는 미미하고 도서부만의 행사에 그치는 경우 또한 많은 것이 지금의 상황이다.

도서관이 도서부만의 것이 아니듯이, 도서관 축제 또한 학교의 전체 학생, 교사, 학부모 모두의 행사가 되어야 한다. 학교도서관이 학교 구성원 모두에게 중요하듯이 학교도서관 축제도 학교 전체의 축제로 변해야 하는 것이다. 학교도서관 축제는 보고 즐기고 느끼는 체험의 장이 되어야 하며, 그러기 위해서는 도서관과 책을 중심으로 더욱 다양하고 풍부한, 모든 학생들이 참여하여 즐길 수 있을 만한 프로그램이 마련되어야 한다. 이러한 학교도서관 축제를 통해, 학교도서관에서 책을 읽고 활용할 수 있는 기회를 널리 알리고, 다양한 문화활동을 펼침으로써 새로운 독서문화 체험의 장으로서 학교도서관을 인식하게 하는 좋은 기회가 될 수 있다. 모든 학교에서 의미 있고 개성적인 프로그램으로 채워진 학교도서관 축제를 만들어 나갈 때, 학교도서관은 이용자들에게 더욱 친숙한 공간이 될 것이다.

초등학교

책과 함께하는
왁자지껄 도서관 축제

김 숙 영 _ 부천 대명초 사서교사

세계 책의 날 행사

학교 안에서 도서관과 책이 당당히 가슴 펴고 큰소리를 치는 때가 바로 4월 23일 '세계 책의 날'이 아닐까 싶다. 각종 과학행사로 분주한 4월이기에 이날이 세계가 인정한 책의 날인 것을 모르는 이가 더 많은 것도 사실이만, 열렬한 '홍보전략'을 펼친다면 단번에 관심을 사로잡을 수 있는 절호의 기회가 된다. 하루 동안의 책의 날 기념행사로는 성이 차지 않는다면 과감하게 책의 날이 있는 주를 활용해 주간행사를 열어 볼 수도 있다.

행사를 진행하기 위해서는 가장 먼저 '세계 책의 날'의 유래와 의미, 책의 날 행사에 대한 홍보를 담은 안내장을 만든다. 이때 안내장이 쓰레기통으로 직행하지 않도록 친근한 글씨체와 재미난 그림으로 아이들의 관심을 끄는 것이 중요하다.

가족이 함께 쓰는 독서감상문

아이들에게 책의 날에 대해 알리는 것과 동시에 행사 프로그램을 꾸려야 한다. 매번 학교에서 하는 것처럼 갖가지 '상'을 주는 프로그램으로는 책에 대한 즐거움을 전해 줄 수 없다. 그래서 고민한 것이, 부모님과 아이가 함께할 수 있는 **'어린이책 읽고 가족이 함께 독서감상문 쓰기'** 대회. 이 행사는 생각 이상으로 좋은 호응을 거뒀다. 오랜만에 엄마 아빠가 아이들 책을 읽고 아이들만의 상상력과 이야기에 흠뻑 빠져 보는 기회도 되고, 아이들이 엄마 아빠에게 좋은 책을 권해 보는 기회도 만들어진다. 이 대회에 참여하기 위해 모처럼 온 가족이 함께 독서시간을 가졌다거나, 학교도서관과 서점으로 가족 나들이를 하기도 했다는 후일담도 들을 수 있었다. 입상한 작품은 도서관 홈페이지에 올려 함께 감상함으로써 가족의 글 솜씨를 뽐낼 수 있는 기회를 만든다. 또 입상한 가족뿐 아니라 참여한 가족 모두에게 기념품을 줘야 하는데, 간단하면서도 책의 날을 기념할 수 있는 '책갈피'가 적당하다. 책과 관련된 명언이나 인용구를 넣고 화사하게 꾸며 '책'에 대한 친근함을 느낄 수 있도록 한다.

TV, 컴퓨터 끄기 운동

도서관과 책을 가까이 느끼도록 하기 위해 'TV, 컴퓨터 끄기 운동'을 소개하고 그 체험수기를 모집해 보았다. 하루 몇 시간씩 끼고 살던 전자 친구들에게 안녕을 고하는 것이 제법 고된 체험이지만 그 시간을 가족과 함께, 책과 함께, 기타 여러 가지 활동을 하며 보낼 수 있음을 깨달았다는 아이들과 부모님들의 이야기를 들으며 시도해 보길 잘했다는 생각이 들었다. 이 활동 역시 체험수기를 홈페이지에 올리거나 도서관 앞에 게시해 널리 알리는 것이 좋다.

가족에게 선물하면 좋을 책 목록 만들기

오랜만에 가족끼리 서점을 찾아 **서로에게 선물하면 좋을 책 목록**을 만들어 홍보해 보는 것도 좋은 방법이다. 해당 목록의 책 표지를 스캔해서 미니북을 만들어 도서관 안에서 '작은 전시회'를 열 수도 있고, 별점을 붙인(행복도★★☆, 희망도★★★★) 목록으로 만들어 나눠 주는 것도 좋다. 물론 선생님의 별점 옆에 아이들과 부모님들이 함께 읽고 스스로 별점을 줄 수 있도록 빈 칸(☆☆☆☆☆)을 남겨 주자.

역사 속 책벌레 만나기

안중근, 아인슈타인, 간디, 빌 게이츠 등 **어린 시절에 '책벌레' 였던 위인들의 이야기**를 우드락에 붙여 전시회를 열어 본다. 대통령, 과학자, 선생님 등 다양한 꿈을 키워 가는 아이들이 위인들의 이야기를 통해 책에 대한 중요성을 깨닫는 시간을 가질 수 있다.

작가와의 만남

학교예산이 허락한다면 아이들이 만나고 싶은 작가에 대해 설문조사를 한 다음 **작가와의 만남**을 추진해 볼 수도 있다. 책 속의 멋진 주인공을 만들어 준 작가와의 만남은 아이들에게 특별한 추억이 된다. 작가와의 만남을 갖기 전에 초대한 작가의 '도서 전시회'를 통해 작가의 다양한 책들을 구경해 보고, 물어보고 싶은 질문도 적어 두면서 철저하게 준비하면, 일회성 만남이지만 아이들에게 많은 것을 남겨 줄 수 있다. 작가와의 만남 시간에는 초대한 작가의 책을 들고 와 사인을 받게 하고, 책을 구입하지 못한 아이들을 위해서는 엽서 사이즈로 책 표지를 스캔해 사인 용지를 나누어 준다. 물론 학교에 소장된 작가의 책에도 큼지막하게 사인을 남긴다.

 ## 독서의 달 행사

지금까지 한 학기의 가장 커다란 행사를 무사히 치렀으니 이제 남은 것은 맑은 하늘과 함께 찾아온 가을 속에서 만나는 '독서의 달' 행사다.

독서엽서

먼저, 운동회 때 만국기가 펄럭이듯이 도서관 벽에 전교생의 **'독서엽서'**를 달아 보는 것은 어떨까? 독서엽서 양식을 미리 나누어 주고, 앞면에는 맘에 드는 주인공이나 책 표지, 책 광고, 책 속에서 발견한 좋은 문구 등으로 마음껏 꾸미고, 뒷면엔 이 책을 소개해 주고 싶은 단짝 친구에게 짤막한 편지를 써 보게 한다. 반별로 멋진 작품을 뽑아 코팅한 후 벽에 전시하면 아주 멋진 독서엽서전이 된다. 어디서도 볼 수 없는 예쁜 독서엽서는 아이들에게 좋은 책 친구를 만들어 줄 것이다.

주인공 되어 보기

영상에 대한 관심이 높은 아이들이 가장 좋아하는 것은 역시 **'주인공 되어 보기'** 코너다. 아이들에게 인기 있는 책 속 주인공인 짱뚱이, 해리 포터, 종이봉지 공주를 이용해

직접 주인공이 되어 사진을 찍어 보는 이 행사는 아이들 못지않게 학부
모들도 큰 관심을 보여 아주 즐겁게 진행된다. 예산이 허락한다면 현수
막 업체에 의뢰해 책 표지나 주인공의 모습을 실사 프린트하여 얼굴 부
분에 구멍을 뚫어 준비하면 된다. 여기에 아이들이 자기 얼굴을 대고
직접 주인공이 되어 사진을 찍게 하고, 바로 인화지에 출력하여 예쁘게
코팅해 나누어 준다. 만약 예산이 없을 경우에는 플로터를 이용해 칼라
로 주인공의 모습을 인쇄한 후 우드락에 붙여 얼굴 부분만 오려 내 활
용하면 된다. 인화해 주는 데도 예산이 필요하므로 찍은 사진을 홈페이
지에 올려 개인적으로 다운받아 활용하도록 안내한다. 아이들이 홈페

이지를 운영하는 경우가 많으니 각자의 홈페이지에 올려 주어도 좋다. 굳이 학교예산
을 들이지 않아도 부모님들이 예쁜 추억이 되라고 직접 다운받아 인화해 주시는 경우
가 많을 것이다. '주인공 되어 보기' 코너에 활용할 책 속 주인공 역시 교사가 임의로
선정하지 말고 아이들의 의견을 적극 반영해야 한다.

책 속 보물찾기 / 행운권 추첨

명색이 독서의 달인데 아이들의 마음을 끌어당길 상품이 빠질 수는 없다. 모두를 긴장
시키는 **'책 속 보물찾기'**를 마련하여 책을 읽는 즐거움 속에 행운을 거머쥘 수 있는 기
쁨까지 제공해 보자. 책 속에서 찾는 멋진 구절, 마음에 남을 멋진 문구를 문제로 내 아
이들에게 책을 소개하는 기회를 마련하고 상품(도서상품권)도 받을 수 있게 한다. 아이
들 문제 외에 선생님을 위한 문제도 하나쯤 내 본다면 선생님들에게도 즐거운 행사가
될 것이다. 아이들 못지않게 선생님들 역시 보물찾기를 무척 좋아하고, 또 선생님 한
분이 아이들 30~40명을 데려오기 마련이니 일석이조의 효과를 거둘 수 있다.
이런 방식의 보물찾기가 평소 책을 좋아하고 도서관을 자주 찾는 아이들을 위한 것이
라면, 이번에는 도무지 책이랑은 안 친한 녀석들을 위한 또 다른 보물찾기를 해야 한
다. 누구나 도서관을 드나드는 것만으로 참여할 수 있는 **행운권 추첨**. 행사기간 중 도

서관에 들러 대출하는 아이들에게 행운권을 나누어 줄 수도 있고, 도서관에 행운권 양식을 비치하고 그 안에 '최고의 책 한 권'을 적게 하여 행사가 모두 끝난 후 행운권에 적힌 책 제목을 통해 우리 학교 학생이 뽑은 '최고의 책 Best10'을 홍보할 수도 있다. 행운권은 행사가 끝난 후 월요일 아침조회나 토요일 생활반성조회 등의 공식적 방송을 통해 교장선생님이 추첨하여 전교생 앞에서 공지해 주는 것이 좋다. 한 명 한 명 행운권에 당첨된 아이들의 이름이 불릴 때마다 각 반에서는 환호성이 넘쳐흐를 것이다.

독서 골든벨

독서 골든벨은 한 달 전이나 여름방학쯤 미리 선정도서를 제시하여 아이들이 준비할 수 있는 시간을 주어야 한다. 문제는 OX퀴즈, 4지선다형, 단답형(주관식) 등 다양하게 준비하고 난이도도 상중하를 고르게 배치해 여유 있게 만들어 두어야 한다. 운영방식은 TV 프로그램을 모방한 형태로 하되 두세 번 정도 패자부활전을 한다. 답을 쓰는 판은 B4 용지를 코팅해서 사용하면 된다. 반별로 친구들과 선생님이 함께 응원도 준비하면 더욱 생동감 넘치는 행사가 되며, TV를 통해 전교생이 생방송으로 골든벨 현장에 참여해 긴장감을 나눌 수 있도록 한다.

작은 책 만들기

책을 직접 만들어 보는 **'작은 책 만들기'**도 해 볼 만하다. 《메이킹북》(폴 존슨, 아이북)에 나온 다양한 팝업북 형태의 작은 책 샘플을 A4 색지에 복사하여 만들어 보는 것이다. 눈, 코, 입이 벙긋 웃는 얼굴 모양부터 건물, 여행가방 등 다양한 형태의 작은 책을 만들어 볼 수 있다. 표지에 그럴듯한 제목을 붙여 보고, 지은이 자리에는 각자의 이름을 쓰게 하자. 뒷면에는 검은 펜으로 ISBN과 가격도 적어 봄으로써 책의 구조까지 익히는 기회를 갖게 한다. 도서관에서 모두 하기 어려울 경우엔 교사연수를 통해 안내하여 교실에서 선생님이 학생들과 함께해도 좋다.

 ## 그 외의 다양한 행사들

'책 제목으로 다행시 짓기'나 '재미있는 책 속 장면을 골라 주인공들의 대화 채우기' 등을 해 볼 수도 있다. 두 가지 모두 어렵지 않게 아이들이 참여할 수 있으며 기발한 아이디어와 상상력으로 모두를 배꼽 잡게 만드는 작품이 쏟아져 나온다. 별도의 종이를 나누어 주는 것보다 도서관 홈페이지를 통해 응모하는 것이 번거로움을 줄일 수 있다. 상품은 재치 있는 작품과 아이들에게 가장 호응이 높았던 작품(조회 수나 댓글이 많이 달린)에 주면 된다. '다행시'는 4~6학년을 위해, '대화 채우기'는 1~3학년을 위해 그림책을 활용해 흥미 있는 장면을 골라 제시하는 것이 좋다.

선생님과 책 속 주인공을 연결시키는 앙케트도 재미있는 프로그램이다. 앙케트를 통해 책 속 주인공을 닮은 선생님들을 찾아보는데, 전교생이 하기 어렵다면 반별로 '선생님을 닮은 책 속 주인공을 찾아라!'를 진행해 볼 수도 있다.

도서관 입구 쪽에 조그마한 공간을 마련해 그동안 도서관을 엉망으로 이용한 모습이나 훼손된 책들의 사진을 전시하는 것도 학부모와 교사, 아이들 모두에게 도서관 이용예절에 대해 생각할 시간을 주므로 한 번쯤 시도해 보는 것도 좋다.

성공적인 독서행사를 위해서는 무엇보다 아이들이 신나는 마음으로 부담 없이 즐길 수 있는 행사를 기획하고, 각 반에 도서관 행사를 확실히 알릴 수 있는 '방'을 붙이는 등 홍보를 철저히 해야 한다. 도서관 행사를 몰라서 참여하지 못하는 불상사가 일어나지 않게 요란스레 떠벌려야 하고, 담임선생님들께 홍보를 당부하면 된다.

아이들의 발걸음이 도서관으로 향하고, 아이들의 손길이 책 속에 머물 수 있는 즐거운 책 축제가 모든 학교에서 그득히 펼쳐졌으면 좋겠다.

Wow! Book Festival!

한 가 람 _ 경북 구미고 사서교사

매년 가을, 구미고등학교 도서관에서는 책과 도서관을 주제로 하는 '도서관 문화제' 가 열린다. 도서관 문화제는 2004년부터 시작해 2회째 진행되었으며 매년 10월 중순경 일주일에 걸쳐 도서관 곳곳에서 이루어지고 있다. 처음 도서관 문화제를 시작한 것은 아주 소박한 의도에서였다. 아침 일찍부터 야간자율학습까지 꽉 짜인 시간표 안에 묶여 있는 인문계 고등학교 아이들에게 재미있는 이벤트를 만들어 주고 싶었고, 동시에 도서관이 무거운 모습만을 지닌 것이 아니라 조금은 즐겁고 유쾌한 곳이기도 하다는 걸 알리고 싶은 마음이었다. 이렇게 시작한 도서관 문화제가 지금은 어느덧 학교도서관 축제로서 자리를 굳건하게 차지하고 있다.

도서관 문화제는 기획부터 진행까지 '도서부' 학생들에 의해 진행된다. 축제 준비와 진행에 참여하다 보면 그동안 서먹했던 선후배와도 친해지고, 친구들 앞에서 자신들이 준비한 프로그램을 진행하면서 자신감도 갖게 되는 걸 볼 수 있다. 또한 평소 느껴지는 이미지와는 다른, 아이들의 새로운 끼를 발견할 수 있는 계기가 되기도 한다. 밤늦도록 행사에 대한 회의를 하는 모습, 각종 전시물을 만드느라 주말에도 나와 컴퓨터 작업을 하는 모습, 마이크를 들고 친구들 앞에서 진행하는 모습을 보면서 도서관 축제가 도서부 아이들에게 커다란 성장의 기회를 마련해 준다는 걸 느낄 수 있었다. 물론 준비하는 동안 서로 얼굴 붉히며 부딪히는 일도 많다. 교사가 생각했던 방향과 아이들의 생각이 다를 때, 혹은 조원들끼리 화합이 안 될 때, 서로 불만을 토로하고 서운한 마음을 표현하기도 하지만 그러한 과정을 거쳐 일주일간의 축제를 무사히 마치고 나면 그 뿌듯함과 기쁨은 이루 말할 수 없을 만큼 크다. 그 뿌듯함이 우리의 원동력이 되어 이렇게 매년 축제를 준비하게 되는 것 같다. 우리 학교도서관에서 2년간 해온 도서관 문화제 내용은 다음과 같다.

2004년 문장골 도서관 문화제 행사내용

전시	2004 문장골 도서관 베스트 10 전시
	책 속 주인공과 닮은 선생님을 찾아라! (앙케트)
	독서 관련 명언, 독서 카툰, 독서 패러디 포스터 전시
	선생님의 책!책!책! (선생님 추천도서 전시)
	도서부 동아리 소개 코너
	시화전시, 방명록
체험	책도장 만들기
이벤트	책 속 보물찾기
	친구와 함께 현대소설 퍼즐 풀기
	대출자 행운권 추첨

2005년 문장골 도서관 문화제 행사내용

전시	2005 문장골 도서관 베스트 10 전시
	도서관 무법자를 찾아라!
	다인다색 추천도서 (다양한 사람들이 고른 다양한 색깔의 추천도서)
	도서관 앙케트 (교장선생님이 읽으셨으면 하는 책, 불친절 도서부 찾기)
	도서관에 바란다 & 방명록 쓰기
참여	릴레이 소설 쓰기
	책 이름 행시 짓기 (연금술사, 다빈치코드, 누가 내 치즈를 옮겼을까)
	내가 만드는 LOVE LIBRARY (도서관 공간 구성해 보기)
체험	와이어 책갈피 만들기
	사포 그림 그리기
이벤트	독서 스피드게임
	책 속 보물찾기
	친구와 함께 현대소설 퍼즐 풀기
	대출자 행운권 추첨
작가초청 강연	최승규 작가 초청 (《서양미술사 100장면》 저자)
	– 한국출판인회의 주관 '책의 저자가 학교에 왔다' 신청

도서관 문화제는 전시, 체험, 이벤트 코너를 기본으로 하여 구성하였고 이듬해에는 첫해에 부족했던 부분을 보완하여 구성했다.

각 코너 구성내용을 간단히 소개하면 다음과 같다.

전시코너

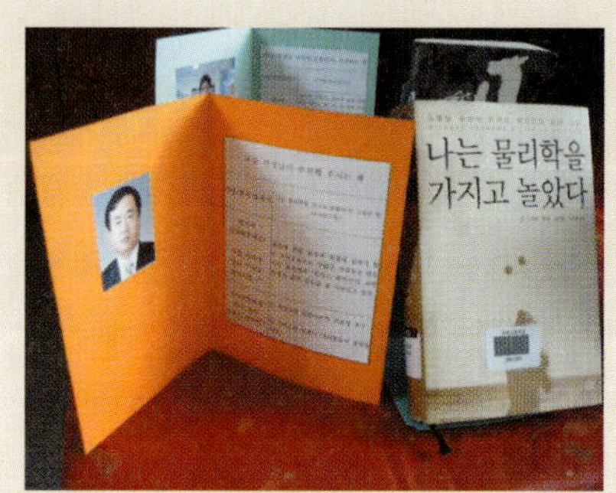

▲ 우리 학교 교감선생님이 추천해 주시는 책은?
〈다인다색 추천도서〉

전시할 내용이나 주제를 잡고 도서관 곳곳에 전시물을 설치하여 참여자들에게 볼거리를 제공하는 코너이다. **'구미고 베스트 10'** 에서는 한 해 동안 학교도서관에서 가장 많이 빌려 간 책을 소개했고, **'추천도서 전시'** 에서는 일반적으로 도서관에서 권하는 추천도서를 비롯해 과목별 선생님 추천도서나 학교에 있는 다양한 인물(행정실장님, 영양사님 등)들의 추천도서를 전시할 수도 있다.

도서관 규칙을 어긴 모습을 카메라에 담아 전시하였던 **'도서관 무법자를 찾아라'** 는 자연스레 도서관 규칙을 전달하는 효과가 있다. **'앙케트'** 는 다양한 주제로 진행할 수 있는데, 불친절한 도서부원 뽑아 보기, 책 속 주인공과 닮은 선생님 찾기, 교장선생님께 추천하는 책 등을 조사해 볼 수 있다. 앙케트는 학생들이 도서관에 대해 평소 느꼈던 다양하고 적극적인 목소리를 들을 수 있는 좋은 기회가 된다.

참여코너

학생들이 직접 참여하여 활동해 보는 코너로 구성하는데, 각 프로그램마다 특색과 창의성을 잘 살린 참가자들에게 상품을 주어 참여도를 높였다. **'LOVE LIBRARY'** 는 아이들이 직접 도서관을 만들어 보라는 의미에서 기획한 것으로, 일정한 형식과 모형이 그려진 용지에 아이들 스스로가 도서관 공간구성을 해 보도록 하였다. 숲속의 도서관, 날개도서관, 카펫도서관 등 아이들의 상상력이 발휘된 신기하고 독특한 도서관들을 볼 수 있었다.

'책이름 다행시 짓기' 는 책 이름을 이용하여 행시를 지어 보는 것이고, **'릴레이 소설 쓰기'** 는 주어진 앞부분의 소설을 보고 그 뒷이야기를 써 보도록 한 것이다. 1인당 한 작품씩 써 보도록 할 수도 있고, 학급별로 전원이 참여하여 조금씩 릴레이로 소설을 써 보도록 할 수도 있다.

체험코너

아이들 스스로가 창작물을 직접 만들어 보고 자기가 만든 작품을 가져가기 때문에 아이들의 호응도가 높은 코너이다.

'책도장 만들기'는 나무토막과 고무판을 이용한 나만의 장서인을 만드는 것인데, 간단할 것 같지만 도안을 그리고 새기는 데 의외로 시간이 많이 필요한 작업이다. '와이어 책갈피'는 색색의 와이어를 구부리거나 조작하여 다양한 모양의 책갈피를 만들어 보는 것이다. '사포 그림 그리기'는 사포에 크레파스로 그림을 그린 뒤 광목천을 대고 다림질을 하면 천에 그림이 새겨지는 활동인데, 과연 그림이 될까 반신반의하며 참여했던 아이들이 광목천에 새겨지는 그림을 보고 신기해하고 좋아했던 프로그램이다.

이벤트코너

도서관 문화제의 핵심으로 아이들의 참여와 호응도가 가장 높은 코너이다. 푸짐한 상품을 걸고 긴박하게 진행해야 맛이 살고, 평소 도서관과 거리를 두었던 아이들도 끌어들일 수 있도록 진행해야 한다.

'책 속 보물찾기'는 주어진 구절을 책 속에서 찾아내는 것으로 이미 너무나 유명한 프로그램이다. 이를 변형한 것이 '친구와 함께 현대소설 퍼즐 풀기'인데, 수업시간에 현대소설에 대해 많이 배우는 것을 감안하여 마련한 프로그램이다. 우리 학교에서는 2인 1조로 진행해 문제가 어렵더라도 친구와 함께 풀어 갈 수 있도록 하였다.

'독서 스피드게임'은 정해진 책 속에 나오는 단어를 골라 문제를 내면 반 친구가 단어를 설명하고 반 전체가 그 단어를 알아맞히는 반 대항 게임이다. 상품으로 매점이용권을 걸었고, 반 전체가

▲ 이 보물이 어디에 있었더라? 〈책 속 보물찾기〉

▲ 대출자 행운권 추첨

하나 되어 참여하는 모습을 볼 수 있었다. 그 밖에 도서관 문화제 기간 동안 대출한 학생들에게 행운권을 주고 추첨하는 '대출자 행운권 추첨'도 있었다.

작가초청 강연

'작가초청 강연'은 학교도서관 축제 가운데 가장 비중이 큰 프로그램이다. 한국출판인회의가 주관하는 '책의 저자가 학교에 왔다'에 신청하여 도서관 문화제 기간에 작가 선생님을 초청해 강연을 들은 것인데, 우리 학교에서는 《서양미술사 100장면》의 최승규 선생님을 초청했다. 평소 자주 접하는 분야가 아니라 조금 낯설긴 했지만, 미술에 얽힌 다양한 이야기가 옛날이야기처럼 푸근하게 들려와 평소 미술에 관심이 없었던 학생들에게도 새로운 경험으로 다가왔다.

학교 측에선 처음 시행하는 도서관 축제를 상당히 부담스러워하고 때로 학교행사와 겹칠 때는 축제일정에 협조해 주지 않아 곤혹을 치를 때도 있었다. 특히 인문계 고등학교의 특성상 이런 행사가 혹 아이들 수업시간에 지장이 되지 않을까 걱정하지 않을 수 없다. 그래서 우리 학교도서관 문화제는 수업시간과는 상관없이 도서관에서 점심시간을 활용하여 시행하도록 행사를 기획하였다.

전시, 참여, 체험활동은 문화제 기간 내 도서관에 오면 자연스레 참여할 수 있는 활동이어서 시간에 구애받지 않았지만, 이벤트처럼 시간이 정해지는 행사는 주로 점심시간에 아이들이 식사를 마치는 때에 맞추어서 진행하였고 반별 스피드게임도 학급활동 시간이나 오후 자율학습 시간을 이용하였다. 작가초청 강연은 신청자를 받아 계발활동 시간에 진행하였다.

정규 시간을 피해 활동을 하면 학교의 눈치는 덜 보게 되지만 참여율이 적을 때가 있으므로 홍보를 적극적으로 해야 한다. 교내방송, 포스터 및 각 반 게시물 부착, 교무회의 시간 공지 등을 통해 행사를 적극적으로 알려야 한다. 홍보가 미약해 오랫동안 고심해서 준비한 행사에 사람들이 잘 참여하지 않는다면 그동안의 준비가 헛된 고생이 될 수 있으니 홍보에 대해선 조금 지나치더라도 괜찮을 것 같다. 그리고 도서관 문화제를 학교 축제와 함께 기획하는 곳이 많은데 반드시 그럴 필요는 없다. 오히려 학교 축제와 별개로 기획하면 도서관에 대한 더 큰 홍보효과를 가져올 수 있다.

도서관 문화제를 준비하는 데 있어 가장 중심이 되는 것은 도서부 아이들이다. 준비하는 동안 고생한 만큼 문화제를 마치고 나면 아이들 사이는 물론 아이들과 교사의 사이도 돈독해진다. 문화제가 끝나는 날에는 도서부 아이들과 함께 시간을 가지면서 문화제 행사에 대한 평가의 과정을 가지는 것이 꼭 필요하다. 같이 저녁을 먹으면서 행사에 대한 이야기를 하고 내년에는 더 잘하자는 결의의 시간도 함께 가진다. 식사를 마치고 나서는 아이들과 연극관람 등으로 뒷풀이를 해 보는 것도 좋다. 연극관람은 그동안 수고한 아이들에게 뭔가 도움이 되는 보상이 없을까 하고 고민한 끝에 선택한 것이었는데, 가을이라는 계절적인 이미지와도 잘 어울리고 아이들도 즐거워하여 아주 뿌듯한 시간이었다.

도서관이 조용히 책만 보는 공간에서 한 걸음 더 나아가, 학교 내에서 가장 자유롭고 즐거운 공간이 되는 도서관 문화제. 도서관 문화제를 통해 우리 아이들이 책과 도서관을 더욱 가까이 느끼게 되기를, 언제나 쉽게 찾아갈 수 있는 생활 속의 도서관으로 자리 잡을 수 있기를 바란다.

학교도서관에서
우리 교육의 희망을 찾아가는
전국학교도서관담당교사모임을 소개합니다.

학교도서관에서 우리 교육의 희망을 발견한 교사들이 인천에서, 대구에서, 서울에서 모임을 만들어 활동하기 시작했던 때를 기억합니다. 몇몇 교사들이 소박한 마음으로 모여서 공부도 하고 도서관 문화제도 만들고 도서부 친구들과 함께 문학기행을 가기도 했습니다. 그러던 2001년 1월의 어느 날, 서울·인천 지역의 학교도서관 담당교사를 중심으로 '학교도서관은 학교에서 독서교육을 포함한 모든 교과와 주제의 교육활동을 지원할 수 있는 기반이 되어야 한다.'는 인식 아래 드디어 전국학교도서관담당교사모임이 세상에 얼굴을 내밀었습니다.

처음 모임을 꾸릴 때 함께한 사람은 열 명이 채 넘지 않았습니다. 우리들은 이런 뜻을 각 학교의 도서관 담당교사들에게 전하고, 도서관 전산화나 운영을 위한 정보교류 및 지원을 위하여 인터넷에 '학교도서관을 살리는 교사들'이라는 카페를 개설하였습니다. 정보와 모임에 목말라하던 현장교사들의 폭발적인 성원에 힘입어 카페 개설 5년 만에 10,000여 명이 넘는 회원이 가입을 하였고, 약 3,500명에 달하는 학교도서관 담당교사들의 네트워크를 구성하게 되었습니다. 카페 회원은 학교도서관 담당교사뿐만 아니라, 사서교사, 사서, 도서부 학생들, 학부모, 출판인 등 학교도서관에 관심 있는 분들이 함께하고 있습니다.

전국연수와 인터넷 카페를 통하여, 각 지역에 자발적으로 존재하던 학교도서관담당교사모임과 연결되었고 또한 새로이 지역모임이 만들어졌습니다. 현재 강원, 경기, 경남, 경북, 대구, 서울, 울산, 인천, 전남, 전북 등 10개의 지역모임이 있고, 부산, 광주, 대전, 제주, 충남, 충북 등 6개 지역은 지역 대표자를 두어 모임을 준비 중이거나 기존의 자생적인 지역모임과 연계를 하고 있습니다.

'전국학교도서관담당교사모임' 이 태어난 지 6년 만에, 전국의 많은 분들이 학교도서관에서 희망을 함께 만들어 가고 있습니다. 소박하고 작은 몸짓으로 시작한 우리의 모임은 이제 거대한 흐름이 되어 더 나은 학교도서관을 위해, 더 희망찬 우리 교육의 미래를 위해 오늘도 열심히 달리고 있습니다.

 전국학교도서관담당교사모임은 전국모임, 지역모임이 따로 또 같이 다음과 같은 다양한 활동을 하고 있습니다.

교사들과 함께

전국에 있는 교사들을 대상으로 직무연수 및 자율연수를 10회 진행하였습니다. 2006년 9월에는 중국 연변 조선족 자치주 교사들을 대상으로 학교도서관 운영 연수를 하기도 했습니다. 또한 교육부 및 문화관광부에서 지원을 받아 학교도서관 활용수업에 대한 연구활동을 마쳤고, '문화예술과 학교도서관' 이라는 주제로 연구활동을 진행했습니다.

그 밖에도 학교도서관 관련 각종 매체 및 자료를 제작하고 있습니다. 학교도서관 운영 매뉴얼을 담은 CD를 2년마다 제작하고 있으며 관련 도서도 출판했습니다. 학교도서관문화운동네트워크와 함께 학교도서관 백서를 발간하기도 하였습니다.

청소년과 함께

도서부들을 대상으로 도서부 동아리 교실을 진행하고 있습니다. 서울, 인천, 대구, 경북에서 다양한 형태로 도서부 친구들과 함께 활동을 합니다. 또한 도서관 문화제, 저자초청 강연회, 문학기행, 독서캠프, 세계 책의 날 행사 등 책과 도서관을 주제로 학교도서관을 문화사랑방으로 채워 가고 있습니다.

우리 모임에서는 청소년들을 대상으로 권장도서 목록을 꾸준히 발표하고 있는데, 이와 더불어 교사가 아닌 청소들이 직접 만드는 권장도서 목록을 준비하고 있습니다. 2007년 겨울이면 작은 결실을 맺을 수 있을 것 같습니다. 또, 2007년에는 '청소년이 뽑은 올해의 작가상' 을 만들어 청소년들이 주인이 되는 책 문화를 만들어 갈 예정입니다.

학교도서관 및 독서교육 단체와 함께 학교도서관을 살리고 바람직한 독서문화를 정착하기 위한 활동을 전개하고 있습니다. 책읽는사회만들기국민운동(희망의 작은 도서관 만들기), 학교도서관문화운동네트워크(독서진흥법 개정), 한국출판인회의(학교로 찾아가는 문화강좌 진행), 아침독서운동추진본부(10분독서운동 진행), 민주화운동기념사업회(독후감 심사), 아시아인권문화연대(이주노동자를 위한 꼬마도서관 건립 지원) 등과 함께 활동을 하고 있습니다.

전국학교도서관담당교사모임은 두 개의 인터넷 누리집을 운영하고 있습니다. 공식 누리집(http://schoollibrary.eduhope.net)이 있고, '학교도서관을 살리는 교사들(http://cafe.daum.net/libte)' 이라는 이름의 카페를 운영하고 있습니다. 누리집이나 카페에 오시면 전국모임 및 각 지역에서 하는 활동들을 한눈에 알 수 있을 것입니다. 다양한 정보를 얻을 수 있고 다양한 행사에 참여할 수도 있습니다.

지역모임 소개

'전국학교도서관담당교사모임'은 각 지역의 모임들을 토대로 구성되었습니다. 도움이 필요할 때, 학교도서관에 대해 더 알고 싶을 때, 나아가 모임과 함께하고 싶을 때 가까운 곳에 있는 지역모임을 찾아 주세요.

강원모임 (대표: 봉의여중 김을용) key4838@chol.com)	'책. 그리고 도서관과 함께하는 사람들'. 아이들과 함께하고 선생님들과 함께하는 희망의 학교도서관을 만들기 위해 서로 힘과 용기를 나누고 격려하는 모임이에요. 한 사람 두 사람 힘을 모아서 새 봄 새날, 새싹 새순처럼 참교육의 행복한 꿈과 희망을 만들어 가요.
경기모임 (대표: 청암초 이선영) im-urs@hanmail.net)	더 많은 선생님들과 도서관을 이야기하고 싶습니다. 책 속에서 길을 찾고 희망을 만나고 싶은 경기도 학교도서관 담당교사 모임입니다.
부산모임 (대표: 수성초 김보영) kpy007@hanmail.net)	'도서관에 길이 있다.' 그 길을 같이 찾으실 분들은 언제든지 오십시오. cafe.daum.net/libte 지역모임 메뉴 중 '부산 경남 선생님들' 방을 찾으시면 됩니다.
서울모임 (대표: 경인고 박혜경) eheka@yahoo.co.kr)	역사와 전통을 자랑하는 서울모임은 독서교육과 도서목록 개발에 주력해 왔습니다. 이제는 지역과 학교문화 발전을 위해 대외활동도 열심히 할 생각이니 사서선생님들과 담당선생님들 많은 관심 부탁드려요. 2주에 한 번씩 영등포 교과연합 사무실에서 모이는데, 참실 홈페이지 지역모임 방에서 확인해 보시면 됩니다.

울산모임 (대표: 삼호중 김덕분 kimdb001@hanmail.net)	도서관 업무를 신임교사에게 강제로 떠맡기는 풍토 속에서 도서관과 함께하는 즐거움을 남에게 줄 수 없어 계속 이어 맡고 있는 우리 모임 사람들! 도서관이 우리 교육의 희망임을 의심하지 않기로 했습니다. 함께하실 선생님들을 언제나 기다리고 있습니다.
인천모임 (대표: 동인천중 김영석 ribelo@hanmail.net)	아이들 다음으로 도서관을 사랑하는 사람들이 모인 희망터입니다. 두말할 나위 없이 알찬 모임! 행복의 바다로 출항하실 분들은 cafe.naver.com/hagdosa로 오세요!!!
경북모임 (대표: 포항해양과학고 정미진 loveriver@hanmail.net)	학교도서관을 향한 열정이 넘치는 사서교사들과 담당교사들이 함께하는 카페 cafe.daum.net/kblib로 오세요. 또 경북학교도서관교육연구회에서는 경북지역 사서교사들이 모여 매년 도서부연합수련회, 워크숍 등 다양한 활동을 하고 있습니다. 학교도서관에 관심 있는 선생님들 함께해요.^^
전북모임 (대표: 용흥초 성희옥 achimherang@hanmail.net)	전북모임에서는 매주 화요일 오후 5시 30분부터 전교조 전북지부 사무실에 모여 '그림책 및 동화 읽기' 공부를 하고 있어요. 관심 있는 선생님은 누구나 환영합니다. 연락처: 063-275-7035, 8035
전남모임 (대표: 남산중 최은진 mari7986@hanmail.net)	두말할 필요 없습니다. '뜨뜻한 사람들의 모임' 전남 학교도서관 모임! cafe.daum.net/librarylove로 오세요.
광주모임 (대표: 신창중 진선미 smeos@hanmail.net)	앞서가는 광주, 이제 걸음마를 시작하는 모임입니다. 학교도서관에 관심 있는 분들 함께해요~. cafe.daum.net/schoolibrary로 오세요.
제주모임 (대표: 외도초 양재성 yjs7567@hanmail.net)	제주 모임 시작하려 합니다. 학교도서관에 관심 있는 선생님들 어서어서 오세요. 웃음 많고 따뜻함 많고 나눔이 많은 三多의 제주 학교도서관을 만들어 보아요!
충북모임 (대표: 매포중 심하나 shimhana@hanmail.net)	충북 학교도서관계의 일당백! 학교도서관의 활성화를 위해 학교도서관 운영에 필요한 사항을 직접 상담·해결해 드리고 다양한 독서교육 방법도 제시합니다. 함께하실 분들, cafe.daum.net/cblibter에서 기다리겠습니다.
대전모임 (대표: 가양중 한가람 nature0526@hanmail.net)	학교도서관을 사랑하는 대전 선생님들! 혼자 외롭고 힘들게 고민하지 마시고 함께 나누어요~. 공교육의 희망! 학교도서관의 뜨거운 열정을 나누실 선생님들 함께해요~. cafe.daum.net/DJSL
대구모임 (대표: 경덕여고 정용하 dragon1197@hanmail.net)	2001년부터 시작한 대구학교도서관연구회는 한 달에 한 번씩 각 회원들의 도서관에서 정기모임을 갖고, 도서관에 대한 고민과 독서지도 및 연수, 학생연합서클 지도, 신간도서목록 작성 등을 하고 있습니다. 또 매월 2회 독서토론모임도 신행합니다. 자세한 내용은 다음 주소로 들어와 확인하세요. www.dgsl.or.kr
경남모임 (대표: 사파초 이동림 leegini@daum.net)	경남지역은 학교도서관을 생각하는 사람들의 모임(학생사모)이라는 이름으로, 꿈꾸는 학교도서관과 행복한 책 읽기를 통하여 아이들과 함께 희망을 만들어 가고 있습니다. 더 알고 싶으신 분은 홈페이지(edunpark.gnedu.net)로 들어오세요. 네이버에서 '학생사모'를 치셔도 됩니다.

집필진 소개

이 성 희 fool70@hanmail.net
인천 예일고등학교 한문교사
전국학교도서관담당교사모임 대표

1999년 고등학교 한문교사가 되었습니다. 교직에 첫발을 내딛고 처음으로 한 일이 학교도서관을 만들고 운영하는 것이었습니다. 그렇게 인연을 맺은 학교도서관을 올해로 8년째 맡고 있습니다. 그동안 학교를 세 번 옮겼고 옮기는 학교마다 학교도서관을 새로이 만들었습니다. 부광고 '책두레', 인천 효성고 '글숲', 인천 예일고 '빛글누래', 아이들과 행복했던 기억이 함께한 곳들입니다. 문화공간으로서 학교도서관에 관심이 많으며, 학교도서관이 아이들의 삶의 터전이자 꿈과 희망의 공동체가 되었으면 하는 것이 바람입니다. 학교도서관을 통해 우리 교육의 희망을 찾고자 합니다.

류 주 형 ifree4u@hanmail.net
서울 중앙대부속중학교 국어교사
전국학교도서관담당교사모임 전 대표
학도넷 전 대표

힘들기도 했지만 가장 열정적으로 일했던 도서관 담당교사로서의 5년은 나의 교직생활 중 가장 보람 있고 기억에 남는 일이다. 부산에서 다녔던 중학교 시절의 개가식 학교도서관에서 책을 마음대로 뽑아 보면서 행복한 꿈을 꾸었던 기억들이 나를 도서관 담당교사로 이끌지 않았을까. 경험해 보지 않고서는 학교도서관의 소중함과 필요성을 알 수 없으리라.

염 보 영 onesway@hanmail.net
부천 성곡중학교 사서교사

어릴 적부터 꿈꾸던 도서관을 기억하며 학교도서관에 발을 디뎠습니다. 하지만 이제는 학교도서관이 단순히 도서관의 역할을 넘어 꿈을 꾸고 희망을 찾고 마음을 나누는 곳임을 깨닫습니다. 1년간 원고와 씨름하면서 어깨 결림 외에도 많은 것을 얻어 갑니다. 지금보다 더 나은 학교도서관이 되도록 열심히 달리겠다는 각오를 다져 봅니다. 이 책이 학교도서관을 처음 만나는 분들에게 작은 도움이 되길 간절히 바랍니다. 그리고 학교도서관 안에서 늘 행복하시길 바랍니다. 제가 그렇듯이요.

하 수 현 wild1129@hanmail.net
경남 양산고등학교 사서교사

학교도서관의 하루는 분주합니다. 쉬는 시간마다 각자 다른 특성을 가진 아이들로 북적거립니다. 사람들이 쉽게 '자폐'로 단정 지어 버리는 아이는 책 한 권을 집어 들고 책 구경과 아이들 구경에 바쁩니다. '공부 잘하는 아이'로 통하는 친구는 좋아하는 수학, 과학 분야의 새 책을 찾고 자신의 이야기, 책 이야기를 풀어내느라 정신이 없습니다. 이렇게 각자 다른 아이들이 함께 성장해 가는 곳이 학교도서관입니다.
도서관은 행복하고 따뜻한 곳입니다. 아이들은 좋아하는 책을 보며 미소 짓고, 작은 도서관 행사 하나에 즐거워합니다. 그런 아이들을 볼 때면 학교도서관에서 일할 수 있다는 것에 참 행복해집니다. 모든 아이들이 스스럼없이 들어설 수 있는 곳, 자신이 좋아하는 것을 많은 자료를 통해 마음껏 보고 느낄 수 있는 곳, 그래서 꿈을 키울 수 있는 그곳이 도서관이었으면 좋겠습니다.

김 희 봉 bongiya1217@hanmail.net
경남 마산고등학교 사서교사

2년 동안 마산고에 근무하면서 느낀 건 도서관은 학교에서 가장 평등하고 편견이 존재하지 않는 곳이며, 성적이나 생활태도를 떠나서 자신을 가장 순수하게 표현할 수 있는 곳이라는 거예요. 어떨 땐 내가 잘하고 있는 것인지 의문도 들지만 아이들의 얼굴에는 정답이 들어 있어요. 도서관에 들어오며 환하게 웃는 아이들의 모습을 보면서 내가 여기 있어야 하는 이유를 찾게 되지요. 이 책이 도서관 일에 두려움을 갖고 있거나 조금씩 지쳐 가는 선생님들에게, 아이들의 얼굴을 환하게 밝힐 수 있는 길라잡이가 되길 바랄게요.

이 선 영 im-urs@hanmail.net
파주 청암초등학교 사서교사

학교도서관은 행복한 곳입니다.
아이들이 꿈을 꾸고 키워 가는 곳이지요.
학생, 학부모, 교사 모두가 희망을 나누는 곳이기를 꿈꿔 봅니다.

손 은 경 sil1107@hanmail.net 김해 영운초등학교 교사	5년 전 전교조 참교육실천대회 학교도서관분과에 참석해서 전국 많은 선생님들의 뜨거운 열정에 감동 먹은 이래로, 해마다 무박3일의 도서관 용광로로 빠져 왔고 그것을 자양분으로 7년째 학교 도서관을 담당하고 있다. 그동안의 경험과 귀동냥으로 초등독서 부분을 맡긴 했는데 부족하기만 하다. 그래도 초등이 중심이 된 경남지역 분과 '학교도서관을생각하는사람들의모임'이 막 태동 하면서 모임 사람들과 함께 의견을 나눌 수 있어서 다행이랄까. 학교도서관이 희망임을 온몸으로 보여 주시는 전국학교도서관분과 선생님들 사랑합니다!
최 은 주 012kikiki@hanmail.net 광명 광문중학교 사서교사	학교도서관에서 다양한 행사를 하면 할수록 느끼는 것은 책과 함께 있는 학생들이 가장 아름답 다는 것이다. 학교에 도서관이 있고 그곳에서 자유롭게 책을 볼 수 있는 학교 학생들은 언제나 얼굴이 밝고 행복하다. 그런 학교를 만들기 위해서 학교 전체에 독서 분위기를 조성해야 한다. 물론 그것이 결코 쉬운 일은 아니다. 하지만 그렇다고 불가능한 일도 아니기에 오늘도 내일도 계 속 노력해 나갈 것이다.
박 미 진 bmjean@hanmail.net 대구 불로중학교 사서교사	나는 사서교사다. 모두들 나를 부러워한다. 편해 보여서 좋다고. 그렇다, 좋다. 뭐가 좋은지 모르 겠지만 분명히 좋긴 좋다. 수백 수천 권의 좋은 벗이 있고 그 벗들을 자랑삼아 초롱초롱한 아이 들의 눈과 마주할 수 있다. 그리고 무궁무진한 수업의 세계로 이끌 수도 있다. 나의 원고는 초라할지 모른다. 그러나 앞으로 학교도서관 활용수업이 활발하게 연구되어 학교의 중심에서 도서관을 외치는 그날을 꿈꿔 본다.
이 현 애 yiaelove@hanmail.net 강원 원주여고 사서교사	뒤늦게 찾아온 나의 꽃바람 학·교·도·서·관. 아직은 많이 배워야 함에도 학교도서관에 대한 어쭙잖은 애정 하나로 부끄럽고 부족함을 뻔뻔함으로 누르며 발 담그고 있었음을 고백합니다. 이 책으로 학교도서관에 대한 희망이, 꿈이, 현실에서 아름답게 멋지게 힘차게 실현되기를 두 손 모아 기원해 봅니다.
이 덕 주 oliblove@hanmail.net 서울 송곡여자고등학교 사서교사	중학교, 고등학교 때 도서반 활동을 했습니다. 도서관은 저에게 쉼터이자 안식처였고, 무엇보다 진짜 학교였습니다. 교과서의 지식이 아니라 역사의 진실과 지혜가 가득 담긴 책을 아이들에게 전해 주는 사서선생님을 학창 시절 가까이서 경험했습니다. 나도 도서관을 잘 가꾸는 사서교사 가 되고 싶었습니다. 드디어 1993년 송곡여고에서 저의 꿈을 이룰 수 있었습니다. 전국 모든 학교에 사서교사가 운영하는 도서관을 꿈꾸고 있습니다. 그 꿈은 교육희망의 시작이 기 때문입니다. 무엇보다 학교도서관이 아이들에게 학교와 교과서의 한계를 극복하고 돌파하는 해방구가 되었으면 합니다. 여기에 한길을 가는 동지들과 함께 책을 만들고 전국의 선생님들과 나누게 되어 기쁩니다.
이 미 숙 tea0862@hanmail.net 인천 작전중학교 국어교사	중학교 3학년 때, 담임선생님께서 교실 창가에 가져다 놓은 문학전집이 있었습니다. 읽어 보라는 말씀 한 번 없었는데, 다 읽게 되었습니다. 그해 가을에는 기타를 갖다 놓으셔서 한 번씩 튕겨 보았습니다. 지금은 아이들 바로 곁, 학교도서관에 책을 놓는 교사가 되었습니다. 새 책의 잉크 냄새에 설레 고, 낡아 해진 책을 넘기며 거기 새겨진 아이들의 손길에 더없이 감사하고 있습니다.

★ 좋은 책을 위해 사례를 써 주시거나 검토작업에 함께해 주신 선생님들께 감사의 마음을 전합니다.

김숙영(부천 대명초 사서교사) · 김을용(춘천 봉의여중 도서관 담당교사) · 박홍진(대구교육청 장학사) · 백미영(대전 가수원초 도서관 담당교사) · 송경영 (서울 봉림중 국어교사) · 장은미(강릉 경포고 국어교사) · 정재연(서울 효제초 사서교사) · 한가람(경북 구미고 사서교사) · 황정근(경북 영천중 사서교사)

도움 받은 곳

- 학교도서관과 독서교육 김용철 외, 태일사, 2003

- 학교도서관 구축운영론–리모델링을 중심으로 김익중, 분지, 2004

- 학교도서관 활용 활성화 방안 교육인적자원부 지정 학교도서관 활용정책 연구학교 운영보고서, 대구 동성초등학교, 2004

- 학교도서관 활성화 프로그램을 통한 자기 주도적 학습능력 신장 교육인적자원부 지정 학교도서관 활용정책 연구학교 운영 중간보고서, 동본리중학교, 2003

- 학교도서관 리모델링 어떻게 할 것인가 류주형, 제3회 참교육실천보고대회 학교도서관분과 자료집, 전국교직원노동조합, 2004

- 학교도서관 재단장 어떻게 할 것인가? 배성완, 대구교육청 연수자료집

- 학교도서관에서 책 읽기 백화현 외, 우리교육, 2005

- 학교교구 · 설비기준 서울시교육청, 2004

- 학교도서관 운영의 실제 송기호, 한국도서관협회, 2000

- 새로운 교실 새로운 수업 지식의 보고에서 지식의 창출로 송영필, 지식정보화 시대의 독서교육과 학교도서관 운영 사례, 대구광역시교육청, 2003

- 아름다운 학교도서관 경상북도교육청, 2002

- 이제 지금 도서관에서 갖는 꿈은? 이덕주, 애들아! 학교도서관으로 놀러가자(전국 초중등 학교도서관 담당교사 여름 직무연수 자료집), 2005

- 학교도서관 리모델링 기본 원칙 이병기, 디지털자료지원센터 시범운영 학교관계자 자료집, KERIS, 2002

- 도서관건축의 이해 우에마츠 사다오 지음, 김효숙 옮김, 한국디지탈도서관포럼, 2005

- 도서실 재단장 사업 이렇게 추진되어 왔어요 조은, 제4회 참교육실천보고대회 학교도서관분과 자료집, 전국교직원노동조합, 2005

- 독서교육 길라잡이 책으로 따뜻한 세상 만드는 교사들, 푸른숲, 2002

- 학교도서관운영편람 교육인적자원부, 2003

- 한국도서관기준(2003년도판) 한국도서관협회 도서관기준작성특별위원회, 한국도서관협회, 2003

- 살아 있는 도서관을 위한 인테리어 디자인 캐롤 R. 브라운 지음, 양영완 옮김, 국제, 2004

- 대구고등학교 홈페이지(http://www.daegu.hs.kr) → 교육인적자원부지정 정책연구학교 → 수업지도안(2006.02.17)